# Cipriano Carlos Luckesi

# Avaliação
## da aprendizagem

### componente do ato pedagógico

1ª edição

13ª reimpressão

© 2011 by Cipriano Carlos Luckesi

© Direitos de publicação
**CORTEZ EDITORA**
Rua Monte Alegre, 1074 – Perdizes
05014-000 – São Paulo – SP
Tel.: (11) 3864-0111 Fax: (11) 3864-4290
cortez@cortezeditora.com.br
www.cortezeditora.com.br

Direção
*José Xavier Cortez*

Editor
*Amir Piedade*

Preparação
*Alexandre Soares Santana*

Revisão
*Alessandra Biral*
*Alexandre Ricardo da Cunha*
*Fábio Justino de Souza*
*Rodrigo da Silva Lima*

Edição de Arte
*Mauricio Rindeika Seolin*

Assistente de Arte
*Carolina Regonha Suster*

Impressão
*Paym Gráfica e Editora Ltda.*

Dados Internacionais de Catalogação na Publicação (CIP)
(Câmara Brasileira do Livro, SP, Brasil)

Luckesi, Cipriano Carlos
  Avaliação da aprendizagem componente do ato pedagógico / Cipriano Carlos Luckesi – 1. ed. – São Paulo: Cortez, 2011.

Bibliografia.

ISBN 978-85-249-1657-1

1. Pedagogia 2. Pesquisa educacional – Metodologia 3. Professores I. Título.

08-03246                                    CDD-370.7201

Índices para catálogo sistemático:
1. Pesquisa em educação: Metodologia      370.7201

Impresso no Brasil – setembro de 2022

*Para Regina, mulher que amo.*

*Para meus filhos – Sandra, Márcio e Leonardo –, que já passaram ou estão passando pelas distorções das práticas avaliativas ainda presentes na escola.*

*Para minhas netas Carol, Lili e Nanda e para meus netos João e João Francisco, na esperança e no desejo de que, quando chegarem à escola, vivenciem práticas mais saudáveis de avaliação da aprendizagem.*

# Sumário

Introdução .................... 13

**1ª Parte** SEM AÇÕES PEDAGÓGICAS PLANIFICADAS, NÃO HÁ AVALIAÇÃO DA APRENDIZAGEM .......... 17

Nota introdutória
À **1ª Parte** AVALIAÇÃO A SERVIÇO DE AÇÕES PEDAGÓGICAS PLANIFICADAS .......... 19

**Capítulo I** PROJETO POLÍTICO-PEDAGÓGICO DA ESCOLA E SEUS PARÂMETROS PARA A AVALIAÇÃO DA ATIVIDADE DOCENTE E DISCENTE .......... 27

    1. Formação do educando .......... 29
        1.1. Formação do educando como sujeito .......... 29
        1.2. Formação do educando como sujeito-cidadão .......... 38
        1.3. Formação do educando e o sagrado .......... 45
        1.4. Em síntese, a formação do educando inclui o eu, o eu e o outro, o eu e o sagrado .......... 47

    2. Desenvolvimento e ampliação da consciência como focos de atenção na formação do educando .......... 49

    3. Relação entre conteúdos socioculturais e aprendizagem-desenvolvimento como ampliação da consciência .......... 52

    4. Investimento no ensino-aprendizagem em vista da formação do educando .......... 56

**Capítulo II**  AVALIAÇÃO DA APRENDIZAGEM E PRÁTICA PEDAGÓGICA BEM-SUCEDIDA: MEDIAÇÕES DO PROJETO POLÍTICO-PEDAGÓGICO NA ESCOLA ......... 59

    1. Primeiro mediador: uma teoria pedagógica compatível com a prática da avaliação da aprendizagem ................... 60
        1.1. Da pedagogia tradicional para uma pedagogia construtiva ................ 61
        1.2. O ser humano como um ser que se desenvolve .......................... 73
        1.3. Como o ser humano se forma? ............. 78

    2. Segundo mediador: os conteúdos escolares ....................... 87

    3. Terceiro mediador: a didática .............. 102
        3.1. Aprendizagem inteligível e ativa ........ 103
        3.2. Passos didáticos no processo de ensinar e aprender ..................... 109
            3.2.1. Visão geral ............................ 110
            3.2.2. Passos didáticos do ensino e da aprendizagem .................... 114
        3.3. Os passos didáticos no seu conjunto ............................. 130

    4. Quarto mediador: o educador ............... 132
        4.1. Relação educador-educando .............. 133
        4.2. O profissional da educação .............. 137
        4.3. O educador como mediador entre a cultura elaborada e o educando ............................... 142

    5. Conclusão do capítulo ...................... 143

| | | |
|---|---|---|
| **2ª PARTE** | A AVALIAÇÃO DA APRENDIZAGEM COMO COMPONENTE DO ATO PEDAGÓGICO ................... 145 | |
| **NOTA INTRODUTÓRIA À 2ª PARTE** | O ATO DE AVALIAR A APRENDIZAGEM COMO COMPONENTE DO ATO PEDAGÓGICO ......... 147 | |
| **CAPÍTULO I** | AVALIAÇÃO DA APRENDIZAGEM NA ESCOLA: INVESTIGAÇÃO E INTERVENÇÃO ........................ 149 | |

    1. A investigação e suas consequências para a ação humana .............................. 151

        1.1. Investigação e compreensão da realidade ..................................... 151

        1.2. Os limites do conhecimento: o que é a realidade? ....................... 155

        1.3. Intervenção eficiente decorrente do conhecimento ........................... 166

    2. Avaliação como investigação e intervenção e suas modalidades ............... 171

    3. Avaliação da aprendizagem como investigação e intervenção ..................... 175

**CAPÍTULO II**    PRIMEIRA CONSTATAÇÃO: A ESCOLA PRATICA MAIS EXAMES QUE AVALIAÇÃO .......................... 179

    1. Características dos atos de examinar e avaliar na escola................................. 181

    2. A escola pratica mais o exame que a avaliação .................................. 204

**CAPÍTULO III**    SEGUNDA CONSTATAÇÃO: RAZÕES DA RESISTÊNCIA A TRANSITAR DO ATO DE EXAMINAR PARA O DE AVALIAR ..................... 213

1. Replicação de condutas pedagógicas decorrentes do abuso dos exames em nossa vida ............................................ 219
2. Relações microssociais de disciplinamento e poder ...................... 226
3. Heranças históricas da prática de acompanhamento da aprendizagem do estudante ..................................... 232
4. Contexto histórico-social ..................... 252
5. Conclusão do capítulo ........................ 261

**Capítulo IV** O ato de avaliar a aprendizagem na escola ............................ 263

1. Condições prévias de todo ato de avaliar ... 265
   1.1. Disposição psicológica para o acolhimento da realidade ................ 265
   1.2. Corpo teórico com o qual opera a avaliação ............................ 271
2. Por uma compreensão do ato de avaliar ................................ 276
   2.1. Avaliar: descrever e qualificar a realidade ..................... 277
      2.1.1. Primeiro passo do diagnóstico: descrever a realidade ................... 278
      2.1.2. Segundo passo do diagnóstico: qualificação da realidade .............. 286
   2.2. Intervenção na realidade: complemento constitutivo da avaliação de acompanhamento ........... 291
3. Conclusão do capítulo ........................ 293

**Capítulo V**  Instrumentos de coleta de dados para
a avaliação da aprendizagem na escola:
um olhar crítico ........................................... 295

   1. Instrumentos de avaliação
ou instrumentos de coleta
de dados para a avaliação? ..................... 299

   2. Instrumentos de coleta de dados:
necessidade e função ........................... 300

   3. Um olhar crítico sobre os
instrumentos de coleta de dados para
a avaliação elaborados e utilizados
em nossas escolas ................................ 304

      3.1. Consequências negativas de um
instrumento defeituoso
na coleta de dados .......................... 307

      3.2. Desvios nos instrumentos de coleta
de dados para avaliação
da aprendizagem na escola ................ 310

         3.2.1. Instrumentos inadequados ............ 311

         3.2.2. Desvio de conteúdo e ausência
de sistematicidade no instrumento
de coleta de dados ...................... 312

         3.2.3. Dois exemplos de instrumentos
insatisfatórios utilizados em escolas ... 317

         3.2.4. Distorções comuns presentes nas
questões elaboradas ................... 324

   4. Conclusão do capítulo ....................... 333

**Capítulo VI**  Instrumentos de coleta de dados para a avaliação da aprendizagem na escola: um olhar construtivo .................................. 335

1. Condições básicas para a elaboração de um instrumento de coleta de dados para a avaliação da aprendizagem .................... 336
   1.1. Projeto político-pedagógico da escola .... 338
   1.2. Planejamento do ensino .................... 339
   1.3. Conteúdos escolares ....................... 341
   1.4. Índices estatísticos ......................... 343
2. Da necessidade de planejar o instrumento de coleta de dados para a avaliação da aprendizagem ................ 351
3. Elaboração de questões para o instrumento de coleta de dados ........... 359
4. Algumas regras para a elaboração de um adequado instrumento de coleta de dados para a avaliação da aprendizagem .............................. 362
5. Organização das questões num instrumento ............................... 364
6. Modelos de aplicação de instrumentos ................................ 365
7. Uso dos instrumentos de coleta de dados para a avaliação .......... 370
8. Aplicação dos instrumentos em sala de aula .................................. 370
   8.1. Chegada à sala de aula ..................... 371

|  |  |  |
|---|---|---|
|  | 8.2. Acompanhamento dos estudantes no período destinado a responder ao instrumento | 371 |
|  | 9. Recolhimento, correção e devolução dos instrumentos | 372 |
|  | 9.1. Recolhimento e correção | 372 |
|  | 9.2. Devolução dos resultados | 373 |
|  | 10. Cuidados com fatores que intervêm na aprendizagem e, consequentemente, no desempenho dos educandos | 374 |
|  | 11. Conclusão do capítulo | 376 |

| 3ª PARTE | TEMAS CORRELATOS | 377 |
|---|---|---|
| NOTA INTRODUTÓRIA À 3ª PARTE | TEMAS CORRELATOS À AVALIAÇÃO DA APRENDIZAGEM | 379 |
| CAPÍTULO I | AVALIAÇÃO DA APRENDIZAGEM, ÉTICA E RELAÇÕES INTERPESSOAIS | 383 |
|  | 1. Ética e seus fundamentos | 383 |
|  | 2. Pactos éticos do educador na prática da avaliação da aprendizagem | 391 |
|  | 3. Ética e níveis de desenvolvimento | 396 |
|  | 4. Pactos éticos, maturidade emocional e relações interpessoais | 400 |
| CAPÍTULO II | CATADO: QUESTÕES VARIADAS EM TORNO DA AVALIAÇÃO DA APRENDIZAGEM E DA EDUCAÇÃO | 405 |
|  | 1. Notas na escola | 406 |
|  | 2. Avaliação por competência | 408 |

3. Critérios para a avaliação
   da aprendizagem .............................. 411
4. A "cola" ............................................. 412
5. Avaliação quantitativa e qualitativa ....... 417
6. Avaliação e seleção ........................... 423
7. Avaliação e quantidade de trabalho
   do professor ....................................... 425
8. Exame e autoridade do professor ........ 426
9. Reprovação ........................................ 428
10. Avaliação em larga escala
    na educação brasileira ......................... 429
11. Enem ................................................ 432

**Epílogo** ..................................................... 439
**Bibliografia** ............................................. 443

# Introdução

*O propósito básico deste livro é possibilitar tanto aos futuros como aos atuais educadores a compreensão de que o ato de avaliar é um componente essencial do ato pedagógico. A avaliação da aprendizagem, junto ao planejamento e à execução, compõe o algoritmo do ato pedagógico.*

No decorrer deste livro, trataremos a avaliação da aprendizagem sob a ótica operacional; isto é, o leitor encontrará aqui uma compreensão do ato de avaliar a aprendizagem na escola como um meio de tornar os atos de ensinar e aprender produtivos e satisfatórios. Portanto, uma avaliação *de acompanhamento* do processo de obter os resultados desejados. Não se devem procurar neste texto outras abordagens avaliativas.

Nessa ótica, a avaliação é um ato de investigar a qualidade daquilo que constitui seu objeto de estudo e, por isso mesmo, retrata a sua qualidade. Desse modo, ela não soluciona nada, mas sim subsidia as decisões sobre atos pedagógicos e administrativos na perspectiva da eficiência dos resultados desejados. O que implica dizer que, no livro, a avaliação da aprendizagem será abordada como um recurso subsidiário para a obtenção de resultados satisfatórios em ações pedagógicas planificadas no âmbito escolar.

Isso nos leva a informar ao leitor que não desejamos fazer um livro sobre *medidas educacionais*, o que implicaria tratar o ato de avaliar a aprendizagem como se fosse separado do ato pedagógico. Tratar a avaliação como um ato isolado, separado do pedagógico, tem sido a tradição tanto na vida escolar como nas representações da sociedade. Desejamos, nesta obra, romper com esse padrão. O ato de avaliar a aprendizagem é muito mais do que o ato técnico isolado de investigar a qualidade dos resultados da aprendizagem.

Historicamente, aprendemos, com a prática dos exames escolares, a tratar a avaliação como algo à parte do ato pedagógico. Eles sempre ocorreram e continuam a ocorrer em separado dos atos pedagógicos de ensinar e aprender. Porém a avaliação não se dá dessa forma, nem pode-se dar, sob pena de não ser avaliação. Ela é parte do ato pedagógico, formando um todo com os atos de planejar e executar.

Em virtude disso, a 1ª Parte do livro – intitulada "Sem ações pedagógicas planificadas, não há avaliação da aprendizagem" –, em dois capítulos, aborda o tema do projeto político-pedagógico para a escola, no qual a avaliação da aprendizagem se faz presente como um recurso necessário ao sucesso. Essa parte da obra dedica-se à compreensão de que o ato de avaliar é subsidiário da ação eficiente, o que implica ser planejada. Dessa forma, os dois capítulos abordam as finalidades dos atos pedagógicos na escola, assim como os recursos disponíveis para torná-los efetivos. A 1ª Parte, então, dedica-se às condições imprescindíveis para que a avaliação possa existir. A avaliação operacional depende de uma ação planejada, o que quer dizer que desejos claros e assumidos, e, metas, aonde queremos chegar, são parâmetros necessários para permitir que a avaliação se torne efetivamente avaliação. Sem que esteja a serviço de uma ação planejada, a avaliação não tem como existir. O seu ser constitui-se enquanto serve a um projeto de ação.

A 2ª Parte do livro – "A avaliação da aprendizagem como componente do ato pedagógico" – dedica-se, em seis capítulos, à compreensão e à operatividade do ato de avaliar a aprendizagem propriamente dito no seio das ações pedagógicas planejadas na escola. O que é o ato de avaliar, como se distingue dos exames, sua história, resistências a transitar do ato de examinar para o ato de avaliar, instrumentos para a coleta de dados sobre o desempenho do educando são os conteúdos de seus seis capítulos.

A 3ª Parte – "Temas correlatos" –, em dois capítulos, está voltada para algumas questões comprometidas com a avaliação da aprendizagem. Ainda que não sejam diretamente configuradoras de sua abordagem, são necessárias à compreensão do que ocorre e do que precisa ocorrer na escola para que o ato de avaliar se manifeste efetivamente como um recurso subsidiário do sucesso do ensino e da aprendizagem. A ética e as relações interpessoais são dois recursos fundamentais para que o ato de avaliar a aprendizagem se realize a contento. Sem esses dois recursos, dificilmente a avaliação poderá cumprir os seus mais significativos objetivos. Tanto a ética como as relações interpessoais dependem da maturidade emocional do avaliador – no caso, o educador. É desses temas que trata o primeiro dos dois capítulos dessa parte do livro.

O segundo intitula-se "Catado: questões variadas em torno da avaliação da aprendizagem e da educação" e tem por objetivo tratar de alguns escólios, possíveis dúvidas futuras dos leitores, previamente respondidas. São temas e dúvidas que chegaram até mim por meio de perguntas em eventos dos quais participei e questionamentos que me foram feitos via correio eletrônico. Das centenas e centenas de perguntas, selecionei as que continham temas importantes ainda não suficientemente tratados no decurso dos capítulos do livro.

Um pouco de minha história pessoal. Esta obra é resultado da síntese de conhecimentos que fui amealhando nos 42 anos dedicados a esse tema, entre outros de meu interesse pessoal. Meu primeiro contato com o tema da avaliação da aprendizagem deu-se em 1968, como estudante universitário na cidade de São Paulo. Nesse ano, fui estudante em uma disciplina que tratava das medidas educacionais e cujo responsável era o professor Godeardo Baquero – na época, um padre jesuíta –, que publicara um livro intitulado *Testes psicométricos e projetivos*: esquemas para

# Introdução

construção e análise, pelas Edições Loyola. De alguma forma, dessa data para cá, mantive-me trabalhando na área. Durante os anos iniciais da década de 1970, dediquei-me às questões técnicas da avaliação da aprendizagem e, posteriormente, às questões teóricas da sociologia, da filosofia, da psicologia e da pedagogia vinculadas ao tema. O presente livro é uma síntese de tudo isso.

Quanto ao uso deste livro, o leitor poderá utilizá-lo de três formas: a primeira delas é lê-lo como um todo, seguindo capítulo a capítulo; outra é ler capítulos isolados, que mais lhe interessem; há, também, a possibilidade de ler tópicos específicos dentro dos capítulos que lhe possam chamar a atenção. Para facilitar um desses três possíveis usos do livro, o índice está estruturado tanto por capítulos como por tópicos dentro de cada capítulo.

Poderá ainda haver interesse exclusivamente na 2ª Parte, que trata da avaliação da aprendizagem tanto do ponto de vista conceitual como metodológico. Seria possível, então, estudá-la com exclusividade.

Todavia, a nosso ver, a melhor forma de estudá-lo é seguir os capítulos como estão apresentados, na medida em que essa estruturação tem por base o conceito de que a avaliação da aprendizagem só pode ser bem compreendida e praticada, se o seu entendimento se der como um modo teórico e prático de agir comprometido com o ideário e com o cotidiano pedagógicos do educador. O livro está composto tendo essa compreensão como guia e a melhor forma de estudá-lo é seguir essa direção, ainda que o leitor seja absolutamente livre para servir-se dele da forma que melhor lhe aprouver.

Fico agradecido a José Xavier Cortez, pela amizade, e à sua Cortez Editora, por assumir a publicação deste livro. Fico agradecido também aos professores Selma Garrido e Antônio Joaquim Severino, coordenadores da Coleção "Docência em formação", da qual este livro inicialmente faria parte, pelo cuidado que tiveram com o tempo que necessitei para elaborá-lo.

# 1ª Parte

Sem ações pedagógicas planificadas, não há avaliação da aprendizagem

### Nota introdutória à 1ª Parte

# Avaliação a serviço de ações pedagógicas planificadas

*O ato pedagógico – composto de três elementos –
inicia-se com o estabelecimento de metas,
com o planejamento. Sob sua guia, segue a execução,
que, dialeticamente, soma-se à avaliação,
para que se produza o resultado desejado.*

Nesse contexto, a prática da avaliação operacional tem como ponto de partida uma ação intencionalmente planificada. A ação espontânea não oferece condições para uma avaliação operacional pelo fato de não ter uma direção traçada (condição para a existência da avaliação intencionalmente realizada), expressando-se como aquilo que acontece enquanto acontece, o que é diferente de alguma finalidade intencionalmente perseguida e, portanto, construída. Na ação espontânea, o que ocorrer será satisfatório ou frustrante; na ação planejada, há um desejo claro e definido de sucesso, que expressa a meta aonde se quer chegar.

A avaliação operacional, em si, subsidia o sucesso na obtenção dos resultados de uma ação planejada, o que a caracteriza como construtiva; por isso, só pode existir enquanto serve a um projeto de ação configurado e em execução. Ela subsidia

# 1ª Parte

o investimento na busca dos melhores resultados da ação. Sem essa condição, a avaliação operacional não faz sentido, nem mesmo existe. Isso funciona da seguinte maneira: dada uma ação planejada, a avaliação operacional é possível e existe; sem essa condição, ela não existe. Há uma relação de dependência constitutiva entre ação planificada e avaliação operacional.

Por conseguinte, para que a avaliação seja possível e faça sentido, o primeiro passo é estabelecer e ter uma ação claramente planejada e em execução, sem o que a avaliação não tem como dimensionar-se e ser praticada, pois que o seu mais profundo significado, a serviço da ação, é oferecer-lhe suporte, com o objetivo de efetivamente chegar aos resultados desejados.

Do exposto, segue-se que a avaliação caminha *pari passu* com um projeto de ação e a ele se submete. Mais que isso: a existência da avaliação de acompanhamento (conforme definiremos à frente) depende da existência de um projeto em execução. O planejamento define aonde se deseja chegar com a ação, assim como os meios para chegar aos resultados desejados.

Nesse contexto e no caso da prática pedagógica, necessitamos também de uma concepção construtiva do ensino e da aprendizagem. Seria contraditório utilizar um recurso construtivo,

> A expressão "concepção construtiva", aqui, é utilizada intencionalmente para distinguir de "construtivismo". O construtivismo, originário das proposições de Jean Piaget, pode configurar uma ação pedagógica construtiva, porém importa observar que nem toda proposta pedagógica construtiva é construtivista. Por exemplo, a pedagogia da Escola Nova é construtiva, mas não construtivista.

como é a avaliação, no seio de uma proposta pedagógica que, filosoficamente, se apresenta como estática. Com isso, estamos afirmando que não há como praticar avaliação de acompanhamento da aprendizagem na escola tendo como pano de fundo a Pedagogia Tradicional, filosoficamente calcada numa cosmovisão estática sobre o ser humano. E é essa pedagogia que tem sido hegemônica nas escolas, tanto no Brasil quanto fora dele. Não há como trabalhar com o conceito e com a prática da avaliação de acompanhamento da aprendizagem – que é dinâmica – no seio de uma pedagogia que compreende o educando como um ser "dado pronto". Se o ser humano é dado pronto, não faz sentido investir na sua autoconstrução.

A Pedagogia Tradicional fundamenta-se num olhar estático a respeito do educando e por isso sustenta bem a prática de exames na escola – cuja função é classificar o já dado, o já acontecido –, mas não a prática da avaliação da aprendizagem, que opera subsidiando o que está por ser construído ou em construção. Exames e avaliação da aprendizagem são fenômenos e práticas diversas, como veremos à frente, na 2ª Parte deste livro.

A avaliação de acompanhamento exige um projeto que tenha como meta subsidiar de forma construtiva e eficiente o educando no seu autodesenvolvimento, o que se diferencia de "esperar" resultados bem-sucedidos, como usualmente ocorre nas práticas pedagógicas cotidianas em nossas escolas.

*Construir* e *esperar* são duas condutas totalmente diferentes entre si que produzem resultados completamente distintos. A primeira investe e, por isso, busca soluções para os impasses na produção dos resultados; a segunda espera que eles se deem em decorrência de uma ação sem acompanhamento e sem consequente intervenção, ainda que necessários.

Essa também é a diferença entre os atos de "dar aulas" e de "ensinar". No ato de dar aula, *espera-se* que os participantes aprendam; no ato de ensinar, *deseja-se* que eles aprendam e, por isso, *investe-se* na busca desse resultado.

Em síntese, a função da avaliação, *sob a ótica operacional*, é estar a serviço do sucesso de uma ação planejada e eficientemente construída. Para o gestor de uma ação, não interessa qualquer resultado, mas sim o mais satisfatório possível em conformidade com o planejado.

A educação tem como finalidade subsidiar o desenvolvimento do ser humano, que se configura por definições filosóficas, políticas, pedagógicas e didáticas. Isso quer dizer que, para atuar com avaliação de acompanhamento da aprendizagem em educação, temos necessidade de um projeto que delimite o que desejamos com a nossa ação e consequentemente nos oriente na sua consecução.

Hoje, na linguagem mais comum do meio educacional, tal compreensão significa estabelecer um Projeto Político-Pedagógico que guie a ação no cotidiano escolar. O termo "político", neste contexto, refere-se às nossas intenções conscientes ao proporrmos e realizarmos uma ação educativa e pedagógica, tendo em vista a formação do educando como sujeito e como cidadão, o que não implica necessariamente um comprometimento político-partidário. Estamos, então, utilizando o termo numa conotação político-social, o que, em si, não exclui uma conotação político-partidária, mas também não a inclui necessariamente.

Nesse contexto *operacional*, a avaliação é uma prática "cega", pois pode servir tanto a um projeto emancipatório como a um projeto destrutivo do ser humano, à medida que, sob o foco operacional, está a serviço da eficiência na busca dos resultados mais satisfatórios de qualquer projeto, seja ele qual for.

Tanto o professor Paulo Freire se serviu da avaliação operacional para buscar os objetivos emancipatórios do ser humano como Hitler se serviu de seus recursos para chegar aonde chegou em termos de submissão de um povo aos seus ditames. Ou seja, os resultados obtidos por ambos decorreram dos projetos de ação, e a prática avaliativa serviu a cada um deles, tornando-os eficientes.

Assim, para que possamos trabalhar na busca e construção de resultados satisfatórios da aprendizagem, necessitamos de clareza quanto às finalidades, quanto aos resultados que desejamos buscar e quanto a quem eles servem e/ou servirão, o que, em síntese, significa estabelecer um projeto filosófico-político para essa ação.

Importa observar que a avaliação operacional, da qual trata este livro, não constrói o projeto político-pedagógico, mas o pressupõe e o serve. Porém o educador, como gestor da sala de aula, que opera com a avaliação da aprendizagem, é quem precisa fazer previamente a escolha e ter a posse das finalidades filosóficas, políticas e pedagógicas que darão rumo à sua ação.

O termo "projeto" tem sua origem etimológica no latim (*pro* = à frente e *jactare* = lançar) e tem a ver com a projeção de desejos claros a serem buscados e realizados – metas filosóficas a serem atingidas por meio de metas operacionais, de tal forma que se possa chegar a resultados concretos.

Por vezes, nossos desejos são confusos e, em consequência, nossa ação também o será. Para chegarmos a resultados efetivos decorrentes de determinada ação, necessitamos ter nossos desejos configurados com clareza e assumidos conscientemente, assim como os meios pelos quais chegaremos aos resultados desejados. Afinal, o que é planejar senão clarear os desejos e, com base neles, estabelecer metas práticas assim como os recursos que as viabilizem?

Dentro desse contexto, nesta 1ª Parte do livro, trataremos do comprometimento da avaliação da aprendizagem com um Projeto Político-Pedagógico para a escola. Se a avaliação, na sua modalidade operacional, serve a um projeto, cabe perguntar: que projeto é esse? Em dois capítulos sucessivos, faremos indicações teórico-práticas para a composição de um Projeto Político--Pedagógico para a escola, o qual, por seu turno, configura uma proposta político-pedagógica que, tendo por base crenças filosóficas e políticas do autor deste livro, se mostra coerente com a compreensão da avaliação da aprendizagem como um recurso dinâmico para a obtenção dos resultados almejados.

A configuração pedagógica que se segue expressa, de um lado, um olhar político-pedagógico a serviço do qual gostaríamos que estivesse a avaliação da aprendizagem em nossas escolas e, de outro, um exemplo da compreensão de como a avaliação operacional está obrigatoriamente a serviço de finalidades mais abrangentes. Mostra, ademais, que, quando operamos com o exercício avaliativo, não podemos isentar-nos de manter claras nossas opções filosóficas e lucidez sobre os recursos capazes de mediar sua consecução, sob pena de não chegarmos a nenhum resultado significativo e efetivo.

Contudo, devemos ter consciência de que esse olhar construtivo ainda não conseguiu ocupar um lugar hegemônico em nossas práticas escolares cotidianas. Ainda somos, como já sinalizamos, na maior parte das vezes, dirigidos pela filosofia da Pedagogia Tradicional, que vê o ser humano como um ser dado pronto, o que implica, nesse contexto, a impossibilidade do uso da avaliação, que é construtiva. Um ato pedagógico construtivo, no caso, como é a avaliação da aprendizagem, pode ser contraditório com um projeto pedagógico que compreende e assume, consciente ou inconscientemente, que o ser humano chega ao mundo pronto.

As crenças que, de modo consciente ou inconsciente, dirigem nossa ação educativa constituem os critérios político-pedagógicos que orientam nossos atos no cotidiano. Infelizmente, na maior parte das vezes, nossas crenças atuam de modo inconsciente, sob a forma de senso comum, decorrente de crenças e hábitos adquiridos e sedimentados ao longo da história pessoal e social. Para que uma prática pedagógica e para que uma prática de avaliação sejam consistentes, cabe-nos ter a direção clara e consciente de nossas atividades. Por isso, o Projeto Político-Pedagógico deve ser o plano que dirige todas as atividades numa escola, sejam elas pedagógicas ou administrativas; ele unifica e orienta todas as ações aí executadas.

Em torno dos anos 1980 do século XX, a expressão "Projeto Político-Pedagógico" substituiu a expressão "filosofia da escola", mediante a qual se definiam as finalidades que guiavam a escola. A sua atual configuração incorpora as delimitações filosóficas, assim como seus mediadores – recursos necessários para sua efetiva execução e consecução. A nova expressão tem a vantagem de chamar nossa atenção para a necessidade de definir, de um lado, as finalidades filosóficas da ação (aspecto filosófico-político) e, de outro, as mediações para realizar essas finalidades (aspecto pedagógico).

Desse modo, o Projeto Político-Pedagógico da escola contém tanto nossos desejos em termos dos resultados mais abrangentes e significativos decorrentes da ação quanto uma configuração dos recursos pedagógicos – teóricos e práticos – dos quais vamos nos servir para que nossos anseios mais abrangentes se traduzam em

# 1ª Parte

> "Mediações" são os entendimentos e as ações que transformam os desejos complexos em realidades concretas. Poderíamos dizer que nenhum desejo se realiza sem múltiplas ações orquestradas para essa finalidade.

realidade. Marx lembra-nos que nenhuma teoria (no nosso caso, nenhum projeto político-pedagógico) vai à prática sem passar por múltiplas mediações. A avaliação operacional é um desses mediadores; sua função, como vimos, é estar a serviço da eficiência da ação. Ação – seja ela qual for – sem eficiência significa "castelos no ar".

Nossa proposta de um projeto político-pedagógico construtivo para a escola, a serviço do qual a prática avaliativa faz sentido, é um convite não só para compreender que a avaliação operacional pode funcionar apenas se estiver comprometida com um projeto de ação, mas também para repensar os desejos/objetivos que temos ao realizar nossos atos educativos e pedagógicos.

Os dois capítulos desta 1ª Parte contemplam o projeto de ação educativa na escola. O primeiro deles configura os anseios filosófico-políticos de uma prática educativa construtiva, e o segundo trata dos mediadores para chegar a esses resultados. Só nesse contexto e a serviço do mesmo, a avaliação operacional da aprendizagem fará sentido. Nas entrelinhas dos dois capítulos sempre aparecerá uma ou outra sinalização do papel da avaliação na ação pedagógica planejada.

# I

# Projeto Político--Pedagógico da escola e seus parâmetros para a avaliação da atividade docente e discente

*O ponto de partida para atuar com avaliação é saber o que se quer com a ação pedagógica. A concepção pedagógica guia todas as ações do educador. O ponto de partida é saber aonde desejamos chegar em termos da formação do educando. Afinal, que resultados desejamos? Ou seja, precisamos definir com clareza o que queremos, a fim de produzir, acompanhar (investigar e intervir, se necessário) para chegar aos resultados almejados. O Projeto Político-Pedagógico configura tanto a direção da prática educativa como os critérios da avaliação. Oferece a direção para a ação pedagógica e, ao mesmo tempo, é guia e critério para a avaliação. O que ensinado e aprendido é avaliado, para vir a ser melhor. Se queremos compreender e atuar adequadamente em avaliação da aprendizagem, necessitamos de iniciar por esse ponto de partida.*

Neste capítulo, cuidaremos do que desejamos com a prática educativa, isto é, da filosofia que nos orienta de modo consciente e que sustentará de modo significativo nossa ação pedagógica em sala de aula.

## 1ª Parte

Será que, em nosso dia a dia escolar, temos tido clareza da direção para onde estamos conduzindo os resultados de nossa prática educativa, assim como da direção para onde estamos conduzindo nossos educandos, por meio das ações que praticamos cotidianamente em nossas escolas? Temos consciência dos valores e das crenças que dirigem nossas ações ou será que agimos dirigidos por um "senso comum inconsciente" e dominante no nosso meio? Afinal, para que educamos?

As respostas a essas perguntas definem o projeto de nossa ação educativa. A nosso ver, um aspecto fundamental a ser levado em conta no processo de definir a faceta filosófico-política para a prática educativa em nossa escola é uma visão do educando articulada com o mundo que o cerca.

No que se segue, dedicar-nos-emos a esse tema. A aparente ausência de escolha de parâmetros filosóficos conscientes para nossa ação não significa não estarmos sendo orientados por uma filosofia. Se não tivermos um posicionamento filosófico, crítico e consciente, certamente estaremos seguindo a orientação filosófica predominante no nosso meio sociocultural por meio do senso comum, o qual, na maior parte das vezes, é habitual, automático e inconsciente.

O foco fundamental de uma filosofia da educação, a nosso ver, deve partir do fato de que o ser humano está no centro de atenção da prática educativa, à medida que, por meio dela, deverá ser ajudado a tornar-se, ao mesmo tempo, "sujeito" e "cidadão", tendo em vista viver consigo mesmo e conviver com os outros neste mundo, com suas múltiplas possibilidades e necessidades. Propomos como metas da prática educativa formar o educando na constituição de si mesmo 1) como sujeito e 2) como cidadão, 3) conectado com o sagrado.

As metas da prática educativa na escola são os parâmetros para a prática de atribuição de qualidade à aprendizagem. A avaliação, tendo por base esse parâmetro, retratar-nos-á se nossos atos educativos estão ou não nos conduzindo para as metas que escolhemos. Caso não estejam, como corrigir a sua direção a fim de que rumem para lá?

## 1. Formação do educando

Nesta seção, vamos estabelecer uma compreensão e uma configuração do destino de nossa ação – o educando. É preciso compreender quem é o educando e como ele se expressa, a fim de, consequentemente, definir como atuar com ele para auxiliá-lo em seu processo de autoconstrução. A meta é propiciar-lhe as condições o mais adequadas possíveis – seu acolhimento, o oferecimento de conteúdos e atividades necessários à aprendizagem e ao desenvolvimento, a efetiva avaliação da aprendizagem –, para que possa desenvolver-se segundo suas possibilidades e características. Para tanto, importa saber como ele é, de modo que saibamos como atuar com ele. No que se segue, vamos estudar o educando com base em si mesmo e naquilo que o cerca, como sujeito, como cidadão e como respeitador do sagrado, qualidades suas para cujo aprimoramento estaremos contribuindo com nosso esforço de saber quem ele é e qual o seu destino.

### 1.1. Formação do educando como sujeito

A meta de todo ser humano, a nosso ver, é tornar-se "sujeito" – isto é, tomar posse de si mesmo –, a fim de ser capaz de confrontar-se com as facilidades e dificuldades da vida e do mundo, administrando-as para o seu bem-estar, assim como do outro e do meio ambiente. Numa linguagem freudiana, essa meta seria formar um "eu" saudável. Então, um objetivo fundamental da prática educativa é propiciar condições para que cada educando se torne um sujeito. Em nosso dia a dia, será que temos prestado atenção no fato de que nossas ações educativas só fazem sentido se subsidiarem nossos educandos para se tornarem sujeitos autônomos, independentes, senhores de si?

Para termos uma concepção e uma prática que ofereçam sustentação ao exercício de uma educação construtiva dos nossos educandos, necessitamos partir da sua fenomenologia.

O ponto de partida é que, como humanos, fenomenologicamente somos indivíduos, ou seja, nascemos e vivemos como uma unidade na relação com tudo o mais. Os componentes etimológicos do termo indivíduo são *in* + *diviso*, isto é, aquilo que "não é dividido", porém, sim, uno. Como indivíduos, temos uma experiência interna e única que precisa ser preservada, alimentada e fortalecida para que cada um possa administrar sua vida, seus talentos e desejos. Contudo, cada um também precisa ser autodesenvolvido para perceber que não é o único no mundo a ter individualidade. Outros também a têm. É dessa forma – como indivíduos em relação – que cada um de nós contribui para o todo. Será que, no nosso dia a dia escolar, temos investido nisto – no fortalecimento da individualidade de nossos educandos sem que, com isso, cheguemos ao extremo do narcisismo? O "eu saudável" é o eu que cuida dos seus direitos e os preserva, mas, simultaneamente, faz o mesmo com relação aos dos outros, ou seja, cumpre com os seus deveres.

O segundo ponto importante é que, também fenomenologicamente, tanto nosso educando como nós somos seres em relação. Nós nos formamos na interação com o meio que nos cerca assim como com os outros seres humanos.

O termo interação faz-nos lembrar que, na condição de seres humanos, *tanto estamos no meio ambiente e social como, ao mesmo tempo, o transcendemos*. Vivemos no meio, mas não nos contentamos com ele como é. Agimos sobre ele, transformando-o, a fim de satisfazer nossas múltiplas e variadas necessidades; chegamos mesmo, por meio de nossa ação, a ultrapassar nossas necessidades materiais, alçando voos para satisfazer nossas necessidades culturais e espirituais.

A expressão "espiritual", aqui, não é entendida numa configuração religiosa, uma vez que as religiões são confessionais e por isso, usualmente, dogmáticas. Falamos, sim, de necessidades espirituais como as que vão para além da materialidade do cotidiano; falamos das aspirações que se dão no coração e na alma de cada um, assim como na alma e no coração dos povos; aspirações de viver bem e em plenitude. Todos nós – filósofos, poetas, cientistas, literatos, místicos, práticos, construtores dos mais variados bens e recursos – vivenciamos experiências que vão além da cotidianidade; são experiências inefáveis que temos diante das mais variadas situações, tais como uma criança que se expressa, um pôr do sol nostálgico, o alvorecer de um novo dia, um ato de amizade, o compartilhamento de um ritual...

Os seres dos reinos mineral, vegetal e animal não humano, até onde conseguimos compreender, vivem de forma contígua ao mundo que os cerca. Convivem, crescem e movimentam-se sem agir "sobre" o meio, ou seja, sem transformá-lo intencionalmente e, em consequência, sem transcendê-lo.

O ser humano está, da mesma forma, inserido no meio que o cerca e com ele vive e convive, contudo também o transcende por meio de sua capacidade de agir e de compreender "como" age e a razão pela qual age.

> Carl Gustav Jung estudou, em suas diversas e variadas obras, as práticas humanas que revelam as necessidades espirituais do ser humano. Não as estudou como expressões confessionais religiosas, mas como expressões das necessidades espirituais do ser humano. Se o leitor tiver desejo de aprofundar-se nos estudos desse pesquisador, há uma tradução de suas obras completas publicada pela Ed. Vozes, Petrópolis.

Em sua ação, manifesta a intencionalidade, o que o difere de todos os outros seres com os quais vive e convive no planeta Terra.

Observamos, ainda na perspectiva fenomenológica, não somente que o ser humano age para satisfazer suas necessidades, como também que sua ação tem um efeito sobre ele mesmo. Enquanto o ser humano age sobre o mundo externo, o seu próprio modo de agir atua sobre sua pessoa, constituindo-o como sujeito e como cidadão.

> Por "práxis", aqui, compreendemos o conjunto das intencionalidades, acompanhadas de ações efetivas, do ser humano junto de si mesmo, dos outros e do meio.

Por intermédio da nossa práxis, individual e coletiva, modificamos o meio; à mesma medida que o modificamos, também modificamos a nós mesmos em decorrência de agirmos. Como seres humanos, somos agentes, e os agentes aprendem ao agir; refinam sua ação ao agir múltiplas vezes sobre uma mesma coisa. Nossa ação constitui-nos tanto em nosso modo de ser físico (nosso corpo) quanto em nosso modo de ser psíquico, social, cultural e espiritual (nossa personalidade). Em síntese, o ser humano, por suas características, não é um ser submisso ao meio.

Será que, em nosso cotidiano pedagógico, temos buscado estar inseridos no meio e, ao mesmo tempo, transcendê-lo? Temos tido cuidados suficientes para que nossos educandos aprendam a perceber-se inseridos no meio e com os outros, além de, individual e coletivamente, aprenderem a juntar forças a fim de experimentar novas possibilidades e a estar sempre disponíveis para encontrar novas soluções para os impasses da vida? Afinal, temos ajudado nossos educandos a perceber que, sendo indivíduos, também fazem parte de um todo, que precisa ser criativo e construtivo para dar conta das necessidades emergentes? Ajudar nossos estudantes a preparar-se para o futuro, bem como a viver melhor no presente, significa investir efetivamente em sua aprendizagem para a autoconstrução individual e coletiva. Será que temos feito isso em nossas aulas e práticas escolares?

Em síntese, para construir um projeto político-pedagógico para a prática educativa, importa compreender e assumir na prática cotidiana que o ser humano, em suas dimensões individual e coletiva, é um ser inserido no mundo e que, pela ação, o transcende, tendo em vista satisfazer suas necessidades, ao mesmo tempo que constitui a si mesmo à medida que age. E, assim sendo, o ser humano de hoje já não é o dos períodos históricos anteriores, assim como não será o de amanhã; ele é o ser humano de hoje.

Em que focos devemos investir, em nossa atividade pedagógica, para que nossos educandos se formem como seres humanos que cuidam de si e dos outros, assim como do meio em que vivem? O primeiro foco tem a ver com a *relação consigo mesmo*.

Importa ajudar nossos educandos a fazer contato consigo mesmos, seu corpo, suas sensações, seus sentimentos e entendimentos, o que quer dizer conhecer-se e, conhecendo-se, formar-se e transformar-se. Em síntese, "tomar posse de si mesmo". A autoconsciência é um recurso fundamental para nos conhecermos e termos domínio sobre nós mesmos, assim como sobre nossos atos.

A denominada "má-educação" e a fragilidade dos nossos educandos na tarefa de sustentar os próprios desejos têm a ver com o pouco investimento de nós, pais e educadores, em sua educação emocional. Em nossas escolas, temo-lhes oferecido os conteúdos científicos, culturais e artísticos, mas temos investido pouco em sua educação como pessoas, como sujeitos.

# 1ª Parte

"Tomar posse de nós mesmos" significa constituir o nosso "eu pessoal", que nos permite viver com a nossa autoimagem e relacionar-nos da melhor forma possível com o mundo exterior a nós. O que todos nós, coletiva e individualmente, desejamos é "viver bem". Parece, pelo testemunho de nossa prática cotidiana, que ninguém escolhe, em sã consciência, "viver mal". Como então, na prática educativa, agiremos para que nossos educandos assumam o seu "eu pessoal"? Permitiremos que expressem suas possibilidades, confrontando-os amorosamente, ou faremos tudo de forma autoritária, para que sejam do jeito que queremos? A nosso ver, nosso papel é acolher e confrontar o educando, para que ele constitua o seu "eu" tendo por base suas potencialidades, as quais se manifestam e se manifestarão em suas ações no dia a dia, na convivência consigo e com os outros.

A constituição do "eu" faz com que nos tornemos íntegros e, ao mesmo tempo, diferenciados uns dos outros. De fato, já nascemos diferenciados, temos um pai e uma mãe específicos, nascemos numa data, hora e local específicos... Contudo, isso não é suficiente para nos diferenciarmos como um "eu" que age por si, com independência e autonomia. Esse "eu" é constituído nas relações interpessoais, somando-se nossas características individuais biológicas, de nascimento, às que adquirimos na convivência com nossos pais, parentes, amigos e educadores no ambiente sociocultural. A escola tem um papel importante nesse processo, à medida que o educando que a ela vem nela permanece por anos sucessivos, por pelo menos quatro horas diárias entre seus muros. Tempo útil para que as atividades escolares se somem a todas as outras experiências do educando, subsidiando sua formação.

O termo "formação" tem a ver com o ato de formar, ou seja, "dar forma a". Cada educando dará forma a si mesmo, subsidiado por todas as características que herdou geneticamente, somadas às suas experiências biográficas. Aristóteles, filósofo grego do século IV a.C. fundamental para a cultura ocidental, diz que a forma expressa a essência de cada ser – no caso, de cada um de nós. Desse modo, a essência pessoal de cada um de nós não é dada desde o início e pronta, mas constituiu-se pelo somatório do que recebemos como herança, acrescido do que vivemos como seres de relações nesta experiência de vida.

É com esse "eu" que nós escolhemos e agimos, é com ele que nos relacionamos, com ele nos defendemos, com ele interagimos com os outros e com o mundo. O "eu" é complexo por constituir-se de todos esses elementos intervenientes, que poderão estar presentes em nossa experiência de modo tanto consciente como inconsciente, comandando nossas ações.

De modo consciente, temos algum controle de tudo o que fazemos, mas os fatores inconscientes atuam automaticamente, razão pela qual, por vezes, nos perguntamos: "Por que motivo agimos dessa forma, se desejávamos agir de modo diferente?" Na maior parte das vezes, os fragmentos de nossa história de vida que nos prendem ao passado e dos quais não temos consciência é que, neste caso, dirigem nossa vida.

À luz dessa compreensão, entendemos e assumimos que o centro de atenção da prática educativa escolar é a pessoa do educando; é ele quem necessita aprender para desenvolver-se e para, consequentemente, tornar-se sujeito de si mesmo assim como cidadão, como veremos mais à frente.

Nesse contexto, importa ter presente que os currículos escolares, com tudo aquilo que os compõe, serão mediadores do processo de desenvolvimento e da constituição do educando como pessoa e, consequentemente, como cidadão.

Nossas escolas, usualmente, estão focadas mais no currículo do que na formação da pessoa do educando. Centrar-se na pessoa do educando, servindo-se do currículo como mediador de sua formação, implica um ideário de construção da sua individualidade autônoma, o que, em última instância, significa a busca da emancipação humana, a serviço de si mesmo e do outro. Da vida, afinal de contas.

A escola centrada no currículo praticamente obscurece o educando como pessoa; ao contrário, a escola centrada na pessoa do educando serve-se do currículo como meio dos processos de sua aprendizagem, desenvolvimento e constituição. O currículo, num processo educativo escolar, é somente o mediador da formação do educando, nunca a finalidade da escola.

Constituir-nos como sujeitos é uma tarefa para toda a vida de cada um de nós, enquanto ela durar. Essa é a possibilidade de termos consciência de nós mesmos como sujeitos de direitos e deveres, ou seja, com a capacidade de sustentar nosso lugar na vida e no mundo, servindo-nos de nossos direitos e assumindo nossos deveres na relação com os outros.

Psicologicamente, nós nos constituímos por meio da organização e sustentação do nosso eu. Nesse caso, guiando-nos pelo senso comum, a prática mais usual no nosso dia a dia – na família, na escola, na vida social ou religiosa – é buscarmos a submissão do outro, o que decerto não cria condições para a formação de um sujeito constituído por um "eu" saudável, autônomo e senhor de si, capaz de relações recíprocas.

> Jean Piaget deixa claro que a reciprocidade nas relações interpessoais depende do nível de maturidade do sujeito. As posições de dependência (submissão) ou de superioridade (arrogância) suprimem as condições básicas de relações recíprocas.

O "eu" de cada um de nós expressa-se pela organização complexa e estável de nossa personalidade, condição que nos possibilita estar no mundo e diante dos outros sem ser prisioneiros e também sem ser predadores. Esse "eu" saudável permite-nos – sem medo (fator que nos submete aos outros e à vida como um todo) e sem agressividade (fator que nos faz submeter os outros e a vida a nós mesmos) – estar no mundo, expressando nossos desejos e necessidades assim como permitindo aos outros expressar seus desejos e suas necessidades. O "eu" saudável proporciona-nos ser e estar no mundo sem nos submetermos e sem submetermos o outro. Faculta-nos ser quem somos, vivendo e convivendo, da melhor forma possível, com nós mesmos e com os outros, com o meio que nos cerca e com o sagrado, escolhendo e assumindo nossas responsabilidades, sem depositar no outro a responsabilidade por aquilo que pertence a nós – seja pelos nossos atos, seja pela nossa vida.

Pelas razões anteriormente indicadas, o objetivo fundamental da prática educativa é oferecer ao educando condições de aprendizagem e, consequentemente, de desenvolvimento, tendo em vista sua formação como sujeito e como cidadão. Nós, os seres humanos, somos simultaneamente sujeitos e cidadãos, ou seja, estamos em constante relação com nós mesmos, com os outros e com tudo o que nos cerca.

Convém sempre ter presente a pergunta: como levaremos essa proposta à prática cotidiana em nossas escolas? Se esse de fato é nosso objetivo, importa, no cotidiano escolar, trabalhar para que isso se efetive. Tal disposição exige um pouco mais do que somente dar aulas sobre os conteúdos das matérias sob nosso encargo. Expondo a questão de outra forma: como, com a área de conhecimentos (disciplina) com a qual lidamos, podemos e devemos ajudar nossos educandos a formar-se como sujeitos que

# 1ª Parte

> A relação com os pares depende muito da nossa formação emocional. Daniel Goleman, no seu livro *Inteligência emocional* (Ed. Objetiva, Rio de Janeiro, 1995), apresenta muitas sugestões de cuidados necessários para a formação emocional de nossos educandos que vale a pena consultar.

vivem e convivem com os seus pares da melhor forma possível?

Então, nosso trabalho, como educadores, exige atenção a este primeiro ponto – criar condições para que o educando se forme como sujeito.

## 1.2. Formação do educando como sujeito-cidadão

Antes de tudo, há que ter presente que, quando tratamos separadamente, neste texto, "sujeito" e "cidadão", estamos apontando facetas diversas do ser humano, as quais só podem ser identificadas em separado de modo didático. De fato, ser sujeito implica ser cidadão. São duas facetas da mesma realidade: o educando, uno e indivisível, simultaneamente sujeito e cidadão.

Mas, neste contexto, o que significa formar o educando como sujeito-cidadão? Esse deve ser o segundo foco de atenção num projeto pedagógico escolar.

Um aspecto de nossa realidade fenomenológica é o fato de que nos relacionamos com os outros seres humanos e com eles convivemos sob variadas modalidades de relações: positivas – como acolher, colaborar, ajudar –, mas também negativas – como submeter e dominar em proveito próprio ou de interesses de pequenos grupos, conforme observamos todos os dias nos noticiários dos meios de comunicação. Isto é, na fenomenologia que conhecemos, o ser humano convive com outros tanto igualitariamente, usufruindo todos os benefícios da vida, quanto se servindo deles de forma desigual, egocentrada, exploradora e autoritária.

Aqui, do ponto de vista constitutivo do ser humano, o fato fundamental é que convivemos com os outros. Essa convivência expressa-se como uma forma de agir em relação com os outros e, como toda forma de agir, modifica, simultaneamente, tanto o meio em que o sujeito está inserido quanto o sujeito em si mesmo, constituindo-o como cidadão. Por meio da ação da convivência, aprendemos a conviver e, portanto, a tornar-nos cidadãos.

Na "cidade" todos temos nosso lugar. Todos temos direito à vida, à sobrevivência com dignidade, à convivência com os outros em situação de igualdade. As diferenças não diminuem ninguém; ao contrário, constituem a realidade de todos nós nesta vida. Temos, ainda, direito à educação, à liberdade de expressão, direito de alimentar-nos, de vestir-nos, de ter saúde, de morar, de ir e vir, de viver bem e ter lazer e alegria. Direitos que todos os outros também têm. A cidadania é a fonte das condutas éticas, que nos possibilitam a todos viver e conviver da melhor forma.

O "outro", com o qual convivemos, compõe-se não só das outras pessoas, mas também do meio ambiente e de tudo o que está contido nele, condição de nossa sobrevivência.

> O termo "cidade", aqui, foi empregado entre aspas para indicar que não o estamos tomando em seu sentido literal, de espaço geográfico ocupado pelo ser humano em sociedade, mas, sim, no sentido da convivência social, assim como dos direitos e deveres de cada um. Cidadão é aquele que convive com os outros, usufruindo os seus direitos, mas também, ativamente, contribuindo para que os outros possam usufruir os seus.

Nós nos relacionamos com o meio que nos cerca, utilizando-o, preservando-o ou, de forma negativa, depredando-o.

Aqui cabe a pergunta: na prática educativa, temos investido no ensino da convivência com o outro e com o meio ambiente aos nossos educandos? Em nossas ações educativas futuras, estamos dispostos e decididos a dar atenção especial a essa faceta do ser humano ou a trataremos superficialmente?

O outro, pessoa ou meio ambiente, é o fundamento para nossas condutas éticas. O "bem", a "felicidade", o "Ser", "Deus" são conceitos muito abstratos e distantes para servirem de fundamento para a conduta ética; poderão até servir como fundamentos indiretos da ética, mas não direta e imediatamente. O outro está aqui, direta e imediatamente, junto a mim, a você, a cada um de nós, com os mesmos direitos e deveres que cada um tem. É com o outro que vivemos o cotidiano, partilhando necessidades e possibilidades existenciais. Olhando para o outro, encontramos uma razão de ser para o nosso agir, de tal forma que eu e o outro, juntos, possamos garantir a vida para *todos nós* – uma vez que, como seres humanos, somos iguais em direitos e deveres.

Assim, a fonte da ética é o outro. Todavia, para vivermos eticamente nesse contexto, importa mais *servir* do que *respeitar* o outro; mais servir o meio ambiente que respeitá-lo. O serviço é ativo, eficiente, ao passo que o respeito, na maior parte das vezes, é passivo. Respeita-se o outro, mas, em favor dele, "não se move uma palha". Que respeito é esse?

Desse modo, a fonte da ética, no processo de formação do educando, tem a ver com a relação com o outro, o que não retira nem diminui a necessidade do cuidado de nós mesmos. Há que haver um equilíbrio entre o cuidar de si e o cuidar dos outros. Cuidar dos outros com exclusividade, sem ter cuidados com nós mesmos, certamente nos conduzirá ao esgotamento. Se, ao contrário, só cuidarmos de nós mesmos, descuidando do outro, levaremos o outro ao esgotamento. De todo jeito, "saco vazio não permanece em pé", diz o ditado popular. Há que cuidar de ambos os lados, do individual e do coletivo, equilibradamente. O egocentramento é destrutivo para o indivíduo e para suas relações, assim como é destrutiva a generosidade excessiva. Há que aprender a justa medida: estar a serviço de si mesmo e do outro, a fim de garantir o fluxo equilibrado e saudável da vida.

A formação do sujeito e a formação do cidadão são duas facetas do mesmo ato educativo, o que, em síntese, conduz ao sujeito-cidadão. Enquanto cada educando aprende a cuidar de si mesmo e assenhorear-se de suas qualidades e necessidades, deverá aprender a respeitar e servir o outro. E, enquanto aprende a respeitar e servir o outro, deverá aprender a respeitar e servir a si mesmo. Formação pessoal sem a perspectiva da cidadania conduz ao individualismo, ao egocentramento; mas, por outro lado, formação da cidadania sem a perspectiva do sujeito conduz à sociedade massificada, autoritária, linear, onde os indivíduos não contam. Sujeito-cidadão é aquele que aprendeu a cuidar de si e a cuidar do outro, ambos seres com os mesmos direitos à vida, aos bens necessários para mantê-la, com os mesmos direitos a crenças, valores e à expressão.

Lawrence Kohlberg, psicólogo norte-americano, nos idos dos anos 1970 publicou um artigo em que identificou três fases no processo do desenvolvimento ético do ser humano: *pré-convencional*, *convencional* e *pós-convencional*.

Do pré-convencional ao pós-convencional há, no caso, um crescendo em termos de amplitude no processo de relação consigo mesmo e com o outro. Olhar para essas três fases – e consequentemente três níveis – de ética ajuda-nos a dar forma à nossa atividade de auxiliar nossos educandos a formar-se numa perspectiva ética e, portanto, cidadã. Em que fase de desenvolvimento ético se encontram nossos educandos? E para qual nível nós estaremos a orientá-los? Em termos de desenvolvimento, eles já são capazes de dar novos passos na construção de sua conduta ética?

A fase *pré-convencional* caracteriza-se por ser egocentrada, regulando o objetivo da ação e da vida pela lógica do "tudo para mim e nada para os outros". Jean Piaget afirmou que a nossa primeira fase de desenvolvimento é egocêntrica, no sentido de que, no início de nossa formação, na fase infantil, precisamos mesmo puxar tudo para nós, uma vez que estamos lançando as bases para a formação da nossa personalidade, e então necessitamos do maior número de coisas e parece que tudo, incluindo aí o pai e a mãe, só existe para garantir nossa sobrevivência e satisfação. Nessa fase, olhamos somente para os nossos interesses e desejos, e os outros, nesse contexto, só existem para reduzir nossas possibilidades. Essa é uma ética infantil, admissível em crianças pequenas.

Em torno dos 6, 7 anos de idade, a criança principia a reconhecer a existência do outro, o que se expressa pelo fato de começar a reconhecer "regras e papéis" em suas relações. Inicia-se, então, a *fase convencional* da experiência ética, que, segundo Kohlberg, tendo por base a visão de Piaget, se caracteriza por ser sociocentrada: aprendemos a reconhecer que, além de nós, existem outros seres humanos à nossa volta que, por sua vez, necessitam sobreviver. É a ética em que impera o cumprimento do pacto social, do contrato. É uma ética que tem seu centro no padrão jurídico, em que cada um cumpre sua parte no contrato para que todos sobrevivam. Está assentada na norma socialmente estabelecida.

A expressão "socialmente estabelecida" pode referir-se tanto aos pactos que cada um realiza com outra pessoa de forma particular quanto aos pactos juridicamente instituídos pela legislação de determinado país, nação ou Estado. Agir sob o prisma da ética convencional significa agir nos limites da "lei", seja ela estabelecida na relação formal entre duas pessoas ou, no âmbito legislativo, pela autoridade constituída para tanto.

A terceira fase do desenvolvimento ético do ser humano é a *pós-convencional*, que se caracteriza por ser cosmocentrada, estando "a serviço da vida". Nesse nível ético, já não se age só para o bem-estar pessoal ou pelo bem imposto pelos limites da lei, mas sim por uma decisão amorosa a serviço da vida. Esse nível ético expressa-se quando, já tendo cumprido o que nos cabe cumprir em decorrência de um pacto social, nos dispomos a fazer algo que está para além dele. Exemplos universais desse tipo de ética são Jesus de Nazaré e Buda, entre outros, citando clássicos do passado; Madre Teresa, Martin Luther King e Nelson Mandela, lembrando personagens mais próximos de nós.

Contudo, nós mesmos podemos praticar atos que se caracterizem por esse nível de ética. Vamos supor que às 18 horas de determinado dia de trabalho, já tendo cumprido todo o nosso horário pactuado com a instituição onde trabalhamos e tendo realizado todas as tarefas que nos cabia realizar, estamos livres para ir para casa. Nessa hora, todavia, tomamos consciência de que um colega nosso de trabalho está com suas atividades atrasadas. Se ele permanecer sozinho fazendo sua tarefa, que *convencionalmente* é de sua responsabilidade, trabalhará no mínimo até as 20 horas. Então, decidimos permanecer no trabalho e dividir com o colega a tarefa que está para ser concluída, e, juntos, concluímo-la em uma hora de trabalho, saindo ambos às 19 horas, em vez de um às 18 e o outro às 20 horas. Essa atitude é pós-convencional. Ela está para além de ser egocentrada ou sociocentrada. É cosmocentrada, tem a ver com o cuidado amoroso com o outro.

Nossos educandos, em suas diversas fases de desenvolvimento, agem com que nível ético? Temos estado atentos à questão ética em nossas práticas educativas cotidianas, conscientizando-nos de que nossos educandos deveriam chegar, no mínimo, à conduta ética convencional, de modo que ao menos possam assumir a responsabilidade pela sua parte nos diversos pactos e contratos da vida, respeitando os outros? O ideal, acreditamos, seria que todos nós, na idade adulta, chegássemos ao nível pós-convencional; contudo, no mínimo, que cheguemos a adquirir o hábito de respeitar ativamente os pactos individuais e coletivos. Desse

# 1ª Parte

modo, já teríamos uma vida social organizada na qual, se não podemos estar "a serviço da vida", ao menos podemos assegurar que todos vivam e sobrevivam no limite da "lei".

Pedagógica e politicamente, a nosso ver, um bom projeto para a escola tem como meta a formação do sujeito-cidadão, o que significa um projeto escolar a serviço da formação da pessoa humana em todas as suas dimensões; portanto, um projeto da emancipação de cada um, em busca e a serviço de si mesmo, mas também em busca e a serviço do outro (pessoas e meio ambiente), tanto nas experiências mais simples do cotidiano como nas experiências mais complexas da vida.

Esses cuidados devem manifestar-se em todas as nossas condutas cotidianas, desde o ato de servir-nos de um sanitário, deixando-o limpo para o próximo que vai utilizá-lo, até a participação na vida política da cidade, construindo leis ou administrando as finanças públicas a serviço da vida social e não da pessoal; desde o uso de um espaço público com a consciência de que é de todos até a administração de bens públicos como efetivamente de todos e, por isso, também nosso.

O sujeito-cidadão precisa ser formado desde cedo, para que possa, ao mesmo tempo, ser cuidadoso consigo mesmo e com o outro, constituindo-se como um sujeito ético comprometido com o "serviço à vida".

Podemos ajudar nossos educandos a formar-se eticamente tendo por base situações

> Há algum tempo, escrevi um texto intitulado "Ética e prática educativa", publicado na página "Coluna" da revista *ABC Educatio*, São Paulo, n. 44, abr. 2005; que trata da formação ética; esse texto encontra-se também em meu *site* – www.luckesi.com.br –, na página "Artigos: revista *ABC Educatio*".

comuns da vida cotidiana, tais como: relação respeitosa com os colegas (evitar apelidos, desqualificações, ajudar nos momentos necessários, incluir nas atividades...); manter a sala de aula limpa e arrumada; respeitar professores e funcionários, dialogando com eles quando necessário (os educadores também necessitam abrir-se ao diálogo – uma forma de ensinar pelo exemplo); manter a escola limpa e cuidada, como espaço de todos; atender a horários e tarefas escolares, como responsabilidade individual e social; etc.

Não podemos esquecer que o ser humano aprende pela ação, e, para tanto, na prática educativa, há que propor aos educandos atividades que sejam estimulantes e envolventes e, ao mesmo tempo, auxiliem sua formação como sujeitos e como cidadãos.

Importa, se desejamos formar o sujeito e o cidadão, que essa compreensão norteie e direcione todos os nossos atos educativos no contexto escolar (assim como além dele), seja no ensino dos conteúdos escolares, seja nas relações interpessoais, seja em condutas pessoais. Em nosso agir pedagógico, cabe-nos estar atentos para ajudar os educandos a aprender a viver eticamente.

Como educadores, desejamos, de fato, levar à frente tal empresa? Essa tem sido ou é uma meta para nossa ação pedagógica consciente? Para atuarmos como educadores, na escola, não podemos fugir a essas perguntas, que constituem o centro de um projeto pedagógico atento à fenomenologia constitutiva do ser humano.

## 1.3. Formação do educando e o sagrado

Por último, o ser humano constitui-se pela relação com o que é maior que ele, com o sagrado, aprendendo a respeitar esse "maior que ele". É a relação com o divino, cuja expressão pode ser um Deus pessoal e único (no contexto de algumas religiões confessionais), um conjunto de manifestações do divino, que cuidam das diversas facetas da vida, uma Força desconhecida, o Nirvana, a Totalidade, ou o Vazio, o Sem Forma, o Não Manifesto. Sai Baba, líder religioso indiano, diz que a única religião

# 1ª Parte

> O termo "iniciático", aqui, refere-se a vivências e aprendizagens que nos põem em contato com experiências sutis e inefáveis, as quais podem dar-se por meio da poesia, da literatura, do silêncio, da respiração, dos rituais... Experiências que nos proporcionam percepções transcendentes ao conhecimento cotidiano, adquirido por intermédio dos cinco sentidos ou da mente discursiva.

possível é a do coração e a única linguagem é a do amor; o mais são percepções e expressões desta ou daquela cultura. Do ponto de vista pessoal, concordamos com essa concepção.

A dimensão do sagrado, como parte da fenomenologia humana, está presente nos povos e em suas vivências históricas. Testemunhos históricos revelam que, em todos os tempos, seres humanos sentiram e vivenciaram experiências inefáveis. Os rituais sagrados, nas suas mais variadas expressões, são aberturas de portais psicoespirituais para o contato, a vivência e a aprendizagem dessas experiências. O visível e o invisível estão muito próximos um do outro. Dado que nosso cotidiano se dá no visível, um pequeno movimento nos põe em contato com o invisível. Nos textos, ditos sagrados, dos evangelhos encontram-se expressões iniciáticas, tais como: "O reino de Deus está próximo", acrescidas de outras: "Quem tiver olhos para ver, que veja" ou "Quem tiver ouvidos para ouvir, que ouça". "Não adentraremos na experiência do 'reino dos céus' (do mundo invisível), caso não tenhamos olhos e ouvidos preparados para ver e ouvir". Isso decorre de uma "iniciação", de uma aprendizagem para que, então, possamos agir.

Esse é o caminho do sagrado iniciático, que é aberto – diferentemente do religioso, que é confessional. O que não quer dizer que uma prática religiosa não possa ser iniciática. Por algumas ou muitas vezes, ela não o é em razão dos dogmas que configuram os seus segmentos confessionais.

Em nossa prática educativa, temos desejo e interesse de ter presente essa dimensão do ser humano? Caso tenhamos, como atuaremos com ela sem cairmos no dogmatismo ingênuo e/ou autoritário que, em vez de formar um "eu" saudável, suprime essa possibilidade?

## 1.4. Em síntese, a formação do educando inclui o eu, o eu e o outro, o eu e o sagrado

Em síntese, o ser humano constitui-se pelas relações consigo mesmo, com o outro, com o mundo e "com o que é maior do que ele". E, nesse processo, há determinações e escolhas. Nascemos num espaço geográfico, numa família, numa cultura e numa sociedade já determinadas por inúmeras variáveis e, nesse contexto, aprendemos a viver nossa vida e, consequentemente, a constituir-nos a partir de pequenas escolhas. Nós nos constituímos numa relação dialética com tudo o que nos cerca, expressando fenomenicamente aquilo que somos, o que nos permite, no nível do entendimento, constituir "uma visão de mundo" que dê significado à ação educativa (ou outra qualquer ação) que desejamos praticar em nosso cotidiano. A filosofia compõe-se dos significados que dão sentido ao nosso viver e à nossa ação, que dão sustentação ao nosso caminhar pela vida.

> Sobre o significado de filosofia, ver Cipriano Luckesi, *Filosofia da educação*, Cortez Editora, São Paulo, 21ª reimpressão, capítulo 1 – "Filosofia: elucidações conceituais e articulações", p. 21-35.

No momento em que esses significados já não nos satisfizerem como entendimento de nossa ação e de nosso modo de ser no mundo, entraremos em crise e necessitaremos de novos significados para nossa vida, uma vez que, sem significados, não vivemos nem sobrevivemos; somos guiados por valores e significados. Desse modo, a filosofia que nos guia em nosso projeto educativo não é estática, e permanece sempre a pergunta: quais crenças nos guiam? Quais foram mesmo as crenças que escolhemos para guiar-nos na vida?

Em síntese, para concluir, nossa cosmovisão compreende o ser humano como "um ser de relações", o que significa que nossa prática educativa precisa estar atenta a essa realidade. Como oferecer condições educativas para que as crianças, os adolescentes e os adultos com os quais trabalhamos possam desenvolver-se como sujeitos (relação consigo mesmo) e como cidadãos (relação com o outro e com o meio), envolvidos com forças sutis que permeiam nossa experiência (o sagrado)? Se nossa concepção não se traduzir em atividades e formas de viver no cotidiano, servirá tão somente para constar de nossos documentos escolares, consistindo em formalidades registradas, existentes para serem vistas, mas não para serem cumpridas no cotidiano. Nesse caso, nossa cosmovisão não servirá para nada mais do que o preenchimento de um papel em branco a ser mostrado aos visitantes de nossas escolas e às autoridades. Se, de fato, nossa compreensão está a serviço da prática educativa, não poderá ter esse destino tão simplista e comezinho; ao contrário, deverá ser traduzida em atos do nosso cotidiano.

A nosso ver, o que precisamos instituir como norte de nossa ação, no contexto dessa compreensão, é atuar de tal modo que nossos educandos possam formar-se com a melhor qualidade possível para relacionar-se consigo mesmos, com o outro, com o meio ambiente e com o sagrado. Esse ideário necessita ser traduzido em práticas cotidianas na sala de aula e fora dela. Nada se aprende sem exercícios, sejam eles repetitivos ou criativos.

O que isso tem a ver com avaliação? Ocorre que o ato de avaliar é o ato de retratar a qualidade de alguma coisa, de uma situação ou dos resultados de nossa ação. No caso, a avaliação está comprometida com a qualidade dos resultados de nossa ação educativa, tendo por parâmetro a formação de um educando em relação a si mesmo, ao outro e ao sagrado. Os atos avaliativos, praticados metodologicamente, deverão revelar os resultados de nossa ação no sentido indicado pelo nosso projeto pedagógico. Os resultados obtidos revelam que nossos educandos estão se formando – ou não – com um "eu" que dá posse de si a si mesmo? Com um "eu" que respeita o outro e convive com ele? Com um "eu" que respeita o sagrado e com ele convive?

A próxima pergunta que fazemos é: mas como os conteúdos das diversas ciências com as quais trabalhamos podem dar conta disso? É exatamente esta a questão: como, por meio de nossas atividades pedagógicas, seja em que disciplina for, conseguiremos, além da assimilação dos conteúdos da disciplina, formar o educando nas três áreas apontadas? Esta será a arte necessária de todo educador: mediante sua disciplina, dar sustentação para que o educando, além de aprender os conteúdos, se forme como sujeito e como cidadão, o que inclui a perspectiva do eu, do outro e do sagrado.

## 2. Desenvolvimento e ampliação da consciência como focos de atenção na formação do educando

Cabe perguntar: como se forma o sujeito e com que recursos? A nosso ver, como certamente no de muitos outros educadores, ele se forma por meio da aprendizagem, que promove seu desenvolvimento pela ampliação permanente da consciência, que está sendo tomada aqui como a capacidade de compreender a si mesmo e o mundo de forma cada vez mais ampliada e crítica, o que, por sua vez, deverá conduzir a um agir também consciente.

# 1ª Parte

A aprendizagem, à medida que se efetiva, garante o desenvolvimento, o qual, por sua vez, se manifesta sempre como uma ampliação de consciência, um entendimento cada vez mais rico e mais amplo, o que, em si, também deverá possibilitar uma ação cada vez mais adequada em relação a si mesmo, aos outros, ao meio ambiente e ao sagrado.

Consciência restrita é aquela que conhece pouco e, consequentemente, compreende pouco. O portador de uma consciência restrita também tem uma visão restrita do mundo e, com base nela, pratica ações também restritas.

O professor Rubem Alves, num dos seus primeiros livros, intitulado *Estórias de bichos*, apresenta a fábula de um pintassilgo que caiu no fundo de um poço, onde se deparou com uma comunidade de rãs. A fábula é mais ou menos como se segue; não se deve procurar aqui uma reprodução estrita do texto original.

*Conversador, o pintassilgo disse às rãs: "Como vocês conseguem viver aqui neste fundo de poço escuro, úmido, cheio de limo e frio? De onde venho, de fora do poço, há o sol a brilhar, o céu azul, o horizonte, flores, borboletas e pássaros a voar. É possível apreciar a beleza das campinas, tudo é grande e imenso..." As rãs, ao ouvir o relato do pintassilgo, tiveram muitas dúvidas sobre a veracidade do que ele dizia e disseram-lhe que seu relato era pura mentira. Elas nunca haviam ouvido falar de tão grandioso e belo mundo. O pintassilgo, porém, era incansável e repetiu toda a sua história, na tentativa de convencer as rãs da necessidade de saírem para além da boca do poço, a fim de conhecerem um mundo diferente e mais amplo. Então, as rãs consultaram seus sábios e cientistas e estes afirmaram nunca terem tido a oportunidade de ouvir falar nesse mundo. Certamente era uma mentira do pintassilgo. Dessa forma, as rãs chegaram à conclusão de que o pintassilgo era mentiroso e deveria morrer antes que conturbasse o mundo e a ordem na sua comunidade; e... o pintassilgo foi morto.*

A expressão "para além da boca do poço" pode ser tomada como uma metáfora para falar da necessidade de "ampliar a consciência" por meio da aquisição do conhecimento, compreendendo que o mundo é maior e mais amplo do que nosso umbigo, nossa rua, nosso bairro ou cidade, também no nosso senso comum.

Experiência semelhante à das rãs, relatada metaforicamente, também se verifica entre seres humanos reais. Certa vez, numa cidade pequena do interior deste país, ouvi um senhor dizer: "O maior prédio do mundo é o prédio da prefeitura de nossa cidade." Perguntei-lhe se ele já havia viajado. Ele, do ponto de vista escolar, era um homem analfabeto (o que não o diminui como ser humano, mas o limita), não tinha tido a oportunidade de aprender a ler, escrever e descobrir o mundo por meio dos livros, com seus relatos científicos e literários. Então, respondeu-me que sim, que já havia viajado pelas cidades vizinhas, a cerca de 60, 80 quilômetros de distância. De fato, nesse espaço geográfico e cultural, "o maior prédio do mundo era o prédio da prefeitura de sua cidade, que tinha dois pavimentos". E isso não era uma mentira ou uma tolice. Era o limite de sua consciência. Dentro do mundo que ele conhecia, aquele era o maior prédio. Aqui está um exemplo real de limite da consciência.

Certamente você, que lê este livro, estará dizendo: "Mas ele devia ter muitos outros conhecimentos importantes para viver e sobreviver." Não temos nenhuma dúvida a esse respeito. Até porque, do contrário, esse senhor não teria chegado à idade que tinha. Contudo, no que se refere às cidades, à arquitetura urbana e suas alternativas, entre tantas outras possibilidades de conhecimento, esse era o limite de sua consciência. Assim sendo, o conhecimento, seja em que direção ou âmbito for, traz ao seu portador uma possibilidade de compreender o mundo de forma mais ampla.

Acreditamos que o centro de atenção da prática educativa, no processo de subsidiar o desenvolvimento do educando como pessoa humana, deva ser a criação de condições para que cada um aprenda e, ao aprender, possa desenvolver sua consciência.

## 3. Relação entre conteúdos socioculturais e aprendizagem-desenvolvimento como ampliação da consciência

Ainda cabe uma observação sobre o conhecimento que amplia a consciência. Quando falamos em conhecimento, usualmente nos referimos ao conceitual, mediante o qual adquirimos noções, entendimentos e compreensões da realidade. Infelizmente, em nossas escolas, esses conhecimentos, na maior parte das vezes, têm sido transmitidos e assimilados de forma abstrata, desvinculada da vida. Contudo, importa que o conhecimento seja integrado à experiência da vida como um todo.

Ensinamos o ponderável, o que já conhecemos e dominamos; no entanto, para além do ponderável, o educando pode também aprender o imponderável. Isso tem a ver com sua forma de assimilar o que foi ensinado e ultrapassá-lo criativamente. Quando cada educando assimila o que foi ensinado, é imponderável o que ele pode fazer com o que aprendeu. Pode recriá-lo de muitas formas. Se não fosse assim, a ciência e a cultura seriam sempre uma mesmice. Cada experiência humana pode ser criada e recriada de muitas e muitas formas.

Acreditamos que o educador precisa estar ciente desse fato, sempre. Ele poderá ensinar o ponderável, mas o educando, além de assimilar o ponderável, certamente caminhará para o imponderável – aliás, como todos nós.

Como isso se dá? Como seres viventes, sabemos pela embriologia, somos constituídos, desde nossa concepção, por três componentes básicos. No período embrionário da gravidez materna da qual nascemos, as nossas células organizaram-se em três camadas distintas: endoderma, mesoderma e ectoderma. Ao longo do nosso desenvolvimento, essas camadas transformaram-se, respectivamente, segundo David Boadella, criador da Biossíntese, nos aspectos do nosso ser denominados de sentimento, movimento e pensamento. Nosso sentimento se assenta em nossas vísceras (endoderma), nosso movimento em nossos ossos e músculos (mesoderma) e nosso pensamento em nosso sistema nervoso (ectoderma).

Esses sistemas, para funcionar bem, necessitam de equilíbrio. O predomínio de qualquer um deles sobre os outros é fator de desequilíbrio. Sentimento, pensamento e movimento são três facetas que compõem o todo do ser humano e funcionam integradamente.

Assim sendo, o pensamento conceitual não é um recurso isolado dos outros componentes do ser humano. Ele se dá em interação, ao mesmo tempo, com o sentimento e com o movimento. À medida que pensamos, simultaneamente sentimos e agimos; do mesmo modo, ao sentirmos, pensamos e agimos. O conhecimento conceitual puro, livre de interações com os outros componentes do ser humano, não existe. Bem ou mal, eles interagem entre si. O ideal é que interajam equilibradamente. O ser humano é um todo e deve ser considerado assim para todos os efeitos, também para a educação. Por conseguinte, no processo de ampliação da consciência, atuam, concomitantemente, corpo, sentimento e pensamento (conhecimento).

Aqui importa fazer um parêntese. Nosso ser e nosso sistema nervoso são realidades complexas, compostas de múltiplas variáveis intervenientes. No caso da aprendizagem, cuja consequência

# 1ª Parte

Rio de Janeiro, Ed. Objetiva, 1995; cf. também, do mesmo autor, *Trabalhando com a inteligência emocional* (Rio de Janeiro, Ed. Objetiva, 1999); GOTTMAN, John; DECLAIRE, Joan. *Inteligência emocional e a arte de educar nossos filhos.* Rio de Janeiro: Objetiva, 1997; LEDOUX, Joseph. *O cérebro emocional:* os misteriosos alicerces da vida emocional. Rio de Janeiro: Objetiva, 1998.

é o desenvolvimento e a ampliação da consciência (assim como em outras experiências da vida humana), há que observar que, muitíssimas vezes, para não dizer sempre, o fator emocional toma a frente e domina a cena, de tal forma que a aprendizagem cognitiva fica prejudicada. E aí, então, são necessárias ajudas específicas, a fim de auxiliar na superação de condutas disfuncionais, de modo que a funcionalidade se restabeleça. Nós, os educadores, podemos adquirir boa compreensão dessas disfunções com o livro *Inteligência emocional,* da autoria de Daniel Goleman, citado em *link* anterior, assim como com outros autores que oferecem conhecimentos sobre as causas e as possibilidades de restauração de variadas condutas disfuncionais.

Como traduziremos essas compreensões em nossas práticas pedagógicas? Usualmente, em nossas escolas, trabalhamos quase exclusivamente com o ensino e a aprendizagem conceituais, como se os outros fatores nem existissem. Como levar isso em conta para que, ao ensinar matemática, geografia, língua nacional ou qualquer outra disciplina, estejamos atentos à necessidade de auxiliar nossos educandos na ampliação de suas consciências? Como faremos mediações para que essa compreensão se transforme em práticas cotidianas na vida deles?

Na proposição da aprendizagem como ampliação da consciência, fica subentendido serem fundamentais para esse propósito os conteúdos escolares – que não se restringem ao conhecimento conceitual, como veremos no próximo capítulo.

Não há como ampliar a consciência se permanecemos aprisionados no limite estabelecido pelo que já sabemos mediante o senso comum. As práticas cotidianas contêm uma ciência implícita, mas necessita ser explicitada para que se formule conscientemente.

A ciência produz uma elaboração ou uma reelaboração dos conhecimentos do cotidiano e vai muito além, à medida que busca uma compreensão adequada, válida, abrangente e consistente para fenômenos compreendidos cotidianamente, assim como para outros com cuja existência o senso comum nem pode sonhar.

Desse modo, o ensino e aprendizagem dos conhecimentos elaborados e em elaboração pela ciência, pela filosofia e pelas artes são recursos fundamentais para a ampliação da consciência dos educandos. O conhecimento salva e a ignorância mata, como exporemos no Capítulo I da 2ª Parte do livro, em que estudaremos a avaliação como um ato de investigar e intervir.

Por isso, parece-nos politicamente importante que o ensino das disciplinas escolares seja realizado com a melhor qualidade possível, envolvendo o estudante como um todo – sentimento, movimento e pensamento –, conforme dito anteriormente. A posse, o domínio e a prática desses recursos possibilitam ao educando a posse de si mesmo, autonomia e a capacidade de agir em reciprocidade com os outros; daí a sua importância na vida escolar. A escola foi instituída como um lugar especial de transmissão e assimilação da cultura já elaborada pela sociedade, assim como de treinamento para a recriação e a criação de novos conhecimentos. Não se faz nada do zero. Nascemos e vivemos inseridos num meio sociocultural já constituído; nós o herdamos e, com base nessa herança, recriamo-lo.

A posse da herança da cultura passada, conjuntamente com a aprendizagem da criação de novas compreensões da vida e de tudo o que nela se dá, são recursos que oferecem bases para a formação do sujeito-cidadão, senhor de si e parceiro de todos os outros seres humanos na dinâmica da vida.

## 4. Investimento no ensino-aprendizagem em vista da formação do educando

O ato pedagógico tem três componentes: planejamento, execução e avaliação. A ausência de um desses três componentes frustra o ato pedagógico. O planejamento é o ponto de partida e tem a ver com o projeto pedagógico, que, para produzir efeitos, necessita ser executado. Sem a execução, por exemplo, nenhuma teoria vai à prática e, portanto, não produz resultados efetivos. O que definimos anteriormente sobre "formação do educando" deve ser o norte de todas as nossas ações pedagógicas cotidianas na escola, além de servir de parâmetro para a avaliação. No âmbito da avaliação, sempre cabe perguntar: o que estamos realizando está nos conduzindo a nossos objetivos?

Um projeto – que se expressa pelo conjunto de desejos estabelecidos (as metas de nossa ação) – implica um investimento consciente e consistente para que os resultados sejam obtidos. Projeto, como dissemos anteriormente, é um desejo claro, posto à nossa frente. Para que se torne realidade, exige investimentos pessoais, profissionais e institucionais, sem os quais não atenderá nossos desejos definidos.

Se desejamos fazer uma viagem, precisamos planejá-la; porém, ao mesmo tempo, precisamos praticar os atos sem os quais ela não se realizará. Sem a execução do planejado, nosso projeto não será nada mais que um desejo frustrado.

De forma semelhante, na educação, para que um projeto se realize, importa haver investimento nele, ser executado com qualidade. Não basta praticar quaisquer atos supostamente educativos. É preciso realizar a prática educativa com qualidade e de maneira comprometida com o projeto, o que requer dos ocupantes dos poderes constituídos e dos educadores, nas diversas instâncias – administração, direção, coordenação, supervisão, ensino... –, muito investimento em sua ação.

A ação educativa não pode ser "qualquer ação", mas a mais consistente para alcançar os objetivos estabelecidos. Não se pode trabalhar por "quaisquer" resultados, ou por resultado nenhum – o que é uma insanidade –, mas sim pelos melhores resultados possíveis; isso da parte tanto dos ocupantes de funções na estrutura política do País e de funções administrativas como dos ocupantes de funções didático-pedagógicas. Afinal, todos somos responsáveis pelo resultado final, a formação do educando como sujeito-cidadão.

Nossa ação, em razão de variados e múltiplos fatores intervenientes, não será decerto cem por cento orquestrada e plenamente satisfatória, todavia deverá ser a melhor possível. No complexo contexto de relações e de ações, teremos certamente um ou outro som dissonante. Contudo, não poderá ser isso a desviar-nos de nossos objetivos. Nossa ação não salvará o mundo; porém, se ela não for realizada da melhor forma possível, com certeza fará falta. Com nossa ação educativa qualitativamente positiva, somaremos forças com tantos outros profissionais que estarão, como cada um de nós, trabalhando pela emancipação do ser humano, individual e coletivamente. Apostando no todo, formaremos uma rede, uma *net*, cujo campo de força produzirá a formação de seres humanos e a transformação da realidade.

É nesse ponto que a avaliação operacional – como terceiro componente do ato pedagógico – será nossa grande aliada. Ela subsidia o investimento na busca da realização dos objetivos estabelecidos, à medida que consiste em um modo de *investigar para intervir, tendo em vista os melhores resultados*, conforme os aprofundamentos teórico-metodológicos que faremos mais à frente neste livro. A avaliação operacional é um recurso subsidiário de nossa ação na busca dos melhores resultados possíveis.

Encerrando este capítulo, vale sintetizar a compreensão de que nossa meta é formar o educando como sujeito e como cidadão, ciente de si, do outro, do meio ambiente e do sagrado. Investir nessa meta será o nosso cotidiano na escola e a avaliação será nossa aliada nessa jornada, mostrando-nos os resultados do que fizemos e o que falta fazer para que cheguemos aonde estabelecemos chegar. A avaliação retrata a qualidade dos resultados que estão sendo obtidos, cabe ao gestor (no caso da sala de aula, ao professor), com base nessa constatação, decidir e investir na busca daquilo que foi almejado.

# II

# Avaliação da aprendizagem e prática pedagógica bem-sucedida: mediações do projeto político-pedagógico na escola

*Um projeto político-pedagógico, para efetivar-se
e servir de parâmetro para a avaliação da aprendizagem,
necessita de mediadores.
Visões teóricas serão somente visões teóricas se
não se traduzirem em práticas efetivas,
ou seja, que produzem resultados no cotidiano.*

Afinal, com que meios trabalharemos para produzir eficientes resultados decorrentes de nosso projeto, formando os estudantes como sujeitos e cidadãos?

Os mediadores são os recursos necessários para que consigamos levar nossa concepção teórica à prática cotidiana tanto na escola como na vida de nossos educandos; são recursos, ao mesmo tempo teóricos e práticos, que subsidiam a obtenção dos resultados desejados. Eles nos dão suporte para que, em nossa ação, cheguemos aonde desejamos chegar. O termo "mediador", aqui, está empregado no seu sentido mais comum, isto é, significa aquilo que serve de meio para chegar a algum resultado. Marx lembra-nos que nenhuma teoria vai à prática sem, antes, passar por múltiplas mediações.

## 1. Primeiro mediador: uma teoria pedagógica compatível com a prática da avaliação da aprendizagem

O projeto político, que configura nossos sonhos e desejos de emancipação humana por intermédio da escola, necessita de um projeto pedagógico como um dos seus mediadores teóricos, ou seja, de uma proposta pedagógica que traduza nossos anseios filosófico-políticos em compreensões e orientações práticas e executáveis. A expressão "projeto político-pedagógico", hoje utilizada em nossas escolas, denota uma visão filosófico-política mediada por uma abordagem pedagógica. No capítulo anterior, voltamos a atenção para nossos desejos filosófico-políticos a serem atingidos via prática educativa. Nesta seção vamos dedicar-nos ao seu primeiro mediador – uma teoria pedagógica que oriente nosso agir no cotidiano escolar.

Assim sendo, aqui vamos dedicar atenção às seguintes questões: que compreensão teórica orientará nossa prática pedagógica cotidiana, em vista da realização do nosso projeto filosófico-político, anteriormente descrito, traduzindo-o em resultados efetivos? Que características tem essa teoria pedagógica para sustentar uma prática de avaliação da aprendizagem que seja subsidiária da ação pedagógica dinâmica e construtiva?

## 1.1. Da pedagogia tradicional para uma pedagogia construtiva

Em nossa prática escolar cotidiana, no Brasil, temos sido orientados, de forma predominante, consciente ou inconscientemente, pela chamada pedagogia tradicional – isto é, permanecemos fiéis à crença de que o ser humano chega ao mundo "pronto". Esse é o pano de fundo de toda a pedagogia tradicional, ainda hegemônica em nossas escolas; e vale ressaltar que, com os ditames dessa pedagogia, tomados na sua totalidade, não há possibilidade do uso da avaliação como recurso de construção de resultados bem-sucedidos. Se o educando "está pronto" ou "deve estar pronto", não há o que fazer com ele para o seu desenvolvimento, o qual implica crescimento, movimento. Pela pedagogia tradicional, nosso papel de educadores é classificá-lo em termos do seu nível de prontidão (prática classificatória dos exames, como veremos na 2ª Parte deste livro, Capítulo II).

Contudo, para trabalhar com a avaliação na prática pedagógica escolar (assim como em outras), necessitamos de uma pedagogia cujo fundamento seja a compreensão de que o ser humano é um ser em processo de formação, em movimento, sempre com a possibilidade de atingir um resultado mais satisfatório no caminho da vida. Isso quer dizer que, se ele aprende, consequentemente se desenvolve; se não aprendeu ainda, pode aprender, se houver investimento para que aprenda.

Não há prática de acompanhamento da aprendizagem do educando mediante a avaliação que não esteja comprometida com determinada concepção pedagógica, a qual estabelece uma direção para o agir pedagógico. A prática do acompanhamento reflete, consciente ou inconscientemente, a compreensão que guia nossa ação. Não há como fugir a essa estrutura, pois a prática pedagógica, da qual faz parte a avaliação, é dirigida por um projeto, isto é, por

# 1ª Parte

> Por "senso crítico" compreendemos a capacidade de o sujeito do conhecimento ter presentes as múltiplas determinações da realidade, as múltiplas variáveis intervenientes para a constituição de alguma coisa. Ao contrário disso, o "senso ingênuo" contenta-se com as primeiras e superficiais impressões.

desejos claros do que queremos com a ação que estamos realizando ou pretendemos realizar. No caso da pedagogia tradicional, por exemplo, assume-se a crença de que o educando deve estar pronto aqui e agora; em decorrência disso, no acompanhamento, ele simplesmente é classificado *no ponto em que se encontra*, seja ele satisfatório ou insatisfatório; e, se seu desempenho for considerado insatisfatório, a consequência direta é o castigo da reprovação, isto é, de exclusão.

Agir na prática educativa (tal como em qualquer outra prática) com consciência clara da teoria que sustenta nossa ação nos dá força, pois dessa forma não só temos ciência do que queremos, mas também sabemos *para onde* estamos querendo caminhar e *como* queremos caminhar para lá, o que implica ter clareza dos fins que desejamos atingir (nossos objetivos filosófico-políticos) e da metodologia que vamos utilizar para chegar aos resultados desejados ("Como agiremos para que os nossos resultados sejam positivos?"). Em geral, realizamos nossas ações orientados teoricamente por um senso comum, o que significa sermos dirigidos de fora, seguindo crenças e valores externos a nós. Isso é possível? Claro que sim. Se não escolhermos o que desejamos atingir com nossa ação, alguém escolherá por nós; se não pensarmos, alguém pensará por nós. O "senso comum" expressa-se pelo nosso modo habitual de pensar e agir; já o "senso crítico", pelo nosso modo de pensar e agir de modo consciente, tendo presente a interveniência de variados fatores constitutivos da situação em que estamos agindo, assim como seu papel nessa situação específica.

Embora a crença de que o ser humano venha ao mundo pronto seja considerada como pertencente ao passado, quando era imposta de modo comum e constante e até mesmo excludente de qualquer outra possibilidade, nos dias atuais ainda nos encontramos bastante envolvidos com ela. Alguns provérbios populares expressam isso com perfeição. Por exemplo: "Pau que nasce torto morre torto"; "Filho de peixe, peixinho é"; "Isso vem de berço"; "Aquele sujeito é tão ruim, tão ruim, que, quando morrer, se o corpo dele for cremado, a cinza ainda será ruim". Esses ditados dizem-nos: "Não há nada a ser feito, cada um é como é e, assim, sempre será".

Na escola, cotidianamente, também estão presentes discursos que expressam nosso desejo de ter estudantes "prontos". Muitos educadores da quinta série do ensino fundamental – a qual representa o momento da passagem de turmas atendidas por um único professor (até o final da quarta série) para turmas atendidas por vários professores – usam expressões semelhantes às que se seguem: "Esse estudante deveria estar *pronto* para a quinta série. Não sou eu que vou ensinar o que ele já deveria saber"; "Os estudantes já não chegam mais *prontos* à quinta série, como era antigamente."

> Com a introdução do ensino fundamental de nove anos, essa experiência ocorre na passagem da quinta para a sexta série.

Também educadores que atuam no ensino médio têm discursos assemelhados sobre os estudantes egressos do ensino fundamental. Dizem: "O ensino fundamental já não ensina mais nada. Antigamente, os estudantes chegavam ao ensino médio com 'base'; hoje, eles chegam sem nada. Eu é que não vou ensinar o que eles já deveriam saber. Eles deveriam chegar aqui *prontos*." Não deixa de ser semelhante o discurso feito pelos educadores dos estudantes que chegam ao ensino superior. Dizem os professores: "Já não é como antes. Quando os estudantes chegavam ao ensino superior, sabiam ler, escrever, fazer sínteses... Hoje, nem mesmo sabem ler. Não chegam *prontos* para fazer estudos universitários." Essas expressões denotam os verdadeiros significados ideológicos e filosóficos que estão por trás dessas falas: uma compreensão estática do ser humano e, no caso, do educando.

Um parêntese: não estamos sustentando aqui que o educando possa seguir na vida sem que suas aprendizagens se efetivem sucessivamente e de modo majorante; isto é, não estamos negando que uma aprendizagem pronta (já adquirida) não seja base para uma subsequente. Estamos somente desejando sinalizar a concepção estática subjacente à cosmovisão da pedagogia tradicional, concepção que nos conduz a acreditar que, se o educando "não está pronto", a responsabilidade é somente dele, e não da escola e – por consequência – também não do educador. Teórica e praticamente, não paira dúvida de que o educando progride de forma sustentada, degrau a degrau, em seu desenvolvimento. Isso, porém, é construído com dedicação e investimento, não é dado pronto. Tecer uma crítica à filosofia do "dado pronto" não suprime, de forma alguma, a compreensão de que os pré-requisitos são necessários para a realização de aprendizagens cada vez mais complexas.

Voltando à compreensão do "dado pronto", todos nós, genericamente falando, pelo nosso senso comum, temos uma representação mental de que "queremos educandos prontos", e esse é o pano de fundo da educação tradicional, cujos fundamentos estão assentados, a nosso ver, sobretudo na concepção judaico-católica ou judaico-protestante da vida, com imensa influência sobre as crenças dos povos ocidentais em geral e do povo brasileiro especificamente.

Segundo a teologia católica, Deus, no momento da concepção, cria uma alma nova e "pronta" e infunde-a no novo ser humano que vai nascer. A alma é criada pronta. Assim sendo, não há muito o que fazer, senão acompanhar o caminho dessa alma, já constituída e pronta. O que importa, no seio dessa compreensão, é salvar a alma, mortificando o corpo e a vida cotidiana em função de uma vida futura.

Vários teólogos católicos construíram uma visão diferente dessa, mas suas ideias não tiveram vigência histórica e social. Ficaram em segundo plano, não configuraram de modo suficientemente forte nossa cultura a fim de podermos pensar e agir de um modo diverso do que temos definido como tradicional.

Agostinho de Hipona (canonizado pela Igreja Católica como Santo Agostinho), no século IV d.C., e o padre jesuíta e paleontólogo Pierre Teilhard de Chardin, no século XX, são exemplos de olhares não estáticos no interior da Igreja Católica. Agostinho, nos inícios da Idade Média, entendeu que Deus colocou "a

> Agostinho, nascido em Tagaste, em 354, e falecido em 430 em Hipona, cidade na qual exerceu o bispado, foi atraído, após uma juventude agitada, para a Igreja Católica, tornando-se importante tradutor, divulgador e defensor de suas posições doutrinárias, tendo trabalhado bastante para integrar inteligência e fé.

> Pierre Teilhard de Chardin, francês, nascido em 1881 e falecido em 1955, foi padre jesuíta, paleontólogo, filósofo e teólogo católico. Formulou uma teoria evolucionária do planeta Terra, centrada no ser humano, tendo como perspectiva final a união plena com o divino, o pleroma.

semente da vida" em cada ser humano, denominada por ele de "razão seminal", a qual permitiria a cada um crescer, por meio do encontro pessoal e interno com o divino. Quem cresce não é estático. Sua obra *Soliloquium* trata do fato de que cada um, a seu modo, conversa (*loquium*) com Deus dentro de si mesmo (*soli*), em sua própria solidão, iluminando o seu caminhar pela vida.

Por seu turno, Pierre Teilhard de Chardin, mais contemporaneamente, defendeu a concepção de que a Terra percorre um imenso caminho evolutivo, voltado sempre para a frente, tendo por base o desígnio divino. Da poeira cósmica ao final da evolução (fenômenos delimitados por ele respectivamente pelas letras "alfa" e "ômega", primeira e última letra do alfabeto grego), há um processo crescente de constituição e desenvolvimento da consciência, que, no tempo histórico em que vivemos (era do *Homo sapiens*), tem sua maior expressão na consciência coletiva (a noosfera), ainda em formação. Assim sendo, historicamente, o ser humano não tem nada de pronto, mas tudo em movimento crescente. De um ponto de vista geral, poderíamos dizer que Teilhard era mais hegeliano que católico.

Como já foi dito, porém, as doutrinas desses teólogos – assim como as de outros – não tiveram força suficiente para opor-se à visão estática vigente e criar espaço para a hegemonia de uma compreensão evolutiva.

> O filósofo alemão Hegel, do qual falaremos um pouco mais à frente, teve uma visão evolutiva do ser humano, diversa da visão católica, que é estática.

No caso que nos interessa de forma mais direta – a educação e suas concepções pedagógicas –, somos, genericamente falando, mais medievais que contemporâneos. Tanto na escola como fora dela, muitos de nós ainda concebemos o ser humano como "dado pronto" e não como um ser em processo de construção, um ser voltado para o crescimento, para as múltiplas e novas possibilidades de expressão. A pedagogia tradicional ainda impera em nossas escolas, reina quase absoluta em nossas práticas escolares diárias. Os pesquisadores e os autores de propostas pedagógicas renovadoras ainda não conseguiram tornar vigente uma consciência que efetivamente confronte as arraigadas crenças do tradicionalismo, presentes no dia a dia familiar, religioso e pedagógico por meio de um senso comum que passa de geração em geração, sucessivamente.

Para a pedagogia tradicional, cujo fundamento teórico mais consistente, em nosso meio, é a teologia católica, o ser humano vem ao mundo praticamente pronto, marcado pelo pecado original, que o faz, desde o início, um ser decaído, um ser que perdeu a plenitude dos dons divinos e, por fim, o paraíso. Semelhante pecado, segundo essa visão, encontra-se em cada ser humano só pelo fato de existir como tal; para a visão católica, não há como fugir desse estigma. Do ponto de vista dessa teologia, quem nasce já nasce com ele; ou seja, o pecado original é constitutivo do ser humano. Portanto, segundo esse olhar, não há como alguém existir, sob a forma humana, sem essa marca indelével.

Essa crença está profundamente enraizada em nossa prática educativa, assim como em nossas experiências familiares e religiosas. Em última instância, cremos que o ser humano é constitutivamente frágil e, por isso, tem tendência à desonestidade, à amoralidade ou, mais que isso, à imoralidade. Desse modo, no entendimento geral de nossa sociedade, o ser humano está pronto, mas como um ser decaído. Para salvar-se, a única forma é a responsabilidade pessoal. Se o cidadão não cumpre com determinados deveres, a responsabilidade é dele, do mesmo modo que, se o estudante não tem um desempenho satisfatório, a responsabilidade é exclusivamente sua.

Semelhante crença é traduzida também nos exames escolares que exigem que o estudante "esteja pronto, aqui e agora", para responder às questões das provas. Os exames são pontuais (aqui e agora) e, por isso, perfeitamente sustentados por essa crença pedagógica – porém a avaliação, não. Uma vez que os exames são estáticos (classificatórios, como veremos), respondem com adequação a essa cosmovisão estática. Todavia, assentados nessa crença, não podemos trabalhar com avaliação, à medida que esta tem sua base numa cosmovisão dinâmica, construtiva, segundo a qual melhores resultados podem ser obtidos se houver propósito de obtê-los e investimento para isso.

Por outro lado, com sua característica de seletividade, os exames, no seio da pedagogia tradicional, respondem ao modelo burguês de sociedade, seletivo e marginalizador, o qual, por sua vez, também se opõe à avaliação – em si, dinâmica e inclusiva. Ou seja, o "estar pronto" também responde aos interesses da sociedade moderna burguesa, por esta desejar que o seu *status quo* seja o único válido e se sustente permanentemente dessa forma, o que implica, de alguma forma, uma visão estática do ser humano.

A avaliação tem por finalidade a busca dos resultados o mais satisfatórios possível, e, para tanto, o projeto pedagógico ao qual ela serve precisa assumir que tudo – a natureza, os seres humanos, a história – pode mudar e muda; o movimento é uma lei básica da vida. Para tanto, requer-se uma concepção pedagógica que tenha sua atenção voltada para a formação do educando (formar supõe "não vir pronto"), para a formação de sua identidade, de sua personalidade, subsidiando a constituição do sujeito autônomo, independente e cidadão. Em síntese, uma concepção pedagógica que considere o ser humano como um ser em movimento.

O descongelamento dessa visão estática do ser humano teve seus inícios no decorrer da modernidade e especialmente na contemporaneidade.

No campo da filosofia, Hegel (1770-1831) é o primeiro grande pensador contemporâneo a compreender o ser humano de um ponto de vista evolucionário. Mesmo os românticos (que, em fins do século XVIII e início do XIX, começaram a entender a história como movimento) ainda tinham o olhar voltado para o passado, na perspectiva de um paraíso perdido que deveria ser retomado, tendo como centro de atenção uma "volta à natureza" – donde o desejo de retornar ao mundo grego, que cultuou bastante a natureza.

Hegel estava voltado para a frente, para a construção, para a consciência que se faz, se reconhece e se realiza na natureza assim como na história, na perspectiva da manifestação do que ele denominou de "Espírito Absoluto" (a Consciência Plenamente Manifesta).

Para ele, o divino se manifesta na história de forma cada vez mais plena, partindo dos primórdios, quando a consciência humana era bastante reduzida, até a sua mais plena expan-

---

O termo "formar", diferentemente de como, por vezes, foi entendido – "colocar na forma" –, expressa o modo como alguma coisa se constitui. Em Aristóteles, a forma expressa a essência de alguma coisa.

Friedrich Hegel, filósofo alemão, é considerado por alguns estudiosos da filosofia o último grande pensador da modernidade, abrindo as portas para o pensamento contemporâneo; para outros, ele é primeiro grande filósofo do pensamento contemporâneo. Para o contexto do nosso estudo, ele foi o primeiro grande pensador a olhar os seres humanos, tanto no aspecto individual quanto coletivo, na perspectiva do movimento histórico voltado para a frente.

Friedrich Nietzsche (1844-1900), filósofo alemão, considerava que a própria cultura grega, pelo seu racionalismo, já havia rompido com a natureza como norteadora da vida.

são, que, segundo sua visão, se teria dado no final do século XVIII e inícios do século XIX com a revolução burguesa (liberdade, igualdade e fraternidade), expressão da liberdade para todos os cidadãos. Começava-se, então, a compreender que o ser humano não é dado pronto, mas, sim, que se desenvolve e se expressa ao longo do tempo histórico.

No âmbito da ciência, três grandes pioneiros, no decurso do século XIX, descongelaram a compreensão do ser humano como um ser dado pronto com teorias que mostraram sua dimensão histórica sob as óticas biológica, social e individual.

Em meados desse século, Charles Darwin formulou a teoria da evolução das espécies e Karl Marx a teoria materialista da história e da sociedade, e, já no final dessa mesma centúria, Sigmund Freud estabeleceu a compreensão de que o ser humano individual constrói a sua personalidade por meio de interações com o mundo no decurso de sua existência.

É por causa desses pesquisadores e de suas influências filosóficas e científicas que nós, hoje, consideramos relativamente fácil assumir, de modo conceitual, uma compreensão evolucionária do ser humano, todavia, na prática existencial cotidiana, vale a pena ressaltar, temos muita resistência a assumir essa compreensão, o que nos leva, por muitas vezes, a pensarmos de uma forma inovadora e agirmos de outra, tradicional.

Em nossas escolas, muitos e muitos educadores ainda gostariam que seus estudantes chegassem à escola já sabendo o que iriam aprender, prontos, já educados. Então, nesse caso, para que os educandos iriam à escola, se já estariam prontos? Em nossas famílias, lamentamos ter de ensinar muitas vezes a mesma coisa aos nossos filhos. Pareceria que ensinar uma única vez seria suficiente para que uma criança ou um adolescente pudessem aprender alguma coisa.

Existem também muitas crenças arraigadas na sociedade contemporânea de que a visão evolucionária é pecaminosa, contra Deus e contra a religião. Recentemente, nos Estados Unidos, um grupo fundamentalista bíblico organizou um movimento para pressionar o governo a adotar oficialmente a doutrina criacionista como a que deveria ser ensinada nas escolas, exorcizando o evolucionismo. De forma inconsciente, a crença de que o "ser humano é dado pronto" quase nos atinge a todos. Os ditados populares revelam isso, como vimos anteriormente.

No século XX, a compreensão evolucionária do ser humano tornou-se bastante comum, sobretudo no âmbito das chamadas ciências humanas, porém ainda não produziu uma interferência suficientemente forte a ponto de transformar, de forma massiva, nossas crenças. Historiadores, sociólogos, filósofos, psicólogos, biólogos, naturistas, espiritualistas são unânimes em admitir que o ser humano é um ser em movimento, em autoconstrução.

Para David Boadella, um dos princípios que regem nossa vida é o princípio *formativo*, segundo o qual todas as coisas, na natureza, se formam do simples para o complexo. Todavia nosso cotidiano revela que ainda estamos bastante apegados ao modo estático de compreensão do ser humano – ou seja, em nosso dia a dia, pensamos e agimos como se ele, de fato, viesse ao mundo pronto.

David Boadella (1931- ) é um pesquisador inglês da área psicoterapêutica que criou um campo de conhecimentos denominado Biossíntese e tem um livro traduzido no Brasil pela Summus Editorial (1992) com o título *Correntes da vida:* uma introdução à biossíntese, do qual retiro a afirmação ao lado.

# 1ª Parte

Só uma compreensão pedagógica desenvolvimentista do ser humano poderá dar suporte a uma prática avaliativa, pelo fato de a avaliação ser construtiva e sustentar-se na crença de que os resultados de uma ação (no caso, de uma aprendizagem do educando) sempre podem ser melhores.

Desse modo, no que se segue, vamos indicar alguns elementos de uma pedagogia construtiva que traduza o ideário filosófico e político anteriormente delineado e, por conseguinte, sustente uma prática de avaliação. Vale lembrar que dizemos pedagogia "construtiva", e não "construtivista". O termo "construtivista" está vinculado à pedagogia decorrente dos estudos e pesquisas do professor Jean Piaget, enquanto o termo "construtiva" está livre de uma conotação teórica deste ou daquele autor, o que nos permite produzir novas sínteses, incorporando, integradamente, contribuições de diversos pesquisadores que abordem o ser humano como um "ser a caminho", um ser "em travessia", como nos diria Guimarães Rosa.

Nessa perspectiva, já existem pedagogias formuladas que permitem adequadamente trabalhar com avaliação, uma vez que compreendem o educando como um ser em desenvolvimento. Só para relembrar alguns: Maria Montessori (Itália, primeira metade do século XX), John Dewey (Estados Unidos, final do século XIX e primeira metade do século XX), Alfredo Ferrière (França, primeira metade do século XX), Pioneiros da Educação (Brasil, primeira metade do século XX), Lauro de Oliveira Lima (Brasil, anos 1950 e 1960), Paulo Freire (Brasil, dos anos 1960 aos anos 1990), Dermeval Saviani (Brasil, dos anos 1960 até a presente data), José Carlos Libâneo (Brasil, dos anos 1970 até a presente data). Esses são educadores que formularam abordagens pedagógicas nas quais o ser humano é visto como um ser em desenvolvimento, e por isso suas visões sustentam, sem sombra de

# Avaliação da aprendizagem e prática pedagógica bem-sucedida

dúvida, uma prática avaliativa. Certamente cada um desses autores apresenta tendências teóricas diversificadas em suas abordagens; todavia o que têm em comum é a compreensão do ser humano como ser voltado para a frente, para o desenvolvimento, em busca de sua autoconstrução e autorrealização. É com base nesse olhar que todas essas pedagogias podem sustentar uma prática pedagógica construtiva e, consequentemente, de avaliação. Assumindo uma dessas teorias como norte para a ação pedagógica, há que investir no educando, caso se deseje que ele se forme como sujeito e como cidadão. A aprendizagem não é algo dado, mas construído.

O que vamos expor a seguir é uma abordagem possível, entre outras, do ser humano, a qual dê base a uma pedagogia que sustente uma prática de avaliação, ao admitir que o ser humano pode mudar sempre, que ele aprende e, por isso, se desenvolve. Para trabalhar com avaliação da aprendizagem, é preciso tomar essa convicção nas mãos e fazer dela um guia da ação pedagógica cotidiana.

## 1.2. O ser humano como um ser que se desenvolve

Para que a avaliação da aprendizagem possa cumprir o seu papel, como um dos componentes do ato pedagógico escolar, deve atuar a serviço de uma concepção desenvolvimentista do ser humano; caso não seja esta a concepção que norteie a ação pedagógica, a avaliação da aprendizagem não realizará o seu papel de subsidiária da ação, já que a sua função é retratar a qualidade da realidade para intervenções adequadas, tendo em vista a construção dos melhores resultados possíveis. Só um ser humano que se move em direção ao crescimento pode ser ajudado nesse processo; se está "pronto", nada mais se fará com ele e para ele.

# 1ª Parte

> As citações de David Boadella, nesta subseção, foram retiradas de *Correntes da vida:* uma introdução à biossíntese (São Paulo, Summus, 1992, p. 10-11.)

David Boadella, na introdução do seu livro *Correntes da vida:* uma introdução à biossíntese, diz que o ser humano se desenvolve segundo dois princípios: um formativo e outro organizativo. Por *princípio formativo*, do qual já fizemos menção anteriormente, compreende o fato de que todo ser humano se forma seguindo uma direção do simples para o complexo, à semelhança do que ocorre em tudo na natureza.

De fato, assim ocorre. No momento da concepção, somos uma única célula, um ovo, decorrente do casamento entre um óvulo e um espermatozoide; com o passar do tempo e com a dinâmica própria da constituição do ser humano, as células multiplicam-se, definem-se, constituem camadas, dobram-se sobre si mesmas e dão forma aos diversos órgãos e sistemas que compõem nosso corpo. Fisiologicamente, nascemos imaturos. É o tempo de vida e de amadurecimento que nos capacita para nos relacionarmos com o mundo.

E assim tudo o mais, na vida de cada um, se faz do simples para o complexo, tais como aprender uma língua, aprender a fazer coisas no cotidiano... Afinal, tudo o que aprendemos e fazemos caminha nessa direção, assim como o universo e a vida.

Citando David Boadella, o princípio formativo expressa que, na natureza, *"a emergência de altos níveis de organização, a partir de níveis mais baixos, é uma lei natural básica num sistema aberto"*. E ele continua: *"O princípio da autocura, a alma da terapia [e, para nós, a alma da educação], é uma expressão dessa lei."*

Com essas palavras, o autor lembra-nos que aquilo que é uma lei da natureza deve ser um guia para o psicoterapeuta e, no nosso caso, para o educador – ou seja, a noção de que o ser humano (cliente, educando...) não aprende tudo de uma só vez e, para que aprenda, importa investir nele. Como consequência dessa compreensão para a nossa prática pedagógica, precisamos observar que o educando não vem pronto, mas se forma e, nessa tarefa, necessita de nosso cuidado permanente.

Quanto ao *princípio organizativo*, o autor entende que não nos formamos sozinhos, mas sim em nossa relação com o meio e com outras pessoas, especialmente com as que têm um papel educativo em nossa vida – mãe, pai, parentes próximos, professores, pastores, administradores, religiosos... Todos eles, de algum modo, nos acolhem e nos confrontam em algum momento da existência.

> Importa observar que confrontar é diferente de antagonizar. Enquanto antagonizar significa "opor-se ao outro, tendo em vista vencê-lo de alguma forma", confrontar quer dizer "desejar caminhar com o outro da melhor forma possível, tendo em vista o crescimento".

Acolher significa assumir o outro como ele é; confrontar significa mostrar outras possibilidades de ação e de vida, para além da já assumida. O confronto oferece ao confrontado uma possibilidade nova de aprendizagem, propõe outra possibilidade de ser e de agir no processo da existência. Sobre isso, Boadella afirma:

> Os colchetes, nesta e em outras citações, são utilizados para indicar a inserção de termos, efetuada para tornar coerente o texto no que se refere à educação, uma vez que David Boadella aborda a psicoterapia.

*O processo formativo [do ser humano] deve ser potencializado por condições apropriadas. Sem*

> Aqui o autor se refere a Margareth Mahler, psicanalista inglesa que tem um livro traduzido no Brasil pela Ed. Artes Médicas, Porto Alegre, intitulado *O nascimento psicológico da criança* (infelizmente, hoje, esgotado).

*isso, a auto-organização não acontece. Para ter um desenvolvimento saudável, a criança precisa da presença dos pais, com os quais mantenha um contato constante capaz de gerar o organizador biológico (Mahler), necessário a um crescimento normal.*

Isso implica a responsabilidade de o educador, junto a outros personagens que cercam o educando, ser para ele um recurso de autocrescimento.

Boadella destaca um elemento importantíssimo para toda e qualquer relação educativa, o qual se refere, propriamente, à qualidade da relação entre educador e educando. Diz ele: *"No processo de transformação de padrões de sentimentos e expressões que estão bloqueados, o elemento mais importante é a receptividade viva de outro ser humano."* O ser humano, no seu processo de desenvolvimento, necessita de um continente que o receba e sustente, que sirva como um "andaime", que o ajude a ganhar forma para cima. Usando uma terminologia do pesquisador Stanley Keleman, David Boadella acrescenta que

> Jerome Bruner usa esta expressão para, metaforicamente, dizer que o ser humano necessita, durante algum tempo, de um apoio consistente para, aos poucos, conseguir "ficar em pé".

> *a ressonância somática das mãos, da voz e da presença do terapeuta [e, no nosso caso, do educador] é o campo organizacional no qual ocorre o processo formativo [de organização e] de reintegração do corpo, da mente e do espírito.*

Nesse contexto, o adulto, como princípio organizativo, acolhe amorosamente o educando

(= princípio formativo) e, ao mesmo tempo, confronta-o; e é nesse processo que se estabelece o desenvolvimento. O educador (= princípio organizativo) não julga o educando; acolhe-o amorosamente e depois, somente depois do acolhimento, o confronta também de forma amorosa, para que possa aprender novas coisas.

Amorosidade não quer dizer nem paixão nem pieguice, mas uma atitude de acolher o outro no seu modo de ser, sem julgá-lo, e, ao mesmo tempo, ter a possibilidade de confrontá-lo, sem desqualificá-lo ou excluí-lo. Ao contrário, qualificando-o e incluindo-o.

A expressão "amorosamente", aqui, significa *investimento* no outro, isto é, não desistência de ajudá-lo na primeira ou nas sucessivas dificuldades.

O ser humano é um ser "aprendente" e, para aprender, necessita que, de fato, aquele que o ajuda tenha uma decisão firme e clara de investir nele, custe o que custar. Se, nas dificuldades e impasses emergentes, o ajudante tiver a tendência a desistir do ajudado, dificilmente poderá ocorrer uma aprendizagem satisfatória. Ato amoroso, no caso, exige um ato de vontade, ou seja, querer efetivamente ajudar o educando para que ele aprenda e, ao aprender, se desenvolva.

Muitas vezes, na prática educativa escolar, nós, educadores, já iniciamos o ano letivo cansados, sem um desejo efetivo de trabalhar para que nossos educandos aprendam e, desse modo, se desenvolvam. Pior ainda: por vezes, carregamos conosco a crença de que nem todos aprenderão e, portanto, é justo e adequado que alguns, ou muitos, fiquem pelo caminho, nas sucessivas experiências de repetir séries escolares.

O ato amoroso, ao contrário, exige a crença de que o educando aprende e, por isso, não desistimos de que ele aprenda. Importa, por conseguinte, pôr o foco de nossa ação no educando. Afinal, o produto da ação do educador é o educando educado. Se não chegarmos a esse resultado, para que serviu nossa ação?

> Stanley Keleman, psicoterapeuta somático norte-americano, é criador da psicologia formativa. Vive na Califórnia, EUA, onde criou e coordena um Centro de Investigação em Psicologia Formativa, cujo objetivo é tanto a pesquisa como a formação teórica e prática de novos psicoterapeutas. No Brasil existe a tradução dos seguintes livros de sua autoria: *Viver o seu morrer* (1974/1990); *Realidade somática: experiência corporal e verdade emocional* (1979/1994); *Anatomia emocional* (1985/1992); *Corporificando a experiência: construindo uma vida pessoal* (1987/1995); *Padrões de distresse: agressões emocionais e forma humana* (1989/1992); *O corpo diz sua mente* (1996); *Amor e vínculos: uma visão somático-emocional* (1994/1996). Todos os livros foram traduzidos pela Summus Editorial, São Paulo. As datas entre parênteses indicam, respectivamente, a data da publicação original, nos Estados Unidos, e a data de tradução no Brasil.
>
> KELEMAN, Stanley. *Anatomia emocional*. São Paulo: Summus, 1992. Introdução e capítulo I ("Criação").

O ser humano chega ao mundo com as condições de desenvolvimento, mas, para este ocorrer, necessita de cuidados, que são de responsabilidade do adulto que com ele convive – no nosso caso, do educador.

O que aprendemos com isso? Como educadores, não podemos descuidar-nos de investir em nosso educando para que efetivamente aprenda.

## 1.3. Como o ser humano se forma?

O ser humano forma-se e constitui-se pelo movimento, pela ação. Stanley Keleman, criador da psicologia formativa, afirma que nós, seres humanos, nos constituímos por meio do (a) *movimento*, da (b) *organização da experiência* e da (c) *constituição da forma*. Vamos compreender cada um desses elementos.

Em primeiro lugar, o ser humano é um ser em movimento permanente, ou seja, em "autoconstrução". A chegada a um ponto qualquer do processo de autodesenvolvimento serve de ponto de apoio e de partida para o próximo passo em sua caminhada de autoformação.

Já foi dito que não somos seres dados prontos, mas seres em movimento. Cada um de nós não nasceu como é e como se apresenta nos diversos momentos da existência. No estágio de vida em que estivermos vivendo no momento, seja ele qual for, somos o resultado de longo processo de formação, iniciado no nascimento. Todas as nossas facetas (biológica, psicológica, histórica, social, cultural, espiritual), em dinâmica interação, constituíram-nos no decorrer da nossa experiência da vida, efetivada no espaço e no tempo. Cada um de nós é resultado tanto do que herdamos biológica, psicológica e espiritualmente quanto de nossas múltiplas interações, ao longo do tempo, com o mundo interior e exterior, incluindo os diversos espaços em que tivemos oportunidade de viver. Tendo por base nossas heranças, somos o que fizemos de nós mesmos, no decurso de nossa existência, com tudo o que existiu e existe em torno de nós – espaço físico, coisas, seres vivos, outros seres humanos, experiências concretas, experiências densas, experiências sutis – e o que fizemos com o que se passou em nosso interior. Temos uma biografia. Cada parte do nosso corpo, cada conduta psicológica ou espiritual nossa estão constituídas também por fatos e acontecimentos dessa biografia.

É claro que, nesse contexto, temos de considerar nossos limites; ou seja, somos aquilo que fizemos de nós mesmos no espaço e no tempo, dentro dos limites de nossas possibilidades. Certamente muitas coisas ocorridas em nossa vida não decorreram de nossa escolha consciente, mas, sim, de nossa incapacidade de reagir de forma diferente daquela com a qual reagimos em determinados momentos de nossa história pessoal – por exemplo, nas situações traumáticas e nos cataclismos e intempéries naturais que vivenciamos, nas impossibilidades de opor-nos às imposições autoritárias de nossos pais, professores, professoras, vigários, pastores e outros assemelhados ou aos acontecimentos sistêmicos familiares que fugiram e fogem ao nosso controle pessoal. Do mesmo modo, devemos lembrar que as circunstâncias em que nascemos e crescemos não foram de nossa escolha pessoal consciente, porém delas é que partimos para

# 1ª Parte

> Wilhelm Reich foi um psiquiatra nascido em 1897, na Alemanha, e falecido em 1957, nos Estados Unidos, preso por causa de suas ideias pessoais e libertadoras do ser humano. Tem profunda importância para o desenvolvimento da psicossomática e para os estudos da personalidade humana, que levam em consideração o corpo como a experiência em que nós nos damos e nos realizamos. Produziu bela síntese da psicanálise com o marxismo. Seu livro mais conhecido e central do seu pensamento é *A função do orgasmo*, traduzido e publicado no Brasil pela Ed. Brasiliense, São Paulo.

assumir nossa existência. Assim, nós nos construímos a nós mesmos por meio de nossa ação ou de nossa reação a tudo o que ocorreu em nossas experiências de vida. Somos, pois, o resultado de nossa própria história. Wilhelm Reich afirmou que nosso corpo é a expressão de nossa história pessoal congelada, uma vez que nele se cronificam as marcas de todas as nossas experiências positivas e negativas.

Não há como realizar nosso movimento de autotransformação sem tomar por base as nossas origens, bem como os acontecimentos verificados no decorrer de nossa existência. Somos resultantes de tudo o que herdamos e, ao longo da vida, integramos num todo, que constitui a forma como nos apresentamos hoje e poderá ser diferente amanhã, em decorrência do nosso próprio caminhar pela vida.

Para Stanley Keleman, esse movimento de autoconstrução realiza-se pelos três processos anteriormente assinalados: *movimento, organização da experiência* e *constituição da forma*. Vamos agora compreender como eles se dão.

O desenvolvimento é um processo de autoformação que se constitui pelo movimento. Que significa isso? Somos seres de ação e, por meio dela, constituímo-nos, num caminhar que vai de nossa concepção até o final dos nossos dias. No momento em que fomos concebidos, éramos tão somente uma única célula, um ovo, formado pela conjugação de um óvulo proveniente de nossa mãe com um espermatozoide proveniente de nosso pai. Por um movimento interno, chamado de motilidade, essa célula desenvolveu-se em quantidade e qualidade, duplicando-se e tornando-se cada vez mais complexa a cada impulso de crescimento, passando de 1 para 2 células, de 2 para 4, de 4 para 8, de 8 para 16 e, na sequência, para 32, 64, 128, 256, 512 e assim sucessivamente, até nossa constituição plena. Hoje, nosso corpo contém bilhões e bilhões de células, articuladas entre si, que dão forma ao que somos no presente momento de nossa vida. Esse movimento biológico interno acompanha-nos ao longo da existência por meio de nosso sistema neurológico, de nossos órgãos internos vitais e de nossos sistemas circulatório, respiratório e muscular, entre outros.

Ao lado do movimento interno, ocorre, porém, um movimento externo, denominado mobilidade, que permite nossa ação muscular: andar, gesticular, agarrar, puxar, empurrar, defender-nos, atacar, abraçar, agir construtiva ou destrutivamente. Por meio desses movimentos internos e externos é que nos constituímos. O movimento interno é invisível e realiza-se sem que dele estejamos conscientes; já o movimento externo é visível, muscular, e dele podemos ter consciência enquanto acontece ou enquanto decidimos praticá-lo. Os dois movimentos processam-se dialeticamente no nosso crescimento.

A constituição do ser humano não é só corporal. Ela é também anímica, vital, o que lhe permite agir de forma consciente, ou seja, agir e saber a razão de agir da maneira como age.

O ser humano, na sua dimensão consciente, constitui-se por meio da ação, compreendendo-a e utilizando-a de forma cada vez mais atenta. Não é um puro agir, mas um agir sobre o qual se reflete e que se compreende. Em cada ação nossa, fazemos alguma coisa e procuramos ter o entendimento de como agimos e do porquê agimos daquela maneira, o que nos ajuda a constituir-nos e, ao mesmo tempo, a aperfeiçoar nossa ação, para, numa próxima vez, agirmos com maior adequação. Cada vez que agimos conscientemente, tornamo-nos mais capazes de fazer alguma coisa.

Por exemplo: para aprender a dançar, devemos treinar movimentos de dança e tomar posse dela por meio da consciência corporal e não corporal, da mesma forma que, para aprender a dialogar sobre determinados assuntos, necessitamos treinar o uso e a escuta de falas convincentes e desenvolver falas também convincentes. Para aprender uma língua estrangeira, é preciso treinar a escuta e a articulação dos sons, das expressões e dos respectivos significados na nova língua. Após algum tempo, conseguimos, vagarosamente, conversar com alguém em uma língua que não seja a nossa, mas ainda pensando na língua materna, traduzindo o pensamento para a língua estrangeira e, a seguir, expressando esse pensamento em voz alta; com o tempo e com treinamento constante, porém, chegamos a elaborar nossos pensamentos com os recursos da outra língua e expressá-los por meio dela. Isso quer dizer que o movimento constante por nós realizado nos permitiu adquirir o modo de falar e entender em outra língua.

De fato, aprendemos por meio da atividade (movimento), o que significa que a exercitação é um recurso fundamental de aprendizagem na vida humana. Todavia, não é demais frisar, mais uma vez, que a verdadeira aprendizagem exige a ação, uma ação compreendida, elaborada mentalmente – compreensão que permite um novo e mais adequado modo de agir. Ação sem compreensão é ativismo e, assim, perde-se na pura ação.

O movimento, à mesma medida que é praticado, *organiza a experiência*, o que significa *estruturar nova forma* para um novo modo de ser e de agir. Por exemplo, entre muitíssimas outras coisas, organizamos o som de uma palavra ou os procedimentos de uma tarefa. Por meio de atividades reiteradamente realizadas (movimento), vamos organizando para nós mesmos um modo constante de agir dentro de um determinado percurso. A exercitação repetida organiza um modo de proceder que, vagarosamente, vai-se sedimentando numa determinada forma.

Vamos dar um exemplo que possa ajudar a compreensão do conceito exposto. Um de nós vai participar da coreografia de uma dança. O coreógrafo irá demonstrar-nos os passos parte por parte; primeiro uma parte, depois outra e, depois, mais outras ainda. Em cada parte da coreografia, irá treinar-nos nos passos e movimentos necessários, tendo em vista compor o todo. O treinamento em cada uma das partes, e das partes entre si, vai organizando nosso modo de desempenhar a coreografia. Ou seja, a exercitação organiza nosso modo de ser e de compreender alguma coisa. Por meio da conduta que se torna habitual, seremos capazes de executar dinamicamente a coreografia. Neurologicamente se diz que nosso sistema nervoso criou cadeias de conexões nervosas (sinapses), as quais constituem a base mnemônica (de memória) de uma experiência ou de um procedimento aprendido.

O modo de agir do coreógrafo, no exemplo acima, representa o modo de aprender que se manifesta em todas as formas de aprendizagem. Um pedreiro aprende a erguer uma parede e rebocá-la erguendo-a e rebocando-a. Um pintor aprende a pintar de forma compreendida pintando, repetindo e experimentando muitas vezes as mesmas tintas, os mesmos modos de agir. Um estudante compreende um algoritmo matemático repetindo-o e compreendendo-o em sua ação. E assim por diante. À medida mesma que se exercita, organiza um determinado modo de agir.

Por último, a consequência do movimento, que organiza a experiência, é a *constituição de uma forma*. A forma é um modo permanente, habitual, de ser e de fazer; é a habilidade transformada em hábito. Agindo sucessivas vezes do mesmo modo, ou de modo semelhantemente aproximado, e com a mesma compreensão, adquirimos uma maneira permanente de agir que se manifesta em todo o nosso ser, quer sob a ótica corporal, intelectual ou afetiva. A expressão sorridente de uma pessoa tem a ver com a forma de sorrir que constituiu para si mesma ao longo da vida, expressando sua alma por meio da expressão facial e da expressão dos seus lábios. Mas o mesmo ocorre com o carrancudo, com o distante, com o bem-educado, com o mal-educado... Coisa semelhante ocorre também com qualquer outra aprendizagem cognitiva, afetiva ou psicomotora. Nós aprendemos a amar, aprendemos a orar, aprendemos a raciocinar matematicamente, a agir investigativamente; aprendemos a expressar-nos numa linguagem popular ou numa linguagem chamada de elite. Todas essas experiências expressam as formas permanentes de sentir, pensar e agir que adquirimos. São os nossos hábitos ou nossas "formas", para usar a linguagem de Stanley Keleman.

Alguém que aprendeu bem a falar uma língua estrangeira se expressa naturalmente por meio dela; alguém que aprendeu bem a tocar violão produz sons com esse equipamento com naturalidade; alguém que aprendeu bem a dirigir um carro o conduz com naturalidade, como se sempre tivesse tido essa habilidade. A forma habitual de agir decorre da exercitação de uma ação. É melhor se ela for consciente, ou seja, se for feita sabendo-se a razão pela qual se faz daquela maneira. Existe um ditado popular que diz que o "hábito faz o monge". O "hábito", aqui, pode ser entendido como a veste do religioso ou como o seu modo regular e constante de agir. De todo jeito, é uma forma constituída.

Importa observar que uma forma constituída pode ser aprofundada ou modificada pela própria ação; pode, ainda, servir de base para a constituição de novas formas ou de formas mais complexas. Quanto mais praticamos alguma coisa, mais hábeis nos tornamos nessa atividade.

Quando menino, por exemplo, aprendi a tocar o pião. Demorou bastante para aprender a tocá-lo, mas aprendi; de tanto fazê-lo, pude começar a participar de campeonatos. Uma coisa é ouvir um cantor quando ele inicia sua carreira; outra, completamente diferente, é ouvi-lo em sua maturidade profissional. Uma coisa é sermos atendidos por um profissional recém-saído de sua escola de formação; outra, completamente diferente, é sermos atendidos por um profissional já experimentado – bem experimentado – em sua atividade. Usualmente dizemos que o primeiro ainda não tem "peso", mas o segundo o tem, o que quer dizer que um ainda não constituiu de modo consistente a sua forma, enquanto o outro, sim.

Desse modo, toda aprendizagem significativa far-se-á por meio do *movimento*, que *organiza a experiência*, constituindo *uma forma*; movimento que não necessariamente é físico, biológico, muscular, mas pode ser tudo isso e também afetivo, mental, de raciocínio, de compreensão ou de ação. O fato é que o ser humano aprende pela ação ou, mais apropriadamente, por uma cadeia de atos, intitulada "ação-reflexão-ação".

Essa compreensão traz um parâmetro para nossa atividade de educadores. No nosso cotidiano pedagógico, necessitamos tomar essa compreensão teórica como base de nossa ação, a fim de que, ao praticar o ensino, proponhamos atividades aos estudantes, uma vez que elas são a base da aprendizagem: movimento (ação) que organiza a experiência (exercitação, repetição ativa e inteligível da ação) e, por sua vez, constitui a forma (aquisição do hábito). Esses três elementos são constitutivos e contínuos em qualquer processo de ensino-aprendizagem. Para ensinar e permitir que nossos educandos aprendam, precisamos seguir, metodologicamente, esses passos.

## 1ª Parte

Não há como aprender a respirar sem respirar; não há como aprender a comer sem comer; não há como aprender a andar sem andar; não há como aprender a amar sem amar; não há como aprender raciocínios matemáticos sem exercitar os raciocínios matemáticos... A ação constitui-nos e é ativamente que aprendemos e nos constituímos; como consequência, é ativamente que nossos educandos aprendem, o que significa que nosso ensino deve ser ativo.

Dessa noção decorre que a aprendizagem e, em consequência, o desenvolvimento não se dão *ex abrupto*; ao contrário, são construídos ao longo do tempo, o que, no caso do ensino, implica múltiplas reorientações num processo de investimento e acompanhamento do educando. Sem o efetivo investimento no desejo de obter os melhores resultados de nossa ação educativa, dificilmente chegaremos a eles. Para tanto, há que assumir na prática cotidiana a crença de que o ser humano é um ser em movimento, em construção. Ele chega ao mundo em processo, o que implica que "não está pronto". Sem essa crença, não há investimento na busca dos melhores resultados, o que retira a base de qualquer processo avaliativo, uma vez que este tem como objetivo subsidiar a construção dos melhores resultados possíveis de nossa ação.

Assim sendo, o primeiro mediador de um projeto político-pedagógico é uma compreensão construtiva do ser humano e, consequentemente, da prática pedagógica. Sem ela não temos norte em nossa ação pedagógica. Contudo, é preciso que essa compreensão se transforme diuturnamente em modos de agir no processo de ensino. Os entendimentos teóricos não são para ilustrar nossa mente, mas, sim, para compreender e conduzir nossa ação.

No que se refere à integração do ato de avaliar ao ato pedagógico, essa compreensão pedagógica é a orientação para nossa ação, mas, ao mesmo tempo, é parâmetro para uma avaliação de nossa ação como educadores. Efetivamente usamos essa compreensão pedagógica como guia de nossa ação no cotidiano escolar e, consequentemente, de nossa prática de avaliação? Nossos atos de ensinar estão levando em conta essa teoria pedagógica? Estamos atentos à proposta de realizar o ensino por meio de atividades, ou seja, por meio de movimento, organização da experiência e constituição da forma? Temos tido paciência suficiente para que o educando faça esse caminho? São perguntas que precisamos constantemente fazer-nos enquanto trabalhamos com nossos educandos.

## 2. Segundo mediador: os conteúdos escolares

Nascemos num meio sociocultural já constituído, onde crescemos e nos desenvolvemos. O ser humano dá-se, cresce, desenvolve-se e forma-se na relação com tudo o que existe, e a cultura tem seu papel especial nesse processo. Conviver com os conteúdos socioculturais é o meio pelo qual cada um se torna membro de sua comunidade, de seu lugar de origem, de sua cultura. Nossos modos de ser e de agir sofrem a sobredeterminação da cultura onde nascemos, crescemos e vivemos; alguns padrões serão assimilados até mesmo de forma inconsciente e outros de forma consciente.

O projeto político-pedagógico na escola tem nos conteúdos escolares o seu segundo mediador. Os atos de ensinar e aprender dependem dos conteúdos que são ativados e utilizados. Sem eles, as práticas educativas e pedagógicas não se realizam. Eles são recursos necessários para a realização do currículo e, consequentemente, para a formação do educando. Por meio de muitos mecanismos – tais como convivência, ensino familiar, ensino escolar –, herdamos a cultura que nos antecedeu e, com ela, iniciamos nosso caminhar pela existência. Essa cultura não é nem boa nem ruim; é aquela em que nascemos e com a qual nos iniciamos na vida.

Os conteúdos escolares pertencem à cultura que nos antecede, como também à cultura contemporânea, com todos os seus elementos componentes: senso comum, ciência, valores estéticos, éticos e religiosos. Constituíram-se antes de nascermos e antes de ingressarmos na escola e continuam a constituir-se no tempo presente. Decorrem da ciência e da cultura passadas e contemporâneas, transformadas em currículos adequados a cada uma das faixas etárias e aos níveis de desenvolvimento dos educandos aos quais se destinam. Física, química, matemática, sociologia, história, geografia, língua nacional, língua estrangeira..., valores estéticos, éticos e religiosos, assim como as compreensões psicológicas sobre o ser humano, são recursos a serviço da formação do educando como sujeito e cidadão. Essas áreas de conhecimento, do ponto de vista escolar, não são absolutas, mas, sim, recursos mediadores do processo de formação do educando.

O educando, na experiência escolar, também se forma na convivência com os colegas (que trazem suas experiências para o dia a dia da escola), mas sobretudo pela interação com os conteúdos intencionalmente estabelecidos e trabalhados.

Não podemos esquecer que definimos anteriormente, como objetivo político fundamental da prática educativa, a formação do educando – o que significa que ele é o centro de atenção da prática pedagógica e que, por sua vez, o currículo está a serviço do seu processo de desenvolvimento. Os conteúdos escolares constituem o "meio ambiente" onde o educando se forma no espaço escolar, convivendo cotidianamente com eles. Nesse processo interativo, o educando constitui-se a si mesmo na convivência com os outros, com o meio e com o sagrado, em conformidade com o que sinalizamos na seção anterior deste capítulo.

Entre os conteúdos socioculturais existentes, os conteúdos escolares são fruto de um processo seletivo levado a efeito em eventos que congregam especialistas das diversas áreas, chegando, finalmente, aos currículos escolares, aos livros semididáticos e, por último, aos didáticos. Os conteúdos socioculturais, presentes na vida contemporânea seja pelo acúmulo do passado, seja pela criação, são muito amplos e impossíveis de ser assimilados na sua totalidade, donde a necessidade do estabelecimento do currículo.

Os conteúdos escolares articulam o educando, em processo de formação, com a cultura geral da sociedade em que está inserido. Desde a antiguidade mais remota, os grupos humanos vêm criando recursos educativos que viabilizam a integração das novas gerações na cultura comum familiar, grupal, comunitária e social.

O currículo escolar é a expressão da ciência do presente traduzida para as possibilidades de assimilação dos educandos em suas diversas faixas etárias e em seus diversos níveis de desenvolvimento. Não se pode desejar que uma criança de 8 anos opere com raciocínios abstratos da lógica, da matemática, da física ou tenha compreensões adequadas de fenômenos geográficos que ainda não cabem em seu campo de entendimento, uma vez que ainda nem possui os recursos neurológicos para tal. Importa que os currículos escolares sejam constituídos, estruturados e adaptados a cada grupo de educandos com os quais são utilizados. É impossível a um educando processar aprendizagens que estão para além de sua capacidade de assimilação. Jean Piaget é muito claro nisso quando configura como operam os processos de assimilação e acomodação no processo de aprendizagem. Para assimilar (assemelhar) algum novo entendimento ou procedimento, importa que o educando já tenha em si os requisitos necessários à apropriação do novo. Sem essa condição, não se torna possível a acomodação, que nada mais é do que a posse do novo.

Vale lembrar que assumir a necessidade de uma construção majorante da aprendizagem – de ter "pré-requisitos" para a aprendizagem mais complexa – pode parecer um modo de aderir à filosofia do "estar pronto". No entanto, o que sinalizamos na seção anterior deste capítulo como pano de fundo da pedagogia tradicional é o fato de "esperar" que o educando esteja pronto, o que justifica não investir nele. Caso ele não esteja de posse de um pré-requisito, importa sim agir para que passe a estar, de tal forma que possa prosseguir em sua vida escolar com um mínimo de regularidade. Anteriormente questionamos a perspectiva filosófica estática vinculada à pedagogia tradicional, e não a exclusão da necessidade de pré-requisitos para aprendizagens majorantes.

Na discussão acerca das propostas curriculares como mediadoras da prática educativa, cabe ainda uma observação sobre o significado da utilização dos conteúdos socioculturais para a aprendizagem e o desenvolvimento do educando. O conhecimento tem a ver com a compreensão da realidade, do mundo que nos cerca e de nós mesmos, como sujeitos vivendo neste mundo.

Estando no mundo, temos duas possibilidades. Uma delas é viver em *contiguidade* com tudo o que existe, isto é, estar no mundo e viver com ele do jeito que é, o que nos permite conviver com ele sem tentarmos compreendê-lo e/ou modificá-lo. Para isso, não há necessidade de nenhum conhecimento em especial. Basta estar presente no mundo, usufruir ou defender-se dele como se pode, utilizando suas benesses e fugindo de seus perigos, quando percebidos. Os animais não humanos fazem isto: vivem e sobrevivem em contiguidade com o que existe no seu meio.

A segunda possibilidade é vivermos no mundo elaborando compreensões e intervindo de modo prático naquilo que nos cerca, o que nos permite não só viver e sobreviver no meio ambiente, convivendo com tudo o que existe e usufruindo os seus benefícios, mas também proceder à sua transformação, tendo em vista satisfazer nossas necessidades cotidianas.

Neste segundo modo de estar no mundo, temos outras duas possibilidades: compreender e agir pelo senso comum ou pelo senso crítico.

O conhecimento denominado de *senso comum* é simples, direto, imediato, pragmático e, na maior parte das vezes, dogmático, no sentido de que tem poucas dúvidas sobre suas compreensões da realidade e da vida. Trata-se do conhecimento prático que adquirimos pela convivência na vida social. Nesse contexto, dificilmente nos questionamos sobre nossas próprias compreensões e afirmações acerca da realidade e da vida. São compreensões práticas e funcionais, que dirigem a vida no dia a dia.

Por exemplo, do ponto de vista das coisas práticas cotidianas, descobrimos que o chá da folha de goiabeira "cura" diarreia. Então, usamos esse chá quando necessário, mas não nos perguntamos pela razão por que esse chá "cura" a diarreia. Simplesmente usamos. Ou ainda, do ponto de vista da ação, descobrimos que certos ditados ajudam a manter a vida dentro de determinados parâmetros de conduta, o que nos leva a utilizá-los sempre, sem nos perguntarmos pelo significado oculto que pode estar por trás do seu enunciado.

É o caso do provérbio: "Mais vale um pássaro na mão que dois voando", que insiste na pregação moral segundo a qual "não vale muito a pena buscar novas soluções; basta contentar-nos com a que temos. Se insistirmos na busca, pode ser que sejamos castigados – não teremos nem a solução que se encontra em nossas mãos nem a outra que estamos desejando". Trata-se de ditado útil para o controle social. Contudo, ele é expresso e utilizado sem que nos perguntemos: "Mas essa afirmação tem mesmo algum sentido significativo? O seu significado se aplica de modo universal ou só de forma eventual?" O senso comum não se pergunta por um significado ou por alguma coisa que possa estar para além do imediato e do aparente.

A outra possibilidade é vivermos no mundo servindo-nos do *senso crítico*, que não se contenta com o imediato e o aparente, mas admite que todas as explicações são questionáveis e necessitam ser compreendidas da forma o mais consistente e abrangente possível.

Nesse contexto, há necessidade de compreender criticamente a realidade, ainda que se esteja ciente de que novas e mais adequadas explicações poderão advir no futuro, o que significa admitir que as interpretações da realidade não são as únicas nem as definitivas. As variáveis constitutivas do real são múltiplas e, então, tem-se a consciência de que nem sempre é fácil, de imediato, reconhecê-las, o que implica ir além das primeiras impressões interpretativas. O senso crítico não se satisfaz com as primeiras e primárias "leituras" da realidade. Ele é elaborado, ou seja, produzido com exigências e rigores metodológicos da criticidade.

No exemplo do chá de folha de goiabeira que "cura" diarreia, o senso crítico perguntaria: "O chá de folha de goiabeira, de fato, cura a diarreia? E, se cura, qual é a razão de atuar dessa forma?" Isso quer dizer que o conhecimento elaborado ou crítico não se contenta com o uso prático de alguma coisa. Vai além, busca explicações que permitam ter consciência explícita do que se entende e do que se faz.

Então, no caso do exemplo, descobre-se que o chá da folha de goiabeira é um adstringente e, como tal, atua no fechamento dos poros da mucosa intestinal, fator que diminui a eliminação de líquido, o que, por consequência, diminui a diarreia. O conhecimento elaborado busca uma compreensão do que ocorre na prática e, por ter essa compreensão, pode praticar de novo os mesmos atos, porém com maior precisão, com maior cuidado, sabendo a razão pela qual alguma coisa é feita ou pode ser feita. Dessa forma, o senso crítico oferece-nos um instrumento mais adequado para estar no mundo, assim como para nele viver e conviver.

Também o senso crítico atua no que se refere aos valores que dirigem a vida, à medida que, por meio da filosofia, da teologia, da estética, da ética, estabelece um olhar consciente sobre eles, permitindo aos seres humanos escolher conscientemente que valores desejam e assumem para a direção de suas vidas. Ou seja, o senso crítico, do ponto de vista dos valores, oferece possibilidade de consciência no agir.

Desse modo, o senso crítico configura uma terceira possibilidade de estar no mundo e nele viver/conviver, ao lado da contiguidade (primeira possibilidade) e do senso comum (segunda possibilidade).

Assim sendo, faz sentido que a escola seja um lugar especial por onde a cultura elaborada é, por um lado, transmitida e, por outro, assimilada pelos educandos que dela participam. O senso comum não necessita da instituição escolar para ser transmitido e assimilado. Isso se dá no dia a dia das pessoas. Então, a escola tem por obrigação – para isso foi instituída socialmente – de oferecer aos educandos o melhor conhecimento passível de assimilação por eles, a depender de sua idade e de seu nível de desenvolvimento. É nesse sentido que os conteúdos curriculares fazem a mediação entre o educando e a cultura que o cerca, especialmente a cultura elaborada.

Outro aspecto importante na questão curricular tem a ver com a metodologia utilizada para a transmissão e assimilação dos conhecimentos que transitam dentro da escola. Por metodologia, mais do que as técnicas de ensino-aprendizagem, entendemos o modo de servir-se dos conteúdos curriculares para a formação do educando como pessoa. Não podemos esquecer que concebemos o currículo como recurso mediador para a formação do educando. O centro de atenção, então, deve ser o educando e sua formação. O currículo é meio.

Nesse contexto, cabe a pergunta: como a execução da grade curricular possibilita a formação do educando? A resposta a essa questão está comprometida com a abordagem metodológica utilizada pelo educador, no que se refere tanto à compreensão do educando quanto ao processo de exposição dos conteúdos e de sua assimilação pelo educando. Isso implica dizer que o currículo está a serviço da formação do educando e não o contrário. No caso, estamos convencidos de que a formação do educando é o foco central da prática educativa, e o currículo, como um recurso fundamental, deve estar a serviço desse processo e não acima dele. Existem situações escolares em que o educador está mais preocupado com o cumprimento das determinações curriculares do que com a aprendizagem e o desenvolvimento do educando.

De acordo com o que vimos propondo, tanto a exposição quanto a assimilação dos conteúdos curriculares deveriam estar focadas na formação do educando. E como isso pode ocorrer? A nosso ver, tomando todos os conhecimentos transmitidos e assimilados como compreensões de alguma faceta da vida em seu movimento no existir. Os conteúdos, então, não são vistos por si mesmos, mas a serviço da formação do educando.

O foco metodológico com o qual necessitamos trabalhar com os conteúdos escolares, tendo em vista a formação do educando, caracteriza-se por tomá-los como recursos que auxiliam na construção de uma personalidade saudável por parte de cada educando.

> "Saudável", aqui, significa aquilo que traz vitalidade, movimento, possibilidades e viver bem.

Todo educando precisa tomar posse de sua individualidade, a fim de expressar-se no mundo como sujeito e como cidadão; do contrário, será tragado por ele. Por "mundo", aqui, compreendemos tanto os elementos da natureza como as relações entre pessoas e tudo o mais que nos cerca. Muitas vezes, ou quase sempre, nossas autoridades – sejam elas quais forem – preferem pessoas que sejam "massa de manobra" a pessoas "senhoras de si", conscientes de seus direitos e deveres e com poder pessoal de confrontar a autoridade, dialogando e exigindo posicionamentos que venham a atender suas necessidades. Somente pessoas com posse de sua individualidade conseguem confrontar-se com o outro e, no caso, com a autoridade, na busca da satisfação de suas necessidades, sejam elas materiais, psicológicas ou espirituais.

A consciência crítica e a autonomia dos indivíduos são importantes nas questões tanto de grande quanto de pequena magnitude. Os exemplos podem multiplicar-se aos milhares; vamos somente indicar um ou outro e cada leitor poderá multiplicá-los à vontade, a fim de compreender que a individuação é uma necessidade básica de todos os seres humanos e que ela pode e deve ser constituída, também, por meio da atividade curricular na escola.

Vamos a situações concretas do cotidiano. Um estudante, em sala de aula, deve expor sua opinião diante dos colegas e do professor; sente-se muito intimidado pela situação e, com isso, não se expressa suficientemente bem, permanece calado, ainda que incomodado por não expor seu ponto de vista. Onde está sua individuação, que subsidia seu poder de expressar-se? Um filho necessita dizer ou pedir alguma coisa ao pai ou à mãe, porém não expõe seu desejo por medo. Medo de quê? Nem ele mesmo sabe. Um participante de determinada reunião discorda dos encaminhamentos que estão sendo feitos no decorrer das decisões, porém permanece até o fim sem expor seu ponto de vista, a ponto de prejudicar-se. O que está por trás dessa atitude? Possivelmente, o medo de expor-se e não sustentar-se diante dos outros. Alguém vai comprar certo produto em uma loja e nem mesmo observa se o objeto adquirido está perfeito, por não ter a coragem de confrontar-se com o vendedor. Alguém não se defende de um ataque verbal inadequado... São muitas as situações em que a individualidade, por não estar suficientemente formada, não se situa diante do mundo do modo exigido pela circunstância. O mesmo se pode dizer sobre a submissão simples aos ditames autoritários do poder público constituído.

Mas também o contrário pode ser expressão de uma personalidade não suficientemente formada. Antes de qualquer coisa, por exemplo, uma pessoa ataca a outra. Por vezes, até mesmo se diz que a melhor forma de defesa é atacar logo de saída. O ataque desnecessário é uma defesa prévia, sem nenhum fundamento. Já que alguma coisa, numa circunstância qualquer, pode vir a ocorrer negativamente, a pessoa parte para o ataque antes que qualquer coisa aconteça, seja lá o que for. Ou, ainda, uma pessoa invasiva, que não permite ao outro ser o que é ou não respeita limites, sempre desejando tudo segundo o seu ponto de vista ou o seu interesse. Esses são alguns exemplos indicativos de uma individuação frágil, que não sustenta uma relação saudável consigo mesmo e com os outros.

Como vemos, são muitas as possibilidades de inadequações de uma individualidade insuficientemente formada, para menos ou para mais. Tanto o que se submete quanto o que ataca por medo expressam distorções na formação da individualidade.

Nesse contexto, a pergunta é: "Como usar os conteúdos escolares para a formação de uma individualidade saudável, para além de ampliar a consciência, como abordamos anteriormente?" Além de propiciar aos educandos as condições para aprender a ter um senso crítico sobre a realidade, a abordagem metodológica que se utiliza para ensinar e aprender pode auxiliar muito na constituição da individualidade de cada educando.

Será que o estudo da língua portuguesa, como estudo da língua em si, poderia contribuir na formação da individualidade dos nossos educandos? Acreditamos que sim, se os estudos da língua nacional se processarem também com essa intenção. Por exemplo, pelo estudo dos verbos pode-se adquirir a consciência de que tudo se move no tempo, pois eles são conjugados no passado, no presente e no futuro, além dos tempos conjugados no imperfeito e no mais-que-perfeito. A língua expressa o movimento da vida.

O mesmo ocorre com as categorias de palavras – substantivo, verbo, advérbio, adjetivo, preposição, conjunção – que expressam modos de ser e estados de ânimo. O substantivo expressa aquilo que é; o adjetivo, a qualidade; o advérbio, a amplitude e a profundidade de uma ação; a conjunção une as partes; e assim por diante... A aprendizagem de cada uma dessas categorias gramaticais poderia ser uma oportunidade de a criança ou adolescente ir tomando consciência das suas possibilidades de estar no mundo, e não só aprendendo uma formalidade da lógica da língua (elementos da gramática).

A análise sintática, que tem sido considerada um conteúdo difícil *para* e *pelos* nossos estudantes, é uma forma de compreender a ordem

De fato, esse conteúdo não pode ser tão difícil quanto se diz, pois é uma forma de abordar, compreender e utilizar os recursos da língua nacional do ponto de vista gramatical, mas poderia ser também um recurso de aprendizagem da posse de si mesmo, constituindo a própria individualidade.

e o significado dos elementos expressivos dentro de uma oração ou de muitas orações articuladas (conjugadas), formando um todo coerente e consistente, organizado e belo.

Como a análise sintática tem sido ensinada em nossas escolas? Somente como uma mecânica linguística. Todavia, poderia ser um recurso utilizado para ajudar o estudante a compreender a vida de maneira organizada, articulada e consciente. Afinal, a vida forma um todo orgânico, cujas partes se articulam dinamicamente. Uma frase é harmônica quando todas as suas partes ocupam o seu devido lugar. Na vida também é assim.

O conteúdo do ensino-aprendizagem da língua nacional é recurso fundamental para que o estudante não só aprenda a formalidade da língua (o que também é necessário), mas também, ao mesmo tempo, aprenda a compreender-se a si mesmo, como *sujeito* de ação diante de si mesmo, dos outros e do mundo.

Pode, por exemplo, compreender-se a si mesmo como sujeito com base na postura e na ação dos sujeitos das frases que lê e analisa. O que é ser "o principal" (oração principal), o que é ser "oração coordenada" (articulado com os outros no mesmo nível) e o que é ser "oração subordinada" (relação de autoridade)? O que é ser sujeito de uma oração "principal" ou de uma "subordinada" (relação de igualdade e/ou de subordinação à liderança de outro)? Esses conceitos, que estão por trás dos conteúdos dos estudos da língua nacional, não têm somente a ver com a formalidade gramatical da língua, mas são modos de compreender e agir na vida: relações de liderança, coordenação, subordinação.

Esse olhar sobre como os elementos da gramática têm a ver com o ordenamento da vida e sobre seu uso como recurso de aprendizagem de si mesmo depende de o educador estar atento e poder mostrar ao educando que a expressão verbal (oral ou escrita) fala da vida em seu movimento e em suas interações, além de trazer a estrutura formal da língua. Por meio disso, os educandos, além de aprender os recursos da língua, aprenderão a ser, compreendendo a si mesmos, assim como as múltiplas possibilidades de relações na vida.

Decerto essa relação não deverá ser realizada de forma mecânica, mas, sim, com inteligência, ou seja, possibilitando que cada educando se compreenda como sujeito em variados papéis e lugares na vida; caso contrário, esse uso tornar-se-á extremamente cômico.

O mesmo pode e deve ocorrer no que diz respeito a qualquer outra disciplina. Ao estudar história, o que significa conhecer os acontecimentos e os personagens históricos e confrontar-se com eles? Significa simplesmente ter informações? Ou envolve também aprendizagem de como compreender criticamente a vida por meio do estudo de uma época histórica e de seus personagens? Estudar história significa apenas um meio de ter informações ou também de aprender a ver criticamente o que já ocorreu na história e nos trouxe até onde estamos, como resultado desse longo processo? Estudar história pode ser um meio de – além de compreender os acontecimentos do passado – ajudar o educando a adquirir um senso crítico de si e do mundo que o cerca, tendo como base um olhar sobre o passado e seus personagens. Estudar história pode, ainda, ser um meio de adquirir visão crítica sobre a vida que chegou até nós e prosseguirá do presente para o futuro; pode ajudar a aprender sobre a impermanência das coisas, assim como sobre a fragilidade de tudo o que existe e, certamente, sobre muitas outras coisas. Para tanto, importa que o educador esteja atento ao fato de que estudar alguma coisa pode ir para além da exclusiva aprendizagem conceitual da área específica de conhecimento com a qual ele está trabalhando. A formação psicológica do educando permeia toda e qualquer modalidade ou conteúdo de ensino.

Ensinar e aprender matemática serve somente para elaborar um raciocínio apurado, em termos de lógica dedutiva e de solução de problemas abstratos, ou também pode ser um modo de aprender a ver o mundo de forma organizada ou um modo de organizá-lo? Estudar física apenas teria como objetivo compreender, de forma abstrata, as relações de tempo e espaço e de tudo o que neles existe? Ou também pode ser um recurso de aprendizagem de auto-organização e de organização do meio onde se vive, assim como de relação com ele? Outras disciplinas deveriam seguir o mesmo parâmetro de estar a serviço da formação do educando em seu processo de individuação, ao lado de oferecer-lhe a melhor aprendizagem conceitual possível.

Com o ensino de qualquer dos conteúdos escolares poder-se-ão cumprir os quatro objetivos da educação para o século XXI, propostos pela Unesco na obra *Educação:* um tesouro a descobrir (Relatório Internacional para a Educação do Século XXI), redigida por Jacques Delors.

São eles: *aprender a conhecer* (a aquisição da informação e a operação com a informação), *aprender a fazer* (a habilidade de realizar coisas práticas a favor da vida com os conhecimentos adquiridos), *aprender a viver juntos* (como os conhecimentos nos permitem aprender a viver com aquilo que é diferente de nós, sejam pessoas, coisas ou experiências) e, por último e mais importante, *aprender a ser* (objetivo final de todo e qualquer processo de ensino e aprendizagem no contexto humano).

Ensinar e aprender os conhecimentos de determinada área apenas em vista deles mesmos é muito pouco. Importa, por meio da prática educativa, oferecer condições ao educando para que se torne sujeito de sua vida e do seu viver.

Enfim, o currículo escolar, como mediador do processo de educação, não pode ser uma moldura à qual se deva adequar o educando, mas um recurso que auxilie sua formação como sujeito e como cidadão, o que significa que os conteúdos estão a serviço da formação do educando, e não este a serviço do currículo. Essa é uma questão metodológica fundamental, não entendendo metodologia como simples recurso técnico para fazer alguma coisa, mas como uma abordagem, que oferece uma direção a ser seguida.

Em nossas escolas, o mais comum é nossos educandos estarem a serviço do currículo; por isso vivemos a dizer que "devemos cumprir um programa". De fato necessitamos cumprir um programa, mas para formar o educando, não para enquadrá-lo no programa.

Como mediadores do projeto político-pedagógico de nossa escola, é preciso que os conteúdos escolares ensinados e aprendidos sejam recursos que possibilitem ao educando não só repeti-los, mas, sobretudo, servir-se deles para relacionar-se melhor consigo mesmo, com o mundo e com os outros.

No processo de aprender e formar-se, o educando recebe dinamicamente a herança do passado, assimila-a por meio de aprendizagens ativas, recria-a em conformidade com seu modo de ser e retransmite-a para a frente. Deste modo, a aprendizagem dos conteúdos escolares, além de formar o educando, mantém a cultura viva em seu processar na história. Receber, assimilar, recriar e transmitir, eis o processo de manutenção da cultura sempre viva. Nessa dinâmica, os conteúdos escolares têm papel profundamente significativo.

As ciências psicológicas e pedagógicas, na prática do ensino-aprendizagem na escola, servirão de pano de fundo e de recurso instrumental para a realização do currículo como mediador da formação do educando. Elas subsidiam os educadores para que compreendam o educando e assim atuem, da melhor forma possível, em sua formação.

Esse olhar sobre os conteúdos curriculares deve servir de parâmetro para a avaliação da educação, da instituição onde trabalhamos e de nossa atuação como educadores. Nossa ação está pondo como foco da prática educativa o currículo ou o educando? Como estamos nos servindo metodologicamente dos conteúdos escolares: somente como conteúdos conceituais ou, ao mesmo tempo, como conteúdos conceituais e recursos de individuação de nossos educandos?

As considerações sobre didática, que se seguem neste capítulo, foram inspiradas em M. A. Danilov e M. N. Skatikin, *Didáctica de la escuela media*, Havana, Editorial Pueblo y Educación, Cuba, 1987, p. 98-223.

## 3. Terceiro mediador: a didática

A avaliação – como temos insistido – é um ato subsidiário da obtenção de resultados bem-sucedidos, o que implica efetivo investimento na busca desse sucesso. Por isso, nesta seção, dedicar-nos-emos às questões didáticas, como o terceiro mediador que subsidia a efetiva consecução do projeto político-pedagógico. A didática é área fundamental de conhecimento e de uso para o educador que deseja ver sua atividade configurada pelo sucesso. Ela define o meio prático de como ensinar para que o educando aprenda.

O ensino-aprendizagem, para realizar-se de forma eficiente, necessita de recursos técnicos – modos de fazer – que nos possibilitem oferecer aos educandos condições de efetiva aprendizagem do conteúdo do ensino, a fim de que o currículo efetivamente cumpra o seu papel de mediador no processo de formação do educando.

A didática, desde os antigos gregos, tem sido considerada a forma de facilitar o ensino e a aprendizagem do que é necessário ensinar e aprender. Os gregos serviam-se especialmente dos poemas didáticos com o objetivo de ajudar os cidadãos na aquisição de valores morais, necessários à consciência cotidiana. Assim, o termo "didático" expressa a ideia de mediar uma aprendizagem facilitada e efetiva.

No contexto do projeto político-pedagógico de uma escola, a didática é um mediador fundamental para a sua realização. Sinaliza os recursos práticos básicos para que os desejos embutidos nos atos de ensinar e aprender sejam realizados.

Dois aspectos merecem, nesse caso, a atenção do educador: (a) o tipo de aprendizagem com o qual necessita operar e (b) os passos do processo de ensino-aprendizagem.

## 3.1. Aprendizagem inteligível e ativa

Quanto ao primeiro aspecto, o ensino eficiente deve propiciar ao educando uma aprendizagem *inteligível* e *ativa*. Que significa isso?

A inteligibilidade é a capacidade de ter consciência do que se sabe, do que se conhece, assim como do que se faz. Por vezes, vemos alguém consertar alguma coisa e, então, perguntamos: "Por que você agiu assim?" Ao que o outro nos responde: "A razão pela qual isso funciona desse modo eu não sei, mas sei que é assim." Mecanicamente, sabe fazer alguma coisa, mas não sabe a razão pela qual é necessário agir dessa forma. Nesse caso, não há inteligibilidade na conduta.

Uma aprendizagem ou um conhecimento aprendido é inteligível quando se tem o domínio da razão de ser ou do funcionamento de alguma coisa. Isso significa que, na escola ou em qualquer outra situação, não basta um ensino e uma aprendizagem que se deem de forma mecânica ou somente de memória. Há necessidade do entendimento do que se ensina e do que se aprende. O educando precisa aprender as ações mentais (compreender como as coisas operam) e procedimentais (como realizá-las).

Para trazer uma situação escolar em que o conhecimento não é inteligível, vamos lembrar os "macetes" no ensino de matemática, que podem facilitar uma sequência de raciocínios, porém, se não forem compreendidos efetivamente, não ajudarão na aprendizagem nem no sucessivo desenvolvimento do educando. Servirão, circunstancialmente, para resolver problemas escolares, mas não oferecerão subsídios para a solução de questões matemáticas, quando necessárias, ou para dar saltos de criatividade.

Como exemplo, podemos lembrar o artifício para transformar um número misto em uma fração imprópria – ou seja, um número composto de um inteiro e uma fração, cujo resultado final, após a operação de transformação, se apresentará como uma fração de numerador maior que o denominador.

O "macete" – a solução simplificada – é: "Multiplica-se o inteiro pelo denominador da fração, soma-se com o numerador; o resultado passa a ser o numerador da nova fração e repete-se o denominador." Esse recurso pode ser empregado de modo exclusivamente mecânico. Com ele os estudantes cumprem a tarefa proposta, porém isso não significa que compreendam o que estão fazendo.

Por esse artifício, a fração mista $2\frac{3}{8}$ transforma-se numa fração imprópria "multiplicando o inteiro pelo denominador da parte fracionária (2x8 = 16), somando a esse resultado o numerador '3' (16+3 = 19) e repetindo o denominador, de modo que se chegue ao resultado final, $\frac{19}{8}$ ". O cumprimento dessa tarefa não garante que o educando *compreendeu* que o número "2" (o inteiro da fração inicial), relacionado ao denominador "8" da parte fracionária do número misto, significa a mesma coisa que $\frac{8}{8} + \frac{8}{8}$, ou seja, que cada inteiro, fracionariamente, equivale a uma fração em que numerador e denominador são iguais.

Todavia, se o estudante compreende isso, *a solução torna-se inteligível*, isto é, " $2 + \left(\frac{3}{8}\right) = \frac{8}{8} + \frac{8}{8} + \frac{3}{8} = \frac{19}{8}$ ; razão pela qual "o inteiro, '2', multiplicado pelo denominador da parte fracionária, '8' (2x8=16), somado com o numerador da parte fracionária, '3' (16+3=19), repetindo o denominador, conduz ao resultado final, $\frac{19}{8}$ ".

Em síntese, com o uso exclusivo do artifício, o estudante resolve a questão, porém *não tem consciência* da razão pela qual se chega ao resultado correto. O contrário é verdadeiro: tendo *posse inteligível* do processo envolvido na solução, o educando *sabe* a razão pela qual se chega ao resultado final; então, no caso, o artifício ajuda, por facilitar a solução, mas também se sabe a *razão pela qual* a solução dessa expressão também pode ser operada de forma mais simples, direta e econômica. *Quando o estudante entende a solução,* o artifício é um facilitador; contudo, sem a inteligibilidade, é somente um "macete".

Mais que isso, um artifício serve exclusivamente para uma operação específica, ao passo que uma aprendizagem inteligível se universaliza, isto é, pode ser utilizada em variadas circunstâncias em que se torna necessária. O "macete" é uma solução pontual; a aprendizagem inteligível é um recurso disponível.

No contexto do ensino e da aprendizagem significativos, não basta só responder a alguma coisa de modo "certo"; importa, além disso, ter consciência do "porquê" de responder daquela forma. Portanto, o ensino-aprendizagem que não esteja comprometido com a inteligibilidade não pode ser considerado um processo significativo de ensinar e aprender. A aprendizagem inteligível apresenta flexibilidade e aplicabilidade; o artifício é restrito e rígido, o que não permite ao educando a flexibilidade do seu uso em variadas circunstâncias.

Os exemplos podem ser multiplicados por todas as áreas de conhecimento trabalhadas na escola. A aprendizagem mecânica pode dar-se em língua nacional, em geografia, em história, em ciências físicas e naturais, em sociologia, em psicologia, em educação...

Num teste dentro da área de conhecimento da didática, pode-se perguntar: "O que é didática?" O estudante responde: "É a ciência e a arte de ensinar."

A resposta está correta, porém é mecânica. De fato, o que é "ciência de ensinar"? O que é "arte de ensinar"? Mais que isso: dinamicamente, como se pratica a ciência e a arte de ensinar? As aprendizagens mecânicas são simples; as aprendizagens inteligíveis são complexas, levam em conta as múltiplas variáveis presentes em qualquer fenômeno e, por isso, dão base a aprofundamentos posteriores, assim como à criatividade. Só cria quem entende.

Assim sendo, o educador em sala de aula (e também fora dela) deve estar atento para propiciar aos seus educandos um ensino que conduza a uma aprendizagem inteligível. Sem isso, o educando não saberá o que fazer com o que aprendeu, a não ser resolver, no momento imediato, o que se pede. Ensinar o artifício e permitir que os educandos o utilizem como um fim em si significa reduzir as possibilidades de ampliação da sua capacidade e da sua consciência por meio da educação escolar. Significa reduzir as verdadeiras possibilidades de formar o educando.

Será que, em nossas práticas educativas, temos feito propostas e orientações inteligíveis aos nossos educandos? Será que os temos ajudado a aprender de forma inteligível, sabendo como podem e como devem operar com o que aprenderam?

Essa característica do ensinar e aprender significativos constitui um parâmetro para nós, educadores, avaliarmos nossa atuação: estamos propiciando a nossos educandos um ensino inteligível, que, por sua vez, propicia uma aprendizagem também inteligível? Ou nosso ensino tem sido mecânico, propiciando uma aprendizagem também mecânica? Para ser eficiente, nosso ensino necessita atender à qualidade da inteligibilidade.

A segunda característica do ensino e aprendizagem significativos é serem *ativos*, tanto do ponto de vista do educador quanto do educando. À medida que o educando aprende ativamente, o educador necessita usar meios ativos facilitadores da aprendizagem, pois é o líder no processo de ensino-aprendizagem.

O ser humano é um ser ativo, em movimento de autoconstrução ou, se preferirmos, em formação, como vimos antes. A consequência disso é que sua aprendizagem é construtiva, motivo pelo qual o ensino também deve ser construtivo, caso se deseje que seja eficiente. Tal constatação leva-nos a concluir que um ser ativo não pode aprender por meio de um ensino que seja mecânico.

É pela atividade que o ser humano aprende, mesmo que seja por uma "atividade quieta",

> Por "atividade quieta", aqui, estamos entendendo as atividades internas do sujeito, realizadas exclusivamente por meio de processos como os movimentos neuronais, os movimentos do pensamento, da percepção interna, do raciocínio, em que não ocorrem movimentos musculares externos, que são facilmente visíveis.

como é a escuta de uma fala, a meditação, o desenvolvimento silencioso de um raciocínio, a construção pessoal e silenciosa de um algoritmo, ocasiões em que, aparentemente, o sujeito está passivo. Ele somente está quieto, silente, mas não passivo. De fato, sem atividade nada se faz, nem se aprende nem se cria, uma vez que é por meio da atividade que o sujeito transforma a si mesmo e o mundo que o cerca, seja este material, mental ou espiritual.

De acordo com esse entendimento, as atividades pedagógicas necessitarão ser ativas. Para tanto, caberá ao educador estar atento a esse fenômeno tanto no planejamento do ensino como na sua execução. A exposição dos conteúdos como também a escolha e a orientação das atividades de aprendizagem deverão estar configuradas por essa diretriz.

Na exposição, o expositor necessita envolver o ouvinte na dinâmica do seu raciocínio pela clareza com que apresenta ao outro (ou outros) suas compreensões, pela precisão dos conceitos, pela simplicidade da linguagem e, sobretudo, por sua convicção sobre o que está expondo. O exposto, de alguma forma, deve estar comprometido com a vida do expositor. O seu comprometimento afetivo com o que expõe também compromete os ouvintes, não necessariamente com a validade do seu conteúdo, mas com a escuta e a assimilação (entendimento) do que expõe.

Na proposição e orientação das atividades de ensino-aprendizagem, o educador necessitará ter o cuidado de elaborar e orientar tarefas que efetivamente processem os atos de aprender: receber a informação, assimilá-la, exercitar as habilidades envolvidas no aprofundamento e autonomia da aprendizagem, tais como exercitação, aplicação e recriação.

O ensino e a aprendizagem devem ser processados com envolvimento, com desejo efetivo de que ambos efetivamente ocorram. E isso depende tanto do educador como do educando, embora a motivação e a orientação dependam muito mais do educador, uma vez que ele é o líder desse processo dentro da escola. E, como tal, é ele que dá o tom das atividades.

Se estiver melancólico, sua aula será melancólica; se estiver triste, sua aula será triste; se estiver raivoso, sua aula será raivosa; se estiver amoroso, sua aula será amorosa; se estiver desejoso de que seus educandos aprendam, eles aprenderão, porque investirá neles. Contudo, se não estiver investido desse desejo, seus educandos não aprenderão.

Esse é o resultado do famoso "efeito Pigmalião". Pigmalião foi um famoso e mítico escultor grego que, após produzir uma estátua perfeita, desejou que ela tivesse vida. Seu desejo era tão grande, que Afrodite lhe concedeu esse favor, dando vida à estátua. Moral da história: o desejo profundo, acompanhado de efetivo investimento, produz resultados positivos.

Utilizar um ensino ativo é um parâmetro para a avaliação de nossa atividade, assim como da confirmação dos efeitos de nossa atividade sobre os educandos. Temos ensinado de forma que nossos educandos aprendam ativamente, estruturando modos de agir mentalmente ativos, criativos?

## 3.2. Passos didáticos no processo de ensinar e aprender

O ensino-aprendizagem, sendo inteligível e ativo, necessita ainda de mais um recurso para que se processe de modo eficiente: os passos do processo de ensinar e aprender.

Os passos seguem na direção da busca de autonomia por parte do educando. Afinal, quem aprende é ele; necessita tomar posse de si e tornar-se autônomo, senhor de si. Para isso, a prática pedagógica deve servir-se de recursos que lhe garantam a possibilidade de trilhar essa experiência. Não basta termos esse desejo; importa servirmo-nos de meios que nos conduzam à sua realização. Os passos que se seguem encontram-se nessa linha de compreensão e ação.

### 3.2.1. Visão geral

Os passos do processo de ensino-aprendizagem iniciam-se com a *exposição inteligível,* em que o educador é predominantemente ativo e o educando predominantemente passivo. Segue-se a *assimilação,* que se dá concomitantemente com a exposição ou posteriormente a ela e na qual o educando é mais ativo e o educador menos ativo ou ambos são ativos, mas o educando não pode ser passivo de forma alguma. É ele quem assimila. Um conteúdo recebido e assimilado, para que se torne efetivamente do educando, deve ser exercitado. A *exercitação* é o terceiro passo do processo de ensino-aprendizagem, em que o educando é plenamente ativo e o educador menos ativo, estando disponível somente para atender eventuais necessidades específicas do educando. A *aplicação* é o passo subsequente, em que mais uma vez o educando é plenamente ativo e o educador permanece no seu papel menos ativo, disponível para atender necessidades eventuais. Tendo já tomado posse do conhecimento novo, o educando está apto a recriar o aprendido. Na *recriação,* ele é plenamente ativo e o educador continua disponível para atender suas necessidades eventuais, reorientando-o, se necessário. A última e mais plena fase de autonomia é a *criação,* em que o educando é plenamente ativo e o educador se encontra disponível para, se necessário, oferecer-lhe suporte. A criação consciente e consistente depende de muito caminho andado numa trilha de aprendizagem e construção do conhecimento. Uma intuição pode ser mais fácil e simples do que uma criação. A intuição vem da abertura da percepção, a criação vem da competência.

Esta é a ordem lógica dos passos do ensinar e do aprender: *exposição – assimilação – exercitação – aplicação – recriação – criação –*, na qual o educador segue a direção da maior para a menor atividade e o educando, da menor para a maior atividade, da dependência para a autonomia, como vimos sinalizando. No primeiro passo, o educador ocupa o lugar de ator principal; no último passo, o lugar de ator secundário. Já com o educando, dá-se o inverso. No primeiro passo, é dependente da informação que vem por meio do educador; no último, é autônomo e pede auxílio se necessitar.

Então, para que o educando aprenda:

a) é preciso que um conteúdo lhe seja *exposto* – não se aprende a partir do nada;
b) a seguir, é-lhe imprescindível *assimilar* o que foi exposto, tendo em vista sua efetiva compreensão, visto que, sem ela, não há como prosseguir na apropriação do conhecimento a ser aprendido;
c) assimilado um conteúdo, há que *exercitá-lo*, ainda de modo repetido, para que se aproprie dele;
d) com a apropriação do exposto, o educando está apto a experimentar sua *aplicação*, ampliando sua compreensão e percebendo novas possibilidades de uso do aprendido no mundo que o cerca;
e) com a posse da bagagem de informações e habilidades, o educando torna-se apto a *recriar* o conteúdo aprendido – ou seja, sente que o conhecimento já é tão seu, que pode arriscar recriá-lo;
f) por último, com base nos conhecimentos e habilidades adquiridos, possui recursos para arriscar sua própria *criação*. Ele está pronto para experimentar seus voos pessoais, ainda que, para tanto, necessite de apoio e orientação.

Como podemos observar, do início ao fim dessa sequência, o educando vai, de modo crescente, tomando posse das informações expostas e das habilidades que as acompanham, chegando à sua independência na criação.

Na sua estrutura, trata-se de uma sequência lógica e instigante; todavia ela não opera por si mesma e de forma mecânica. Para que ela sustente a efetiva aprendizagem, há necessidade do investimento do educador, que deve oferecer ao educando as condições necessárias para que vivencie cada um desses passos; isto é, a aprendizagem por parte do educando dar-se-á pelo investimento conjunto dele e do educador, mas tendo presente sempre que, respectivamente, um é o princípio formativo desse processo (aquele que aprende e se forma) e o outro, o organizativo (aquele que ensina e sustenta a constituição da forma), de acordo com o que configuramos anteriormente neste capítulo.

Como líder e responsável oficial pelo ensino, o educador responde pela exposição, assim como pelo planejamento, pela proposição e pela orientação de todas as atividades necessárias a cada um dos passos do ensino-aprendizagem, além de estar disponível para orientar e reorientar os educandos todas as vezes que tiverem demandas específicas em seu processo de aprender aquilo que estiver sendo ensinado, tais como dúvidas, não compreensão, dificuldade de realizar uma tarefa ou coisa semelhante.

Vale observar que a sequência dos passos anteriormente apresentados é lógica, porém, na prática, nem sempre eles seguem linearmente essa lógica. Por necessidades específicas dos educandos, ocorrem "idas e vindas" entre os passos, necessárias à apropriação mais consistente dos conteúdos expostos. Por exemplo, pode-se verificar a necessidade de voltar à exposição para melhor assimilação do conteúdo, tirando uma dúvida, apropriando-se melhor de um componente da informação; ou, na fase de aplicação, o educando pode precisar voltar a pedir novas explicações para tentar resolver uma tarefa que tenha pela frente; ou, ainda, tentando aplicar o conhecimento aprendido em novas experiências do cotidiano, necessite de ajuda para realizar o que está se propondo.

Essas e outras situações semelhantes do processo de aprender exigem retomadas sucessivas dos diversos passos do processo de ensino-aprendizagem.

Isso também ocorre em nossas práticas pessoais de aprendizagem. Quantos de nós, já estando nas tentativas de assimilação de determinada informação, não voltamos a perguntar aos nossos professores algo que não havíamos entendido? Ou não recorremos a um dicionário, para melhor compreender termos e proposições? Quantas vezes, na aplicação de um conhecimento, não tivemos necessidade de nova ajuda de nosso professor para dar conta da tarefa que tínhamos pela frente ou retornar a uma metodologia processual?

Assim sendo, há uma lógica sequencial nos passos do processo de ensino-aprendizagem exposto, porém outra lógica emerge ante as possíveis necessidades do aprendiz, o qual pede retornos e retomadas dos passos anteriores até que efetivamente se tenha apossado do conteúdo ensinado.

O fato é que um conteúdo que foi exposto, assimilado, exercitado, aplicado e recriado, seja por uma sequência linear dos passos, seja por uma sequência não linear, com certeza será um conteúdo bem aprendido. Não se pode exercitar, aplicar e recriar um conhecimento sem que se tenha tomado posse dele de modo consistente e satisfatório.

### 3.2.2. Passos didáticos do ensino e da aprendizagem

Para melhor compreensão de cada um dos passos do processo de ensino-aprendizagem anteriormente expostos, vamos, a seguir, expô-los de forma detalhada e sucessiva, um a um.

Iniciemos pela *exposição*. Para que haja assimilação de algum conteúdo, importa que ele seja exposto. Sem a exposição, o conteúdo já elaborado não chega ao educando. Ela é o ponto de partida para uma aprendizagem intencional, desde que, em sua dinâmica, exige alguém que também ensine de forma intencional.

Ao nascermos, de algum modo herdamos a cultura já constituída – conforme abordamos anteriormente, na perspectiva dos conteúdos escolares. Somos resultado de um processo de herdar, assimilar e recriar a cultura. Nós nos formamos tendo por base o meio e a cultura em que nascemos.

Em nossa história pessoal, pelo próprio fato de existirmos e vivermos, somos expostos às heranças culturais e delas recebemos muitos modos de compreender e de ser, como também valores e crenças. Mas a cultura existente também nos é exposta intencionalmente pelos diversos meios de comunicação, desde os meios comunicativos do cotidiano familiar até os mais sofisticados recursos da mídia.

Desse modo, de um lado, o educando está sempre exposto à cultura em que nasceu, à medida que convive com ela cotidianamente, assimilando-a de alguma forma; de outro, para que se aproprie de um conteúdo ou de um procedimento específico qualquer já formulado pela ciência, pela filosofia ou por outros âmbitos do conhecimento humano, necessita que ele lhe seja *exposto*. Nesse sentido, a exposição põe diante do educando a cultura já elaborada para que possa ser assimilada, tornada sua, incorporada em sua vida cotidiana, em seu modo de ser.

O termo "expor" vem de duas expressões latinas, o prefixo *ex* e o verbo *ponere*, e significa "pôr diante de". No caso do ensino, a exposição é o modo de pôr à disposição do educando um conhecimento, um procedimento ou uma conduta já elaborados no passado (ou no momento contemporâneo) e admitidos, no presente, como válidos e significativos.

A exposição tem a ver com a comunicação que alguém faz de um conteúdo qualquer, do qual tem a posse e que deseja transmitir ao outro. Desse modo, está comprometida com o processo de comunicação, o que implica um *emissor* (aquele que envia a mensagem), uma *mensagem* (seu conteúdo), um *meio* (o recurso utilizado para comunicar a mensagem, que pode ser texto, livro, cartaz, televisão, rádio, filme, *tape*, DVD, exposição oral, etc.) e, por último, o *receptor* (no caso do ensino, o educando, aquele que recebe a mensagem da exposição).

Todos esses elementos necessitam de cuidados para que a mensagem (conteúdo) efetivamente chegue ao estudante. O emissor (no caso da prática educativa escolar, o educador) deve estar ciente de que ele é o comunicador e necessita fazer-se compreendido (ensino inteligível, como sinalizamos anteriormente) pelos que recebem sua mensagem.

Mas, além disso, o expositor precisa ter claro para si o que vai expor. O conteúdo da exposição é uma síntese da compreensão que o emissor possui do conteúdo que vai ser exposto, pondo-o a serviço do outro; por isso as ideias necessitam de clareza, precisão, linguagem limpa (dizer o que necessita ser dito) por meio de terminologia simples e adequada ao conteúdo e ao público ao qual está sendo dirigida a exposição. O expositor necessita lembrar sempre que a mensagem deve ser inteiramente compreendida pelo receptor, pois este agirá de acordo com a compreensão que obtiver do conteúdo que lhe estiver sendo exposto. Do contrário, a comunicação não estará servindo para nada, pois o receptor não estará compreendendo o que lhe estiver sendo exposto. Psicologicamente, quando o educando não compreende o que está sendo exposto, ausenta-se.

Marx disse, na introdução do livro *O capital*, que a exposição é um meio de expressar o conhecimento como "uma síntese pensada da realidade"; não é a própria realidade, porém com ela se identifica como uma "realidade pensada". A exposição não é a realidade, mas, sim, sua descrição, que, se estiver formulada de modo adequado, claro e preciso, se identifica com ela e a transmite. Por isso o receptor, ao receber a mensagem, compreende a realidade segundo a exposição feita pelo emissor. A exposição, realizada por intermédio dos mais variados recursos de comunicação, é um mediador importante para a compreensão da realidade.

O papel da exposição é fazer uma mediação entre a cultura elaborada e o educando, que, pela facilitação didática de sua compreensão, a assimilará, no seu limite e no seu modo de ser, incorporando-a em seu "eu", em sua personalidade, como informação e como habilidade.

Numa linguagem clássica da filosofia, esse seria o meio pelo qual cada um se constitui como indivíduo; ou, na linguagem de Carl Gustav Jung, esse é um meio de individuação, processo que compromete cada ser humano por sua vida inteira.

A exposição de um conteúdo pode dar-se pelos mais variados meios, que vão desde a convivência no dia a dia, a simples conversa entre duas pessoas, passando por uma exposição oral (de um professor, de um conferencista, de um político em campanha eleitoral ou numa instituição legislativa), por um filme, por um documentário, pelo texto de uma revista, de um jornal, por impressos variados, por um livro, por um dicionário, por uma enciclopédia, por um cartaz comunicando um aviso, até chegar aos sofisticados meios da televisão e da informática. O meio pelo qual algum conteúdo é exposto pode ser todo e qualquer recurso utilizado por um emissor para que sua mensagem (conteúdo) chegue ao outro de forma compreensível.

Um emissor poderá servir-se de diversos desses meios para que sua mensagem chegue ao receptor. No caso da prática educativa escolar, o educador, ao mesmo tempo em que se serve de um texto, pode fazer a leitura ser acompanhada de comentários, pode usar um filme com comentários críticos sobre o tema ou sobre o próprio texto, pode ainda servir-se de um dicionário, de um livro-texto ou exclusivamente de sua fala. O certo é que o conteúdo pode chegar ao educando de muitas formas; o que importa é que o compreenda e, compreendendo-o, possa assimilá-lo.

Por vezes, o emissor gosta de servir-se de uma linguagem cheia de termos técnicos e incompreensíveis para o receptor; há também casos em que, por impossibilidade pessoal, se serve de uma linguagem confusa e obscura, que faz o receptor efetivamente não compreender o que está sendo exposto. Do ponto de vista pedagógico, essas condutas são inadequadas, uma vez que não ajudam o educando a compreender o que necessita assimilar. E, como já sinalizamos, a aprendizagem se inicia com a compreensão daquilo que, de algum modo, é exposto ao educando. Sem esse ponto de partida sólido, a aprendizagem não se fará.

No que tange à avaliação da ação docente, vale a pena tomar essas características da exposição como um parâmetro para nos avaliarmos em nossa ação pedagógica. Estamos verdadeiramente comunicando aos nossos educandos os conteúdos com os quais estamos trabalhando? Temo-nos aberto para escutar o que nossos educandos nos dizem sobre "não entender" o que estamos expondo? Temos prestado atenção nos comentários de nossos colegas sobre nossa capacidade de fazer-nos entender em nossas exposições ou até mesmo em nossas conversas? A exposição em sala de aula pertence predominantemente ao educador; ele é o líder do processo e efetivamente precisa ocupar esse lugar, sem ser autoritário.

A *assimilação* é o segundo passo do processo de ensino-aprendizagem. Para que ela ocorra, um conteúdo necessita ser exposto. Então, ela ocorre ao mesmo tempo que a exposição ou imediatamente após. Trata-se de passo fundamental no processo da aprendizagem, visto que não existe aprendizagem de determinado conteúdo sem a sua devida compreensão. Neste passo, o aprendiz é mais ativo que no anterior. Na exposição, ele recebe a informação; na assimilação, ele a compreende e se apossa inteligivelmente do seu conteúdo.

Na exposição, o emissor apresenta inteligivelmente ao receptor o seu entendimento da realidade; na assimilação, o receptor capta a interpretação da realidade feita pelo expositor. Esse é o ponto de partida das aprendizagens escolares, intencionalmente dirigidas. Assimilar, em termos de conhecimento, significa "tornar semelhante a si aquilo que está sendo estudado, integrando-o à própria experiência".

Para compreender melhor essa afirmação, podemos tomar a analogia entre a assimilação fisiológica dos alimentos e a assimilação dos conteúdos socioculturais expostos. Assimilar um alimento significa fazê-lo passar por inúmeros processos digestivos até que se transforme em plasma, em renovação celular, muscular... Significa, portanto, transformar algo externo ao sujeito em algo próprio dele.

No caso dos conteúdos socioculturais, assimilar significa tornar próprio o conhecimento recebido, torná-lo nosso. Variados sujeitos podem receber determinados conteúdos por meio de uma mesma exposição, assim como podem receber um mesmo alimento; todavia a assimilação ocorrerá de forma diferenciada, em conformidade com os recursos de assimilação de cada um.

No caso da fisiologia, existem alimentos não assimiláveis por certas pessoas, pelo fato de estas não possuírem as enzimas necessárias para tanto. A lactose, por exemplo, não é assimilável por todos. Existe quem não possua no organismo as enzimas necessárias para digeri-la. No caso do conhecimento, os recursos podem ser cognitivos, afetivos, psicomotores e espirituais. Nenhuma exposição será assimilada por todos os seus receptores total e igualmente. Sempre haverá diferenças na assimilação em razão dos diferentes pré-requisitos que cada um possui.

Para assimilar uma exposição, seja ela qual for, o receptor precisa possuir certos recursos. Sem eles, não terá como incorporá-la em sua experiência. Por exemplo, se um estudante não possuir os pré-requisitos necessários à assimilação de um conteúdo qualquer, não terá como assimilá-lo. Nesse caso, se o educador deseja efetivamente que o educando aprenda o que está sendo ensinado, cabe-lhe ajudá-lo a obter os recursos para isso – os pré-requisitos.

Nesse contexto, há que estar atento ao fato de que os pré-requisitos são recursos adquiridos não só por aprendizagens anteriores, como também pelos processos de desenvolvimento compatíveis com as faixas dos educandos. Por vezes, um educando não pode aprender alguma coisa em razão de seu nível de desenvolvimento ainda não o permitir. Por vezes, não é que o educando não "quer" aprender alguma coisa, mas, sim, que não "pode" aprender *ainda* o que estamos desejando que ele aprenda.

Um exemplo ajuda a compreender isso. Meu filho mais novo, quando tinha aproximadamente 3 ou 4 anos de idade, num período de férias, hospedou-se com minha esposa e comigo em um hotel-fazenda, onde havia um tabuleiro de xadrez bastante grande, talvez de 6 metros por 6 ou próximo disso. As peças – reis, rainhas, bispos, cavalos, torres, peões – eram aproximadamente do tamanho dele. Juntos, arrumamos todas as peças no tabuleiro. Finda essa tarefa, ele parou, observou e disse: "Está tudo errado." E rearrumou todas as peças, espalhando-as pelo tabuleiro segundo uma "ordem sua", egocentrada, natural nessa idade. Após essa hercúlea tarefa (as peças eram grandes, o que exigia bastante esforço dele para movê-las), observou: "Agora está tudo certo." Com aquela idade e com aquele nível de desenvolvimento, ele não podia compreender e usar um tabuleiro de xadrez, com as rígidas regras do jogo. Todavia, a partir dos 8 ou 9 anos de idade, começou a jogar xadrez segundo as regras do jogo. Antes, não; agora, ele podia fazer isso. O pré-requisito aqui não é só conceitual ou operativo-mental, mas também de condições neuropsíquicas de desenvolvimento.

Em síntese, a assimilação de determinados conteúdos depende, de um lado, do nível de desenvolvimento do educando e, de outro, dos pré-requisitos já adquiridos.

Por vezes, o indivíduo já chegou, do ponto de vista do desenvolvimento, ao nível das operações formais, em conformidade com a teoria de Jean Piaget, todavia não teve oportunidade de aprender conceitos e operações mentais que lhe possibilitariam praticar essas operações e usufruir os seus benefícios. Então, nesse caso, cabe ao educador cuidar mais dessa criança para que, em primeiro lugar, dê conta de compreender o que está sendo exposto, de modo que possa assimilar o conteúdo, e, depois, prossiga em sua aprendizagem.

Aqui também, do ponto de vista dos parâmetros de avaliação para a conduta docente, vale a pena lembrar que o educador necessita saber, para si mesmo e para o bem dos resultados do ensino-aprendizagem, se os educandos conseguiram assimilar o que foi exposto. Caso isso não tenha ocorrido, a aprendizagem não se fará, uma vez que a assimilação é sua base.

A *exercitação* ocupa o terceiro lugar na ordem dos passos do processo de ensinar e aprender. Os conhecimentos adquiridos, para se tornarem efetivamente nossos, necessitam ser exercitados.

## Avaliação da aprendizagem e prática pedagógica bem-sucedida

Os exercícios são tarefas ativas realizadas por meio do movimento, que, por sua vez, organiza a experiência e, em consequência, constitui a forma, como vimos anteriormente. Não há como tomar posse de um conhecimento sem a exercitação. Sem ela podemos reter a informação, mas não o seu uso dinâmico.

Por exemplo, vamos supor que desejo fazer um bolo. Porém nunca fiz um, não sei nem por onde começar. Então, tomo um livro de receitas, escolho uma delas, leio-a e adquiro a informação sobre os ingredientes e o modo de fazê-lo. Com isso, já sei fazê-lo? É óbvio que não. Para aprender, preciso experimentar, passo a passo, os procedimentos para produzi-lo. Então, dirijo-me ao supermercado, adquiro todos os ingredientes, volto para casa e, seguindo as prescrições da receita, pratico todas as operações propostas. Coloco o bolo no forno para assar. Meia hora depois, abro o forno e lá encontro a imitação de um bolo, um "bolo solado", como se diz popularmente. Nessa circunstância, já aprendi a fazer o bolo? Certamente, ainda não. Necessitarei de novas tentativas, com a ajuda de alguém que já saiba fazê-lo. Então, com os sucessivos exercícios, ao mesmo tempo práticos e mentalmente compreendidos, aproprio-me do modo de fazer um bolo. Tanto a compreensão teórica como a sua prática são condições necessárias para uma efetiva aprendizagem. No conhecimento, teoria e prática andam juntas.

Isso quer dizer que o ser humano, sendo ativo, se apropria de um conhecimento quando 1) o compreende, 2) o assimila e 3) exercita o seu uso. Aprende-se a nadar compreendendo como se nada e nadando; aprende-se a cantar compreendendo como se canta e cantando; aprende-se a falar uma língua estrangeira compreendendo como se fala essa língua e falando; aprende-se a raciocinar matematicamente compreendendo o seu processo e raciocinando. E assim por diante, como em tudo na vida.

# 1ª Parte

   Para aprender alguma coisa quando não praticamos diretamente uma exercitação, tomamos emprestado a exercitação de outros. Os expositores, por saberem disso, usualmente citam exemplos, que nada mais são do que relatos de práticas realizadas por outros. Os exemplos ajudam-nos a compreender o que está sendo exposto à medida que têm a ver com a prática.

   Certamente poder-se-á seguir o caminho oposto, iniciar pela exercitação e caminhar para a compreensão. Compreensões que nascem da prática cotidiana seguem esse caminho. Muitas vezes, no dia a dia, começamos a resolver alguma coisa de modo pragmático, sem ter uma hipótese teórica a respeito de como ela deve ser feita e/ou compreendida. Todavia, na experiência humana, nenhuma prática, para efetivamente tornar-se conhecimento, permanece sem alguma teorização. Toda prática "pede" uma compreensão; então, todos perguntamos: "Por que e como isso é feito?"; "Pode ser feito de outra forma, mais efetiva e econômica?" Essas e outras perguntas são formuladas para estabelecer uma compreensão do que estamos fazendo ou para aperfeiçoar a que já temos. Nessa situação, a prática antecede a compreensão teórica.

   No processo de ensino-aprendizagem na escola, podemos iniciar pela exposição com posterior exercitação ou, ao contrário, podemos iniciar pela exercitação, porém teremos de retornar à exposição, como recurso de compreensão. Em ambos os casos, uma articulação faz-se necessária entre compreensão teórica e exercitação.

   No cotidiano escolar, usualmente iniciamos pela exposição de um conjunto de informações; a seguir, deveríamos propor exercícios para sua ativa compreensão e apropriação. Como experiência mais comum, começamos a ensinar pela exposição devido ao fato de a escola ter sido instituída historicamente como um lugar de transmissão de conhecimentos científicos, filosóficos e estéticos, assim como de valores éticos e de formação dos novos cidadãos.

## Avaliação da aprendizagem e prática pedagógica bem-sucedida

A exercitação é um ato do educando, que é ativo; por isso, no ato de ensinar, o educador deve propor-lhe situações em que pratique o que está sendo ensinado, tendo em vista sua apropriação de um modo efetivo.

Sem a exercitação, os conteúdos expostos podem, no máximo, ser um conjunto de informações que o educando detém, mas nunca um conhecimento no seu verdadeiro sentido. Sem ela, os conceitos não chegam a fazer parte do "corpo cognitivo operativo" do educando; de modo metafórico, poderíamos dizer que não se transformam em seu "plasma cognitivo".

Para que a exercitação cumpra o seu papel, não basta realizar determinada tarefa uma única vez. Importa repeti-la muitas vezes, acompanhada sempre de sua melhor compreensão. Uma exercitação repetitiva, sem a devida compreensão, torna-se mecânica e assim não auxilia na aprendizagem, como um ato de apropriar-se do conhecimento.

Desse modo, cabe ao educador oferecer ao educando tarefas sucessivas para serem realizadas inteligivelmente, o que possibilita a constituição de novas sinapses neurológicas no sistema nervoso central do praticante sob a forma de memória do aprendido, de modo que esteja disponível quando houver necessidade de uso. Acessar uma memória é acessar as estruturas sinápticas nervosas que registram nossas aprendizagens conscientes e inconscientes ou até mesmo as traumáticas.

Neurocientistas têm descoberto um fenômeno, denominado "potenciação de longo prazo" (PLP), que atua na apropriação de modos de agir e em sua fixação na memória. A aprendizagem das habilidades, que constituem a base de uma competência, necessita desse processo. Sobre isso, cf. LEDOUX, Joseph. *O cérebro emocional:* os misteriosos alicerces da vida emocional. Rio de Janeiro: Objetiva, 1998. cap. 7.

Para que uma aprendizagem se torne efetiva, importa que o educando pratique o algoritmo do conhecimento exposto. Nesse contexto, o educador tem uma tarefa fundamental. Praticar um ensino de qualidade implica possibilitar aos educandos múltiplas oportunidades de exercitar as operações componentes de determinado conhecimento.

A *aplicação* de uma aprendizagem só se torna possível depois de ela ser efetivamente aprendida, ou seja, assimilada e compreendida pela exercitação. Só podemos fazer aplicação daquilo de que temos o domínio.

Existem várias formas de exercitação no processo de ensinar e aprender. Uma delas é a repetição, que subsidia a tomada de posse do exposto, conforme vimos nos parágrafos anteriores. Outro tipo específico de exercitação é a aplicação, apresentada no nosso esquema como o quarto passo do processo de ensinar e aprender.

A aplicação caracteriza-se como o uso de determinada aprendizagem em situações novas. Aplicar em circunstâncias variadas um conhecimento aprendido significa ampliá-lo. Quanto mais vezes aplicamos o que aprendemos, mais o algoritmo desse conhecimento se torna habitual. Como já indicamos anteriormente, a exercitação, à medida que é praticada variadas vezes, cria sinapses em nosso sistema nervoso central, fixando lá sua estrutura e possibilidades.

Algo aprendido em determinado algoritmo pode e deve ser flexibilizado para ser utilizado em outras ocasiões, muitas vezes, ou quase sempre, integrando variadas compreensões numa nova. Usualmente, o exercício de aplicação tem na sua base uma síntese ou, se preferirmos, uma nova síntese.

Por exemplo, aprendemos a fazer um bolo que tem por base suco de maçã. Depois de bem assimilada a receita, podemos perguntar-nos: "Seria possível fazer esse mesmo bolo com suco de laranja?" A única forma de chegar à resposta a essa pergunta é *aplicar* os conhecimentos e habilidades anteriores à nova situação. O mesmo ocorre com a aprendizagem de qualquer conteúdo curricular escolar. Aprendida a estrutura básica de uma conduta, o que se poderá fazer com ela depois? Aprendida a adição em matemática, o que podemos fazer com ela nas variadas circunstâncias da vida? O que poderemos fazer com ela em problemas matemáticos mais complexos? Tendo aprendido a fazer versos e poemas, o que podemos fazer com isso? Quanto a qualquer outra coisa aprendida, a pergunta é a mesma: o que podemos fazer com ela?

O exercício de aplicação alarga o conhecimento anteriormente apropriado, à medida que permite tentativas de utilizá-lo em circunstâncias diferentes e novas. É o processo de transferência de conhecimentos de uma situação para outra. Esse fator possibilita-nos aprender a fazer uso dos conhecimentos adquiridos nas variadas experiências da vida, o que implica aprofundar e ampliar a experiência, arriscar um pouco mais, para além do limite do exposto e já aprendido.

No ensino-aprendizagem, é de fundamental importância a etapa do exercício de aplicação, pois ele oferece ao educando recursos para a ampliação de sua compreensão e de seu poder de ação. Nesse processo, cabe ao educador propor ao educando situações-problema em que este possa aplicar repetidas vezes o que aprendeu anteriormente, para que, de modo ativo, experimente a posse das possibilidades de arriscar-se para além do que aprendeu, pois existem outras possibilidades, ainda que desconhecidas.

Para que o estudante incorpore a crença de que existem novas possibilidades e se aproprie delas, necessita exercitá-las. Para tanto, deve ser desafiado com atividades elaboradas especificamente com esse intuito.

Aprender a aplicar conhecimentos para a solução de desafios novos, ainda que parecidos com os já experimentados, é uma capacidade importantíssima para o ser humano, visto que ele se confronta sempre com problemas assemelhados a outros já solucionados anteriormente. Exercitar a aplicação é um meio de o estudante aprender a buscar soluções para situações com as quais se confronta no cotidiano pela transferência de conhecimentos e habilidades já adquiridos.

Problemas existem, mas podem e devem ter soluções. Para tanto, utilizamos os conhecimentos de que dispomos. O foco do exercício de aplicação é adquirir a habilidade de aplicar conhecimentos anteriormente adquiridos em situações novas – habilidade fundamental na vida de todo ser humano. O exercício de aplicação ajuda o estudante a aprender as potencialidades do que lhe está sendo ensinado e do que está aprendendo. A vida é plena de circunstâncias que pedem soluções novas com base nos conhecimentos que temos.

Quando mais jovem, eu ficava admirado, e ainda fico, de ver como os autores conseguiam e conseguem dizer coisas maravilhosas, belas e claras, no conteúdo e na forma, por escrito. O jogo das palavras embevecia-me e embevece-me ainda. Então, eu lia e relia o trecho de um texto e depois, por variadas vezes, tentava elaborar um texto "parecido" com o que havia lido. Ao mesmo tempo em que eu assimilava um modo de escrever, aprendia a transferir a arte de escrever de uma situação para outra. Com certeza, isso contribuiu muito para poder escrever este livro que, neste momento, você lê.

Elaborar e propor exercícios de aplicação no processo de ensinar e aprender é tarefa fundamental do educador que investe em seus educandos. Após a primeira aprendizagem (assimilação e exercitação de assimilação), há que propor aos estudantes desafios para que utilizem os conhecimentos adquiridos na solução de situações novas e assemelhadas. Na prática do ensino, essa deve ser uma tarefa clara e decidida do educador.

Ele não pode passar ao largo dela, sob pena de não ajudar o educando a alargar o campo de suas habilidades cognitivas.

A *recriação* é o passo subsequente. A bem da verdade, ela também precisa ser treinada. Não se aprende a recriar alguma coisa, a não ser que se exercite a fazê-lo; portanto, a arte de recriar exige um investimento. Experimentar, experimentar, experimentar..., então aprendemos a arriscar, tendo por base uma consistente formação.

Além de aplicar os conhecimentos, o estudante deve ir um pouco além: aprender a recriá-los. Recriar um texto; recriar uma história; recriar uma solução técnica; recriar uma cena. Isso significa que o educando toma o que já aprendeu e recria esse conteúdo. Nesse processo, ele está retomando o que já aprendeu, mas com uma conotação nova. Existe um ditado popular que diz: "Quem conta um conto, aumenta um ponto." Isso tem a ver com a recriação ou com a criação, o passo didático subsequente.

Na prática pedagógica, o educando necessita exercitar esse recurso, a fim de aprender, e não somente repetir ao longo do tempo, aquilo que já fora feito anteriormente. Pode-se recriar um ponto de vista, um entendimento, uma solução matemática, uma peça teatral, um texto, uma experiência científica, uma explicação para um fenômeno da natureza ou social e muitas outras coisas mais. As possibilidades são infinitas.

O educador, por sua vez, precisa desafiar seus educandos a recriar, reconstruir soluções antigas. Para tanto, pode apresentar aos estudantes problemas que pesquisadores e autores criativos do passado tiveram diante de si e desafiá-los a encontrar a solução para o impasse. Nessa circunstância, não deve assumir uma atitude arrogante perante os estudantes, na medida em que já sabe como chegar ao resultado, mas, sim, apresentar-se como um parceiro disponível para auxiliar a aprendizagem. Um parceiro mais experiente que deseja que o outro aprenda. Nada de envergonhar o educando ou desqualificá-lo quando a dificuldade chegar.

O exercício de recriação é uma atividade do educando, acompanhado pelo educador, que, se for o caso, o confronta e o reorienta em seus passos quantas vezes forem necessárias.

A recriação tem sua base na apropriação consistente do que já foi criado; portanto, na aprendizagem satisfatória anterior. Nada se recria do nada; importa haver uma base consistente de conhecimentos e de habilidades que sustente a experiência da recriação. Os educadores, em sala de aula, podem e devem propor essas experiências aos educandos. Será que temos feito isso? Será que estamos dispostos a fazer isso no dia a dia escolar?

Por último, vem o processo de *criação*. A criação é a invenção do novo, uma solução nova para determinado desafio. É a intuição nova, o entendimento novo. É uma solução técnica nova. É a hipótese teórica interpretativa nova. Isso não significa que o novo seja criado do nada.

Com base em todo o respaldo do que foi recebido na exposição e transformado em "plasma" pessoal por meio da assimilação, da exercitação, da aplicação e da recriação, temos condições (a capacidade) de produzir o novo, o inédito.

A cultura necessita da criação, pois é esta que a leva para a frente. A fixação na reprodução do já existente não renova a cultura. Importa ter presente que a criatividade constitui uma capacidade que também é aprendida e aperfeiçoada, caso seja exercitada. Cabe ao educador criar situações em que o educando possa exercitar suas possibilidades de inventar o novo. No processo de aprender a criar, o educador deve ser um parceiro do educando, um interlocutor seu, confrontando os passos que deu, dá ou dará. Nessa circunstância, como em nenhuma outra, o educador não é um jurado; ele é um parceiro de jornada. Se o estudante ganha aprendendo, o educador ganha ensinando. O sucesso é dos dois; o insucesso também.

A capacidade criativa articula-se com a intuição de cada um, mas também com a posse de muitos conhecimentos e habilidades. Um cientista não começa sendo cientista, assim como uma artista de qualquer ramo da arte não se apresenta desde o início pronto.

Quanto mais a pessoa pratica, mais criativa fica no âmbito de atividade ou área de conhecimento à qual se dedica. Alguém cria soluções novas numa área de conhecimento à medida que conhece bem toda a área.

Para criar numa área qualquer, importa saber muito dessa área, possuir muitos conhecimentos e habilidades. Boas hipóteses de soluções para desafios específicos de determinada área do conhecimento dependem da posse de conhecimentos consistentes nela. O pesquisador emerge à medida que se dedica profundamente a uma área de conhecimento. O mesmo ocorre com um artista, seja ele de que ramo for. Os pintores, cada vez que pintam, tornam-se melhores pintores, se se dedicam efetivamente à sua arte. Da mesma forma os escritores, assim como os cantores, os compositores, os cirurgiões... e todos os agentes das outras áreas de atuação humana.

A criatividade é, ao mesmo tempo, intuitiva e baseada em conhecimentos e experiências anteriores. Quanto mais efetivamente qualificado for um ser humano em sua área, tanto mais possibilidades ele tem de ser criativo, se a isso dedicar-se.

Os exemplos são muitos. Freud conhecia bem os cientistas da neurologia e dos cuidados psicológicos anteriores a si, assim como os de sua época. Einstein conhecia bem Isaac Newton e seus pares posteriores. Os neurologistas de hoje conhecem bem tanto seus pares anteriores quanto os atuais. Os artistas fazem a mesma coisa. Cada um que retoma a herança recebida pode refiná-la muito com sua criatividade. Para isso, necessita de competência, uma mescla de conhecimentos, habilidades, capacidades e inventividade.

Será que nós, educadores, temos pensado que a criatividade de nossos educandos precisa ser exercitada? Será que temos investido nisso? Será que estamos conscientes de que devemos fazer isso didática e constantemente?

## 3.3. Os passos didáticos no seu conjunto

Estes passos do processo de ensinar e aprender – exposição, assimilação, exercitação, aplicação, recriação e criação – são recursos que precisam estar sempre presentes ao educador que deseja que sua ação pedagógica seja efetiva – *no planejamento*, tendo em vista a definição de como agir, *na execução,* ao pautar os atos pedagógicos na sala de aula, e *na avaliação,* servindo de parâmetro para qualificar as diversas aprendizagens: informações, habilidades e competências.

Pedagogicamente, como já sinalizamos antes, esses passos podem ser utilizados na ordem apresentada ou não, mesmo porque, em nossa vida pessoal, muitas vezes podemos estar praticando um "passo" mais avançado e, por alguma razão, necessitarmos também voltar a um "passo" anterior.

Por exemplo, podemos estar praticando uma criação nova (um "passo" avançado nesse processo), mas, chegando a um impasse qualquer, precisarmos recorrer de novo à exposição de um conteúdo (passo menos avançado que a criação no processo de aprender), já realizada anteriormente por outro estudioso – tais como dicionários, enciclopédias, monografias –, que nos possa oferecer alguma informação significativa para prosseguirmos no que estamos fazendo ou elaborando. Para dar um passo à frente, podemos ter a necessidade de voltar a compreender algo que é

## Avaliação da aprendizagem e prática pedagógica bem-sucedida

base para o que estamos tentando realizar. Dá-se um passo para trás com o intuito de adquirir suporte para prosseguir. Isso é muito comum na vida de todos nós.

Com um estudante poderá ocorrer coisa semelhante. Poderá estar executando uma atividade de aprendizagem mais avançada segundo o esquema exposto, mas, por alguma carência, necessita dos recursos de um passo anterior – portanto, menos avançado. Nosso papel de educador na prática pedagógica será propiciar ao educando necessitado novas informações. A recusa em exercer esse papel, com falas evasivas como: "Isso já foi explicado" ou: "Procure um colega seu", não ajudará em nada. Ao contrário, será o meio de abandonar o educando no meio do caminho. Como educadores, nosso papel é ensinar, e o dever correspondente, do lado do educando, é aprender. Não existe o ensino se não houver a aprendizagem. São experiências correlatas e irmanadas. Uma implica a outra.

Em síntese, na prática do ensino-aprendizagem, não podemos furtar-nos a ter um mediador didático – os passos dos processos de ensinar e aprender –, que facilita a transferência de conhecimentos para o educando. Não há como haver um ensino de qualidade e sua consequente aprendizagem sem recursos didáticos consistentes, que nos ofereçam modos de agir com relativa precisão e eficiência. O mediador didático dá suporte ao modo de realizar nossos desejos na prática cotidiana. Sem esse mediador claro e preciso, vamos, no dia a dia, praticar atos pedagógicos, mas sem saber para onde eles nos conduzirão – se é que, dessa forma, nos conduzirão a algum lugar. A posse de um mediador didático bem configurado, tendo claro o que desejamos, permite-nos escolher o modo pelo qual vamos realizar nossa ação pedagógica, na busca consistente dos resultados esperados. E, então, nesse caso, a avaliação da aprendizagem fará sentido por subsidiar a conquista do sucesso em nossas atividades docentes. Sem o investimento e a eficiência didática, a avaliação da aprendizagem não fará sentido, como vimos sinalizando nas exposições anteriores deste livro. A avaliação compõe o ato pedagógico.

## 4. Quarto mediador: o educador

Toda ação necessita de um executor, e a execução de uma ação efetiva requer um executor plenamente consciente do que está fazendo e de aonde deseja chegar com sua ação. Um projeto sem execução é um monte de folhas de papel que compõem o registro de um conjunto de decisões teóricas tomadas. Somente isso. Boas intenções não bastam; são necessárias boas intenções bem executadas. Nossas gavetas, por vezes, estão repletas de projetos que nunca foram à prática e, portanto, são papéis mortos.

No que concerne à prática pedagógica escolar, esse executor é o educador. Sem ele, o Projeto Político-Pedagógico da escola não irá à prática, pois, para produzir resultados, precisa ser executado. A fim de cumprir suas finalidades, as intenções necessitam de ação efetiva. No caso, a prática pedagógica necessita do educador ativo, realmente investido na execução e, portanto, na busca dos resultados.

Como vimos, tomando de empréstimo a David Boadella sua compreensão dos princípios que regem o desenvolvimento humano (princípios formativo e organizativo), a organização do "eu" de cada um de nós se dá pelo suporte do princípio organizativo, que, na escola, nada mais é do que o papel do educador. Para ocupar esse lugar, o educador "deve ser o adulto da relação pedagógica", isto é, "ser o mediador da formação do educando".

Nesse lugar, nós, educadores, temos de *acolher* (receber o educando), *nutrir* (oferecer-lhe o melhor de nós mesmos em termos de informação, procedimentos, valores, afetividade), *sustentar* (garantir condições para que aprenda; em termos psicológicos, tempo, atendimento) e *confrontar* (nem tudo está adequado; é possível mostrar outra possibilidade) o educando, para que ele possa, passo a passo, constituir-se a si mesmo e, nesse processo, tomar posse de si.

Só um adulto poderá ocupar esse lugar – e por "adulto", aqui, entendemos alguém capaz de tomar as mais variadas circunstâncias da vida e transformá-las em prática educativa. O educador verdadeiramente adulto não se assusta com o que acontece na relação com os educandos, seja lá o que for. Assume o que ocorre como fato, como um acontecimento (sem um julgamento moral prévio), tomando-o como uma possibilidade de ensinar e aprender.

No papel de mediador na prática pedagógica, o educador não poderá ser uma criança entre crianças nem um adolescente entre adolescentes, contudo, sempre, um líder mais adulto que os seus educandos, a fim de poder chamá-los para um ponto à frente em seu processo de aprendizagem e desenvolvimento. Para estimular os educandos a chegar a algum ponto à frente, importa que o educador já tenha chegado lá.

## 4.1. Relação educador-educando

Na prática pedagógica, educador e educando são dois sujeitos de uma relação, cada um com um papel específico e com um nível de maturidade diferenciado. Ao menos assim deve ser. O educando tem o encargo de aprender e desenvolver-se, e o educador, de ensinar e dar suporte ao seu desenvolvimento. Do ponto de vista humano, como cidadãos, ambos são sujeitos de iguais direitos e deveres; contudo, do ponto de vista pedagógico, no contexto da prática educativa escolar, ambos têm papéis diferenciados.

# 1ª Parte

> No meu livro *Filosofia da educação* (São Paulo, Ed. Cortez, 21ª reimpressão), há um capítulo sobre esse tema intitulado "Sujeitos da práxis pedagógica: educador e educando" (p. 109-120).

O educador é o líder e, como tal, constitui o "adulto da relação pedagógica"; o educando é o liderado e, como tal, constitui o que recebe o suporte do primeiro. Este tem a autoridade própria de sua condição, o que não quer dizer autoritarismo; trata-se da autoridade de alguém que já fez um caminho de amadurecimento e, agora, se encontra no papel de líder de um processo. Para ser o líder, que faz a mediação do processo de ensinar e aprender, e fazer jus a esse lugar, o educador precisa possuir as condições de maturidade psicológica, científica e cultural.

Importa, por meio da prática pedagógica, ajudar o educando a construir um modo de ser que integre o seu passado, o seu presente e o seu futuro. Nesse contexto, o educador não tem a solução completa para todas as experiências de aprendizagem do educando, mas deve ser aquele que, amorosamente, acolhe, nutre, sustenta e confronta sua experiência, seus anseios e caminhos, para que o outro construa sua trajetória pessoal enquanto aprende e se desenvolve.

Assim sendo, o educador, na prática educativa, deve garantir ao educando, por meio das múltiplas alternativas de atividades pedagógicas, a possibilidade de uma organização criativa de sua vida, o que tem como finalidade direta a organização presente e futura de sua personalidade e, indiretamente, a restauração daquilo que não foi realizado no passado ou foi efetivado de modo insatisfatório, impedindo a vida de fluir como deve.

Com essas considerações estamos dizendo que o educador deve assumir o papel de psicoterapeuta? De forma alguma! Até porque ele não foi preparado para isso. No entanto, pode e deve estar atento ao fato de que, conforme seja sua conduta, aprofundará ou minimizará as dificuldades que o educando tem para enfrentar a vida.

Recentemente, em uma de minhas conferências, uma professora dizia-me: "O estudante 'X', quando iniciou a frequentar minhas aulas, não olhava para as pessoas nem para a frente; contudo, a esta altura do ano letivo (estávamos em setembro), ele tem a cabeça erguida, olha para as pessoas e fala com elas nessa posição." Essa professora estava relatando a "posse" que o educando havia tomado de si mesmo durante suas aulas.

Essa experiência, com certeza, tem um componente psicológico, mas não necessariamente psicoterapêutico. A educadora simplesmente não promoveu, em suas atividades pedagógicas, situações relacionais individuais ou em grupo que acentuassem as dificuldades já trazidas pelo educando; ao contrário, possibilitou-lhe fortalecer-se em sua individuação e confrontar-se com as outras pessoas de igual para igual. Isto todo educador pode e deve fazer: dar suporte para que cada educando possa manifestar-se com as qualidades que tem; para tanto, basta qualificá-lo à luz de suas conquistas, sejam elas quais forem, e nunca desqualificá-lo. Freud ensinou-nos que a psicoterapia está comprometida com a liberação das forças regressivas dentro de nós, as quais nos prendem no passado, e a educação está atrelada às forças progressivas, as quais permitem organizar-nos e/ou reorganizar-nos no presente em direção ao futuro. Essa afirmação de Freud sinaliza a questão da ênfase da psicoterapia estar na restauração do passado, organizando o presente, e da ênfase da educação estar no presente, organizando o futuro, o que, por sua vez, obrigatoriamente, cria condições de restauração do passado. Desse modo, compete ao educador tão somente ser satisfatório, eficiente e cuidadoso em sua ação. O mais o educando fará por si mesmo.

Importa, pois, para o educando, organizar e/ou reorganizar sua vida de forma saudável. Se isso for desejado e buscado intencionalmente, decerto experiências negativas do passado serão restauradas e perspectivas do futuro serão construídas, de tal modo que a vida se torne mais pulsante.

Sem dúvida essa ação da educação, organizando o futuro e restaurando o passado, não será mecânica, ou seja, não será qualquer ação que trará uma vida saudável e satisfatória. Haverá, sim, um processo, e este implicará cuidados, dedicação e tempo. Assim, nem todos os educandos vivenciarão do mesmo modo as atividades didáticas propostas. Haverá uma diversidade de assimilação em virtude dos recursos que cada um traz de sua história de vida; mas, com certeza, todos poderão ser tocados e transformados. O ser humano é aprendente e, dessa forma, tem uma plasticidade que o ajuda a tomar posse de si mesmo e ser o que necessita ser, para viver e ocupar o seu lugar no mundo da melhor forma possível.

O educador, como dissemos, é o adulto da relação pedagógica, aquele que está posto para oferecer ao educando as condições para a efetivação de sua aprendizagem. Quem realiza a aprendizagem e, consequentemente, o desenvolvimento é o educando; o educador somente cria as condições necessárias para tanto, incluindo o planejamento das atividades, sua execução e acompanhamento. Para agir como educador, importa ter claro que os dois atores do processo ocupam e realizam papéis diferentes, com responsabilidades completamente diferentes, ainda que, como cidadãos, sejam sujeitos de direitos e deveres, em pé de igualdade.

## 4.2. O profissional da educação

Quem será o profissional que, na prática educativa, terá a possibilidade de assumir as atitudes anteriormente indicadas? Certamente o que for capaz de estabelecer uma relação de diálogo com os educandos.

Tomando por base três estilos de interação entre educador e educando, estabelecidos por Paulo Freire – invasão, privação, diálogo –, David Boadella, como pesquisador da psicoterapia, em uma apostila intitulada *O que é biossíntese?*, configurou a relação ideal do terapeuta com o cliente como a relação dialógica, que pode e, a nosso ver, deve ser assumida e exercitada também como a conduta adequada do educador.

Nas citações de Boadella a seguir, toda vez que aparecer o termo "terapeuta", entre colchetes estará inserido o termo "educador" e, da mesma forma, o termo "cliente" aparecerá acompanhado pelo termo "educando", a fim de facilitar a correlação entre as expressões:

> *O terapeuta [educador] invasor penetra no cliente [educando]. (...) Invasão é uma falta de respeito pelos limites do cliente e resulta no desestímulo ao cliente [educando] para confiar em seu próprio processo de desenvolvimento.*
>
> *Privação é um estado onde o terapeuta [educador] retira do cliente [educando] alguns dos nutrientes básicos que ele necessita para crescer.*
>
> *O medo de invadir pode levar à privação; o medo de privar pode levar à invasão. Entre esses dois modos perturbados de relacionamento, existe o diálogo.*
>
> *O diálogo pode ser verbal e não verbal. O terapeuta [educador] aberto para o diálogo aprenderá do seu cliente [educando] da mesma forma que o ensinará. Haverá uma interação mais dinâmica entre eles, ambos baseados numa comunicação aberta e em processos mutuamente desenvolvidos. Diálogo é uma maneira de contato que cria ressonância com o outro. (...) A pessoa do cliente [educando] é de importância primária; as técnicas são de importância secundária.*

O educador é aquele que pode e deve fazer trocas sinceras e verdadeiras com o educando, por meio do diálogo, sem invadir nem privar. Cabe-lhe nutrir o educando com seus conhecimentos e sua experiência pessoal, contudo sem invadi-lo ou privá-lo. O diálogo expressa uma dança entre os dois, cada qual no seu papel: o educador (o adulto da relação pedagógica) e o educando (o aprendiz).

No contexto dessa configuração, Boadella apresenta cinco possibilidades de estilos de relação terapêutica, que também podem ser as cinco possibilidades de estilos de relação entre educador e educando, chegando à conclusão de que existe exclusivamente um estilo que configura o modo de ser do terapeuta [educador] e em que ambos, terapeuta e cliente [educador e educando], dançam a dança da vida para que o cliente [educando] encontre seu caminho ao caminhar:

>  *Estilo 1:* terapeuta [educador] ativo e cliente [educando] receptivo;
> *Estilo 2:* terapeuta [educador] ativo e cliente [educando] também ativo;
> *Estilo 3:* terapeuta [educador] e cliente [educando] praticam uma dança energética;
> *Estilo 4:* cliente [educando] ativo e terapeuta [educador] também ativo;
> *Estilo 5:* cliente [educando] ativo e terapeuta [educador] receptivo.

Observando essa proposição, verificamos que os estilos 1 e 5 operam com extremos em oposição: ou um, ou outro. No primeiro estilo, predomina a ação quase exclusiva do terapeuta [educador]; no quinto, a do cliente [educando], com qualidade semelhante. Nos estilos indicados pelos números 2 e 4, há como que uma disputa entre os pares da relação: entre terapeuta [educador] e cliente [educando] ou entre cliente [educando] e terapeuta [educador]. Só no estilo 3, terapeuta [educador] e cliente [educando] encontram o verdadeiro caminho, pois nele ambos respeitam os respectivos papéis: o terapeuta [educador] como o que *acolhe, nutre, sustenta* e *confronta* a experiência do cliente [educando], e o cliente [educando] como o que vivencia a sua experiência, sua jornada pessoal, com o suporte do terapeuta [educador].

Boadella diz então que, nesse estilo, nessa forma de relação, ocorre uma "dança energética" entre terapeuta [educador] e cliente [educando], ou seja, o diálogo. Aqui, não podemos deixar de relembrar uma ideia desse mesmo autor, já expressa antes neste livro: *"é na receptividade viva do outro ser humano que se dá o desenvolvimento de cada um."*

Nessa dança, o corpo, a personalidade e o imaginário de cada um dos participantes da relação podem ser acolhidos, nutridos, confrontados e transformados, de tal modo que cada um se aproxime do que é mais verdadeiro dentro de si mesmo, que se manifesta sob a forma de sua expressividade.

Para cumprir esse papel, o educador, ocupando o seu lugar, precisa ser "o adulto da relação". Como já dissemos, isso significa ser ele o que *acolhe, nutre, sustenta* e *confronta* amorosamente o educando, para que este possa formar-se, constituir-se como sujeito. Não há formação para a autonomia de cada um sem a interação com o outro; por isso, o princípio formativo (educando) e o organizativo (educador) interagem numa dialética permanente, de tal forma que a individuação do educando se vá configurando, o que significa constituir a própria identidade.

Só uma dança energética entre educador e educando pode proporcionar essa conjuntura. Só

Rubem Alves, certa vez, escreveu sobre "tênis e frescobol", para manifestar a diferença entre discussão e diálogo. No tênis, como na discussão, importa vencer; por isso, os adversários dão-se cortadas mutuamente, a fim de um derrotar o outro. No frescobol, como no diálogo, os participantes ajudam-se mutuamente, para que o jogo, assim como a conversa, seja construtivo e prazeroso para ambos os participantes.

no clima dessa integração dinâmica a organização do presente e do futuro, com as restaurações do passado, pode ocorrer no educando.

Poder-se-á perguntar aqui: como se forma esse profissional para atuar nessa perspectiva pedagógica?

Pensamos que, de um lado, pelo permanente processo de autoinvestigação, tendo como parâmetro o papel de educador no contexto de um projeto pedagógico construtivo (conteúdo do capítulo anterior e deste capítulo).

Isso exige atenção permanente ao nosso modo próprio de ser, reagir e atuar como educadores; atenção aos nossos estados de ânimo, às nossas reações ante os educandos e suas condutas, assim como atenção aos acontecimentos do dia a dia. Implica também prestar atenção nas nossas habilidades em atuar junto aos educandos na prática de ensino. Caso nossa conduta seja reativa, e não responsiva, vale a pena prestar atenção no que está acontecendo. Possivelmente, a reatividade indica que estamos precisando modificar nossa conduta como educadores.

Na maior parte das vezes, nas relações interpessoais (centro das relações pedagógicas), quando nossa reação emocional a uma situação qualquer é desproporcional ao que está acontecendo no presente, portanto disfuncional, esse fato tem a ver com experiências do passado não elaboradas psicologicamente.

Não raro observamos em nós mesmos, assim como nos outros, atitudes que parecem não caber naquele momento. São desproporcionais à situação. Isso revela que nossa reação não tem a ver com o presente, mas sim com o nosso passado, em geral infantil, marcado por traumas, dores e situações nunca devidamente compreendidas e elaboradas por nós. Ficamos fixados nesse passado e, aqui e agora, reagimos como se nele estivéssemos. A esse processo Freud deu o nome de *projeção* ou também de *transferência*: inconscientemente, transferimos o que ocorreu num passado distante para o presente, enfrentamos a experiência do presente com as percepções ainda prisioneiras do passado.

## Avaliação da aprendizagem e prática pedagógica bem-sucedida

Olhar para nossas atitudes que são disfuncionais pode ajudar-nos a crescer muito em nossa forma de relacionar-nos com os outros e, no caso, com nossos educandos.

Se você já assistiu ao filme *Duas vidas*, da Walt Disney, deve lembrar como certo profissional adulto tinha muitas reações consideradas disfuncionais para alguém de sua idade, e como, com o andar do filme, ele vai desvendando a criança ferida existente dentro de si (os traumas psíquicos e as cenas que os causaram) e como apaziguar-se com ela foi a cura de seus modos de ser e agir inadequadamente. Se não viu esse filme, vá a uma locadora, tome-o de empréstimo e não deixe de vê-lo. Prestar atenção em seus detalhes é bastante curativo para cada um de nós que assistimos a ele, uma vez que a partir daí podemos começar a prestar atenção em nossos modos de relacionar-nos.

De outro lado, torna-se necessário o estudo e o aprofundamento tanto em nossa vida profissional quanto pessoal, participando em grupos de estudos no nosso âmbito de conhecimentos e de trabalho, participando de grupos de autodesenvolvimento, conversando com colegas, trocando experiências. Para tanto, muitas vezes, requer-se a humildade de querer aprender consigo mesmo ou com os outros.

O que importa é o desejo constante de agir de forma adequada, na perspectiva de "dançar com o educando a dança energética da vida". Se esse desejo estiver constantemente vivo e presente, nossa autoformação far-se-á por meio dessas e de outras atividades; e, então, no dia a dia pedagógico e pessoal, poderemos agir de modo cada vez mais satisfatório para nós mesmos e para nossos educandos. Afinal, a relação pedagógica tem sua base numa relação adequada com o outro.

Exercer, didaticamente, o papel de educador significa, a nosso ver, *desejar ser educador*, o que exige um ato de vontade de "não desistir" diante de possíveis dificuldades nossas assim como de nossos educandos. A amorosidade do educador para com os educandos expressa-se por meio do permanente investimento neles para que aprendam e, em consequência, se desenvolvam. Sempre teremos estudantes com maior ou menor dificuldade em aprender; contudo, o importante é não desistir deles. Ao contrário, precisamos cuidar mais deles, muitíssimo mais do que daqueles que menos necessitam de nós.

Certa vez, desenvolvendo uma atividade com professores de uma faculdade de Medicina, ao final do evento, o diretor da escola deu o seguinte depoimento: "Nós, médicos, cuidamos de pacientes, que são necessitados dos nossos cuidados. Porém, na nossa prática de ensino, temos dado maior atenção aos que menos necessitam, isto é, aos que aprendem com maior facilidade e melhor qualidade. Usualmente, abandonamos os que apresentam dificuldades. Na nossa escola de Medicina, deveríamos criar um grupo de professores para dar atenção especial aos estudantes que mais necessitam, como damos atenção aos nossos clientes que mais necessitam. Desse modo, estaríamos sendo coerentes com a nossa profissão de cuidar."

É essa a atitude de quem não desiste facilmente de investir no outro – no caso, no educando. Trata-se de atitude amorosa, que exige de nós o desejo e a vontade de servir. Acreditamos que essa é a atitude do educador que dança a "dança energética com o educando".

## 4.3. O educador como mediador entre a cultura elaborada e o educando

O educador, como adulto da relação pedagógica, é o mediador entre a cultura já elaborada e o educando, que, nessa situação, se apresenta como aprendiz. É aquele que aproxima o educando da cultura elaborada, visto que, para atuar como educador, necessita ter a posse, o domínio, do que ensina e, consequentemente, ensina para que o estudante aprenda. Não dá aulas, ensina. Dando aulas, um estudante pode aprender ou não, e, no caso, um ou outro resultado está bem. No ensino, só pode haver uma resposta adequada: o educando aprende pelo fato de o educador nele investir. O educador é um guia.

O educador tem o papel de "puxar" o educando para a frente, uma vez que, na área em que atua e na constituição da sua própria individuação, deve estar mais desenvolvido do que ele. No exercício do papel de mediador da cultura elaborada, é aquele que disponibiliza para o educando experiências que o auxiliem na construção de sua própria individuação – mas, para isso, precisa já ter processado a sua, ao menos num nível aceitável, pois ajudará o outro a fazê-lo até onde já tiver constituído a própria.

Como o adulto da relação pedagógica, o educador é o líder da prática educativa, propondo conteúdos e atividades que, respectivamente apreendidas e exercitadas, ajudem os educandos a desenvolver-se, na perspectiva de sua própria autonomia. Para tanto, servir-se-á de todos os mediadores anteriormente mencionados – projeto pedagógico, conteúdos escolares, recursos didáticos – como meios para garantir aos educandos as possibilidades de aprendizagem e desenvolvimento significativos, isto é, executará o projeto político-pedagógico da escola de modo consistente, investindo na obtenção dos resultados desejados.

Aqui entra o papel da avaliação da aprendizagem: subsidiar a obtenção dos resultados desejados com as qualidades desejadas. Na 2ª Parte deste livro, nosso objetivo será tratar da avaliação na ótica operacional, ou seja, como subsidiária da operação de ensinar e aprender.

## 5. Conclusão do capítulo

A avaliação da aprendizagem sustenta-se numa proposta e numa ação pedagógica cujo foco de atenção é a formação do educando – portanto, uma concepção construtiva da aprendizagem e, consequentemente, do desenvolvimento e da individuação do educando. A prática da avaliação, em virtude de subsidiar a obtenção de resultados desejados e bem-sucedidos, depende de uma concepção pedagógica construtiva, seguida de uma execução consistente na obtenção desses resultados.

A avaliação subsidia uma intervenção, seja ela qual for, tendo em vista o seu sucesso; por isso se sustenta numa concepção e numa ação voltada para o sucesso. Ao educador não interessa um resultado insatisfatório; ele deseja encontrar a solução para o melhor resultado possível de sua ação.

Infelizmente, nossa escola, de modo geral, não tem investido no sucesso. A pedagogia tradicional – que tem fundamentado as nossas ações pedagógicas no cotidiano escolar e que não se propõe como uma pedagogia construtiva – permite-nos "dar aulas" e ficar à espera de que o educando tenha aprendido. Todavia, no contexto de uma pedagogia construtiva, não podemos *esperar* que o educando tenha aprendido alguma coisa; devemos *investir* na construção dos resultados definidos e desejados. Por isso, somente uma pedagogia construtiva sustenta uma prática da avaliação, e foi à luz dessa compreensão que apresentamos, nesta 1ª Parte, tanto uma proposta pedagógica construtiva como seus mediadores.

Servir-se dessa compreensão, ou de outra assemelhada, será fundamental para que possamos transitar da prática dos exames escolares para a avaliação da aprendizagem na escola; assim como será fundamental para que saiamos do impasse do fracasso escolar, vivido no País como um todo.

Não há como ocorrer uma mudança na prática do acompanhamento da aprendizagem dos educandos na escola sem efetiva mudança de perspectiva na prática pedagógica, dado que, como temos sinalizado, o projeto pedagógico e sua execução consistente constituem a base, o estofo, da existência e da prática da avaliação da aprendizagem.

# 2ª Parte

# A avaliação da aprendizagem como componente do ato pedagógico

## Nota introdutória à 2ª Parte

# O ato de avaliar a aprendizagem como componente do ato pedagógico

*Nesta parte do livro, vamos dedicar-nos propriamente à avaliação da aprendizagem. Tudo sobre o que estudamos antes teve e tem como objetivo subsidiar o educador para que compreenda que a avaliação da aprendizagem não é um ato isolado e separado do ato pedagógico, mas, sim, um componente deste.*
*Por isso, para que a compreendamos e a pratiquemos de modo relativamente satisfatório, precisamos compreender os recursos do ato pedagógico e apropriar-nos deles, inserindo entre eles as compreensões e as práticas da avaliação.*

Neste livro, não tivemos o desejo de repetir os tratamentos usualmente dados à avaliação da aprendizagem, como se ela fosse uma disciplina isolada e à parte do ato pedagógico. Os exames, como veremos logo mais à frente, de fato são compreendidos e praticados dessa forma. Para cumprir a sua essência, devem ser praticados com essa configuração e não com outra, sob pena de deixarem de ser exames, pois que, por si, são recursos de seleção e, para cumprirem o seu significado, desse modo devem ser praticados. A avaliação da aprendizagem, por sua vez, não pode ser praticada isoladamente, sob o risco de perder sua dimensão *pedagógica* e passar a ser seletiva, à semelhança dos exames. Estes têm como objetivo classificar e selecionar candidatos, ao passo que o objetivo da avaliação da aprendizagem é subsidiar o ensino e a aprendizagem bem-sucedidos no interior de um projeto pedagógico. Trata-se de atos cujos objetivos são diferentes, ainda que, em nossa prática escolar cotidiana, usualmente esses atos sejam confundidos como se fossem equivalentes.

A fim de compreender a avaliação da aprendizagem e aprender a praticá-la de forma operacional, o leitor encontrará nos seis capítulos desta 2ª Parte elucidações conceituais sobre avaliação em geral e sobre avaliação da aprendizagem, estudos sobre os atos de examinar e avaliar na escola e, ainda, sobre instrumentos de coleta de dados para a avaliação, tanto sob uma abordagem crítica como sob uma abordagem construtiva.

Nosso desejo é de que, com o estudo dessa parte do livro, os educadores percebam a avaliação como um mediador do projeto político-pedagógico da escola. O ato de avaliar tem por função lembrar ao gestor que necessita de ser mais cuidadoso do que já tem feito em seu agir, se efetivamente deseja atingir os resultados almejados.

# Avaliação da aprendizagem na escola: investigação e intervenção

*"Conhecer é poder." Essa afirmação foi feita por Francis Bacon (1561-1620) no nascimento da modernidade, demonstrando que o conhecimento oferece ao ser humano o poder de realizar atos eficientes, isto é, ele subsidia a construção consciente de resultados desejados.*
*A modernidade e a contemporaneidade foram construídas sobre esse alicerce, além de outros, evidentemente.*

Quem detém o conhecimento detém o poder de fazer. Ele é um recurso que se soma a muitos outros; sem ele, porém, também nada se faz de forma qualitativamente elaborada. É um suporte para a ação adequada e satisfatória, o que se traduz em capacidade de construção dos resultados desejados. Sem conhecimentos não se chega aonde se deseja.

Investigar para *conhecer* e conhecer para *agir* são dois algoritmos básicos para a produção de resultados satisfatórios. O contrário disso é: sem investigação, não se tem conhecimentos, e, sem conhecimentos, não se tem eficiência e qualidade.

Assumindo tais pressupostos, o objetivo deste capítulo é compreender o significado da avaliação da aprendizagem como um ato de *investigar a qualidade do seu objeto de estudo e, se necessário, intervir* no processo da aprendizagem, tendo como suporte o ensino, na perspectiva de construir os resultados desejados.

Vamos, em primeiro lugar, estabelecer uma compreensão do que é o conhecimento, assim como do seu significado em geral e do seu significado como recurso de ação eficiente, contexto em que se insere a compreensão da avaliação da aprendizagem como recurso que dá suporte à construção de resultados escolares bem-sucedidos. A avaliação como forma de conhecimento é apresentada, então, como a que subsidia a obtenção de resultados satisfatórios de determinada ação, que aqui, no caso, é a aprendizagem do educando. Subsidia a obtenção dos *resultados desejados e definidos,* e não de *quaisquer resultados* que sejam possíveis.

No que se segue, inicialmente, abordaremos a ciência (conhecimento) como um modo de desvendar a realidade que oferece suporte a uma intervenção eficiente (tecnologia) e, a seguir, tendo a compreensão da ciência como modelo, estudaremos o ato de avaliar como um ato de investigar e, se necessário, intervir para a melhoria dos resultados em construção.

Importa manter presente a noção de que a forma como compreendemos a avaliação faz uma ponte com a forma como compreendemos a ciência, ainda que cientes de que ciência e avaliação investigam objetos diferentes – uma investiga a realidade, a outra a qualidade das coisas. Por isso, para compreender e praticar o modo de proceder da avaliação, importa minimamente compreender a forma de ser e de operar da ciência. O objetivo deste capítulo é estabelecer uma ponte entre essas duas áreas de conhecimentos, tornando a segunda melhor configurada epistemológica e operacionalmente.

# 1. A investigação e suas consequências para a ação humana

> Sobre esse tema, cf. Cipriano Carlos Luckesi e outros, "O conhecimento como compreensão do mundo e como fundamentação da ação", capítulo 1 do livro *Fazer universidade:* uma proposta metodológica (São Paulo, Ed. Cortez, 2005, 14ª ed., p. 47-78); cf. também Cipriano Carlos Luckesi e Elizete Passos, "Conhecimento, significado, processo e apropriação", capítulo 1 do livro *Introdução à filosofia*: aprendendo a pensar (São Paulo, Ed. Cortez, 2004, 5ª ed., p. 13-33). Vale a pena ainda cf. ALVES, Rubem. *Filosofia da ciência*: introdução ao jogo e a suas regras. São Paulo: Brasiliense, 1981.

O que é investigar? Que consequências advêm desse ato para a ação cotidiana de cada um de nós? Essas são perguntas fundamentais para compreender a ciência e o seu significado em nossa vida individual e coletiva, assim como para, através de um espelhamento, compreender o ato de avaliar.

Respondendo a essas perguntas, daremos atenção a três tópicos: 1) o que é investigar e produzir o conhecimento; 2) os limites da investigação; 3) os serviços do conhecimento para a prática cotidiana tanto nas situações simples como nas complexas.

## 1.1. Investigação e compreensão da realidade

O primeiro ponto importante nesse diálogo é a compreensão do que é o conhecimento. Assumimos que ele elucida a realidade, transformando-a em algo compreensível. Ele permite "ver" o que a realidade é e como ela funciona.

O termo investigar indica a possibilidade de conhecer alguma coisa que ainda não é conhecida; ou seja, significa produzir a compreensão de algo e, em decorrência, desvendar a trama das relações que o constituem, o que implica uma interpretação da realidade – sua "leitura", para usar uma linguagem de Paulo Freire. A investigação torna a realidade inteligível. O que é obscuro torna-se claro, "iluminado", compreensível.

A interpretação da realidade, emergente do ato de conhecer, pode manifestar-se de diversas formas – como filosofia, teologia, literatura, artes... –, todavia a que aqui nos interessa diretamente é a *forma científica*, que tem por objetivo desvendar como as coisas se dão e como funcionam.

Ainda que a ciência ofereça um entendimento o mais abrangente possível sobre alguma coisa, devemos estar cientes de que ela sempre será menor do que a totalidade da realidade estudada. Contudo, mesmo com essa limitação, esse entendimento, nascido da investigação científica, pode e deve ser eficiente; isto é, a ciência, além de propiciar a compreensão da realidade em si mesma, possibilita agir com adequação, produzindo os resultados que desejamos.

Se tomamos um dicionário de língua portuguesa, verificamos que, para o termo "conhecer", encontramos um conjunto variado de significados, ainda que todos tenham em comum a referência à ideia de "compreensão da realidade". Entre esses significados, podemos identificar um que nos auxilia em nossa tarefa de entender o conhecimento como um recurso que "ilumina" – traz à luz – a realidade. Diz um dicionário da língua nacional: "Conhecer é *elucidar* a realidade." O termo "elucidar" vem do latim *e+lucere* (prefixo *e* somado ao termo *lucere*), que significa esclarecer, trazer à luz, revelar o que se esconde. Desse modo, etimologicamente, conhecer é tornar claro aquilo que é obscuro; isto é, tornar compreensível aquilo que ainda não o é.

Uma analogia com base na vida cotidiana ajuda-nos a compreender o que estamos tentando expor. Todos nós, um dia, já vivemos a experiência de transitar de um espaço bem claro para outro escuro ou em penumbra. Uma situação comum em que isso acontece se dá quando entramos atrasados em uma sala de cinema. A situação ocorre mais ou menos da seguinte forma: entramos na sala do cinema quando o filme já se iniciou, motivo pelo qual as luzes já se encontram apagadas, e, então, avançamos para dentro do espaço em penumbra. De início, não enxergamos nada; após alguns instantes, porém, as retinas dos nossos olhos começam a acomodar-se e passamos a enxergar vultos pouco definidos; decorrido um tempo a mais, vemos vultos definidos; um pouco mais de tempo e, agora, vemos pessoas na penumbra, assim como as poltronas ocupadas e as vazias. Com essa percepção, já podemos locomover-nos e encontrar um lugar, o mais confortável possível, para nós nessa circunstância.

No escuro absoluto inicial da sala de cinema, nós não víamos nada e não podíamos locomover-nos. Com o passar do tempo e com a consequente acomodação da retina, começamos a distinguir pessoas e lugares, de modo que pudemos agir adequadamente. O escuro foi-se clareando, nossa vista foi se acomodando, o espaço foi se "iluminando", o que nos permitiu uma ação, com ciência do que estávamos fazendo.

De modo semelhante a esse processo fisiológico dá-se o processo mental do conhecimento em geral e do conhecimento científico em particular, cujo resultado é o entendimento que "ilumina" a realidade, subsidiando uma ação adequada e eficiente.

O que fazem os cientistas? Eles se servem de recursos metodológicos sofisticados para a obtenção de dados, tendo em vista a formulação de hipóteses plausíveis que ofereçam um entendimento da realidade.

O papel da investigação é conseguir estabelecer uma compreensão – a mais plausível – da realidade. Marx dizia que, se a

## 2ª Parte

aparência (aquilo que vemos) coincidisse com a essência (aquilo que explica o que vemos), a ciência não faria sentido. A ciência desvenda o que se encontra "escondido" – obscuro – entre os fatos. Para que isso ocorra, os cientistas servem-se de cuidados metodológicos específicos que conduzem ao mais plausível conhecimento da realidade investigada, ou seja, à compreensão da realidade como é e como funciona.

Diante da simplicidade dessa descrição, não podemos enganar-nos, julgando a pesquisa científica fácil e rápida de ser executada. O modelo é simples, mas a busca é complexa. Por vezes, são necessários anos de trabalho árduo e sucessivos investimentos metodológicos em busca de uma resposta; porém, usualmente, sempre se chega a ela.

Um conhecimento produzido sempre subsidiará ações mais adequadas por parte do ser humano. Todavia cabe observar que, nos âmbitos mais complexos da ciência, nem sempre isso ocorre de imediato. Por vezes, a denominada pesquisa básica produz conhecimentos que somente num futuro próximo ou distante poderão ser traduzidos em tecnologia, trazendo benefícios ao ser humano. O conhecimento pode tanto trazer uma solução imediata para impasses quanto guardar por longo tempo a potencialidade de transformar-se em recursos tecnológicos. No caso que nos interessa – da avaliação da aprendizagem –, importa que o conhecimento produzido subsidie de pronto possíveis encaminhamentos práticos, pois a investigação, nesse caso, está a serviço de uma ação em curso, o ensino-aprendizagem, e por isso seu uso deve ser imediato, como veremos ao ocupar-nos do conceito do ato de avaliar.

Em síntese, investigar é produzir uma compreensão da realidade, a melhor e mais abrangente; porém precisamos estar cientes de que a investigação nunca trará o total e pleno entendimento daquilo que se dá à nossa frente. O conhecimento tem limites. Conquanto ressaltemos sua necessidade e importância, vale a pena explicitar que ele não é absoluto. Ainda assim, ele é funcional, e, em consequência, subsidia ações adequadas, diversas de quando agimos assentados na ignorância, um estado em que permanecemos atrelados ao não saber – usando uma metáfora –, "ao escuro".

No caso da avaliação da aprendizagem, estaremos nos dedicando a ultrapassar a ignorância a respeito da qualidade do desempenho do educando, decorrente do ensino-aprendizagem.

## 1.2. Os limites do conhecimento: o que é a realidade?

O que entendemos por "realidade" e a forma de abordá-la impõem limites às interpretações que dela fazemos. Esse fato obriga-nos a ser cuidadosos e humildes com o conhecimento que produzimos e com o nosso saber. Ele é o mais seguro que temos no momento, mas não é absoluto.

Com efeito, a "realidade" que conhecemos não é toda a realidade, mas aquela "vista por nós", a que cabe em nossas lentes. A realidade, objeto de nossa investigação, é a parte de um todo que conseguimos apreender com os recursos metodológicos dos quais nos servimos. É a faceta que conseguimos abarcar, a qual, não obstante sua parcialidade, se mostra válida para oferecer-nos base para nossa ação.

Etimologicamente, o termo "realidade" tem sua origem na palavra latina *res*, que significa "coisa". A "realidade", no âmbito do conhecimento, não é, todavia, uma coisa, um dado pronto, posto à nossa frente. Quando dizemos "realidade", fazemos menção à configuração das coisas que conseguimos delimitar por

> O termo "olhar", aqui, está sendo empregado de forma metafórica, expressando a nossa capacidade e o nosso modo de perceber, que nunca serão plenos, por terem sua base em determinada perspectiva daquilo que é observado.
> Para ajudar na compreensão desse ponto, podemos dizer, por exemplo, que usamos uma máquina fotográfica para registrar situações, mas um fotógrafo profissional usa essa mesma máquina não só para registrar fatos, situações, acontecimentos, como também para produzir arte, a arte fotográfica. Nós olhamos uma situação, ele também; a diferença está em que nós (leigos na arte de fotografar) fazemos *retrato* e ele, profissional da área, faz *fotografia*. O ato parece ser o mesmo, mas o resultado é bem diferente em razão da perspectiva segundo a qual cada um "olha" a realidade com o mesmo equipamento.

meio de nosso "olhar", isto é, por meio do nosso modo de concebê-las e observá-las.

A perspectiva segundo a qual vemos alguma coisa pode ser diferente da de outra pessoa, e esse fato possibilita a produção de interpretações distintas, ou seja, de conhecimentos diferentes. Nesse caso, não há uma perspectiva certa e outra errada, mas sim duas perspectivas na abordagem da mesma coisa, cuja validade dependerá da abordagem metodológica utilizada.

No caso da medicina, temos várias correntes interpretativas da vida e da saúde, tais como alopatia, homeopatia, medicina natural... No caso da física, hoje, temos pelo menos dois grandes ramos de compreensão da realidade: a física clássica e a física quântica. No caso mais direto de nosso interesse, existem variadas interpretações da aprendizagem.

Cada uma dessas abordagens produz conhecimentos válidos, ainda que, por vezes, aparentemente incompatíveis uns com os outros. Ocorre que eles são produzidos tendo por base pontos de partida (crenças, escolhas, visões filosóficas e metodologias) diferentes. Nesse contexto, muitas vezes o que chamamos de conhecimentos diferentes efetivamente podem ser somente complementares e, juntos, podem oferecer um entendimento mais abrangente do mundo que nos cerca.

Existe uma frase que diz assim: "O mapa não é o território." Ou seja, o mapa é uma representação da realidade, e não a realidade mesma no seu pleno modo de ser.

De fato, a realidade mapeada sempre é maior e mais complexa que o mapa. Todavia isso não retira do mapa sua capacidade e qualidade na orientação dos que o utilizam para locomover-se no espaço, seja de uma cidade ou de um território qualquer, ou ainda, no nosso caso, de um campo de conhecimentos.

Assim, metaforicamente, pode-se dizer que o conhecimento da realidade corresponde a um mapa sobre ela, o que significa que ele não abarca todas as suas nuanças, suas múltiplas facetas e determinações, fato que não deve conduzir o cientista a contentar-se com o menos, fato que implica sempre na necessidade da busca da mais ampla e signiticativa abordagem da realidade.

Em decorrência dos limites do ato de conhecer, a história do conhecimento revela não só modificações permanentes nos entendimentos e nos conceitos sobre alguma coisa, seja na filosofia, na teológica, na ciência ou em qualquer outro âmbito da cultura, como também nos constantes aperfeiçoamentos dos instrumentos de observação (ou de coleta de dados), o que possibilita descrições cada vez mais precisas do que se investiga e, consequentemente, melhores e mais adequadas interpretações da realidade.

O que, por vezes, para nós é "a realidade", para outro não o é. Aquele que pode ser o nosso "mapa" pode não ser para o outro. Os dados "empíricos da realidade" até podem ser os mesmos, mas as "leituras" (interpretações) produzidas sobre eles podem ser diferentes, a depender da abordagem utilizada na investigação, ou seja, da teoria com a qual o investigador aborda a realidade, assim como dos recursos técnicos que utiliza para coletar os dados sobre o seu objeto de estudo.

## 2ª Parte

No campo da medicina, naturalistas e alopatas têm olhares diferentes sobre os fármacos. Para os alopatas, os fármacos salvam a vida; para os médicos naturalistas, na maior parte das vezes, eles são venenos para o organismo. Que tal uma terceira possibilidade, segundo a qual eles são utilizados quando necessários e, quando não, segue-se a natureza? Olhares diferentes produzem intepretações diferenciadas da realidade, assim como modos de agir (tecnologias) também diferenciados.

Em suma, um conhecimento não é todo o conhecimento, assim como "um mapa não é o território", mas sempre um guia para determinada ação. Mapas diferentes, no caso, guiam ações diferentes. A escolha de determinado "olhar" como ponto de partida na construção e no uso do conhecimento depende de escolhas valorativas.

Nosso cotidiano está repleto de experiências em que os mesmos dados são interpretados sob óticas diferentes, com "olhares" distintos. Essas interpretações têm suas bases em crenças diferenciadas sobre o mundo e sobre a vida, sobre os atos humanos e também sobre a aprendizagem que, epistemologicamente, recebem o nome de cosmovisão.

Temos vivido essas experiências todos os dias no que se refere, por exemplo, às políticas nacionais e internacionais dos países – uma é a compreensão dos mandatários e outra é a do povo –, mas também no que se refere ao nosso cotidiano: uma é a nossa compreensão, outra a dos nossos filhos; uma é a nossa compreensão de educadores, outra a dos nossos estudantes; um é o olhar dos físicos clássicos, outro o dos físicos quânticos; um é o olhar dos ambientalistas, outro o dos empresários que têm indústrias poluentes; um é o olhar do homem, outro o da mulher; e assim por diante... Com isso queremos dizer que o olhar "faz" a realidade em todos e quaisquer âmbitos da vida. Podemos olhar a vida como alegria ou como tristeza; podemos conceber a aprendizagem como memorização ou como construção; podemos conceber a avaliação como forma de controle do educando ou como forma de viabilizar satisfatoriamente sua aprendizagem. Enfim, importa ter claro que nossa vida é dirigida por nossos olhares sobre a realidade, o que quer dizer, por uma concepção teórica.

Desse modo, todo pesquisador deve ser cuidadoso com as escolhas iniciais que faz ao realizar pesquisas. Marx lembra a necessidade de servir-nos de uma metodologia que aborde a realidade com base em múltiplos fatores intervenientes, o que possibilitaria ao nosso conhecimento tornar-se o mais verdadeiro e abrangente possível.

Além desse ponto de partida, configurado pela abordagem, existem os limites da nossa capacidade de observar a realidade, o que envolve os recursos metodológicos de coleta de dados por nós utilizados – pois, sendo instrumentos, têm os seus limites, o que implica em estarem sempre sendo aperfeiçoados tendo em vista permitirem observações mais acuradas.

Quanto aos limites impostos à ciência pelos aspectos metodológicos, vale sinalizar pelo menos dois pontos que convém tê-los sempre presentes ao proceder a uma investigação: as variáveis (as determinações) que levamos em consideração no nosso processo de conhecer e de produzir conhecimentos e os instrumentos que utilizamos para a coleta de dados a fim de descrever nosso objeto de investigação.

A realidade, em si, é complexa. Na constituição de determinada realidade, muitos são os fatores intervenientes. Considerando o ser humano, por exemplo, vemos que ele é, ao mesmo tempo, biológico, psíquico, social, histórico e espiritual; além disso, existem os subfatores em cada uma dessas facetas: ao aspecto biológico vinculam-se os fatores anatômicos, fisiológicos, químicos, bioquímicos... e assim por diante. Mais ainda, a relação entre esses múltiplos fatores determinantes produz manifestações diferenciadas. A modificação em um deles altera o todo.

De modo semelhante, podemos tomar qualquer outro objeto de estudo e verificaremos que ele é complexo e que nós não conseguimos facilmente abarcar, em nossa prática investigativa, todos os fatores (variáveis) presentes e intervenientes em determinada situação.

Então, como pesquisadores, cabe-nos levar em consideração a maior quantidade de variáveis possível, a fim de evitar, ao máximo, distorções na interpretação da realidade. Contudo, por vezes, nem mesmo temos consciência de serem insuficientes as variáveis que estamos levando em conta. Marx, em suas proposições epistemológicas, afirmava que uma explicação científica deveria estar fundada em "múltiplas determinações", exatamente na perspectiva de superar, quanto possível, o limite das distorções em nossas interpretações da realidade.

Quanto mais restritos forem os fatores determinantes que levamos em consideração em determinada pesquisa, tanto mais restrita será nossa interpretação da realidade. Quanto mais articulada for nossa investigação com múltiplas variáveis, tanto maior será a possibilidade de estabelecermos razoável ou significativa interpretação da realidade.

Nessa linha, vale lembrar como exemplo o relato feito por Marx do estudo de uma situação fragilizada da economia francesa no século XIX. Os economistas franceses apresentavam a seca pela qual o seu território vinha passando como a causa da crise econômica instalada. Marx ressalta o fato de eles não terem se dado conta de observar que a economia de todos os outros países europeus também estava fragilizada, conjuntura que não poderia ser imputada à estiagem verificada na França, pois nos outros países esse fator não existia. Ampliar os fatores que permitem a compreensão ou a explicação de determinado fenômeno dá ao pesquisador condições de aproximar-se mais da realidade, em si complexa.

O exemplo revela que as variáveis da realidade levadas em conta na investigação determinam a sua "leitura". Um olhar que integre um número maior de variáveis, presentes e atuantes na realidade, produz uma compreensão mais compatível com a mesma.

Em síntese, conforme a abrangência das variáveis utilizadas numa pesquisa, nossa interpretação da realidade será mais adequada ou menos adequada. Se estivermos utilizando uma única ou poucas variáveis, podemos ter uma leitura bastante restrita do que estamos estudando. Se estivermos atentos a um conjunto maior de variáveis, certamente nossa leitura da realidade será também mais justa e adequada com a própria realidade.

Por outro lado, os instrumentos de coleta de dados sobre o objeto em investigação são fundamentais para a abordagem da realidade, pois possibilitam sua descrição mais abrangente ou mais restrita, mais precisa ou mais imprecisa. Se os instrumentos forem limitados ou inadequados, nossa compreensão da realidade também será limitada ou distorcida. A realidade a ser observada e descrita exige instrumentos de coleta de dados adequados a ela, ou seja, sua descrição está comprometida com a qualidade dos instrumentos de coleta de dados que forem utilizados.

Por exemplo, podemos recordar aqui que os estudos do sistema nervoso humano e suas funções, até há bem pouco tempo, eram realizados com base em observação de material proveniente de cadáveres. Hoje, temos novos instrumentos de observação para essa parte do corpo humano. Com base em recursos eletrônicos e em imagens, podemos observar um sistema nervoso vivo, em funcionamento. Isso produz uma diferença enorme.

Quantas possibilidades novas esse fato traz para a ciência? Com certeza, muitas. Uma coisa é descrever um sistema nervoso inerte e imaginar o seu funcionamento; outra, bem diferente, é descrevê-lo em seu funcionamento, como sistema vivo. Isso significa que a "realidade que observamos" depende de nossa capacidade de observação, ou seja, depende dos recursos técnicos de que dispomos para abordá-la e descrevê-la. Se nossos recursos forem rudimentares, nossa descrição também será rudimentar. Caso nossos recursos técnicos sejam refinados, também nossa descrição será mais apurada e precisa.

Em resumo, a realidade que observamos é a que "conseguimos observar", e a partir daí estabelecemos interpretações. Antes de alguma coisa ser conhecida, ela somente existia, mas não era conhecida de determinado modo. Então, é o ato de consciência que dá a configuração da realidade que observamos – da forma como nós a observamos, isto é, com os recursos técnicos de observação por nós empregados. A realidade observada não é a realidade em si, mas sim a realidade configurada segundo nossa capacidade de observar.

Como veremos no Capítulo V desta 2ª Parte, a maior parte dos instrumentos que utilizamos para a coleta de dados sobre o desempenho de aprendizagem de nossos educandos são, infelizmente, de qualidade insatisfatória, conduzindo a distorções em nossos juízos.

Nessa abordagem epistemológica, que viemos estabelecendo sobre a amplitude e os limites do conhecimento, precisamos ainda distinguir dois fenômenos: "os dados empíricos de realidade" da "interpretação dos dados empíricos da realidade".

*Dados empíricos* são os fatos, acontecimentos, coisas, experiências...; *interpretação* é a compreensão que o pesquisador estabelece sobre a realidade, tendo por base os dados coletados. Marx distinguiu esses elementos, dizendo ser a realidade o *concreto empírico* e a interpretação que dela fazemos um *concreto pensado*. Nesse sentido, o *pensado* deveria ser a compreensão da realidade, a melhor e mais abrangente possível.

Diante do exposto, poderíamos então dizer que o conhecimento é relativo? Resposta: é e não é, ao mesmo tempo. A objetividade e a validade do conhecimento que produzimos dependem dos recursos metodológicos por nós utilizados, sejam eles epistemológicos ou técnicos. Podemos afirmar que o conhecimento *é relativo* se, para formular esse juízo, nos servimos de um critério de universalidade absoluta; nesse caso, um conhecimento será válido caso tenha uma validade universal, isto é, em qualquer tempo e espaço, não admitindo uma exceção sequer.

Ele não será relativo, todavia, se tomarmos como critério as possibilidades diversas de interpretação da realidade, tendo como base nossos recursos metodológicos. Sempre haverá um fenômeno que foge à abrangência da equação por nós estabelecida como a que expressa a nossa compreensão da realidade, aqui e agora. Nossa equação de interpretação não consegue abranger todos os fenômenos de determinada categoria, sem exceção, ainda que assim a ciência o deseje e busque agir dessa forma, pois essa é a garantia de sua validade.

---

Marx trata dessa questão na introdução do livro *O capital*, que tem diversas traduções e variadas edições e por isso não cito nenhuma em específico.

"Epistemológico" tem a ver com a abordagem teórica da realidade, o "olhar" pelo qual o investigador a interpreta; "técnico" refere-se aos recursos de observação da realidade e de coleta dos seus dados empíricos.

Contudo, esse fato não suprime a objetividade e a validade do conhecimento. Este é *objetivo* e *válido* dentro dos contornos metodológicos em que foi construído, ou seja, tem uma universalidade nesse contexto – o que suprime a compreensão de que, por si, ele é relativo.

Assim sendo, importa considerar que, quando dizemos "realidade", não estamos falando de um dado bruto, de uma afirmação absoluta, mas sim de um dado configurado pelo nosso olhar. Portanto, quando utilizamos o termo *realidade* para designar o objeto do nosso conhecimento, temos de ter cautela e compreender que ele não significa o "mundo exterior em si", mas "o mundo segundo nossa capacidade de apreendê-lo" com os recursos metodológicos disponíveis e utilizados.

Tal noção implica assumir que nenhum ato de conhecer nem o conhecimento dele decorrente são neutros – o que, em si, não significa não serem válidos. Neutralidade e validade são categorias diversas. O conhecimento sofre as interferências das escolhas metodológicas que fazemos; contudo, no limite dessas escolhas – exatamente nos limites da nossa escolha metodológica –, a compreensão produzida é objetiva e válida.

Mesmo com todos esses limites e exatamente no seu contorno, o ato de conhecer permite ao sujeito cognoscente uma compreensão das conexões entre os elementos componentes

---

Rubem Alves tem uma linda alegoria sobre isso, no seu livro *Filosofia da ciência:* introdução ao jogo e suas regras (São Paulo, Ed. Brasiliense, 1981), quando compara a metodologia de pesquisa a uma rede para pescar. Os peixes são apanhados em conformidade com o tamanho das malhas da rede. Malhas grandes deixam escapar os peixes pequenos. Malhas miúdas, por vezes, não suportam o peso dos peixes grandes. De modo semelhante, os dados da realidade, na investigação, serão coletados segundo os recursos técnicos utilizados.

da realidade, formando um todo compreensível e, consequentemente, fundamentando uma ação mais eficiente e eficaz.

Em conclusão, convém estarmos cientes de que o conhecimento da realidade por nós produzido constitui a melhor leitura dela que podemos fazer, ao mesmo tempo, que apresenta as limitações tanto do nosso modo de concebê-la como dos recursos técnicos de observação que utilizamos.

Caso nossa concepção filosófica seja restritiva, o conhecimento que produzirmos também será restritivo; caso nossos recursos técnicos de observação sejam precários, também o será nossa leitura da realidade. O contrário também é verdadeiro: recursos metodológicos abrangentes produzem conhecimentos que fazem jus ao que é pesquisado.

Enfim, a realidade, na prática do conhecimento, é a "realidade que construímos conceitualmente". Suas riquezas e limites dependerão dos nossos recursos metodológicos; daí a necessidade premente de a investigação estar sempre em atividade construtiva. Essa circunstância não nos deve desanimar. Ao contrário, deve desafiar-nos para a busca de novas abordagens e de mais precisos recursos técnicos de observação. O conhecimento e sua metodologia não têm fim, sua vocação é renovar-se e refinar-se sempre – o que faz sua grandiosidade.

> O termo "eficiente" tem a ver com a capacidade de produzir resultados, e "eficaz" com a possibilidade de produzir resultados em determinada perspectiva desejada. O primeiro termo tem a ver com "produtividade em geral", o segundo com produtividade "para uma determinada finalidade específica".

## 1.3. Intervenção eficiente decorrente do conhecimento

Do que vimos expondo até aqui, assumimos que conhecer é um ato de investigar a realidade, produzindo sua compreensão, o que, como consequência, possibilita sustentar uma ação adequada e satisfatória à medida das amplitudes e limites desse conhecimento.

O terceiro ponto desse tratamento do ato de investigar e conhecer refere-se exatamente à eficiência da ação, tendo como base o conhecimento.

Ele oferece ao ser humano um recurso de ação eficiente tanto no desvendamento quanto na solução de impasses, dificuldades e resistências; isto é, oferece fundamentos para uma ação produtiva. Para exemplificar essa afirmação, vamos tomar variadas experiências da vida humana, desde as mais simples até as mais complexas. O objetivo é convencer-nos de que, para agir, necessitamos de conhecimento. Se não o temos, devemos produzi-lo ou então servir-nos dos conhecimentos dos outros, como ocorre na trama cotidiana de nossa vida. Permanentemente recorremos aos conhecimentos especializados de profissionais por não termos a posse de todas as informações e habilidades necessárias para atender às diversas demandas da vida cotidiana. É impossível a qualquer um de nós abarcar todas as áreas de conhecimento que permitem a compreensão da realidade que nos cerca; por isso necessitamos da interação com os outros.

Iniciemos com um exemplo bem simples, já empregado em outro momento. Suponhamos que eu, como certamente muitos de vocês, leitores e leitoras deste livro, não saiba fazer um bolo, mas deseje fazê-lo. Para atender a esse desejo, preciso adquirir conhecimentos. Pergunto a um vizinho como fazer o bolo ou compro uma revista de receitas, para obter as informações de que necessito.

Então, entro em contato com a informação; a seguir, dirijo-me ao mercado, adquiro os ingredientes e passo a fazer o bolo, seguindo os passos da prescrição. Certamente o primeiro bolo que eu fizer não será suficientemente bom; então, busco mais informações com quem sabe fazê-lo. Tomo novas lições. Com um pouco de tempo e de prática, estarei *sabendo* fazer um bolo de modo relativamente adequado. Nessa simples situação, é o conhecimento que permite uma prática satisfatória. Sem ele, poderia ter todas as outras condições, tais como ingredientes, tigelas, batedeira, forno..., porém não teria como realizar o meu desejo, em razão de minha ignorância sobre como agir.

Agora, o exemplo de uma situação mais complexa de eficiência do conhecimento: o advento da Aids. Em 1979, identificou-se, no mundo, o primeiro caso dessa doença. Havia ignorância total sobre esse novo fenômeno, que demolia a saúde das pessoas por ele acometidas. De lá para cá, já se passaram em torno de 30 anos de investigação e foram estabelecidos muitos conhecimentos sobre as causas da doença e sobre as possibilidades de debelá-la.

No início, a Aids era mortal. Mas, à medida que suas causas e os mecanismos de sua prevenção foram sendo compreendidos, e à medida que as drogas redutoras da quantidade de vírus em circulação no corpo foram sendo produzidas, a doença foi deixando de ser fatal para tornar-se crônica. Hoje, um sujeito atingido pela Aids pode sobreviver muitos e muitos anos caso se submeta, com cuidado, aos tratamentos existentes. A medicina e a bioquímica farmacológica já deram muitos passos desde então, e, com as compreensões atualmente existentes sobre esse fenômeno, as ações práticas tornaram-se e tornam-se cada vez mais eficientes e eficazes. Esse fato histórico ilustra bastante bem quanto a investigação sobre alguma coisa possibilita uma ação mais adequada em relação a ela.

## 2ª Parte

Um terceiro exemplo, agora do cotidiano mundial, relacionado com os efeitos benéficos de uma simples aprendizagem escolar. Em 26 de dezembro de 2004, ocorreu a dolorosa experiência do maremoto na região do Sudeste Asiático, no Oceano Índico, com a morte de cerca de 290 mil pessoas, segundo relatos oficiais. Dias depois, em 3 de janeiro de 2005, os jornais trouxeram uma notícia que ilustra o que estamos expondo. A matéria jornalística trazia o título: "Menina salvou 100 pessoas" e dizia textualmente:

> *A presença de espírito e os conhecimentos de geografia de Tilly Smith acabaram salvando sua família e a vida de outros cem turistas na praia de Makhao, em Pukhet, na Tailândia. [Tilly Smith estava em veraneio na Tailândia com seus pais.]*
> *Ao ver o rápido recuo da água do mar, a menina de 10 anos alertou seus pais, que avisaram a todos para deixarem a praia. Minutos depois, uma forte onda varria o local, mas sem deixar vítimas. Detalhe: ela havia estudado o fenômeno dos* tsunamis *nas aulas de Geografia apenas duas semanas antes da tragédia na Ásia.*
> *Humilde, a pequena heroína deu crédito pelo salvamento ao seu professor: "O Sr. (Andrew) Kearney nos ensinou sobre terremotos e como eles podem causar* tsunamis.*"*
> *Apesar de ter salvado vidas, Tilly explica tudo com a simplicidade de seus 10 anos: "Eu estava na praia, quando a água começou a ficar engraçada. Tinham bolhas e as ondas sumiram de repente. Eu percebi o que estava acontecendo e achei que era um* tsunami. *Aí, eu avisei a mamãe."*

*A Tarde*, Salvador, 3 jan. 2005. Caderno 1, p. 14.

Um simples conhecimento escolar sobre maremotos, oferecido a uma criança de 10 anos em sala de aula, salvou 100 pessoas da devastação decorrente de um fenômeno natural violento.

Um último caso para ilustrar como o conhecimento torna a ação eficiente. Uma experiência bem corriqueira do cotidiano vivida por mim, minha esposa e meu filho em uma viagem de férias para a região da Chapada Diamantina, na Bahia – um lugar de passeios por trilhas entre pedras grandes e pequenas, arbustos, árvores, riachos, subidas e descidas.

Ocorreu o seguinte: desejávamos visitar um local chamado "Salão de Areia", situado nas proximidades da cidade de Lençóis, nessa região. O local é assim denominado por ser constituído por grandes rochas em estado de decomposição, umas sobre as outras, formando salas, corredores, túneis, passagens, frestas e janelas. Todavia, como as rochas estão situadas abaixo do nível do chão, o espaço é dificilmente visível.

Ao perguntar a um vendedor de garrafas de água e de refrigerantes, que se encontrava no caminho para esse local, como se chegava ao "Salão de Areia", ele disse-nos: "Mais ou menos por essa direção", apontando com a mão em linha reta. E acrescentou: "É melhor ter um guia local."

Aceitamos sua sugestão e tomamos um menino do lugar como guia. Após andar em torno de 200 metros entre pequenas curvas de trilha e arbustos, estávamos no "Salão de Areia". O que desejávamos estava ali, muito próximo de nós, mas escondido aos nossos olhos. O conhecimento simples de um menino levou-nos ao local. Era um conhecimento simples, mas nós não o detínhamos!...

A lição é: *sem o conhecimento, não chegamos a lugar algum; muito menos a resultados satisfatórios decorrentes de nossa ação.*

Nessa linha, vale lembrar que "a ignorância é uma prisão e o conhecimento, em si, uma libertação". De fato, é assim. O conhecimento não é tudo, mas sem ele não damos um passo à frente, por não termos a luz que ilumina o caminho. Marx dizia metaforicamente que o conhecimento "abrevia as dores do parto", ainda que, sozinho, não modifique a realidade. Afinal, ele tem importância para todas as situações e momentos da vida, sejam simples ou complexos.

A investigação e o conhecimento dela decorrente já subsidiaram e continuam a subsidiar decisões práticas simples e complexas, como podem ser as envolvidas na tarefa de fazer um bolo na cozinha de nossa casa ou ter o domínio teórico do raio *laser* e de seu uso, assim como da fissura dos núcleos atômicos e de seu uso tanto para atividades destrutivas (guerras) quanto construtivas e curativas (os procedimentos médicos radioativos); como podem ser as relativas aos sistemas de comunicação e da informática; como podem ser as complexas decisões políticas e econômicas de uma nação ou as decisões sobre intervenções sanitárias em indivíduos e povos... e assim por diante.

Os exemplos podem multiplicar-se aos milhares nas mais variadas áreas de conhecimento e práticas humanas. Conhecimento adequado e intervenção são dois fenômenos que caminham juntos, a fim de satisfazer nossas necessidades diretas e imediatas, como também nossos mais variados anseios de beleza, alegria, satisfação e prazer.

O conhecimento é libertador tanto para o ser humano individual, em suas práticas cotidianas, quanto para o coletivo dos países e das nações, como riqueza ou como suporte para as riquezas. Essa é uma compreensão política importante, que não cabe nos limites deste texto nem é nosso objetivo nestes esclarecimentos, mas deve ser levada a sério por todos nós.

A seguir, vamos fazer aplicações do exposto anteriormente – sobre investigação, conhecimento e ação eficiente – à prática da avaliação em geral e, a seguir, à avaliação da aprendizagem como ato de investigar e, se necessário, intervir.

Sobre isso, poder-se-á ler com muito proveito o livro do físico brasileiro José Leite Lopes intitulado *Ciência e libertação* (Rio de Janeiro, Ed. Paz e Terra, 1978, 2ª ed.). Vale a pena também cf. BASBAUM, Leôncio. *Sociologia do materialismo*. São Paulo: Símbolo, 1978.

## 2. Avaliação como investigação e intervenção e suas modalidades

O ato de avaliar é um ato de investigar, conforme compreendido neste capítulo. Enquanto a ciência estuda como funciona a realidade, a avaliação estuda a sua qualidade. Ambas se servem de rigorosos recursos metodológicos: a ciência descreve e interpreta a realidade; a avaliação descreve-a e qualifica-a.

Ao desvendar a qualidade da realidade, a avaliação oferecerá ao gestor de uma ação ou de uma instituição bases consistentes para as suas decisões e o seu agir. Retomando metaforicamente o que dissemos anteriormente, o desconhecimento é a escuridão, o conhecimento é a luz que guia o caminhar. Sem os conhecimentos emergentes do ato de avaliar – como um ato de investigação científica –, a ação pedagógica e seus resultados serão aleatórios e, possivelmente, insatisfatórios.

Nesse contexto, convém distinguir duas modalidades de avaliação: a utilizada para avaliar um objeto já configurado e concluído e a utilizada para avaliar um objeto em construção. Respectivamente, temos, então, a *avaliação de certificação* e a *avaliação de acompanhamento de uma ação*. Ainda que atrelados pelo conceito básico de avaliação, são dois fenômenos diferentes e dois conceitos distintos entre si.

Essas duas modalidades de avaliação assemelham-se pelo fato de ambas se dedicarem *à investigação da qualidade do seu objeto de estudo* e distinguem-se pelo fato de a primeira – certificação – *encerrar-se na qualificação do objeto* com o qual trabalha e a segunda – acompanhamento – *dedicar-se a acompanhar uma atividade* em sua dinâmica construtiva, tendo em vista a busca dos resultados desejados.

A primeira incide sobre um objeto já construído e a segunda, sobre um objeto em construção. A primeira procede somente à investigação da qualidade do seu objeto de estudo; a segunda, além de investigar a qualidade, subsidia, se necessário, a intervenção para a melhoria dos resultados até o nível do critério preestabelecido. A primeira testemunha a qualidade do objeto de estudo, ao passo que a segunda subsidia o processo de sua construção, ou seja, a busca dos resultados satisfatórios da ação, a serviço da qual se encontra. Para usar uma linguagem conhecida no meio educacional, diz-se que a primeira é de produto e a segunda, de processo.

A avaliação de *certificação* segue o ritual básico da investigação da qualidade do seu objeto de estudo e tem como finalidade oferecer um *testemunho sobre a qualidade* do que foi investigado.

A avaliação de acompanhamento, centro de atenção deste livro, sob a denominação de *avaliação operacional,* investiga a qualidade dos resultados em andamento sucessivamente, primeiro sob o foco formativo – processo – e segundo sob o foco final de uma ação – produto. Em primeiro lugar, ela subsidia a construção satisfatória dos resultados da ação em andamento e, na sequência, ao seu término, certifica a qualidade do resultado final, que, em si, deverá ser positivo, pois foi para chegar a essa qualidade que a avaliação foi utilizada no processo.

Do ponto de vista da certificação, na vida social e econômica existem vários órgãos que dão testemunho da qualidade de um produto pronto ou de uma instituição já instalada e produtiva.

O Inmetro é o órgão brasileiro oficial que certifica a qualidade de produtos industriais, assim como a qualidade de empresas e de instituições. Para tanto, realiza uma investigação (auditoria) da qualidade do objeto de sua certificação – seja ele um produto, uma empresa ou instituição –, tendo por critério as normas estabelecidas pela Associação Brasileira de Normas Técnicas (ABNT) ou por órgãos internacionais.

Nesse contexto, podemos lembrar ainda a certificação internacional ISO (International Organization for Standardization), também dependente de uma investigação (auditoria) que, em caso positivo, testemunha a qualidade da empresa ou instituição que está sendo certificada.

As certificações profissionais no Brasil, como a da Ordem dos Advogados do Brasil (OAB), das sociedades médicas (de Cardiologia, de Obstetrícia, de Infectologia...) e de outras áreas, são obtidas da mesma forma, ou seja, o interessado na certificação submete-se à investigação da qualidade do seu conhecimento e desempenho em determinada atividade e, então, caso seja qualificado positivamente, recebe um certificado (testemunho) de que está apto a exercê-la.

O que, nesse contexto, significa a investigação da qualidade de um produto ou de uma instituição que servem de base para a certificação? Trata-se de uma pesquisa que usa recursos metodológicos de coleta e interpretação de dados, segundo os padrões de uma investigação científica, por meio dos quais são obtidos e interpretados dados que garantem a validade do testemunho social oferecido. Se a investigação (auditoria), mediante os dados coletados, detecta uma qualidade insatisfatória, a certificação não é concedida.

A avaliação de acompanhamento também se caracteriza como uma investigação da qualidade do seu objeto de estudo, tendo por base uma coleta de dados realizada por meio de recursos metodológicos científicos. O que a diferencia da avaliação de certificação é que atua tanto sobre o processo de construção em andamento na perspectiva do resultado final. E, no caso de uma qualificação negativa, após a investigação da qualidade dos resultados em andamento, subsidiará a intervenção para a correção ou a reorientação da ação com a finalidade de chegar ao resultado desejado.

Em síntese, a avaliação de acompanhamento, num primeiro momento, incide sobre os resultados intermediários do processo da ação em execução; e, num segundo momento, permite o olhar sobre o resultado final da ação, o qual, em si, deverá ser positivo, pois para isso terão sido feitos investimentos, incluindo os decorrentes de tomadas de decisões subsidiadas pela investigação avaliativa atrelada à ação.

Tendo presente esse entendimento, no que se refere à avaliação da aprendizagem, cabe o uso da avaliação de acompanhamento, uma vez que a aprendizagem é a ação de aprender realizada pelo educando, cujo resultado final é a aprendizagem satisfatória, contando com o suporte do ensino – objeto da ação e do investimento do educador.

O estudante vem à escola para aprender e, para que isso ocorra, precisa ser ensinado. Com o intuito de saber se está aprendendo o suficiente e de forma adequada, importa avaliar a qualidade dos resultados em andamento que vem obtendo, a fim de subsidiar a construção do resultado final satisfatório. Ou seja, na avaliação da aprendizagem, incide sobre o acompanhamento do processo, tendo em vista a certificação final.

A semelhança entre essas duas práticas de avaliação é que ambas são investigação, e a diferença fundamental entre elas é que, para a avaliação de certificação, o objeto é assumido como pronto e, para a avaliação de acompanhamento, o objeto é assumido no seu processo de construção, como bem se caracteriza o ato de aprender, que tem como suporte o ato de ensinar.

A avaliação de produto realiza-se em dois passos: descrever e qualificar a realidade. A avaliação de acompanhamento em três: descrever, qualificar e intervir na realidade, se necessário. Esses passos serão definidos no Capítulo IV desta 2ª Parte do livro.

## 3. Avaliação da aprendizagem como investigação e intervenção

Estabelecidos os modos operacionais da ciência e os seus usos na avaliação, dedicar-nos-emos nesta seção a introduzir a compreensão da avaliação da aprendizagem como um ato de investigar e, se necessário, intervir, tendo em vista a obtenção dos resultados desejados da ação pedagógica. Vamos sinalizar aqui como a avaliação da aprendizagem, com essas características, se espelha no modelo científico, ficando para o Capítulo IV, mais à frente, o tratamento do ato de avaliar a aprendizagem propriamente dito.

Na prática escolar, nosso objetivo é que nossos educandos aprendam e, por aprender, se desenvolvam. A avaliação da aprendizagem está a serviço desse projeto de ação e configura-se como um ato de investigar a qualidade da aprendizagem dos educandos, a fim de diagnosticar impasses e consequentemente, se necessário, propor soluções que viabilizem os resultados satisfatórios desejados. Significa investigar e, com base nos conhecimentos produzidos, tomar decisões de intervenção quando necessário.

A avaliação, em si, é dinâmica e construtiva, e seu objetivo, no caso da prática educativa, é dar suporte ao educador (gestor da sala de aula), para que aja da forma o mais adequada possível, tendo em vista a efetiva aprendizagem por parte do educando. A ação pedagógica produtiva assenta-se sobre o conhecimento da realidade da aprendizagem do educando, conhecimento esse que subsidia decisões, seja para considerar que a aprendizagem já está satisfatória, seja para reorientá-la, se necessário, para a obtenção de um melhor desempenho.

Nesse contexto, o avaliador da aprendizagem agirá como um pesquisador. E, como em todo e qualquer ato de investigar, necessitará:

1) conscientizar-se de que sua atividade tem por objetivo "iluminar" a realidade da aprendizagem do educando, conforme demonstramos anteriormente neste capítulo; ou seja, necessitará ter compreensão adequada do seu objeto de investigação;
2) estar comprometido com uma visão pedagógica (uma teoria) que considere que o ser humano sempre pode aprender e desenvolver-se e, em consonância com ela, ter um plano de ensino consistente e efetiva disposição de investir no educando para que aprenda;
3) ter ciência de que o conhecimento estabelecido com sua atividade de investigador dependerá:
    - de suas abordagens teóricas (o que significa que não poderá olhar esse objeto sob todas as óticas possíveis, mas sim sob a ótica da teoria pedagógica assumida);
    - das variáveis levadas em consideração (variáveis restritas ou inadequadas produzirão conhecimentos restritos ou inadequados);
    - dos instrumentos utilizados para a coleta de dados (instrumentos adequados e satisfatórios produzirão resultados

adequados e satisfatórios; instrumentos inadequados e insatisfatórios porém, produzirão resultados enganosos);

4) ter noção clara de que a prática avaliativa, no caso da aprendizagem, só faz sentido sendo, ao mesmo tempo, de acompanhamento (processo) e de certificação (testemunho final da aprendizagem satisfatória do educando).

A avaliação da aprendizagem só funcionará bem se houver clareza do que se deseja (projeto político-pedagógico), se houver investimento e dedicação na produção dos resultados por parte de quem realiza a ação (execução) e se a avaliação funcionar como meio de investigar e, se necessário, intervir na realidade pedagógica, em busca do melhor resultado. Sem esses requisitos, a prática pedagógica permanecerá incompleta e a avaliação da aprendizagem não poderá cumprir o seu verdadeiro papel.

Uma prática educativa que tem a avaliação como seu recurso subsidiário de construção dos resultados desejados deve estar fundada na crença de que todo educando aprende e, por aprender, se desenvolve. Isso implica investimento cotidiano em sua aprendizagem. Nesse caso, as dificuldades não deverão ser fonte de desânimo, mas sim desafios que convidam o educador a investir mais e mais nos educandos. Com investimento, todos aprendem e se desenvolvem.

Segundo as estatísticas, somente 5% da população mundial têm alguma deficiência neurológica ou mental. Destarte, serão raríssimos os estudantes com essas características que chegarão às nossas salas de aula, mesmo porque crianças e adolescentes que portam deficiência demandarão cuidados especiais, não oferecidos em salas de aula comuns.

Também poderão existir estudantes que não têm nenhuma deficiência reconhecida, mas portam marcas dos mais variados traumas. No caso de os efeitos automáticos desses reveses da vida serem graves, o educador necessitará do auxílio de outros profissionais, tais como o orientador-pedagógico, o psicólogo e a direção da escola, para proceder a encaminhamentos necessários e dessa forma minorar os efeitos negativos desses processos sobre a aprendizagem escolar.

Lembramos, por fim, que o ato de avaliar, tendo como característica a investigação e, se necessário, a consequente intervenção, estabelece uma ponte entre seu modo de ser e o modo de agir da ciência e da tecnologia.

A ciência investiga e produz o conhecimento, ao passo que a tecnologia, num momento posterior, o aplica na solução dos problemas e impasses humanos. De modo semelhante, o ato de avaliar a aprendizagem, em primeiro lugar, envolve uma investigação sobre a qualidade dos resultados de uma ação em andamento, desvendando-a em sua satisfatoriedade (ou não), e a seguir, se necessário, subsidia soluções com base nesse conhecimento. O ato de avaliar – cujas nuanças serão tratadas nos capítulos que se seguem – constitui, por conseguinte, um ato científico e assim deve ser praticado.

Em síntese, o ato de avaliar a aprendizagem, ainda que tenha muitos componentes metodológicos comprometidos, é simples. Ele é o ato por meio do qual perguntamos ao nosso educando se aprendeu o que ensinamos. Se o educando aprendeu, ótimo; se não, vamos ensinar de novo, até que aprenda, pois o importante é aprender. Todavia, esse ato simples envolve-se, como veremos, num conjunto de fatores históricos, sociais e psicológicos que o torna quase inviável. Para aprender – e efetivamente praticar – a avaliação da aprendizagem, necessitaremos fazer uma "desconstrução" (usando um termo da moda) de nossas crenças mais arraigadas e de nossos hábitos de ação; necessitaremos de transitar do senso comum para o senso crítico nesse âmbito de conhecimento.

# Primeira constatação: a escola pratica mais exames que avaliação

*Para realizar mudanças em nossas condutas, o primeiro passo é tomar consciência, de modo crítico, do nosso agir rotineiro. Padre Henrique Lima Vaz,*
*um pensador brasileiro, diz que, quando algum padrão de conduta já não nos ajuda mais a viver bem no cotidiano, está na hora dele passar por um "tribunal de razão", isto é, ser inventariado, criticado e reproposto.*
*Este capítulo tem por objetivo trazer à consciência uma conduta que se tornou habitual em nosso dia a dia escolar – confundir os atos de examinar com os de avaliar a aprendizagem como se fossem equivalentes –,*
*que já não nos ajuda mais em nossas atividades de ensinar, esperando e desejando que essa constatação subsidie uma nova configuração para o nosso agir.*

Observando o que acontece com esses dois modos de agir – examinar e avaliar a aprendizagem –, torna-se possível estabelecer as diferenças entre eles, de tal maneira que possamos utilizar conscientemente um ou outro, sem confundi-los.

O presente capítulo destina-se ao levantamento do conjunto de características desses dois atos, possibilitando-nos tomar consciência da confusão que ocorre em torno dos seus usos no cotidiano escolar, assim como no sistema de ensino e na vida social. Fato que justifica nosso ponto de vista de que, hoje, na escola brasileira – pública ou particular, de ensino fundamental, médio ou superior –, praticamos predominantemente exames escolares, em vez de avaliação; todavia, de forma inadequada, usamos o termo "avaliação" para denominar essa prática.

Nos últimos 70 anos, fora do Brasil como dentro deste país, vagarosamente, fomos transitando do uso da expressão *examinar a aprendizagem* para o uso de *avaliar a aprendizagem dos estudantes*, porém, na prática, continuamos a realizar exames – ou seja, mudamos a denominação sem mudar a prática. Então, nos dias atuais, em nossas escolas, efetivamente anunciamos uma coisa – avaliação – e fazemos outra – exame –, o que revela um equívoco tanto no entendimento quanto na prática.

Existe, de fato, uma parecença entre os dois atos que, a um olhar superficial, parecem ser equivalentes, o que traz como consequência praticar exames e denominá-los de avaliação. Esses atos verdadeiramente têm em comum apenas o primeiro passo, que é a exigência da descritiva da realidade do desempenho do educando; no mais, são essencialmente distintos.

Cabe ter claro que a resistência a transitar do ato de examinar para o ato de avaliar tem razões muito mais complexas e profundas que a parecença entre eles, como teremos oportunidade de ver no capítulo subsequente. Contudo, também não se pode deixar de lado essa parecença, que pode nos enganar e tem nos enganado.

No que se segue, neste capítulo, identificaremos e descreveremos as características dos atos de examinar e avaliar, as quais podem não ser exaustivas, mas certamente são suficientes para o propósito de distinguir os dois atos.

A fim de realizar essa proposta, num primeiro momento configuraremos, de modo comparativo, os atos de examinar e

Primeira constatação: a escola pratica mais exames que avaliação

avaliar e, num segundo momento, em decorrência das distinções estabelecidas entre os dois modos de agir, tornaremos compreensível quanto nossa prática escolar, hoje, ainda é marcada pelo predomínio de exames escolares, denominados indevidamente de avaliação.

Vale ainda ressaltar que, quando, neste capítulo, tratarmos de avaliação, estaremos focados essencialmente na "avaliação de acompanhamento", em conformidade com a compreensão estabelecida no capítulo anterior.

## 1. Características dos atos de examinar e avaliar na escola

As características dos atos de examinar e de avaliar serão configuradas lado a lado, tendo por base comparativa as seguintes variáveis: 1) temporalidade; 2) solução de problemas; 3) expectativa dos resultados; 4) abrangência das variáveis consideradas; 5) momento do desempenho do educando; 6) função do exame e da avaliação; 7) consequência da função; 8) dimensão política do exame e da avaliação; 9) ato pedagógico.

Ao final deste capítulo, perceberemos com maior clareza a hipótese-guia, anunciada anteriormente e que lhe dá organicidade, ou seja a compreensão de que, hoje em nossa escola, o modo de acompanhar a aprendizagem dos nossos educandos está mais comprometido com os exames escolares do que com a avaliação.

*1) Quanto à temporalidade, os exames estão voltados para o passado e a avaliação para o futuro.*

No caso, os exames escolares e acadêmicos estão *voltados para o passado*, o que significa que, numa prática de exame, espera-se que o estudante manifeste aquilo que já aprendeu.

Não importa o que ainda possa ou precise aprender, e sim que ele seja classificado com base na aprendizagem manifestada ao responder aos instrumentos de coleta de dados sobre o seu desempenho, aqui e agora.

Para o ato de examinar, vale somente o que o estudante conseguiu assimilar e expressar até o momento presente, como desempenho resultante de sua dedicação aos estudos no tempo anterior àquele em que se submete às provas. Será premiado (aprovado) ou castigado (reprovado) em função do que conseguiu aprender até o momento da prova.

Ao examinador interessa apenas o desempenho presente do educando, como decorrente do que já aconteceu. Não lhe importa saber se ele pode aprender ainda ou até aprender mais do que já aprendeu; importa-lhe somente o já aprendido. Com base nesse dado, o estudante será classificado, de forma quase inapelável, pois que, no cotidiano escolar, dificilmente a classificação de um estudante será modificada após seu registro, usualmente sobre a forma de nota ou conceito.

Diferentemente, o ato de avaliar está *centrado no presente e voltado para o futuro*. Ao educador que avalia interessa investigar o desempenho presente do educando, tendo em vista o seu futuro que se expressa como a busca do seu melhor aprendizado e consequente desempenho. Por isso, interessa-lhe ter o diagnóstico ("o retrato") do que o estudante já aprendeu, mas também do que necessita aprender ainda, assim como lhe interessa saber, caso os resultados obtidos sejam insatisfatórios, quais os fatores condicionantes desse nível de aprendizagem – tais como: disfunção emocional do educando, carência de pré-requisitos, qualidade das atividades docentes, assim como do material didático utilizado, sem esquecer fatores como as condições físicas e administrativas da escola em que o educando está matriculado,

## Primeira constatação: a escola pratica mais exames que avaliação

o regime escolar. Todos esses fatores, e possivelmente outros, atuam sobre o processo de aprendizagem do educando. Um educador que avalia tem noção clara de que a aprendizagem não depende exclusivamente do próprio educando nem, com exclusividade, do próprio educador.

Direta e imediatamente, a aprendizagem depende da relação educador-educando, porém, para além deles, existem complexas variáveis que intervêm na produção dos resultados da aprendizagem do educando, positiva ou negativamente. Caso os resultados sejam negativos, para sua melhoria, as variáveis intervenientes precisam ser removidas ou, ao menos, modificadas. A aprendizagem dos educandos depende de um sistema de causas, e não de uma causa única. Desse modo, as dificuldades podem ter a ver com o educando, com o educador ou com as condições de ensino, com o currículo ou com outros fatores que transcendem a sala de aula.

Para o avaliador da aprendizagem, o aprendido interessa somente como diagnóstico do estado do desempenho hoje; interessa como um retrato da aprendizagem no momento atual. O foco do avaliador é o presente, na perspectiva de construção do futuro. Nesse caso, o passado serve exclusivamente como fonte explicativa do presente, que, por sua vez, serve de base para o futuro.

Assim sendo, quanto à variável temporalidade, os atos de examinar e avaliar são opostos: o primeiro está voltado para o passado e o segundo para o futuro. E isso tem uma importância fundamental. O aprisionamento no passado não permite soluções para os impasses, pois, nesse caso, a atração pelo passado toma mais tempo e mais energia do que a atração para o futuro.

## 2ª Parte

Seria insano investir em atos de avaliação, caso não houvesse desejo de investir na melhoria para o futuro. Nenhum empresário faz avaliação da sua empresa em funcionamento exclusivamente para classificá-la em boa, média ou ruim: ele a avalia para encontrar a melhor solução para os impasses que enfrenta; ele a avalia com o olhar voltado para as possibilidades futuras de sucesso. O mesmo ocorre em nossas ações cotidianas; o mesmo deveria ocorrer na escola.

Em tudo o que fazemos, estamos em busca da construção da melhor qualidade dos resultados de nossa ação. Quando se pratica algum tipo de avaliação, não se busca a classificação de alguma coisa, mas sim o seu diagnóstico que pode apontar para a necessidade de novos cuidados com uma ação em andamento.

Na escola, infelizmente, por obra do senso comum impregnado em nosso inconsciente, praticamos exames, classificando nossos educandos, fato que não subsidia gerir a melhoria do seu desempenho.

Em síntese, quanto às dimensões do tempo, o ato de examinar tem o olhar fixado no passado e o de avaliar está voltado para o futuro (ou melhor, do presente para o futuro).

*2) Quanto à busca de solução, os exames permanecem aprisionados no problema e a avaliação volta-se para a solução.*

A variável "busca de solução" está articulada com a anterior. Uma vez que os exames estão voltados para o passado, permanecem atrelados ao problema. E então, permanece a aparência de que não existe solução possível para os impasses: "os educandos apresentam dificuldades de aprender", "por mais que se faça, os resultados são insatisfatórios", "o fracasso escolar é uma certeza", "condições de ensino dificultam uma intervenção significativa, tendo em vista a melhoria dos resultados"...

## Primeira constatação: a escola pratica mais exames que avaliação

As frases mais comuns que ouvimos em nossas escolas, relacionadas a esse entendimento, são do tipo: "Os estudantes já não são interessados como eram antigamente; por isso, não aprendem"; "Eu ensino, faço tudo o que é possível, mas eles não aprendem"; "Com tantos estudantes numa turma, não há nada a fazer; muitos têm de ser reprovados mesmo"; "Não podemos aprovar quem não aprendeu". De fato, com a filosofia oculta sob essas expressões, não poderemos, de forma alguma, investir na melhoria da aprendizagem. Nesse contexto, os exames aparentemente revelam o problema, porém, de fato, dão base para essas e outras expressões que são mais lamúrias que diagnósticos verdadeiros.

A Lei de Diretrizes e Bases da Educação Nacional diz que ao educador cabe participar da elaboração do projeto político-pedagógico da escola, proceder ao planejamento do ensino e *zelar para que a aprendizagem seja satisfatória.* Todavia, com as posturas anteriormente indicadas, dificilmente vamos zelar pela aprendizagem, buscando soluções para os impasses; ao contrário, com a lamentação expressa nessas falas, permaneceremos aprisionados nas dificuldades, parecendo que nada pode ser feito a fim de melhorar os resultados.

A avaliação está numa posição oposta a essa. Por voltar-se para o futuro, está vinculada à busca de solução. Só faz sentido trabalhar com avaliação se estivermos desejosos de buscar soluções, visto que o ato de avaliar, em si, é subsidiário de soluções. Se não for por um desejo claro de obter o melhor resultado de nossa ação, para que iríamos dedicar-nos à avaliação? Seria insano investir nosso tempo e nosso esforço em algo que não teria outra função senão somente revelar um problema. A essência do ato de avaliar é subsidiar soluções tendo por base um diagnóstico.

## 2ª Parte

Por vezes, em educação, prendemo-nos aos múltiplos levantamentos de dados sobre o desempenho do educando, da escola ou do sistema de ensino, mas não nos dedicamos a buscar e praticar soluções adequadas e construtivas. Por isso, não raro, anunciar avaliação ("De novo, avaliação?!") provoca tédio em nós, já que estamos cansados de praticá-la e não ver as consequências que dela deveriam decorrer. O diagnóstico, decorrente do ato de avaliar, é o ponto de partida. Cabe ao gestor investir em soluções. A avaliação mostra a necessidade de uma solução nova, através da qualificação da realidade; cabe ao gestor investir nela.

Os exames escolares estão aprisionados nos problemas da aprendizagem e neles se perdem, tornando difícil qualquer possibilidade de busca de solução para os impasses encontrados. A avaliação, ao contrário, por voltar-se do presente para o futuro, está atenta às soluções. A função central do ato de avaliar é subsidiar soluções para os impasses diagnosticados, a fim de chegar de modo satisfatório aos resultados desejados.

Olhar para os atos de examinar e de avaliar na escola, tendo como base a "busca de solução", leva-nos mais uma vez a compreender que se trata de atos opostos. Ambos revelam problemas; contudo, o primeiro aprisiona-se neles e o outro subsidia ultrapassá-los.

*3) Quanto à expectativa dos resultados, os exames estão centrados com exclusividade no produto final e a avaliação, no processo e no produto, ao mesmo tempo.*

De forma compatível com a característica de "estarem voltados para o passado", os exames assentam-se com exclusividade sobre *desempenho final* do examinado, ou seja, sobre a aprendizagem final à qual chegou o educando com os seus estudos.

## Primeira constatação: a escola pratica mais exames que avaliação

Os exames assemelham-se à avaliação de certificação, ainda que não sejam equivalentes a ela. Na prática escolar, os exames usualmente ocorrem no final de uma unidade de trabalhos pedagógicos, que pode ser um bimestre, um semestre ou um ano letivo. No caso, não interessa o processo através do qual o estudante chegou ao desempenho, por ele manifestado, seja em uma prova escrita, em uma demonstração ou em uma entrevista, desde que o centro de atenção é o desempenho final e não o processo.

A situação é tão verdadeira, que, se um estudante apresentar respostas corretas obtidas por meios fraudulentos e não for descoberto nessa prática, as respostas são assumidas como certas, pois se olha somente para o produto.

Para melhor compreender a questão, vamos primeiro para fora dos muros da escola: o vestibular como meio de acesso ao ensino superior ou a prova realizada em qualquer concurso para acesso a determinada atividade profissional numa empresa ou numa instituição pública caracterizam-se como exames. Nessas ocasiões, tem-se em conta somente o desempenho do examinando no momento em que ele está sendo examinado – nem antes nem depois. É com esse desempenho que será classificado no *ranking* seletivo.

Dentro da escola, o educando não está concorrendo a nada, mas os exames são praticados de igual forma, como se ele estivesse concorrendo a alguma coisa, pois, com base em seus acertos e erros num teste, é classificado numa escala de notas ou de conceitos. Isto é, o que ocorre nos concursos é transposto para as atividades em sala de aula, ainda que sejam circunstâncias bem diferentes. O candidato que se submete a um concurso está em busca de uma vaga; na sala de aula, o estudante está somente em busca da aprendizagem.

A avaliação, diversamente dos exames, tem como centro predominante de atenção *o processo de construção de um resultado*, sem perder, em momento algum, a perspectiva do *produto final* que dele decorre e sobre o qual, por meio da "avaliação de produto", faz incidir a certificação. Há consciência da importância do produto final, mas também há consciência de que, para se chegar a ele, importa investimento no processo.

A avaliação, na modalidade de acompanhamento, trabalha com resultados intermediários e sucessivos, tendo em vista o resultado mais abrangente da ação que, em dado momento, será considerado como final. A questão fundamental não é o insucesso, sempre possível, mas sim como utilizar o conhecimento do insucesso como base para um novo passo na aprendizagem, o que quer dizer para o sucesso.

Em síntese, no que se refere à expectativa de resultados o exame tem sua atenção centrada com exclusividade no produto final da ação, ao passo que a avaliação se concentra no processo (acompanhamento) *para chegar ao produto* (certificação) – ou seja, a avaliação centra-se no processo sem esquecer o produto. O exame escolar *espera* o produto final, esquecendo-se do processo; a avaliação *subsidia* a sua construção, sem perder o produto de vista.

*4) Quanto à abrangência das variáveis consideradas, os exames simplificam a realidade, enquanto a avaliação tem presente a complexidade.*

Os exames *simplificam a realidade* ao atribuir exclusivamente ao educando a responsabilidade pelos resultados da aprendizagem, sejam eles positivos ou negativos; e, no caso, o educador é tomado simplesmente como se fosse neutro e isento de seus condicionantes psicológicos e culturais de examinador. Esse modo de agir, na verdade, faz sentido na prática

## Primeira constatação: a escola pratica mais exames que avaliação

dos exames, pois são seletivos e classificatórios, como veremos mais à frente, mas não na sala de aula, onde se está em busca da aprendizagem.

Com efeito, os exames, quando transpostos indevidamente para sala de aula, não levam em consideração a complexidade das variáveis intervenientes no processo de ensino-aprendizagem e nos próprios atos de testar a aprendizagem dos educandos.

> Há alguns bons anos atrás escrevi um texto, intitulado "Avaliação da aprendizagem escolar: do erro como fonte de castigo ao erro como fonte de virtude" (hoje um capítulo do meu livro *Avaliação da aprendizagem escolar*, São Paulo, Ed. Cortez, 1995), que aborda exatamente essa questão. Não importa que existam insucessos; importa, sim, percebê-los e aprender com eles o que fazer, a fim de não continuar a repeti-los.

O ato de examinar, quando utilizado no contexto do ensino-aprendizagem na escola, genericamente falando, toma o educador e o educando como se fossem sujeitos existentes num vácuo de relações; como se existissem sem interferência das complexas relações com as quais cada um está em contato e que têm papéis determinantes; como se fossem sujeitos neutros, isentos das determinantes interferências administrativas, sociais, históricas, psicológicas, biológicas e espirituais presentes em todos os seus atos.

Assim sendo, parece que o educador, ao elaborar o seu instrumento de coleta de dados sobre o desempenho do educando, ao aplicá-lo e ao corrigi-lo, está isento de interferências, sejam elas quais forem. O mesmo ocorre com o educando, que, no contexto dos exames, é tomado como se fosse o único responsável pelos resultados do seu desempenho.

Caso se manifeste insatisfatório, a causa dessa insatisfatoriedade repousa tão somente no fato de o educando não ter se dedicado suficientemente aos estudos.

O estudante é tomado exclusivamente como um sujeito que responde a um instrumento de coleta de dados ou a uma arguição ou participa de uma atividade; e, aconteça o que acontecer, ele é o único responsável. Não se tem presente que sua aprendizagem depende de um conjunto de múltiplas variáveis intervenientes, para além do seu controle, nem se tem presente que sua atividade de responder a provas pode estar determinada por fatores que estão para além de sua exclusiva vontade de responder, o melhor que puder ao instrumento a que está sendo submetido. Ou seja, no ato de examinar não se levam em conta, tanto no que se refere ao educador quanto ao educando, os múltiplos e complexos condicionantes que se fazem presentes nesse ato.

No entanto, sabemos que, nessa circunstância, estão presentes complexas e poderosas variáveis intervenientes. De imediato, ressaltam-se os fatores condicionantes psicológicos do educador e do educando. No caso do educador, ele está comprometido emocionalmente quando toma decisões sobre os instrumentos a serem elaborados, sobre o modo de aplicá-los, sobre os anseios e desejos decorrentes das complexas experiências de sua vida passada e atual. Por outro lado, o educando está, não menos que o educador, configurado por suas complexas interações afetivas e cognitivas. Sociologicamente, ambos sofrem as determinações do seu meio: crenças, preconceitos, anseios, configurações socioculturais. Todos esses elementos se fazem presentes, produzindo poderosa trama de relações que atuam no examinador e no examinado.

Além disso, por trás do educador e do educando está o sistema de ensino com suas determinações próprias (que incluem as políticas educacionais, a estrutura do sistema de ensino, a escola e suas configurações arquitetônicas, regimentais, curriculares e pedagógicas); estão as famílias dos educandos com seus anseios próprios, assim como as crenças sociais sobre o significado da escola na vida de cada um e na vida coletiva.

A prática de examinar simplifica essas complexas e poderosas variáveis, focando o olhar, de um lado, sobre o educador, que elabora um instrumento, o aplica e o corrige, e, de outro, sobre o estudante, que está presente na sala de aula e responde ao instrumento posto à sua frente. Como se isso fosse tudo.

O ato de avaliar a aprendizagem na escola, ao contrário, tem presente a *complexidade da realidade*. Por estar voltado para a melhoria do desempenho do educando, leva em conta a complexidade das variáveis que intervêm na produção dos resultados considerados intermediários ou finais, pois somente atuando sobre elas e reduzindo os seus efeitos é que a aprendizagem poderá vir a ser satisfatória. Caso as variáveis que interferem negativamente nos resultados não sejam removidas, eles não virão a ser positivos.

Educador e educando são seres constituídos pela complexidade e deste modo devem ser encarados nos processos avaliativos. Simplificar essa complexidade significa não dar atenção ao ser humano que está vivendo e atuando; no caso, o educador e o educando.

O foco do avaliador está centrado na busca do melhor resultado do ensino e da aprendizagem. Caso o resultado não seja positivo, ele não condena o educando nem o educador, mas investiga onde está o impasse, que variáveis estão interferindo desfavoravelmente na aprendizagem. Para tanto, tem presente a complexidade da realidade.

Contudo, deve ficar estabelecido que ter em conta a complexidade para proceder ao ato de avaliar não significa considerar qualquer resultado como satisfatório: importa o melhor e o mais significativo resultado. Não se pode contentar com a afirmação de que um estudante aprendeu "alguma coisa" quando os resultados forem insatisfatórios. O estudante precisa aprender todo o necessário, que certamente é mais do que "alguma coisa". Uma pedagogia compensatória – que, por questões ideológicas, assume que um estudante pobre, negro ou índio aprendeu, quando efetivamente não aprendeu – exime o educador e o sistema de ensino de reconhecer as fragilidades existentes, o que, por sua vez, suprime a necessidade de novos investimentos para sanar os resultados negativos obtidos. Enfim, a pedagogia compensatória é um engano.

A avaliação, como investigação, tem por objetivo retratar a situação. Ela traz à luz a situação e seus impasses. E a partir daí, cabe ao gestor decidir o que fazer para sanar a situação do ponto de vista da melhoria dos resultados, e não simplesmente assumir, compensatoriamente, que o estudante "deve ser aprovado para não ser prejudicado".

Prejudicado ele já está, pelo fato de não ter sido bem ensinado ou pelo fato do ensino ter se realizado em condições desfavoráveis, e o será mais ainda caso se admita que aprendeu, quando, na verdade, a aprendizagem ainda não ocorreu, em decorrência das deficiências intervenientes. Só a constatação da realidade como ela é – sem subterfúgios –

pode dar suporte a novas decisões, caso elas sejam efetivamente desejadas.

A decisão não consiste em promover ou não promover, mas sim em como encontrar os meios para sanar as carências de aprendizagem identificadas nos estudantes e como evitar suas replicações futuras.

Levar em consideração a complexidade da realidade na avaliação implica no desejo de mudar as condições da prática pedagógica como um todo, tendo em vista um resultado final satisfatório. Na avaliação da aprendizagem está em jogo a identificação tanto do nível de desempenho do educando quanto dos fatores intervenientes nos resultados obtidos. Para mudar uma realidade, há que interferir em suas causas ou nos seus fatores condicionantes. Não adianta condenar (reprovar) o educando; isso significa permanecer no impasse. Importa encontrar a solução.

Enfim, quanto à complexidade das variáveis, o gestor que examina simplifica a realidade e contenta-se com isso, considerando que o educando é o único responsável pelo próprio sucesso ou fracasso; porém, o gestor que avalia deseja os melhores resultados e, para tanto, está atento aos fatores intervenientes no ensino-aprendizagem que possibilitam seu sucesso ou seu fracasso.

*5) Quanto à abrangência do tempo em que o educando pode manifestar o seu desempenho, os exames são pontuais e a avaliação é não pontual.*

Como consequência das características anteriores, os exames são *pontuais*, "cortantes". É válido só o que ocorre no presente, aqui e agora, em decorrência de um passado de aprendizagens. O passado é tomado como o tempo em que o estudante teve oportunidade de aprender; se não aprendeu, a responsabilidade é dele.

## 2ª Parte

> Provas são recursos menos sofisticados que os testes; estes últimos exigem cuidadosa construção e utilização. As provas foram desenvolvidas quase de modo empírico, com base na experiência da prática escolar, ao longo do tempo; os testes foram configurados com o auxílio da metodologia científica.

Nesse contexto, o estudante deve saber responder às questões aqui e agora, no momento das provas ou dos testes; não importa se sabia antes e se confundiu neste momento de responder ao instrumento, nem se poderá vir a saber depois. É válido só aquilo que responder, pontualmente, aqui e agora, no momento da prova ou do teste, seja de forma satisfatória ou insatisfatória. Uma cena bastante conhecida de todos nós é a seguinte: por ocasião dos exames, sejam eles praticados fora ou dentro da sala de aula, usualmente, após ter entregado a prova, o candidato ou estudante sai do ambiente onde participou da atividade examinativa e permanece ali por algum tempo refletindo sobre suas respostas.

Nesse mesmo estado de espírito, encontra-se com outros colegas que se submeteram a igual experiência e então, por meio de um diálogo, se inicia a checagem daquilo que se acertou ou se errou nas respostas. São emitidas ou ouvidas falas iguais ou semelhantes às que se seguem: "Puxa, eu sabia isso; como fui deixar de responder?"; "Como não me lembrei dessa resposta, tão simples?"; "Meu Deus, a questão X era tão simples de responder e eu me confundi. Como foi que isso aconteceu?" E por aí seguem os comentários sobre aquilo que se sabia e não se respondeu adequadamente.

Todavia tais comentários servem exclusivamente para um desabafo. Do ponto de vista do exame realizado, as lembranças e observações já não servem para nada, pois já não se pode retomar as provas a fim de consertá-las ou completá-las. Essa é a regra.

Como participantes de um exame, os estudantes teriam de ter recordado e manifestado o seu saber no momento exato em que responderam à prova; depois disso, de nada mais servem as lembranças e recordações. Em síntese, os exames são pontuais.

A avaliação, ao contrário, é *não pontual*. Isso significa que o ato de avaliar leva em consideração o que estava ocorrendo antes, o que está ocorrendo agora e o que ainda pode vir a ocorrer no futuro, próximo ou distante.

Como o ato de avaliar é construtivo, não se vincula somente ao instante atual, mas considera as variáveis presentes na situação avaliada, assim como a perspectiva de construir resultados mais satisfatórios no futuro. Tem um compromisso com o *passado* (como vinha ocorrendo o desempenho?), com o *presente* (o que está ocorrendo agora, como resultado de um passado?) e com o *futuro* (o que poderá ocorrer amanhã ou depois, a partir de possíveis intervenções nessa situação?).

Na escola, um examinador poderá dizer a um estudante: *"Você não sabe."* Porém um avaliador dirá: *"O que ocorreu para que seu desempenho, neste momento, esteja sendo insatisfatório?"*; ou: *"Você ainda não sabe, mas poderá saber, se trabalharmos mais um pouco."* A fala do examinador é taxativa e excludente, a do avaliador é inclusiva e construtiva, pelo fato de o exame ser *pontual* e a avaliação ser *não pontual*.

6) *Quanto à função, os exames são classificatórios e a avaliação é diagnóstica.*

Em decorrência das características anteriores, os exames são classificatórios, ou seja: tanto o candidato num concurso quanto o estudante em sala de aula são situados numa escala.

A mais simples de todas as classificações escolares inclui somente dois níveis: aprovado ou reprovado. Todavia a mais comum de todas as escalas classificatórias na prática educativa escolar é a de notas que variam de 0 a 10. Existem, ainda, vários outros tipos de escalas: uma delas, muito utilizada nos cursos universitários no Brasil após a reforma universitária de 1968, servia-se dos seguintes símbolos, com suas respectivas qualidades: (SR) sem rendimento, (I) inferior, (MI) médio inferior, (ME) médio, (MS) médio superior, (S) superior. Outra escala, tendo por base somente qualidades, está estabelecida da seguinte forma: inferior, regular, médio superior, excelente Outra, ainda, a escala por letras: A, B, C, D, E. Mais recentemente, em consequência do ensino por objetivos, instituiu-se a seguinte escala: objetivos não construídos, objetivos em construção, objetivos construídos.

Cabe observar que, em todas essas escalas, quando utilizadas na escola ou nos concursos, usualmente, existe um ponto de referência no qual e acima do qual ocorre a aprovação e abaixo do qual, a reprovação.

Todavia, nos concursos, existem casos de uso de escalas classificatórias sem a adoção de um ponto de referência – ou seja, enquanto houver vaga, todos os que se submeteram a uma prova podem ser admitidos, desde que não tenham obtido nota zero, numa estrutura de valores decrescentes.

A classificação, por sua essência, ao estabelecer um ranqueamento, inclui alguns – os aprovados – e exclui outros – os reprovados.

A avaliação, diferentemente dos exames, tem por característica própria ser *diagnóstica,* o que implica em não ser

## Primeira constatação: a escola pratica mais exames que avaliação

classificatória, o que quer dizer que ao avaliador não interessa colocar o seu objeto de estudo num *ranking*, que vai do maior para o menor, com um ponto de aprovação/reprovação. Interessa somente constatar a qualidade da situação para, se necessário, proceder a uma intervenção.

Dizer que a avaliação é diagnóstica constitui um pleonasmo, uma tautologia. Toda avaliação pelo próprio fato de ser avaliação, deve ser diagnóstica. Trata-se de característica constitutiva sua. Contudo, mesmo sabendo disso, temos insistido (e creio que vamos continuar insistindo) no uso dessa adjetivação a fim de chamar a atenção dos educandos para a necessidade efetiva da diferenciação entre os atos de avaliar e examinar, uma vez que, em si, o ato de avaliar é diagnóstico e o de examinar é classificatório. Aliás, vale observar que essa característica da avaliação é tão importante que, embora haja pequenas nuanças, os termos utilizados pelos diversos autores para adjetivar a avaliação, em grande medida, se equivalem. Benjamin Bloom e Philippe Perrenoud servem-se bastante do termo *formativa* (avaliação formativa); Jussara Hoffmann emprega o termo *mediadora* (avaliação mediadora); Celso Vasconcellos denomina o seu olhar sobre a avaliação de *dialético*; José Eustáquio Romão denomina-a *dialógica*... Se nos aproximarmos desses qualificativos com alguma profundidade, vamos verificar que todos eles, com pequenas nuanças, querem dizer-nos que a avaliação é diagnóstica, ou seja, subsidia uma intervenção construtiva e criativa.

Diagnosticar significa retratar alguma coisa através dos dados empíricos que a constituem, isto é, a avaliação constata a qualidade da realidade, tendo por base os seus dados, o que, de forma alguma, implica em sua classificação. A classificação é estática – o objeto é situado em algum ponto da escala –, já o diagnóstico é dinâmico, à medida que subsidia o gestor a investir na ação, tendo em vista a melhoria de sua qualidade. Classificar um objeto avaliado é uma escolha do avaliador, o que implica que não é constitutiva da avaliação. Um objeto avaliado pode até ser classificado, porém não pertence à avaliação essa característica.

O ato de avaliar, por ser diagnóstico, é construtivo, mediador, dialético, dialógico, visto que, levando em consideração as complexas relações presentes na realidade avaliada e dela constituintes, tem por objetivo subsidiar a obtenção de resultados o mais satisfatórios possíveis, o que implica que a avaliação, por ser avaliação, está a serviço do movimento de construção de resultados satisfatórios, bem-sucedidos, diferente dos exames que estão a serviço da classificação.

7) *Quanto às consequências das funções de classificar e diagnosticar, os exames são seletivos e a avaliação é inclusiva.*

O que significa o fato de os exames serem *seletivos*? Nos concursos, significa simplesmente que, por serem classificatórios, são constitutivamente seletivos, ou seja, aprovam alguns e reprovam outros. E, quando utilizados no cotidiano escolar, significa a exclusão de alguns ou de muitos, que não são classificados como "aprovados".

Esse modo de ser faz parte do ato de examinar em si; é uma propriedade articulada diretamente com todas as anteriores configurações dos exames – voltados para o passado, centrados no produto final, simplificadores da realidade, pontuais, classificatórios. Por serem classificatórios, implicam a seletividade, o que é natural numa situação de concurso; porém, na sala de aula, a seletividade é grave, pois atinge as raias da exclusão. Quem obtém a classificação mínima esperada é incluído, quem não a obtém é excluído. A seletividade suprime a necessidade e a possibilidade de futuros investimentos nos excluídos.

Já a avaliação, por ser diagnóstica, é *inclusiva*, desde que é utilizada subsidiariamente no processo de ensinar e aprender, o que implica na concepção de que ninguém pode ou deve permanecer sem aprender. O ato de avaliar "traz para dentro".

Caso o estudante manifeste não ter aprendido, é convidado a "entrar na aprendizagem" e é auxiliado para que ela ocorra; aquele que não tem uma conduta adequada é convidado e ajudado a adquiri-la.

Incluir significa "convidar a vir para dentro..." em variadas circunstâncias da vida. Numa roda de amigos, incluímos alguém quando o chamamos para dentro da roda. Na família, incluímos alguém quando o trazemos novamente para dentro das vivências e convivências familiares. No contexto da aprendizagem escolar, incluímos alguém quando lhe ensinamos o que ainda não aprendeu; ele é convidado a adentrar a roda "dos que sabem" ou saberão. Na escola, como um todo, alguém é incluído quando é admitido ao grupo, podendo conviver com todos em pé de igualdade.

No caso do ensino-aprendizagem na escola, significa tomar o educando que apresenta alguma defasagem ou alguma dificuldade, acolhê-lo nesse estado em que se encontra, tomar ciência do impasse que está vivendo e oferecer-lhe suporte para que possa ultrapassá-lo. Lamuriar-se de uma dificuldade não traz solução.

Incluir, então, significa convidar o outro para, juntos, ir em busca de uma solução ou de um resultado que seja satisfatório. Para incluir, em educação, o educador deve ir até onde o educando está em suas dificuldades a fim de, então, caminhar com ele rumo a uma solução possível. Não basta julgá-lo de fora; importa, com ele, descobrir a defasagem e encontrar a solução.

A característica inclusiva da avaliação decorre do fato de ela ser processual, não pontual, diagnóstica, uma vez que seu objetivo é subsidiar a obtenção de um resultado mais satisfatório. Caso a avaliação não subsidie a inclusão, deixa de ser avaliação e passa a ser exame.

Em síntese, quanto às consequências da função dos atos de examinar e avaliar, os exames são seletivos e a avaliação é inclusiva. Expressam direções opostas.

*8) Quanto à participação na aprendizagem, politicamente, os exames nas salas de aulas são antidemocráticos e a avaliação é democrática.*

À medida mesma que os exames são constitutivamente seletivos, no espaço escolar, eles são *antidemocráticos*, à medida que excluem parte dos estudantes que demandam aprendizagens, as quais, aparentemente, são garantidas pela escola por meio de seus anúncios de prestação de serviço à sociedade. Todavia, nos concursos, a função seletiva encontra-se no seu devido lugar, pois, nessa situação, "democrático" significa garantir a cada um dos concorrentes a possibilidade equivalente de obter uma vaga a depender de suas habilidades já conquistadas.

Porém, a condição *democrática* na escola, que está assentada no melhor atendimento à aprendizagem de todos os estudantes, não pode admitir o uso dos exames no seu espaço, à medida que eles, quando aí praticados, contradizem essa condição sendo seletivos e, por conseguinte, excludentes. A seleção e a consequente exclusão, quando praticadas em sala de aulas, expressam condutas antidemocráticas, pois nesse espaço todos devem aprender. Desse modo, nos concursos, os exames são democráticos, porém na sala de aulas, são antidemocráticos.

## Primeira constatação: a escola pratica mais exames que avaliação

A avaliação, no espaço da sala de aula como em qualquer outro contexto onde haja processo, por ser inclusiva, é democrática. O objetivo da ação pedagógica, no contexto da sala de aula, é que todos aprendam e se desenvolvam, o que implica que ninguém seja excluído. Aqueles que, em um primeiro momento, não apresentem os resultados esperados, se forem cuidados, poderão apresentá-los em um segundo ou em um terceiro momento. O que importa, então, para o educador que avalia, é a aprendizagem de todos os estudantes que se encontram na escola.

Assim, politicamente, se desejamos uma escola de fato democrática, ou seja, uma escola que subsidia a formação dos educandos como sujeitos e como cidadãos em condições de igualdade, faz sentido utilizar a avaliação, evitando dentro da sala de aula a confusão entre os atos de avaliar e examinar.

> Há muitos anos, em 1984, escrevi um artigo intitulado "Avaliação educacional escolar: para além do autoritarismo" (hoje um capítulo do livro *Avaliação da aprendizagem escolar*, São Paulo, Ed. Cortez, 1995), cujo objetivo era e é mostrar que efetivamente a avaliação pode e deve contribuir para a democratização do ensino de qualidade na escola. Nesse texto pode ser lida com proveito a exposição sobre como os exames, no espaço escolar, são antidemocráticos e a avaliação democrática.

9) *Quanto ao ato pedagógico, os exames são autoritários e a avaliação dialógica.*

Os exames, quando em sala de aula (e também fora dela), oferecem a possibilidade de seu uso dar-se de forma autoritária. O autoritarismo facilmente pode manifestar-se no ato de examinar. Tentemos compreender essa constatação.

Com o uso dos exames, o educador ou a instituição educacional têm a possibilidade

> O *link* anterior relembra o artigo "Avaliação educacional escolar: para além do autoritarismo". Nesse texto, trabalhei algumas das muitas formas pelas quais se pode ser autoritário por meio dos exames escolares.

de aprovar ou reprovar estudantes; e para isso eles têm sido utilizados. Para tanto, basta manipular as questões das provas e testes em proveito das intenções que se tenham. Pode-se, por exemplo, criar questões bastante complexas para que os estudantes não consigam responder a elas e, consequentemente, sejam reprovados; ou pode-se, ao contrário, facilitar muito as questões e as situações-problema propostas, de modo que todos sejam aprovados sem que aprendizagens significativas tenham sido efetivadas. Ambas as posições revelam a possibilidade do uso autoritário dos exames. E, no caso, o arbítrio está nas mãos da autoridade pedagógica ou institucional, que pode ultrapassar os limites da autoridade, chegando ao autoritarismo.

A autoridade pedagógica existe e é necessária, visto que o educador está na sala de aula para ser o adulto da relação pedagógica, o que exerce a função de líder do processo de ensino-aprendizagem, dando a direção e o contorno dos atos e práticas pedagógicas. Autoritarismo é a exacerbação da autoridade; usar esse lugar de educador para impor uma direção como se não houvesse outras possibilidades e outros olhares para a mesma experiência; como se a realidade fosse simples e única, compatível só com o olhar do educador naquele momento. Desse lugar, só o educador tem razão, o educando nunca. Ele detém o poder, o educando não.

A vida pessoal de cada um de nós, quando estudantes regulares na escola, foi marcada por muitas experiências autoritárias em provas que se fixaram em nossa história psicológica, tais como: ressentimentos por atos injustos nos processos examinativos; notas baixas não merecidas; provas com conteúdos além e/ou diferentes dos ensinados; questões elaboradas com ambiguidades; armadilhas para surpreender os "incautos"; utilização de questões com base em conteúdos secundários em termos de seus significados, "só para ver se os alunos estudaram".

Nessas circunstâncias, a autoridade sempre terá razão. O educando, nunca. Questões duvidosas, complicadas, incompreensíveis sempre terão como resposta certa a que o educador assumir como tal. Não há diálogo, e consequente negociação, seja sobre os conteúdos presentes nos instrumentos de coleta de dados sobre o desempenho do educando, seja sobre as respostas às questões. O único entendimento válido é o da autoridade.

Entretanto o ato de avaliar, por ser construtivo, constitutivamente exige o *diálogo*, a negociação. Ele não oferece à autoridade pedagógica o exacerbado poder de aprovar ou reprovar, mas sim um subsídio para construir, com o educando, os melhores resultados da ação pedagógica. E isso implica acolhimento, parceria, aliança e diálogo na busca de objetivos comuns, desejados pelo educador e pelo educando. Afinal, o educando vai à escola para aprender e o educador para ensinar, sem esquecer que é o adulto da relação pedagógica, o líder da condução do ato pedagógico.

Acolhimento, diálogo e confrontação são recursos que devem atuar conjuntamente, para que educador e educando possam trilhar na busca dos resultados desejados. A avaliação não põe nas mãos do educador o poder de aprovar ou reprovar, mas sim o poder de partilhar eficientemente um caminho de aprendizagem, desenvolvimento e crescimento. Ela possibilita ao educador tomar decisões e praticar intervenções a favor da melhor aprendizagem do educando.

O diálogo, em avaliação da aprendizagem, torna-se fundamental para saber de onde cada um dos interlocutores – no caso, o educador e o educando – está falando.

Um exemplo ajuda-nos a compreender. Numa conversa em sala de aula de turma das séries iniciais, o educador fez a seguinte pergunta aos educandos: "Onde ficam os peixes?" Uma criança respondeu: "Nos museus." Sem dialogar, de imediato o educador julgaria: "Está errado." Com o diálogo, pode-se saber de que ponto de vista o estudante estava dando aquela resposta. Então, a professora perguntou-lhe: "Como você chegou a essa conclusão?" Ao que ele respondeu: "Professora, ontem fui visitar um museu com minha mãe e vi muitos peixes embalsamados e outros fossilizados em pedaços de pedra." "O.k.", disse a professora. "Porém, estou perguntando sobre os peixes vivos. Onde eles ficam?" Então respondeu o estudante: "Ah, professora, os peixes vivos estão nas lagoas, nos rios, no mar; também no aquário lá de casa."

O diálogo possibilita o entendimento e a "negociação", e então, nessa perspectiva, verificamos que não há erro, mas sim outro conhecimento, diferente do que estaríamos esperando em resposta à nossa pergunta.

Sintetizando, quanto ao ato pedagógico na escola, os atos de examinar e avaliar também assumem duas direções distintas. Se observarmos bem, são até mesmo opostas. A tradição, em nossa prática escolar, tem sido examinar o que usualmente tem impedido o diálogo entre educador e educando. Todavia a avaliação não pode existir sem o diálogo, visto que todos nós somos passíveis de percepções e entendimentos diferentes.

## 2. A escola pratica mais o exame que a avaliação

Ter presentes as características dos atos de examinar e avaliar permite-nos retomar o ponto de vista que apresentamos no início deste capítulo. Nossa hipótese de trabalho era que na

## Primeira constatação: a escola pratica mais exames que avaliação

escola, hoje, genericamente falando, no que se refere ao fenômeno da avaliação da aprendizagem, vivenciamos um equívoco: denominamos avaliação, porém praticamos exames.

Tivemos oportunidade de estabelecer as características do ato de examinar, assim como as do ato de avaliar na escola, e pudemos observar que elas diferenciam cada um desses dois atos. Tomando as características arroladas de cada um deles, pudemos constatar que, na escola, hoje, nossa prática de acompanhar a aprendizagem do educando traz muito mais as marcas do ato de examinar que as do ato de avaliar. Estamos operando ainda, predominantemente, com o desempenho final, a pontualidade na manifestação do desempenho, a classificação do educando em uma escala, a exclusão temporária (ou definitiva) dos que não atingem o desempenho esperado. Como consequência disso, em nossa prática cotidiana, temos estado menos atentos às características do ato de avaliar, que implica processualidade, não pontualidade, dinamismo, inclusão, diálogo. Nossos instrumentos de coleta de dados têm sido elaborados de forma aleatória (como veremos no Capítulo IV desta segunda parte), têm sido aplicados pontualmente e são corrigidos classificatoriamente; e, a depender da classificação, não tem havido dúvida alguma sobre a prática da exclusão pela reprovação.

> Sobre esta questão, vale a pena atentar para o fato de que, muitas vezes, o "resultado esperado" pode ser manipulado pelo educador em suas mudanças de humor. Por exemplo, se um professor ou professora sentirem-se em oposição aos estudantes de uma turma por razões de convivência, poderão tornar seus critérios de aprovação/reprovação mais exigentes, o que lhes possibilita a obtenção de um maior número de reprovados e, por conseguinte, o exercício de uma espécie de castigo para os meninos e/ou meninas "rebeldes" ou "desinteressados(as)", como se costuma dizer.

## 2ª Parte

Em 1930, Ralph Tyler, um educador norte-americano preocupado com a realidade educacional em seu país, no qual, naquele momento, somente 30 de cada 100 crianças que entravam na escola eram aprovadas, perguntava-se: não haveria um recurso pedagógico que pudesse modificar esse quadro, de modo que todas as crianças que entrassem na escola pudessem ser bem-sucedidas? Foi com base na compreensão dessa fenomenologia que ele desenvolveu o "ensino por objetivos", cuja meta era oferecer ao educador um recurso metodológico pelo qual pudesse caminhar para o sucesso e não para o fracasso na prática educativa.

Não vamos aqui discutir a adequação, ou não, da proposta metodológica de Tyler, seja do ponto de vista pedagógico, seja do ponto de vista político. Interessa-nos somente observar ter sido ele quem, nesse contexto, iniciou um movimento pró-avaliação da aprendizagem, em oposição aos exames escolares. Foi ele quem, em 1930, cunhou a expressão "avaliação da aprendizagem escolar"; antes disso, a expressão usada era "exames escolares". Aliás, cabe ressaltar que nós, no Brasil, somente começamos a mudar essa terminologia a partir dos anos 1970. A Lei de Diretrizes e Bases da Educação Nacional, promulgada em 1961, ainda continha um capítulo sobre os exames escolares. Ao lado de mudar a tecnologia, necessitamos de mudar a prática.

> Ao leitor interessado pode ser útil cf. TYLER, Ralph. *Princípios básicos de currículo e ensino*. Porto Alegre: Globo, 1974. Nessa obra, o autor expõe suas preocupações assim como o método de "ensino por objetivo".

## Primeira constatação: a escola pratica mais exames que avaliação

Antes de Ralph Tyler, Maria Montessori, educadora italiana, nos inícios do século XX, já havia decretado que, em sua proposta pedagógica, os exames estavam abolidos. Menos drasticamente que Montessori, mas bem antes de Tyler, o norte-americano John Dewey também já havia apontado a necessidade da processualidade do ensino-aprendizagem, usando as arguições como recursos que possibilitavam o diagnóstico e a reorientação da aprendizagem dos educandos. É, porém, a partir de Tyler que o termo "avaliação da aprendizagem" é cunhado e se expande pelo mundo educacional. A metodologia proposta pelo autor era bastante simples, óbvia mesmo – como descreveremos a seguir –, mas os educadores, por estarem inseridos num mundo de crenças autoritárias e compulsivas no que concernia à prática educativa, não conseguiram facilmente enxergar o que ele via nem praticar o que ele propunha.

A tradição escolar, emergente desde o século XVI, com o nascimento da modernidade, sempre ensinou que um pouco de castigo é necessário para dar direção à criança. A educação, na escola ou fora dela, tradicionalmente teve um pano de fundo punitivo. A ameaça e o castigo foram recursos disponíveis para o educador "pôr os educandos nos eixos", como se dizia e ainda se diz. As tradições religiosas, especialmente a judaica, a católica e a protestante – só para citar as ocidentais –, nos seus diversos ramos, sempre tiveram a marca do castigo como recurso pelo qual a "divindade" controlava os seres humanos. Nossa sociedade e nossa prática educativa herdaram essa crença e esse modelo.

A sociedade ocidental moderna tem esse pano de fundo como seu modo de ser. Basta observar o cotidiano nosso, de pais e mães, para ver que, a todo instante, quando não conseguimos a anuência de nossos filhos a alguma coisa, nos servimos de alguma ameaça de castigo: "Se você não fizer isto agora..." (e acrescentamos a ameaça do que vai acontecer, a qual, usualmente, envolve uma limitação, um impedimento, um castigo...). Mas esse padrão de conduta está presente também no modo de ser de administradores de empreendimentos privados ou públicos em geral, assim como nos educacionais em especial. De modo semelhante está impregnado em todos nós.

Herdamos essa crença e ela se encontra incrustada em todos os nossos poros e em nossas entranhas. Wilhelm Reich, um psiquiatra alemão da primeira metade do século XX, diz que nós, educadores, temos a "compulsão de educar" e essa crença inconsciente nos conduz a forçar o educando a ser como desejamos que ele seja; para tanto, usamos o recurso do castigo, em suas mais amplas e variadas possibilidades, o qual, na escola, pode ir desde a simples ameaça verbal até algumas práticas restritivas ou mesmo punitivas; na vida social em geral, pode chegar aos mais requintados modos de tortura, como já sucedeu em várias partes do mundo e em variados momentos do tempo.

Como sinalizamos antes, a proposta de Tyler era quase óbvia. O aproveitamento não vem nem da ameaça nem do medo da reprovação, mas sim de uma orientação e/ou reorientação consistentes e constantes da aprendizagem, mediante adequados procedimentos de ensino. A proposta do "ensino por objetivos", elaborada por ele, era bem simples: com base em tarefas preestabelecidas, proceder ao ensino, servindo-se dos recursos necessários, e, no processo de ensinar e aprender, em dados momentos específicos, diagnosticar se a aprendizagem se dera ou não. Em caso positivo, prosseguia-se para nova tarefa ou novo patamar de ensino – novo conteúdo; em caso negativo, reorientava-se a aprendizagem do estudante, visto ser essencial sua efetiva aprendizagem.

Com esse modelo simples, Tyler indicava um caminho de superação da exclusão pela reprovação nos exames. Poder-se-á

## Primeira constatação: a escola pratica mais exames que avaliação

julgar que ele não propôs grande coisa, porém importa observar que abriu as portas para a compreensão e proposição do verdadeiro significado do ato de avaliar no contexto do ensino-aprendizagem. Em vez de aprovação/reprovação, ele propôs a construção da aprendizagem.

A partir daí, o conceito de avaliação da aprendizagem foi-se expandindo, na área da educação, tanto pelos Estados Unidos como por outras regiões do mundo. O movimento mais intenso em prol da avaliação em educação nos Estados Unidos, como em outros países do mundo, deu-se em torno dos anos 1960. A chegada ao nosso país do movimento da Tecnologia Educacional, no fim dos anos 1960 e início dos anos 1970, trouxe as preocupações com a avaliação da educação, em geral, e da aprendizagem, em particular. Foi quando eu também iniciei atuar nessa área de conhecimentos e ação.

Com base em convênios firmados entre o governo brasileiro e o governo norte-americano em proveito da educação no Brasil, denominado Convênio MEC-Usaid, chegaram aqui não só a literatura norte-americana sobre tecnologia educacional, mas também muitos profissionais para oferecer consultoria a órgãos educativos nacionais e para treinar educadores nessa área de práticas educacionais – "em expansão para os países em via de desenvolvimento", como se dizia na época.

É interessante observar que, em 1970, havia um manual de tecnologia educacional, elaborado na Tallahassee University, que se destinava aos denominados "países em desenvolvimento", cujo nome – *Manual de tecnologia educacional para os países em via de desenvolvimento* – fazia jus à sua destinação. Só pelo título já se pode perceber o modo pelo qual o colonialismo contemporâneo punha suas garras de fora. Porém não nos interessa, neste livro, entrar nessa discussão. Para o assunto que tratamos neste livro, importa ter consciência de que o tema da avaliação chegou a nosso país fortemente por meio do movimento da tecnologia educacional. No entanto, abordava-se pouco o tema da avaliação propriamente dito; o que estava em pauta era a eficiência do ensino, e a abordagem da avaliação vinculava-se à possibilidade de garantir essa eficiência, garantir o "custo-benefício", como se falava. A prática educativa deveria ter um controle experimental sobre os efeitos de sua ação, o que equivalia a uma prática de "medidas antes e depois" da intervenção junto a um grupo de educandos. Medidas "antes e depois" caracterizam o modelo experimental de investigação, proposto para verificar a mudança ("os ganhos", como se dizia) entre uma primeira medida do desempenho do educando, antes de uma intervenção qualquer, e uma segunda medida ao final da intervenção.

Desde então, vagarosamente, fomos incorporando, em nosso cotidiano escolar, a expressão "avaliação da aprendizagem", porém não fomos, ao mesmo tempo, modificando nossa prática. Na escola, passamos a utilizar a denominação "avaliação", mas não traduzimos esse termo em práticas diárias. As práticas escolares permaneceram predominantemente marcadas por atos de examinar, apesar de estes serem denominados de avaliação.

Em nossas escolas, atualmente, usamos termos tais como "sistema de avaliação", "instrumentos de avaliação", "práticas de avaliação", mas, de fato, diante de nossa prática cotidiana atual, os termos adequados ainda seriam "sistemas de exames", "instrumentos de exames", "práticas de exames". Isso mostra que ainda estamos mais vinculados ao modelo dos exames que ao da avaliação, pois nossa prática de acompanhamento dos educandos em sala de aula ainda tem por base a perspectiva da aprendizagem passada, da classificação, da seletividade, da prática pedagógica autoritária e, por isso, não dialógica.

## Primeira constatação: a escola pratica mais exames que avaliação

No decurso dos 40 anos que já nos separam dos anos 1970, muitos estudos, pesquisas, proposições e treinamentos foram realizados no País, porém ainda estamos aprisionados ao modelo dos exames escolares. Nesse espaço de tempo, temos processado mais compreensões novas que efetivas mudanças no cotidiano escolar. Os finais de bimestres ou trimestres, assim como de anos letivos, continuam sendo martirizantes para nossos educandos. Os comentários dos estudantes entre si e com familiares continuam sendo: "passei em todas", "fiquei em duas", "fiquei em todas", "vou para recuperação", "fui reprovado".

A compreensão e a mudança dos conceitos são importantes, porém significam muito pouco ante a necessidade da mudança de condutas. Compreender intelectualmente é ponto de partida para a mudança, porém permanecer só nessa compreensão é muito pouco para proceder às transformações necessárias. Importa compreender e, ao mesmo tempo, agir. A prática da avaliação da aprendizagem exige um conceitual novo, assim como recursos técnicos novos – entretanto, mais que tudo isso, exige uma atitude nova, um modo novo de ser: o modo de ser do educador que avalia.

Estamos engatinhando nessa compreensão e nessa prática educativa, mas cabe observar que, ainda que lentamente, estamos avançando e importa continuar.

O termo avaliação só veio a ser introduzido no contexto da legislação educacional brasileira, em nível nacional, no ano de 1996, com a nova Lei de Diretrizes e Bases da Educação. A Lei de 1972 ainda se expressava em termos de "aferição do aproveitamento escolar", e a Lei de Diretrizes e Bases da Educação Nacional de 1961 trabalhava com o conceito de "sistema de exames". As leis anteriores a essas duas, todas delimitavam as modalidades e as práticas dos exames, e não da avaliação.

## 2ª Parte

Há muito que fazer, não só em termos de estudos e pesquisas, mas sobretudo, conforme sinalizado anteriormente, no que se refere à mudança de atitude. Este é o campo necessário e, talvez, o mais difícil de ser atingido; por isso, carece de muita atenção e muitos cuidados. Necessita da nossa conversão como educadores, de nossa *metanoia*, como diziam os gregos, ou seja, da transformação do modo de pensar e agir. Não basta aprender e repetir novos conceitos; eles devem ser praticados.

Para esse trânsito da prática de examinar para a prática de avaliar na escola, precisamos do investimento de todos: políticos, pais, administradores da educação, professores, detentores dos meios de comunicação, animadores de programas, redatores de jornais e revistas, comunicólogos em geral. Necessitamos de uma campanha maciça e longa, para que autoridades, pais, educadores, estudantes compreendam que o importante na vida é saber e usar a sabedoria a favor da vida, da melhor forma possível. Ser aprovado é consequência e não ponto de partida.

Após ter trazido à consciência a confusão que temos feito, em nosso cotidiano, entre os atos de examinar e avaliar, como se fossem iguais, cabe perguntar: escolhemos continuar a confundir as duas práticas ou escolhemos investir na *aprendizagem* de praticar avaliação e os exames, cada um em seu lugar e com sua finalidade específica?

# Segunda constatação: razões da resistência a transitar do ato de examinar para o de avaliar

*No rastro do capítulo anterior, no qual constatamos que, em nossas escolas, hoje, na sua quase totalidade, há o predomínio da prática de exames, denominada equivocadamente de avaliação, prosseguimos neste dando mais um passo na tomada de consciência dos impasses com os quais nos confrontamos – no caso, a resistência, em nosso meio profissional, a transitar dos exames para a avaliação. Trazer para a consciência uma conduta repetitiva é ponto de partida para o movimento de transformação.*

O tema da avaliação da aprendizagem, como prática diversa dos exames, vem sendo abordado desde 1930 nos Estados Unidos, tendo como ponto de partida as compreensões teóricas e proposições de Ralph Tyler, e, no Brasil, desde o início dos anos 1970, há 40 anos, com a chegada dos primeiros sinais da tecnologia educacional.

Para a dimensão do tempo histórico, não são muitos esses anos, mas, em relação à vida de cada um de nós, são significativos.

# 2ª Parte

Sociologicamente, podemos dizer que já abrangem cinco gerações, se tomarmos como parâmetro a compreensão de que a cada 15 anos se inicia uma geração nova. E ainda estamos no seio do impasse sobre o uso da avaliação da aprendizagem em nossas escolas, tal como começamos a constatar no capítulo anterior.

O que dificulta a assunção de uma verdadeira prática de avaliação da aprendizagem em nossas escolas? Que fatores atuam para que o trânsito do ato de examinar para o ato de avaliar na escola se faça tão lentamente?

Neste capítulo, abordamos a questão das resistências às mudanças relativas à avaliação da aprendizagem no Brasil, porém sabemos que esse não é um fenômeno somente nosso, mas mundial. A literatura internacional sobre o tema revela que, em outros países, as questões que envolvem as práticas da avaliação na escola se assemelham àquelas com as quais nos confrontamos em nosso cotidiano. Como veremos mais à frente, neste mesmo capítulo, o modelo de examinar a aprendizagem na escola que conhecemos hoje foi sistematizado nos séculos XVI e XVII, expandindo-se pelo mundo conhecido na época por meio das pedagogias jesuítica (católica) e comeniana (protestante), representantes das duas poderosas correntes religiosas presentes no Ocidente desde o nascimento da modernidade.

> Cf., por exemplo, PERRENOUD, Philipe. *Avaliação:* da excelência à regulação das aprendizagens entre duas lógicas. Porto Alegre: Artes Médicas, 1999; AFONSO, Almerindo Janela. *Políticas educativas e avaliação educacional.* Braga: Universidade do Minho, 1999; GRÉGOIRE, Jacques e col. *Avaliando as aprendizagens*: os aportes da psicologia cognitiva. Porto Alegre: Artes Médicas, 2009; AFONSO, Almerindo Janela. *Avaliação educacional*: regulação e emancipação. 3. ed. São Paulo: Cortez, 2005; HADJI, Charles. *Avaliação desmistificada*. Porto Alegre: Artes Médicas, 2001.

## Segunda constatação: razões da resistência a transitar

A *compreensão teórica* da avaliação da aprendizagem escolar, no Brasil, tem-se ampliado bastante; os discursos pedagógicos, sejam eles de autores especializados ou de educadores em seu cotidiano escolar, são cada vez mais alvissareiros nesse sentido, o que é qualitativamente positivo. Entretanto, no *cotidiano* da sala de aula e dos sistemas escolares de ensino, observamos ainda resistências a uma mudança efetiva nessa prática. Resistências na maior parte das vezes inconscientes, pois nossos educadores acatam os novos conceitos, porém não os traduzem em práticas diárias na sala de aula.

A prática no cotidiano escolar permanece centrada nas formas tradicionais de conceber e conduzir a ação pedagógica e o sistema de ensino configuradas ao longo dos anos da modernidade, do século XVI ao presente.

As inovações pedagógicas trazidas pela *Escola Nova* (Maria Montessori, John Dewey, Alfredo Ferrière, Anísio Teixeira, Lourenço Filho e outros), pela *tecnopedagogia* (pedagogia centrada nos recursos técnicos, tendo como centro a psicologia comportamental), pelas *diversas versões progressivas* (pedagogias emergentes do materialismo dialético) e *emancipatórias* (pedagogias emergentes do pensamento de Paulo Freire, Célestin Freinet...) não conseguiram, ainda, modificar a conduta dos educadores no que se refere a essa prática pedagógica da avaliação no cotidiano escolar. Continuamos mais a examinar do que avaliar.

---

Não só no Brasil a prática da avaliação vem resistindo a mudanças. B. F. Skinner, no seu livro *Tecnologia do ensino*, cujo original é de 1963, aponta resistência parecida nos Estados Unidos.

## 2ª Parte

O professor José Carlos Libâneo, em sua dissertação de mestrado, defendida no ano de 1984 na PUC de São Paulo e intitulada *A prática pedagógica de professores da escola pública*, analisando depoimentos de professores bem-sucedidos em suas atividades pedagógicas e tomando como variáveis a filosofia da educação, a teoria pedagógica e as práticas didáticas, conseguiu classificá-los em "tradicionais", "renovados" e "tecnicistas".

Os "tradicionais" foram caracterizados como os comprometidos com os princípios e práticas das pedagogias liberais conservadoras; os "renovados" como aqueles cujos ideários pedagógicos estavam articulados, sobretudo, com os teóricos da denominada Escola Nova; os "tecnicistas" como os alinhados com os ideários e as práticas pedagógicas emergentes da tecnologia educacional. No que se refere à avaliação da aprendizagem, sua conclusão foi que todos os educadores que serviram de informantes para sua pesquisa estavam mais articulados com a pedagogia tradicional, visto que seus depoimentos a respeito de sua prática avaliativa não permitiam classificá-los nas outras categorias anteriormente indicadas. Eles podiam, sim, ser diferenciados nas três categorias, tendo por base os seus depoimentos sobre os "objetivos" e a "metodologia do ensino", assim como sobre os "conteúdos escolares"; porém, quanto à avaliação, mostraram-se todos aprisionados nos modos tradicionais de agir.

Cf. LIBÂNEO, José Carlos. *A prática pedagógica de professores da escola pública*. 1984. Dissertação de mestrado – Pontifícia Universidade Católica, São Paulo. Cf. também, do mesmo autor, *Democratização da escola pública*: a pedagogia crítico-social dos conteúdos (São Paulo, Ed. Loyola, 1985).

## Segunda constatação: razões da resistência a transitar

Nas palavras do referido professor:

> *Sabe-se que a avaliação é um dos aspectos da prática escolar que resistiu às inovações metodológicas introduzidas, quer pela escola nova, através da psicologia, quer pela pedagogia tecnicista, através do movimento em torno dos testes. Os depoimentos [dos professores, coletados no decorrer da pesquisa] vêm confirmar este fato, não havendo, inclusive, diferenciação significativa no posicionamento das tendências nas quais os professores foram classificados.*

*A prática pedagógica de professores da escola pública*. 1984. Dissertação de mestrado – PUC, São Paulo. p. 175.

Encontramos observação semelhante no estudo feito pela professora Sandra Maria Zákia Lian Sousa, em sua dissertação de mestrado intitulada *Avaliação da aprendizagem na escola de 1º grau*: legislação, teoria e prática, resultante de pesquisa desenvolvida junto a professores de escola de primeiro grau, hoje ensino fundamental, em que deixa claro que nossa prática de avaliação da aprendizagem na escola está vinculada à nota, com sua consequente função classificatória. Essas são características próprias da pedagogia tradicional, seja ela configurada em livros de pedagogia ou na própria prática histórica do ensino escolar. Diz a autora que, entre professores e estudantes participantes de sua pesquisa,

*Avaliação da aprendizagem na escola de 1º grau*: legislação, teoria e prática. 1986. Dissertação de mestrado – Pontifícia Universidade Católica, São Paulo. v. 1, p. 195.

> *a avaliação chega a ser confundida com os momentos de atribuição de conceitos e os alunos não se sentem compromissados com a aquisição de determinados conhecimentos, mas, antes, com a conquista de determinados conceitos. [Os estudantes] chegam até a não ver sentido em ir à escola quando já atingiram o conceito necessário para aprovação.*

Mais à frente, em seu relatório de pesquisa, a autora revela-nos que, dos depoimentos obtidos junto aos professores e estudantes, se percebe o seguinte:

> *a finalidade classificatória [como prática do acompanhamento da aprendizagem na escola] se sobrepõe à de análise, reformulação ou redirecionamento do trabalho desenvolvido. Portanto, a avaliação não tem se constituído em meio de se identificarem causas de sucesso ou fracasso do processo pedagógico para subsidiar a definição de diretrizes e procedimentos de trabalho, mas tem servido, essencialmente, para julgar e classificar os alunos.*

*Avaliação da aprendizagem na escola de 1º grau*: legislação, teoria e prática. 1986. Dissertação de mestrado – PUC, São Paulo. v. 1, p. 196.

Os depoimentos dos dois pesquisadores supracitados são de meados da década de 1980 do século passado, porém continuam válidos mais de 20 anos depois. Para confirmar essa afirmativa, basta cada um de nós retomar a história pessoal como estudante em processo de formação ou a prática cotidiana já como educador escolar. Tendo por base a abordagem do capítulo anterior, facilmente identificaremos, de forma compreensiva, nossas experiências no passado. Como estudantes, certamente fomos mais examinados que avaliados e, como educadores, será comum entre nós termos iniciado nossas atividades docentes mais como examinadores que como avaliadores, se é que ainda não permanecemos nessa mesma postura. Nessas duas experiências, usualmente a balança pende para o lado dos exames.

## Segunda constatação: razões da resistência a transitar

O que é que nos faz – apesar de estudarmos e compreendermos as diferenças fundamentais entre os atos de examinar e avaliar e dispormo-nos a trabalhar com os recursos da avaliação – continuar atuando mais como examinadores que como avaliadores? A nosso ver, existem quatro fatores explicativos que podem ajudar-nos a compreender os entraves à mudança de nosso modo de agir na avaliação da aprendizagem. Eles dão-se no conjunto de um complexo de relações histórico-sociais, situadas na modernidade e na contemporaneidade, assim como remontam a eventos da história de vida de cada um de nós. Vamos apresentar esses fatores didaticamente, uma a um, com a consciência de que nenhum deles, por si e sozinho, permite uma compreensão adequada dessa resistência. Importa olhar para eles como um todo, como as "múltiplas determinações" de nossas resistências à mudança em nossas condutas relativas à avaliação da aprendizagem.

Para a exposição, seguimos um caminho que vai do psicológico ao microssocial e daí ao macrossocial, estando cientes de que esses fatores formam um todo dialeticamente constituído na forja das contradições histórico-sociais.

## 1. Replicação de condutas pedagógicas decorrentes do abuso dos exames em nossa vida

Em nossos atos de acompanhamento da aprendizagem de nossos educandos na escola, replicamos com equivalente intensidade o que aconteceu conosco em nossos anos de escolaridade. Fomos excessivamente examinados, então, replicando essa conduta, examinamos. Temos dificuldades em abrir mão de nossas práticas examinativas tendo em vista transitar para as de avaliação em razão dos sucessivos traumas a que fomos submetidos em nossa vida escolar. Se não fomos traumatizados, ao menos fomos abusados pelas sucessivas experiências de sermos examinados. Em nossa experiência escolar, não tivemos oportunidade de aprender outra forma de acompanhar a aprendizagem dos educandos que não fossem os exames escolares, pois a eles fomos submetidos durante os anos sucessivos de nossa escolaridade. Se não fomos traumatizados, acostumamo-nos a esse modo de agir como se fosse o único. Hoje, como educadores, no momento da necessidade, repetimos a solução que fora praticada conosco.

Teórica e praticamente, sabemos que as práticas vivenciadas são muito mais fortes – como condicionantes de nosso modo de agir cotidiano e habitual – que as compreensões conceituais que vamos adquirindo. Atualmente sabemos que o fator emocional comanda mais nossa vida que o fator cognitivo. Os neurocientistas, hoje, não se cansam de repetir o entendimento de que as memórias de experiências emocionalmente carregadas estão fixadas nos meandros do nosso cérebro, sede dos comandos de todas as nossas ações. E, de lá, elas atuam automaticamente.

Muitas vezes compreendemos novos conceitos e discursamos sobre eles, mas nossa prática permanece atrelada a um modo comum, antigo e insatisfatório de agir, pois que, em grande parte de nossos dias de vida, somos guiados pela atuação do nosso inconsciente. Mudar hábitos é uma das condutas mais difíceis em nossa vida, uma vez que estão vinculados a crenças incrustadas profundamente em nosso inconsciente como resultado de anos

## Segunda constatação: razões da resistência a transitar

e anos de vida num contexto a elas favorável. Há, ademais, as situações traumáticas e os abusos por nós vivenciados, os quais se fixaram em nossa psique como fragmentos congelados e desse lugar nos comandam automaticamente.

Em nosso passado biográfico, como estudantes, fomos abusados por meio dos repetidos atos examinativos. Para responder às provas, sob o temor da reprovação, assistimos a aulas que não nos interessavam, lemos livros didáticos nem sempre compreensíveis, dedicamos nossos dias livres ao estudo, atravessamos a vida escolar ouvindo nossos professores dizer-nos que era necessário estudar, já que as provas seriam "para valer", e vendo nossos pais e mães lembrar-nos a necessidade de obter "notas altas". E, para coroar essa trajetória, as provas do vestibular e, a seguir, todas as provas do ensino superior. Por todas as células perceptivas do nosso corpo, como também por meio de nossos ouvidos, chegavam mensagens responsabilizando-nos por nossos atos de estudo. Vivíamos ameaçados pelas notas baixas e pela possibilidade de castigos. A espada de dois gumes da reprovação estava sempre a ameaçar-nos, e, para defender-nos dela, estudávamos nem sempre pelo prazer do conhecimento, mas sempre pelo medo de sermos desqualificados e excluídos pela reprovação.

Em nosso trânsito pela escolaridade nos níveis fundamental, médio e superior, passamos

---

Pertencemos a um contexto histórico-social e psicológico e dele herdamos muitas crenças e modos de agir. Aprendemos a agir como todos os outros, sob pena de, sendo diferentes, perdermos a nossa condição de "pertencentes ao grupo". Por isso é difícil mudar nossas condutas. Se o fizermos, estaremos ameaçados de não pertencer à "patota", algo muito ameaçador para nossa segurança dentro do grupo.

Os traumas e abusos psicológicos alojam-se em nosso inconsciente como fragmentos congelados, que atuam automaticamente. Após um trauma ou um abuso (com condutas repetidas ou não), em geral passamos a vida esperando, de modo inconsciente, que a situação se repita e assim procuramos defender-nos disso, atuando de alguma forma contra tal possibilidade. É uma atuação regida emocionalmente pelo inconsciente – o que a faz permanente, automática e habitual.

## 2ª Parte

por múltiplas situações de exame, por vezes ameaçadoras, outras vezes estressantes, outras vezes, ainda, injustas. No mínimo, em cada bimestre letivo, em cada uma das disciplinas do currículo, passamos por um teste, uma prova e mais algumas atividades, chamadas de arguição, "teste relâmpago", "teste-surpresa", etc. Tendo presente essa descritiva, supondo que, em determinado ano letivo, tivéssemos oito disciplinas, então, no mínimo, a cada bimestre teríamos sido submetidos a 16 provas oficiais (oito testes e oito provas), acrescidas de outras pequenas tarefas para nota, tais como os famosos "testes relâmpago" ou os não menos famosos "testes-surpresa". Se multiplicarmos esse total por quatro, o número de bimestres do ano letivo, teremos minimamente 64 exames oficiais, podendo essa quantidade ser maior em decorrência das "tarefas para nota".

Afinal, foram muitas as ocasiões em que o poder ameaçador dos exames nos congelou. Agora, educadores, automaticamente respondemos às demandas da prática pedagógica com a mesma conduta.

Formados, tornamo-nos professores e, então, nem mesmo nos perguntamos sobre outras possibilidades de agir. O modo dos exames vem à nossa frente como a única solução e, então automaticamente, repetimos os mecanismos aos quais fomos submetidos. Fomos examinados e, agora, examinamos; fomos submetidos a situações de estresse com as provas e, agora, submetemos nossos estudantes às mesmas situações; fomos julgados com rigidez excessiva e, agora, julgamos com rigidez; respondemos a provas inadequadas e, agora, aplicamos provas inadequadas; fomos pegos de surpresa por questões sem importância e, hoje, surpreendemos nossos educandos com questões secundárias; fomos ameaçados disciplinarmente com as provas e, agora, profissionais da educação, ameaçamos nossos estudantes com o

## Segunda constatação: razões da resistência a transitar

mesmo expediente; fomos submetidos ao poder do educador, pelo fato de ele ter nas mãos o poder de aprovar-nos ou reprovar-nos e, hoje, submetemos nossos estudantes em vista de termos nas mãos o poder de aprovar ou reprovar... Ou seja, replicamos o que aconteceu conosco. De forma automática, os recursos examinativos estão mais à mão do que as novas compreensões sobre os modos avaliativos de acompanhar os educandos em sua trajetória de aprendizagem.

Em suma, a prática dos exames funciona automaticamente em nossa vida, seja em consequência de hábitos arraigados, da dor do trauma ou de abusos como os mencionados anteriormente. Contudo, a prática da avaliação da aprendizagem, que não pertence ainda aos nossos hábitos cotidianos, exige atenção consciente e constante no nosso dia a dia pedagógico e por isso é mais difícil de ser assumida, o que a faz ser menos vigente em nossas escolas. A conduta mais fácil, direta e automática é replicar, com os nossos estudantes, o que ocorreu conosco.

Toda vez que, na escola, precisamos praticar "avaliação" (conceito, em geral, traduzido, em nossa cultura cotidiana, como "exames"), de imediato admitimos saber como lidar com ela, pois conhecemos habitualmente todo o ritual, que se apresenta mais ou menos como se segue:

---

É interessante observar nos textos escritos, assim como em falas de educadores, a atribuição à avaliação da aprendizagem de características pertencentes aos exames. Por exemplo, é comum encontrar expressões como "avaliação tradicional", "avaliação classificatória", "avaliação excludente"... Em vista de uma compreensão teórica consistente, esses termos não deveriam ser utilizados, visto denotarem equívocos e, por vezes, negação do que se afirma. Não existe uma "avaliação tradicional", existem os exames (tradicionais); não existe avaliação classificatória, dado que a avaliação, por si, é diagnóstica; da mesma forma, não existe "avaliação excludente", pois ela, por si, é inclusiva e construtiva. Estamos aprisionados aos exames de tal forma, que nem mesmo conseguimos perceber as nuanças expressivas de nossa linguagem.

1) após certo período de aulas, elaborar um questionário (denominado de prova), um teste ou outro instrumento qualquer de coleta de dados sobre o desempenho do educando;
2) usar esse instrumento junto aos estudantes mediante um ritual sempre idêntico (todos sentados, distantes uns dos outros para não "colarem", distribuição do instrumento a ser respondido, fiscalização dos educandos para evitar a "cola", recolhimento dos instrumentos respondidos...);
3) corrigir as respostas de cada estudante e dar uma nota classificatória a cada um;
4) devolver os instrumentos corrigidos, ouvir as reclamações do estudantes e dar-lhes explicações;
5) por último, registrar os resultados em caderneta. Com certeza todos têm o senso desse ritual, mesmo os que não são professores.

Conversando sobre avaliação da aprendizagem na escola numa roda de amigos, é fácil perceber como todos têm esse velho e desgastado roteiro na cabeça. Esse ritual tem sido sempre igual por centenas de anos. Ao ouvirmos a expressão "avaliação na escola", automaticamente o quadro desse ritual se projeta em nossa mente. A mudança da denominação de "exame" para "avaliação" – apesar de serem fenômenos distintos – não tem tocado nossa compreensão de educadores, pois, por hábito e inconscientemente, continuamos a considerar as práticas avaliativas como iguais às práticas examinativas, às quais nos submetemos quando estudantes; contudo, elas são diferentes e podem até mesmo ser opostas, em conformidade com o que estudamos no capítulo anterior.

Para nós, educadores, esse ritual não é só um velho e desgastado roteiro de um filme conhecido e reconhecido, mas sim um modo diuturno de agir em nosso exercício profissional cotidiano.

## Segunda constatação: razões da resistência a transitar

Não nos questionamos se semelhante prática necessita de alguma mudança. E, quando nos questionamos e assumimos novos conceitos, na prática continuamos a agir como sempre, não conseguimos agir de modo diferente e adequado à compreensão do que seja a avaliação da aprendizagem.

Caímos sempre nesse modo repetitivo de ser. Por vezes, até tentamos mudar, mas as dificuldades parecem ser tantas, que chegamos à conclusão de que o melhor modo de praticar os atos de acompanhamento da aprendizagem dos nossos estudantes continua sendo a velha prova, com todos os requisitos e requintes dos exames. Então, dizemos a nós mesmos: "Não há como mudar; é impossível." Colocamos um empecilho para o novo e, então, seguimos automaticamente nosso velho ritual.

Pôr empecilhos para a adoção de novo tipo de conduta retira a força da nova possibilidade. Usualmente, manifestamos a compreensão de que seria mais significativo pedagogicamente atuar com avaliação, no entanto, toda vez que tentamos essa possibilidade e nos deparamos com alguma dificuldade, colocamos um "mas...." O "mas", o "porém", o "contudo", por serem expressões disjuntivas, sempre trazem restrições a alguma coisa, o que suprime a força das novas possibilidades no que se refere a assumir condutas novas na vida e no dia a dia. Esse modo de pensar e expressar disjuntivamente nos impacta e nos faz recuar da arena das novas possibilidades.

Em síntese, a mais imediata e próxima razão da resistência à mudança, no que concerne ao ato pedagógico de acompanhar a aprendizagem do educando, encontra-se incrustada no âmago mesmo de nossa personalidade em decorrência dos eventos constitutivos de nossa vida. Como agiram conosco, agimos; como fomos formados, formamos. São modos de agir impregnados em nosso corpo e em nossa personalidade. Eles fazem-nos resistir psicologicamente à mudança.

## 2. Relações microssociais de disciplinamento e poder

À primeira razão – de ordem psicológica – de nossas dificuldades para efetuar a mudança da prática de examinar para a prática de avaliar, soma-se a segunda, um pouco mais abrangente, que tem a ver com o fato de os atos de acompanhamento da aprendizagem dos educandos darem-se num espaço microssocial específico – a escola –, que, na linguagem de Michel Foucault, redunda num micropoder.

A escola é um espaço microssocial, organizado por relações hierarquizadas de poder, reproduzindo o modelo social no qual se insere.

Entre os mediadores do modelo de relações de poder dentro da escola, os exames escolares ocupam um lugar especial. Os atos examinativos que, em princípio, são pedagógicos, têm embutidos em si expressões autoritárias de poder praticadas na vida cotidiana da escola.

Nosso modo pessoal de ser em relação ao acompanhamento da aprendizagem dos educandos, adquirido mais por experiência vivencial que por elaborações conceituais, insere-se no contexto microssocial da escola, onde a experiência dos exames se dão no conjunto das relações que ocorrem nesse espaço. A prática dos exames deposita nas mãos do educador um recurso de poder do qual é difícil abrir mão; daí o motivo desse ser um dos fatores que atuam na constituição de nossa dificuldade em transitar para práticas avaliativas. Fazer essa passagem implica assumir nova configuração nas relações de poder na prática pedagógica em sala de aula, e isso não se efetiva como um processo simples, linear e fácil.

## Segunda constatação: razões da resistência a transitar

No contexto das relações sociais no interior da instituição escolar – portanto, no nível microssocial –, os atos de verificação e acompanhamento da aprendizagem, através dos exames têm sido utilizados para disciplinar o estudante, controlando-o e obrigando-o a assumir atitudes das quais ainda não está convencido ou que ainda não é capaz de assumir; além do que, submetem o estudante à autoridade do educador, que, por sua vez, representa o modelo social de autoridade, tanto no nível micro quanto macrossocial.

> O educador, oficialmente, é colocado num lugar de suposto poder. Tanto de modo institucional como pessoal essa postura não é questionada. Ela é assumida como dada e adequada, ou seja, uma relação de poder que está institucionalizada: é assim e não há outra possibilidade de ser.

Em vez de haver um consenso, mediante o diálogo, predominam a ameaça e o castigo. Nesse caso, o acompanhamento da aprendizagem em nossas escolas, por meio dos exames, ainda que tenha algum papel relacionado com a própria aprendizagem, desempenha outro, muito mais acentuado: o disciplinamento externo e, muitas vezes, aversivo dos educandos pela imposição da autoridade pedagógica reproduzindo, no espaço microssocial da escola, o modelo autoritário da sociedade.

Sobre esse papel mais disciplinador e menos pedagógico dos usos das práticas de acompanhamento da aprendizagem na escola, que apresentam mais o caráter de exame que de avaliação, a professora Sandra Zákia, no relato da pesquisa anteriormente citada neste capítulo, chega à seguinte conclusão:

## 2ª Parte

Em nossa escrita, não utilizamos o termo "aluno" para designar estudantes ou educandos. Todavia, nas transcrições de textos de outros autores, esse termo permanece na forma como foi grafado.

SOUSA, Sandra Maria Zákia Lian. *Avaliação da aprendizagem na escola de 1º grau*: legislação, teoria e prática. 1986. Dissertação de mestrado – PUC, São Paulo. v. 1, p. 197.

Em *Vigiar e punir* (Petrópolis, Ed. Vozes), Michel Foucault demonstra como, ao longo dos séculos XVII, XVIII e XIX, as penas judiciais, que castigavam o corpo e suprimiam a vida, foram sendo substituídas por penas não corporais. Talvez o autor pudesse ter dito melhor se afirmasse que as penas corporais explícitas foram substituídas por penas corporais não explícitas, dado que as penas ditas psicológicas têm efeitos diretos sobre o corpo. Nisso a escola se tornou especialista. Sobre este ponto, é interessante sobretudo ver a terceira parte do livro de Foucault, em que ele estuda a disciplina na escola. Hoje sabemos, pelas investigações da neurociência, que o cérebro é o centro de comando de todas as nossas ações e é nele, em suas sinapses e algoritmos, que permanecem gravadas nossas memórias emocionais e cognitivas. Essa compreensão significa que, em última instância, todas as nossas experiências são corporais.

*Se, por um lado, o ritual é improdutivo quando se considera o papel da avaliação como meio de promover o aprimoramento do processo pedagógico, [por outro], é produtivo e eficiente enquanto meio de controlar e adaptar as condutas sociais dos alunos. (...) Sob a pretensão de se conseguir um clima favorável para a aprendizagem, trabalha-se com o aluno na direção da submissão e adequação a padrões e normas comportamentais, estabelecidos no interior da escola. A palavra do professor não aceita discussão, o "bom aluno" é o aluno submisso – e, deste modo, o prepara para a passividade e para a dependência. (...) A desobediência do aluno é punida por meio de baixos conceitos, o que pode levá-lo à reprovação e até ao convencimento de que é incapaz de se adaptar na escola.*

Desse modo, parece claro que os atos examinativos, em nossa prática pedagógica escolar, têm tido papel importante na administração do poder no espaço microssocial da relação pedagógica no interior da escola. É a própria sociedade, nesse contexto, que, por intermédio do sistema de ensino e, mais especificamente, do educador, administra o poder sobre os estudantes, a fim de disciplinar suas condutas, bem como seus corpos e almas, como lembra Michel Foucault em seu livro *Vigiar e punir*.

Os controles aversivos mediante castigo corporal, praticados no passado – também na escola –, foram cedendo lugar ao disciplinamento por meios psicológicos e sociais, que, por sua vez, também têm consequências sobre o corpo. Nessa perspectiva, os atos examinativos passaram a ocupar um lugar especial de "castigo" no seio da escola.

Em seu livro *Tecnologia do ensino*, criticando os reforçadores aversivos da escola tradicional, B. F. Skinner, famoso pesquisador da psicologia comportamental nos Estados Unidos, configura com clareza e precisão a passagem dos castigos corporais para os não corporais, permanecendo intacta a sua qualidade disciplinadora aversiva. Diz ele nesse livro:

> *A brutalidade da punição corporal e a consequente grosseria, que é gerada tanto em professores como em alunos, levou, naturalmente, às reformas. As reformas significaram pouco mais do que mudar para medidas não corporais, das quais a educação pode jactar-se de uma lista espantosa. O ridículo (hoje quase sempre verbalizado, mas antes simbolizado pelas orelhas de burro ou pelo ficar de pé no canto), as descomposturas, os sarcasmos, as críticas, o encarceramento ("ficar depois da aula"), "cópias" ou tarefas extras, a perda de privilégios, os trabalhos forçados, o ostracismo, ser posto em gelo, e multas – são alguns dos artifícios que têm permitido ao professor poupar o bastão sem estragar a criança. Sob certos aspectos são recursos menos condenáveis do que a punição corporal, mas o padrão permanece: o estudante passa a maior parte do seu dia fazendo coisas para as quais não se sente inclinado. A educação é compulsória em mais de um sentido.*

SKINNER, B. F. *Tecnologia do ensino*. São Paulo: EPU, 1972. p. 92.

As práticas dos exames, sob a aparência de avaliar a aprendizagem, escondem sua fachada

## 2ª Parte

> Sobre como se constituem as couraças musculares, que sustentam nossa vida emocional de um modo neurótico, vale a pena cf. REICH, Wilhelm. *A função do orgasmo*. São Paulo: Brasiliense, 1981. Cf. também KELEMAN, Stanley. *Anatomia emocional*. São Paulo: Summus, 1992. Para ver como os traumas e abusos infantis atuam na vida adulta, cf. o belíssimo e cientificamente bem construído filme *Duas vidas* (direção de Jon Turteltaub).

de castigo, que não é corporal só de modo aparente, mas também de fato, à medida que aprisionam o educando por meio dos processos emocionais, que, em última instância, se dão no corpo. Efetivamente, as consequências das ameaças manifestam-se e fixam-se no corpo: postura ansiosa, dificuldade de respirar, postura física de defesa, suor frio nas mãos e nas axilas, distúrbios neurovegetativos, crises de choro, raiva... são manifestações visíveis de sequelas corporais decorrentes de castigos não corporais. O medo de possíveis consequências negativas ("ficar marcado pelo professor ou pela professora") faz que crianças, jovens e adultos na condição de estudantes se submetam a práticas escolares das quais discordam. O que eles, os estudantes, não sabem é que os efeitos dessa submissão emergirão posteriormente, sob a forma de um padrão automático de condutas repetitivas, como uma couraça rígida, que os envolverá e os conterá de modo habitual, ao longo da vida.

> Sobre o "senso comum pedagógico", cf. em meu livro *Filosofia da educação* (São Paulo, Ed. Cortez, 1990) o capítulo 5, intitulado: "Filosofia do cotidiano escolar: por um diagnóstico do senso comum" (p. 93-108). Sobre a "pedagogia do exame", cf. o capítulo 1 do meu livro *Avaliação da aprendizagem escolar* (São Paulo, Ed. Cortez, 1996), intitulado: "Avaliação da aprendizagem escolar: apontamentos sobre a pedagogia do exame" (p. 17-26).

Falando de forma genérica (pois existem exceções), quase todos os atos pedagógicos escolares centram-se nos atos examinativos. A pedagogia que mais funciona em nossa escola, a "pedagogia do exame", está presente no cotidiano escolar mais que qualquer outra. A grande maioria dos atos didáticos de ensino e aprendizagem gira em torno dos exames, executados mediante as provas: os professores ensinam e exigem que os educandos estudem para as provas (exames) – mais que isso, os ameaçam; os estudantes, por seu turno, na maior parte das vezes, estudam sob a ameaça das provas ou de possíveis reprovações, o que significa a mesma coisa; os pais cobram dos filhos que se preparem para as mesmas provas. Há uma cultura generalizada de que a aprendizagem ocorre mediante a pressão exercida pela ameaça das provas/exames sobre os educandos.

Em minhas conferências sobre avaliação da aprendizagem, tenho ouvido em diversos lugares deste país uma pergunta que assola a consciência de muitos educadores: "Como vou conseguir que meus educandos estudem sem essa pressão?" Tal pergunta revela o entendimento arraigado em nós e em nossa escola de que a única forma de conseguir que os educandos estudem é o uso do poder do educador através das provas.

Com essa atitude, em vez de a prática pedagógica estar centrada nas relações de ensino e aprendizagem, centra-se nos procedimentos examinativos, uma vez que estes oferecem, de forma subjacente ao ato pedagógico, possibilidades de exercício da autoridade e do controle disciplinar. Ou seja, no espaço institucional escolar, o exame tem "um lugar especial de administração do poder" na relação pedagógica. Mais do que um instrumento de construção da experiência pedagógica, ele tem sido, e o é ainda, instrumento de controle externo e disciplinador do educando.

Afinal, em nossa prática pedagógica, resistimos a transitar do ato de examinar para o de avaliar pelo fato de os exames, no espaço microssocial da escola, garantirem um recurso muito especial de administração do poder na relação que mantemos com nossos educandos. "Eles têm de agir como nós os ensinamos; do nosso jeito", dizem os educadores a respeito dos seus educandos, o que é repetido, aqui e acolá, por muitos outros profissionais da educação formal e informal.

Certamente que os educadores não agem dessa forma por terem decidido conscientemente agir desse modo. Agem assim movidos por um modo habitual e inconsciente impregnado ao longo da vida.

Abrir mão desse lugar de poder aversivo para assumir um lugar de verdadeira autoridade – do adulto que lidera o processo educativo – é trabalhoso, pois implica mudar crenças arraigadas, assim como atitudes comumente assentadas em nosso cotidiano. Assumir esse lugar implicaria romper com o modelo de personalidade social vigente; o que não é simples nem fácil.

O exercício do poder autoritário no espaço microssocial da instituição escolar é o segundo fator que sustenta a resistência ao trânsito do ato de examinar para o de avaliar. Atuar com avaliação implica abrir mão do poder exercido de forma autoritária para o exercício do poder como autoridade pedagógica.

O ato de examinar, no espaço microssocial da escola, oferece condições para o exercício autoritário do poder, ao tempo em que esconde esse fato, dando-lhe uma aparência exclusivamente pedagógica. E isso confunde o educador em suas atividades cotidianas.

## 3. Heranças históricas da prática de acompanhamento da aprendizagem do estudante

A terceira razão de nossa resistência à mudança nas práticas de acompanhamento da aprendizagem na escola está comprometida com acontecimentos da história da educação, o que quer dizer, com as cicatrizes deixadas pelos enventos históricos da educação. Somos herdeiros de sistematizações e prescrições do nosso passado escolar, as quais deixaram marcas indeléveis em nosso modo de pensar e agir. No que se refere aos exames escolares, somos herdeiros de proposições e prescrições dos séculos XVI e XVII, que atravessaram os séculos seguintes e chegaram até nós.

A prática educativa atualmente predominante em nossas escolas traz as marcas da pedagogia denominada tradicional, sistematizada sobretudo no decurso do século XVI e início do século XVII. Esse período é um marco para a educação escolar que se processa na modernidade e na contemporaneidade. A prática educativa escolar que conhecemos hoje é diversa da prática educativa escolar anterior àquele período.

Até o final da Idade Média, com prolongamento nos inícios da modernidade, a prática educativa institucionalizada dava-se no contexto da relação entre um educador e um ou poucos educandos. Era uma relação entre mestre e aprendizes. A chamada escola simultânea, onde um ensina e muitos aprendem ao mesmo tempo, é um fenômeno da modernidade.

As propostas pedagógicas jesuítica (visão católica) e comeniana (visão protestante), sistematizadas no decorrer do século XVI e início do XVII, sintetizam as formulações teórico-práticas da educação para o período e já incluem a prática do ensino simultâneo, que definimos mais à frente. A prática de exames, que conhecemos hoje em nossas escolas, foi sistematizada nesse período.

Na verdade, os exames surgiram muito antes, embora, no geral, se destinassem a selecionar sujeitos para tipos variados de atividades, tais como o exército e os serviços públicos. No sistema de ensino, contudo, como conhecemos hoje, foram sistematizados nesse período histórico. A educação institucionalizada em larga escala só veio com a modernidade, em vista das necessidades apresentadas pela sociedade burguesa emergente.

## 2ª Parte

> Marx diz que nenhuma teoria vai à prática sem que ocorram múltiplas mediações; ou seja, a teoria não se realiza sem que passos sejam dados para que se efetive. Os resultados na vida cotidiana, sejam eles decorrentes da riqueza material ou espiritual, dependem de ações mediadoras que os construam. No caso, a sociedade burguesa estabeleceu (e estabelece ainda) suas mediações para que possa existir e realizar-se concretamente. A educação é uma delas.

> Em *Ideologia e aparelhos ideológicos do Estado*, Louis Althusser demonstra como o Estado, na sociedade burguesa, se serve das mediações da educação, entre outras, para reproduzir-se social e historicamente.

Os exames escritos e orais, no caso, apresentaram-se como uma solução para o acompanhamento de muitos estudantes ao mesmo tempo.

Todos os modelos de sociedade, para se estabelecerem, necessitam de mediações. A sociedade burguesa, nesse contexto, também sistematizou as suas. Uma delas foi a educação, seja ela familiar, religiosa ou escolar. E interessa-nos diretamente a educação escolar, que se sistematizou nos inícios da modernidade, como veremos a seguir, tanto para atender às necessidades emergentes de formação dos cidadãos dos quais a sociedade carece como para constituir um recurso de controle social em substituição aos atos inquisitoriais. Os exames escolares, além de terem um papel pedagógico, atendem a essa última exigência.

No decurso dos séculos XVI e XVII, configurou-se o que hoje denominamos de pedagogia tradicional. Nesse período verificaram-se fortes transformações na sociedade ocidental e a educação não ficou isenta desse processo.

O modelo existente de escola já não dava conta das necessidades emergentes com o nascimento da modernidade, tais como as especializações necessárias ao atendimento das demandas do novo mercado econômico. Cada vez mais, novos padrões de formação cultural foram sendo exigidos. A leitura e a escrita precisavam ser disseminadas em larga escala, assim como o cálculo e o trato das habilidades do "saber fazer". Nesse contexto, não podemos esquecer-nos dos papéis exercidos pela Reforma protestante e pela Contrarreforma católica, que faziam parte desse mesmo processo de emergência da modernidade ocidental.

A escola que conhecemos hoje é a escola da modernidade, feita para o atendimento de grandes números de educandos, fato que exigiu o modelo do "ensino simultâneo". "Simultâneo" pelo fato de um professor ensinar *simultaneamente* muitos estudantes, o que não ocorria na época anterior – Idade Média – em que o ensino formal ocorria entre um mestre e um aprendiz ou entre um mestre e poucos aprendizes.

A necessidade da sociedade que emergia sob a égide do capital nascente que tudo fosse feito em escala suficiente para atender às demandas presentes no novo momento histórico. O ensino simultâneo vinha em resposta à urgência de formar cidadãos para determinadas atividades que surgiam já em escala desconhecida até então.

Além disso, paralelamente à ruptura com o modelo medieval de sociedade, de base feudal, ocorreu uma transformação no modo de ser e de pensar das pessoas. Surgia, nesse momento, no Ocidente, a necessidade do sujeito ser reconhecido como indivíduo livre para pesquisar e pensar.

A modernidade necessitava da emergência da subjetividade. O modo medieval de pensar era denominado de "metafísico", caracterizado

---

O termo "metafísico" possui múltiplos significados. Pode ser utilizado com a significação que lhe estamos atribuindo neste texto específico, mas também pode ser usado com um significado mais nobre, a fim de designar as esferas de realidade mais sutis que a realidade material, como faz a chamada filosofia perene. Se o leitor estiver interessado nessa discussão, vale a pena cf. WILBER, Ken. *A união da alma e dos sentidos*. São Paulo: Cultrix, 2001. Cf. também, do mesmo autor, *Uma breve história do universo*: de Buda a Freud, religião e psicologia unidas pela primeira vez (Rio de Janeiro, Ed. Nova Era, 2001). Nessas obras, o autor discute a questão epistemológica, no interior da qual estão a dignidade da modernidade e a distorção praticada por ela no que se refere ao conhecimento.

por basear-se num discurso abstrato, pouco ou quase nada articulado com a realidade, com pouca (ou nenhuma) capacidade de observação e interpretação da experiência cotidiana, em geral centrada na autoridade religiosa.

Contudo, a sociedade que emergia apresentava necessidades novas, precisando voltar-se para a realidade concreta cotidiana, a fim de conhecê-la e dominá-la. Um dos grandes méritos da modernidade foi separar as esferas do conhecimento, deixando à ciência emergente a esfera do observável, do quantificável, do previsível.

As viagens marítimas – em busca de novos mercados produtores e/ou consumidores engendrados pela sociedade mercantil emergente – não podiam ser realizadas sem ciência. Os primeiros navegantes ibéricos enfrentaram os oceanos com "a cara e a coragem". Tinham pela frente somente o desconhecido. Também os novos meios produtivos – Revolução Industrial em processo – exigiam novos e consistentes conhecimentos, que a metafísica não poderia oferecer.

Mas, para fazer ciência, os modos medievais de investigar e pensar eram insatisfatórios e insuficientes. A ciência exigia a possibilidade de arriscar olhar o mundo na perspectiva dele mesmo e não dos dogmas assumidos como as únicas interpretações possíveis e verdadeiras da realidade. A ciência só pode existir num modo livre de pensar, em que o olhar sobre a realidade e a sua interpretação não sejam cerceados pelas autoridades, sejam elas religiosas ou civis. Na Idade Média ocidental, eram os religiosos católicos que detinham o poder de dizer o que era certo e o que era errado. Defender a subjetividade, necessária para fazer ciência, implicava, todavia, romper com o modo medieval dominante e impositivo de investigar e pensar. Era preciso separar as esferas, definindo o espaço em que a autoridade religiosa poderia ter o comando e o espaço em que a ciência poderia agir livremente. E isso se deu nesse período, mediante eventos históricos conflituosos.

A Igreja Católica, junto ao poder civil, havia inventado a Inquisição como meio de coibir toda e qualquer forma de pensar que não seguisse o seu modo de pensar e agir. Caso um homem ou uma mulher fossem considerados heréticos – isto é, se, por uma razão qualquer, fossem suspeitos de desrespeito aos dogmas católicos –, eram julgados e condenados pelos tribunais inquisitoriais. Nesse processo, muitos foram os sacrificados nas fogueiras, nos torniquetes e nos esquartejamentos. Leigos, religiosos e pessoas do povo, assim como cientistas e filósofos, que deixaram seus nomes inscritos na história ou passaram ignorados, foram sacrificados sob a acusação de heresia.

Todavia, é impossível fazer ciência sem a subjetividade, que tem a possibilidade do olhar novo sobre a realidade. A ciência necessita da subjetividade, porém esta pode questionar os dogmas existentes que configuram o que é e como deve ser a realidade e a vida. É nesse contexto que nascem, de um lado, a escola moderna e as práticas dos exames e, através deles, o controle externo e aversivo.

Segundo a visão de Ken Wilber, era necessário chegar à diferenciação das esferas do conhecimento, de tal forma que a religião e a

Cf. WILBER, Ken. *Uma breve história do universo*: de Buda a Freud, religião e psicologia unidas pela primeira vez. Rio de Janeiro: Nova Era, 2001.

## 2ª Parte

> Sobre o significado da disciplina na modernidade, cf. FOUCAULT, Michel. *Vigiar e punir*. 29 ed. Petrópolis: Vozes, 2004. Nessa obra Foucault estuda, tanto essencial como histórica e socialmente, o significado do controle microssocial do poder, configurando o modo de ser dos cidadãos.

ciência cuidassem dos seus respectivos domínios, o que favoreceria a livre observação e interpretação do mundo, fomentando o conhecimento científico e, ao mesmo tempo, permitindo à religião seguir um caminho próprio, diverso do da ciência, mas paralelo a ele.

Então, a subjetividade nasceu, mas a modernidade, que dela tanto necessitava para a constituição da ciência, também a temeu e por isso, ao mesmo tempo em que a acolheu, a conteve em limites seguros.

Em substituição aos dramáticos e públicos modos de agir da Igreja Católica – articulada ao poder civil por intermédio da Inquisição – em seus castigos aos heréticos, a modernidade inventou a disciplina externa e impositiva.

A disciplina externa é um meio de obter a obediência e a submissão das pessoas às doutrinas e aos modos de ser sem ter de fazer uso direto dos castigos corporais, como fez a Inquisição. A disciplina molda e enquadra a alma e o corpo.

Nesse contexto, necessitando da emergência da subjetividade, mas também precisando controlá-la, a modernidade criou a disciplina em muitos dos âmbitos da vida. No decurso dos séculos XVI, XVII, XVIII e XIX, a família, a escola, o hospital, o exército, a cidade e a ordem social foram instâncias de disciplinamento mediante leis, normas, regulamentos – e continuam sendo no momento em que vivemos.

## Segunda constatação: razões da resistência a transitar

O primeiro "manual de civilidade" conhecido é do ano de 1545. Manual de civilidade é um livro de regras sobre como conduzir-se na vida familiar: modo de sentar-se à mesa, de receber um amigo, de servir uma bebida... Os hospitais foram disciplinados formalmente, a vida nas cidades foi normatizada e a educação não ficou atrás, sofrendo seu ordenanento por meio das sistematizações pedagógicas ocorridas no período, sobretudo a jesuítica e a comeniana, que se tornaram hegemônicas nos séculos seguintes à sua configuração. Tais pedagogias se configuraram como sistematizações do modo de agir em educação, sendo compatíveis com o espírito da época: garantir a um contingente de pessoas o acesso aos conhecimentos compreendidos como os mais importantes para aquele momento, mas dentro dos limites e dos rigores da disciplina, externamente definida.

Essas duas pedagogias, acrescidas das contribuições do século XVIII por meio da emergente "pedagogia científica", compõem as bases daquilo que chamamos de pedagogia tradicional, presente hegemonicamente na prática escolar ainda hoje, tanto no Brasil como em muitas partes do mundo dito civilizado. Os religiosos católicos e protestantes expandiram suas ações catequéticas e educativas para praticamente toda a Europa e para os novos mundos descobertos com as viagens marítimas e as novas conquistas.

Entre as contribuições da pedagogia denominada científica às elaborações das pedagogias jesuítica e comeniana estão as reflexões de Johann Herbart, filósofo e educador do século XVIII e início do XIX que estabeleceu os passos do ensino-aprendizagem vigentes até hoje em nossas salas de aula: apresentação do assunto novo, assimilação do conteúdo transmitido, generalização do conteúdo pela compreensão ampliada, aplicação por meio de exercícios e, finalmente, correção dos exercícios.

# 2ª Parte

Entre suas múltiplas delimitações, as duas definiram, em capítulos específicos de seus regimentos, como deveriam ser praticados os exames escolares, nos quais, além dos objetivos pedagógicos, estavam embutidos os disciplinares.

A pedagogia jesuítica recebeu esse nome da ordem religiosa que a criou, os padres da Companhia de Jesus ou padres jesuítas. E a pedagogia comeniana chama-se assim por causa de seu sistematizador, o bispo protestante João Amós Comênio.

A Companhia de Jesus foi fundada em 1534 por Inácio de Loyola e reconhecida pelo papa em 1540. Inicialmente, a ordem destinava-se somente a trabalhar com a catequese, porém logo incluiu o ensino entre suas atividades de formação cristã. Em 1548, em Messina, na Itália, criou o seu primeiro colégio. E daí para a frente, até o presente momento da história, especialmente no Ocidente, mas também com incursões pelo Oriente, os padres jesuítas mantiveram e ainda mantêm, entre suas atividades, o ensino regular.

Entre 1548, fundação do seu primeiro colégio, e 1599, data da publicação da *Ratio studiorum*, os jesuítas estiveram atentos à criação de normas que garantissem uma administração comum e uniforme em todos os seus colégios, tanto nos já instaurados quanto nos ainda por instaurar. Produziram variadas

> Para os interessados, existe uma tradução da *Ratio studiorum*, feita pelo padre Leonel Franca, publicada como apêndice do seu livro *O método pedagógico dos jesuítas:* o *Ratio Studiorum* (Rio de Janeiro, Ed. Agir, 1952).

versões dessas normas, num processo de amadurecimento, até que em 1599 publicaram um documento considerado completo, conhecido até hoje, intitulado *Ratio atque Institutio Studiorum Societatis Iesu*, que significa literalmente "Ordenamento e institucionalização dos estudos na Sociedade de Jesus".

A *Ratio studiorum* – como hoje, de forma mais simplificada, esse documento é chamado – é um conjunto de regras que definiram como a administração de qualquer instituição de ensino da ordem deveria ser conduzida.

O documento não compõe uma pedagogia propriamente dita, ainda que contenha nas entrelinhas de suas prescrições normativas. Em si, é um instrumento para reger a administração da vida acadêmica e educativa de um colégio. Todavia as suas regras revelam a pedagogia que as sustenta. É a pedagogia que emana da teologia católica dos séculos XVI e XVII. Aliás, isso está explícito na própria *Ratio*, quando os autores deixam claro que já possuem uma pedagogia, a da dogmática católica. De fato, a ordem necessitava de um conjunto de regras que permitissem a administração eficiente e comum em todas as suas instituições de ensino, que eram muitas. As disposições desse documento contêm as regras necessárias à administração da escola vigente na época, especialmente a doutrina sistematizada nas sessões do Concílio de Trento (1545-1563), realizado para ressistematizar e confirmar os pontos de vista católicos no que se refere à vida religiosa.

Entre todas as definições pedagógico-administrativas, existe na *Ratio studiorum* um capítulo sobre os exames e as provas, escritas e orais, cujas regras citaremos um pouco mais à frente. Esse é o texto que, aqui, nos interessa de forma direta e imediata, pois que configura os exames como um ato pedagógico, porém, com conotações disciplinares.

A pedagogia jesuítica expressa o contexto em que foi criada. Ela respondia, por um lado, às necessidades da sociedade burguesa emergente e, por outro, às da Igreja Católica na Contrarreforma, por oposição à Reforma protestante. Nas ações da Contrarreforma, os jesuítas defenderam a dogmática católica como uma sistematização de toda doutrina já constituída até aquele momento histórico, especialmente a do período medieval, ressistematizada pelo Concílio de Trento. Assim sendo, a pedagogia jesuítica necessitava de ser disciplinadora, porque a Igreja Católica almejava isso, o que a constituiu em herdeira da dogmática católica medieval. Para a sociedade civil emergente, esta também era uma necessidade – admitir a subjetividade necessária para produzir a ciência, mas sob controle.

Como mediação do ensino-aprendizagem, na proposta pedagógica jesuítica, sobressaía a atividade do professor, concebido como aquele que sabe e transmite o conhecimento e controla o processo de formação do estudante.

Nesse contexto, a disciplina transparecia como uma questão básica, traduzida em muitos atos do cotidiano definidos em minúcias, de tal forma que o estudante não tinha praticamente nenhuma possibilidade de fugir ao padrão de conduta desejada. Além disso, existiam os prêmios, que eram mais castigos que prêmios, pois que, para obtê-los, os estudantes deveriam submeter-se a exigências de estudos que não eram pequenas.

A título de exemplo, podemos lembrar as leituras públicas de notas, iniciando-se sempre pelo estudante que obtivesse a maior nota e terminando com o que obtivesse a menor. Supostamente estavam sendo premiados os que haviam obtido as melhores notas, porém, sem dúvida, estavam sendo castigados os que haviam obtido as menores. Existia também um concurso anual para determinar os três melhores estudantes de cada nível de ensino, que eram premiados num dia de festa no colégio, até

## Segunda constatação: razões da resistência a transitar

com presença de banda de música. Para merecer essas loas, o estudante deveria dedicar-se muito aos estudos e competir com os outros para chegar à vitória, demonstrada por meio do sucesso em provas escritas ou orais o mais difíceis possível para cada nível de escolaridade. Aparentemente era um prêmio, mas, para isso, havia um castigo: estudos e mais estudos.

Também, caso fosse necessário, se praticava o castigo físico – determinado pelos padres, mas administrado por um leigo de fora do colégio, nomeado especificamente para isso. Os padres podiam determinar o castigo, mas não podiam executá-lo. Estranho, não? E, em última instância, caso os modos disciplinares, os prêmios e os castigos não dessem conta de um estudante com condutas inadequadas, restava o recurso da sua expulsão do colégio, meio pelo qual a instituição ficava livre de uma "erva daninha".

É no contexto dessa compreensão pedagógica disciplinadora que a *Ratio studiorum* define o que deve ser feito na prática dos exames, mediante as provas. Importa observar inicialmente que em todas as aulas havia exercícios e sua respectiva correção, com consequente atribuição de algum conceito: registrava-se na caderneta do professor o desempenho do estudante (o que hoje denominamos de caderneta se chamava, na época, de "pauta do professor"). O professor deveria manter sua "pauta" sempre atualizada com anotações sobre cada estudante. Essa "pauta do

> Para tanto, o estudante tinha de dedicar-se mais que os outros e submeter-se a exames específicos, a fim de classificar-se para os prêmios estabelecidos oficialmente na *Ratio studiorum* e nos próprios colégios. Usualmente o prêmio era ter o nome publicado nas listas, que indicavam a graduação decrescente dos melhores aos piores, e homenagens públicas de honra e mérito praticadas nas salas de aula e nos colégios como um todo. Eram premiados os estudantes classificados em 1º, 2º e 3º em provas específicas para os prêmios.

> Será que a ideia de competição, hoje existente na sala de aula, com base nas notas vem dessa modalidade de concurso dentro da escola promovida pela pedagogia jesuítica? Certamente que a sociedade burguesa é competitiva, mas essa prática pode ter sido a fonte da competição dentro da escola. Não é uma afirmação. É um tema para investigação.

> Esse é um procedimento semelhante ao praticado pelo tribunal da Inquisição: o poder da Igreja julgava a heresia, mas era o poder civil que executava a sentença estabelecida. Na Inquisição, a Igreja determinava o castigo, porém não o praticava; num colégio jesuítico, o castigo era prescrito pelo professor, mas era executado por um leigo de fora da instituição.

> A banca examinadora era constituída e atuava no fim de cada ano letivo, que usualmente coincidia com o fim de uma classe e a passagem para a seguinte. Na prática, chamava-se classe o que hoje chamamos de série escolar. Esses exames, em geral, ocorriam próximos da Páscoa de cada ano. As bancas eram utilizadas nos exames finais, os quais independiam totalmente do professor de cada classe: a banca examinadora elaborava, aplicava e corrigia as provas e dava as notas ao estudante, assim como realizava os denominados exames orais.

professor" deveria ser entregue, ao final do ano letivo, aos membros da banca examinadora, composta de três professores (do prefeito de estudos do colégio e de mais dois outros professores de outro colégio, diferente do frequentado pelo estudante), a qual examinaria cada estudante, por meio de prova escrita e oral, a fim de aprová-lo – ou não – na classe em que estava e, consequentemente, promovê-lo – ou não – para a classe seguinte.

No que se refere aos cuidados necessários para o dia da prova, a *Ratio studiorum* traz algumas definições sobre prova escrita que vale a pena citar, visto que, tomando conhecimento delas, podemos cientificar-nos de estarmos praticando exames e provas tais como foram prescritos na *Ratio studiorum* em 1599 e, portanto, estarmo-nos servindo, ainda hoje, de prescrições disciplinadoras formuladas há aproximadamente 400 anos.

A seguir, transcrevemos as regras do capítulo da *Ratio* intitulado "Normas para a prova escrita". Na leitura dessas regras, convém estarmos atentos aos paralelos existentes entre as prescrições de 1599 e o que ocorre em nossas escolas hoje nos dias de exames escolares, mais comumente, chamados de dias de prova ou, em tempos mais recentes e de maneira equivocada, de "dias de avaliação".

1. **Presença dos alunos** – *Entendam todos que, se alguém faltar no dia da prova escrita,*

a não ser por motivo grave, não será levado em consideração no exame.

2. **Tempo para a prova** – Venham a tempo à aula para que possam ouvir exatamente a matéria da prova e os avisos que por si ou por outrem der o Prefeito de Estudos e terminem tudo dentro do horário escolar. Dado o sinal do silêncio, a ninguém será permitido falar com outros nem mesmo com o Prefeito ou com quem o substituir.

3. **Preparação** – Os alunos devem trazer os livros e o mais que for necessário para escrever, a fim de que não seja necessário pedir coisa alguma a quem quer que seja durante a prova.

4. **Forma** – A prova será adaptada ao nível de cada classe, escrita com clareza, de acordo com as palavras do ditado e de acordo com o modo prescrito. O que for duvidoso será interpretado no sentido falso; as palavras omitidas ou mudadas, sem razão, para evitar dificuldades, considerem-se como erros.

5. **Cuidado com os que se sentam juntos** – Tome-se cuidado com os que se sentam juntos: porque, se porventura duas composições se apresentarem semelhantes ou idênticas, tenham-se ambas como suspeitas por não ser possível averiguar qual o que copiou do outro.

6. **Saída da aula** – Para evitar fraudes, se, iniciada a prova, obtiver alguém, por motivo de força maior, licença para sair, deixe tudo o que escreveu com o Prefeito ou com quem no momento estiver encarregado da aula.

> Prefeito de Estudos, na *Ratio studiorum*, era o administrador acadêmico do colégio.

7. **Entrega das provas** – Terminada a composição, poderá cada um, em seu lugar, rever, corrigir e aperfeiçoar, quanto quiser, o que escreveu; porque, uma vez entregue a prova ao Prefeito, se depois quiser fazer alguma correção, já lhe não poderá ser restituída.

8. **Assinatura do nome** – Cada qual dobre a sua prova conforme as instruções do Prefeito e, no verso, escreva em latim só o nome e cognome do autor para que mais facilmente se possam dispor todas em ordem alfabética, se preferida.

9. **Conclusões da prova** – Os que se aproximarem do Prefeito para entregar a prova levem consigo os próprios livros, a fim de que, uma vez entregue, se retirem logo da aula, em silêncio; enquanto saem alguns, não mudem os outros de lugar, mas terminem a composição onde a começaram.

10. **Tempo** – Se alguém não terminar a prova no tempo prescrito, entregue o que escreveu. Convém, por isto, que saibam todos exatamente o tempo que lhes é dado para escrever, para copiar e para rever.

11. **Apresentação aos exames [orais]** – Finalmente, quando se apresentarem para o exame [oral], levem consigo os livros explicados durante o ano e sobre os quais hão de ser interrogados; enquanto é examinado um, os demais prestam toda atenção; não façam, porém, sinais aos outros nem corrijam se não forem perguntados.

*Ratio atque Institutio Studiorum Societatis Iesu*, traduzida pelo padre Leonel Franca e publicada como apêndice ao livro desse autor denominado *O método pedagógico dos jesuítas: o Ratio Studiorum* (Rio de Janeiro, Ed. Agir, 1952, p. 177-178).

## Segunda constatação: razões da resistência a transitar

Como se pode ver, são normas disciplinares de como aplicar as provas e controlar os estudantes. No presente momento, em nossas escolas, repetimos genericamente o que está escrito na *Ratio studiorum*. São, pois, 400 anos históricos de prática, se não idênticas, ao menos equivalentes. Ao repetir-se por tantos anos, esse agir criou, ao longo do tempo, um modo de ser, um hábito arraigado, que nós quase já não acreditamos na possibilidade de mudança.

Nossos exames seguem praticamente as mesmas regras estabelecidas no século XVI, que vinham no bojo do disciplinamento da sociedade. Estavam inseridos nessa configuração sócio-histórica – subjetividade, sim, mas controlada pela disciplina.

Comênio, por outro lado, embora fosse representante da Reforma religiosa do século XVI, apresentou uma proposta pedagógica, no início do século XVII, não muito diversa da proposta jesuítica no que se refere aos exames (entre outros pontos).

Ele foi um bispo protestante nascido na Morávia (hoje, República Tcheca) em 1596. Irrequieto por natureza, escreveu sobre a teologia, procurando libertá-la das amarras mais arraigadas da visão tradicional.

No que nos interessa direta e imediatamente, Comênio foi, no Ocidente, o primeiro autor de um livro sobre didática, com o objetivo de propor um modo metodológico adequado e eficiente de praticar a educação escolar. Sua obra, *Didáctica magna:* tratado da arte universal de ensinar tudo a todos, totalmente, foi publicada em 1632 na língua tcheca e em 1657 na língua latina, mediante uma tradução do próprio autor.

Trata-se, ao mesmo tempo, de uma obra pedagógica e de um tratado de didática, no sentido de que propõe uma teoria pedagógica e uma metodologia para a prática do ensino. Aliás, o próprio título e subtítulo de sua obra indicam esse objetivo: é uma *proposta geral de educação* (didática magna) e, ao mesmo tempo, uma *arte de ensinar tudo* (todos os conhecimentos necessários) *a todos* (os protestantes desejavam que todos fossem capacitados para a leitura,

> Os protestantes desse período tinham como objetivo democratizar a leitura da Bíblia: todos deveriam ser capazes de lê-la, para receberem diretamente de Deus, por meio dos textos revelados, os ensinamentos religiosos.

> Francis Bacon (1561-1626) escreveu uma obra intitulada *Novum organum*, em que expunha as iniciais compreensões da modernidade sobre o modo de conhecer e de fazer ciência. Era uma obra metodológica que rompia com o modelo medieval de conhecer, baseado no metafísico, conforme definimos anteriormente. Importava agora voltar-se para a realidade empírica, diretamente observável e interpretável. A partir daí, para o professor ensinar e o estudante aprender, Comênio propunha que os professores se utilizassem das *realias*, objetos reais trazidos para a sala de aula, a fim de que os estudantes os manuseassem e os compreendessem diretamente.

a fim de lerem a Bíblia), *totalmente* (quer dizer, com eficiência).

A pedagogia comeniana tem sua fonte nos textos bíblicos, assim como a pedagogia jesuítica a tinha na dogmática católica. Ambas as fontes assentaram-se sobre o pensamento judaico-cristão, transmitido por meio dos textos da Bíblia. Comênio serve-se bastante desses textos, especialmente dos evangelhos, como fundamento de suas proposições pedagógicas. Faz uma leitura mais leve do que realizada pelos católicos, mas igualmente tingida pelas ideias de culpa e castigo, vigentes de forma privilegiada nos meios cristãos da época.

Todavia, importa notar que Comênio já estava voltado para as ideias iluministas dos séculos seguintes, que lançavam suas raízes no momento em que vivia. Ele não era um iluminista propriamente dito nem poderia ter sido, mas pode ser considerado alguém que pressentia os "odores" do Iluminismo. Ao lado dos textos bíblicos, como fundamento de sua pedagogia, utilizou-se do pensamento epistemológico emergente na Inglaterra, o qual tinha o empirismo como base do conhecimento. Conhecia bem as concepções de Francis Bacon e empregou-as em suas propostas didáticas para desenvolver o ensino, especialmente no que se referia ao uso dos sentidos e da própria realidade empírica como recurso de ensino-aprendizagem. Propunha um ensino e uma aprendizagem comprometidos com a epistemologia que emergia das novas preocupações

## Segunda constatação: razões da resistência a transitar

da ciência, também nascente. Foi Comênio quem, pela primeira vez, na história do ensino, propôs o uso das *realias* – coisas reais – na sala de aula, tendo em vista ensinar os estudantes.

Enquanto a pedagogia jesuítica se centrava na formação da mente lógica e da capacidade de discursar e de argumentar, tendo por base o estudo de autores denominados clássicos da cultura greco-latina, a pedagogia comeniana estava centrada na formação do leitor, a fim de entrar em contato com a mensagem de Deus de forma direta, e na formação do cristão, tendo por base os textos bíblicos.

Na perspectiva do disciplinamento por meio dos exames, no livro *Didáctica magna*, ele faz a seguinte pergunta, hoje repetida cotidianamente em nossas escolas, decerto com outras palavras, mas com o mesmo sentido: "Que estudante não se preparará suficientemente bem para as provas se souber que elas são para valer?" Em algum dia do nosso passado biográfico, já ouvimos essa ponderação e certamente já a repetimos em nossas atividades docentes, usualmente em termos iguais ou semelhantes aos que se seguem: "Cuidado, vocês não estão estudando; então verão o que vai acontecer com vocês no dia das provas!"

Quanto ao controle necessário sobre os estudantes, Comênio diz o seguinte: para que a aprendizagem seja eficiente, importa que o estudante preste atenção no que está sendo ensinado. Caso isso não esteja ocorrendo, o professor deve lançar mão de todos os recursos disponíveis, incluindo o medo.

Então, sugere modos pedagógicos de agir. Em um deles, o professor deve fazer uma pergunta aos estudantes, não repetir a pergunta e passar de estudante em estudante, até encontrar *aquele que não sabe ou está distraído*. Este seja objeto de desqualificação por parte do professor e dos seus colegas. Comênio acrescenta: "Se isso não servir para esse estudante, servirá para todos os outros, porque terão medo e, por isso, prestarão atenção."

Quem de nós não passou por experiência escolar semelhante? Quantas vezes nós, ou colegas nossos, não fomos desqualificados publicamente, conduzidos a uma humilhação desnecessária? Quantos de nós não fomos, em nossa vida escolar, ridicularizados aqui e acolá por nossas atitudes supostamente inadequadas ou por nosso não saber? Quantas vezes nós ou nossos colegas não fomos publicamente ironizados por um suposto erro ou desconhecimento e por isso tratados como os mais desqualificados seres da Terra? Pois tal quadro é comeniano, tão antigo quanto ainda atual.

Esse conselho foi publicado, por escrito, em 1632, na sua *Didáctica magna*. Portanto, passaram muitos anos cimentando uma prática, que se faz presente num modo comum de ser em nossa sociedade: desqualificar o outro, como se fôssemos melhores que ele, supondo que essa desqualificação estimula a aprendizagem.

A fim de dar uma direção normatizada à vida escolar, Comênio publicou também um texto muito semelhante à *Ratio studiorum*, intitulado *Leis para a boa ordenação da escola*, em que normatiza a administração da instituição. Nesse texto, como não poderia deixar de ser, também há um capítulo sobre os exames e as provas, no qual o autor diz que cada estudante deve submeter-se aos exames de hora em hora, de dia em dia, de semana em semana, de quinzena em quinzena, de mês em mês, de semestre em semestre e de ano em ano. Desse modo, cada estudante passaria seu tempo de escolaridade submetendo-se sucessivamente a exames. Não haveria tempo para quase mais nada, além de responder a provas.

Além de todas essas provas, Comênio propunha que um escolarca (um personagem nomeado pelo poder público de cada município, semelhante ao nosso antigo inspetor de ensino) deveria elaborar provas e aplicá-las nas escolas, a fim de saber com que qualidade elas estavam realizando sua tarefa. Se os estudantes tivessem bom desempenho, considerar-se-ia que a escola estava cumprindo bem seu papel; caso contrário, ela não o estaria cumprindo adequadamente. Notamos que Comênio, por esse dispositivo, já demonstrava perceber a necessidade de um controle não só com o educando, particularmente, mas também com o sistema de ensino, algo que começamos a fazer no Brasil apenas em período bem recente.

Assim sendo, tanto a pedagogia jesuítica como a comeniana configuraram a educação segundo o modelo da sociedade burguesa emergente. E, em nosso meio, ainda é visível o poder hegemônico dessa proposta em nossas escolas. Somos herdeiros diretos dessa prática. São anos, muitos anos, de prática, afinal, que nos fizeram e fazem crer que os exames são recursos fundamentais de controle dos nossos educandos.

Ana Maria Araújo Freire, no seu livro *Analfabetismo no Brasil*, abordando a educação jesuítica no País, assume, com todas as letras, como somos configurados, em nossa prática educativa, pelo modo jesuítico de educar. Ela diz o seguinte:

> *Podemos perceber que a leitura de mundo dos jesuítas, naquele início de Brasil, permitiu uma elaboração ideológica destes soldados de Cristo, com raízes tão profundas, que a mesma não marcou somente o seu tempo. (...) Se atentarmos para o fato de que a obra missionária, a "guerra santa e justa" da catequização dos índios e o ensino nos colégios dos jesuítas perduraram por dois séculos, hegemonicamente, poderemos medir a influência política destes religiosos na educação de todos os segmentos da sociedade colonial com repercussão até hoje.*

*Analfabetismo no Brasil*. São Paulo: Cortez, 1989. p. 33.

*Analfabetismo no Brasil*. São Paulo: Cortez, 1989. p. 41.

Em síntese, somos herdeiros dessa história educacional e pedagógica da modernidade. No geral, praticamos exames de modo semelhante às propostas jesuíticas e comenianas, sistematizadas nos séculos XVI e XVII, no momento da emergência da modernidade. São aproximadamente cinco séculos de cimentação de um modo de ser, o qual, por isso, se mostra de difícil remoção em curto espaço de tempo. Haverá ainda muito trabalho para que as resistências derivadas dessa história sejam substituídas pela aquiescência de novas formas de conduta, particularmente no que se refere ao acompanhamento da aprendizagem dos educandos. O trânsito da prática de examinar para a prática de avaliar na escola ainda demandará bastante investimento de todos nós.

Às razões de resistência anteriormente apontadas – traumas psicológicos e convivência num contexto microssocial – acrescentam-se as determinações da história que acabamos de sinalizar. Praticar um modo de agir por centenas de anos, individual e coletivamente, cria padrões habituais de condutas, difíceis de serem removidos.

## 4. Contexto histórico-social

O quarto e último fator que apontamos como condicionante de nossa resistência à mudança das práticas de examinar para as de avaliar a aprendizagem encontra-se no modelo de sociedade na qual vivemos.

Nossas heranças pedagógicas, das quais tratamos na seção anterior deste capítulo, surgem num contexto histórico específico, o momento em que se iniciava a formação da sociedade burguesa, também denominada de modernidade. A configuração da educação e da pedagogia, tal como se delineou na época, respondeu às necessidades daquele momento histórico específico.

E, se permanece vigente até os dias de hoje, isso significa que, de alguma forma, responde às necessidades presentes do mesmo modelo de sociedade.

Dois fatores constitutivos da sociedade burguesa fazem-se presentes nas práticas de exames escolares e, dessa forma, engessam nossas possibilidades de mudanças tanto no âmbito da instituição escolar como na relação pedagógica.

O primeiro deles relaciona-se ao fato de que os exames, como vimos anteriormente, além de terem uma função pedagógica, têm a função de disciplinamento social e psicológico, o que implica sua configuração como uma instância de administração do poder, usualmente, de forma exacerbada. A administração do poder na prática dos exames assemelha-se ao modelo de administração do poder na sociedade burguesa: centralizado, autoritário e hierarquizado.

O modelo burguês de sociedade cristalizou-se nos séculos XVIII e XIX, mas começou a constituir-se desde os séculos XII e XIII, ainda no seio da Idade Média, com a formação das primeiras feiras e subsequentemente dos primeiros burgos.

As feiras, nesse momento histórico, representavam os anseios incipientes da possibilidade de comercializar livremente os bens de consumo. Os servos da gleba, nas feiras, podiam negociar bens, independente de suas relações com o senhor da terra.

Cabe lembrar que, na Idade Média, os servos da gleba, que produziam dentro dos limites da terra do seu senhor, eram regidos por relações de produção marcadas pela troca de bens e serviços, e não pelo livre-comércio ou pelo trabalho assalariado.

O professor Octávio Ianni, importante sociólogo brasileiro, afirmava que o ideal do cidadão na sociedade burguesa é ser um "comerciante livre", regido pelas leis do mercado.

De fato, esse foi o ideal construído e realizado historicamente. Das feiras passamos à "acumulação primitiva do capital" – segundo expressão de Marx –, por meio do mercantilismo, nos séculos XIV e XV, o que abriu as portas para a "acumulação do capital industrial", com a Revolução Industrial, no século XVIII, chegando à maturidade desse processo com a sagração da sociedade burguesa na Revolução Francesa, também denominada de revolução burguesa.

A sociedade burguesa chegou aonde chegou à base de muitos movimentos e vicissitudes históricas, cabendo aqui, no que se refere ao nosso tema, destacar rapidamente algumas.

Em primeiro lugar, a sociedade burguesa caracteriza-se pela emergência da livre acumulação do capital. O que importa não é a posse da terra em si, tal como ocorria na Idade Média, mas sim a posse de bens e meios de produção que possibilitem a acumulação do capital. Já não importa uma forma de relação de produção em que o trabalhador esteja vinculado ao seu senhor e sua terra, como acontecia com os servos da gleba, mas sim uma relação em que o proprietário do capital paga pelo trabalho executado pelo trabalhador, que vive, também aparentemente, liberto do seu senhor. Nesse contexo, emerge o individualismo do poder – cada um é livre e senhor de si na vida social –, chegando, no presente momento da história, às raias da "sociedade líquida", nas palavras do sociólogo Zygmunt Bauman, para quem o individualismo grassou em todos os cidadãos de modo tão exacerbado, que todos se sentem com poder suficiente para fazer o que desejam em nome da própria liberdade sem considerar os outros, as normas e os pactos sociais.

Em segundo lugar, a sociedade burguesa se caracteriza por uma centralização do poder. Aparentemente, na sociedade burguesa, já não importa ter um poder único – como fora nos períodos anteriores, em que imperava absoluto o rei ou o imperador –, mas, sim, o poder dividido em três – Legislativo, Executivo e Judiciário –, cada um deles sob vigilância do outro.

Todavia só "aparentemente" não interessava ou não interessa o poder absoluto do rei ou do imperador, pois que, como Marx nos lembra, o bonapartismo, como forma de governo centrada no Poder Executivo, é a religião da burguesia. Que é mesmo o bonapartismo como forma de governo?

Marx – estudando o golpe de Estado ocorrido na França em 1852, à frente do qual esteve Luís Napoleão, sobrinho de Napoleão Bonaparte – escreveu um livro cujo título é *O Dezoito Brumário de Louis Bonaparte*, em que, minuciosa e quase exaustivamente, segue o fio das contradições do movimento político francês, desembocando no referido golpe de Estado.

Ao final dessa obra, Marx apresenta um capítulo intitulado "As ideias napoleônicas", em que define o modelo de governo da sociedade burguesa emergente desse processo, o qual passou a ser denominado de "modelo bonapartista de governo". Sinteticamente, esse modelo tem a seguinte descrição: predomínio do Poder Executivo sobre o Poder Legislativo e sobre o Poder Judiciário, tendo por base o suporte do Exército, da Igreja tradicional, do campesinato e do lumpemproletariado (operariado marginalizado).

Tal forma de governo continua predominante até hoje, nos países ditos democráticos, onde ocorre permanente disputa entre os ocupantes do Poder Executivo e as outras instâncias do poder: o Legislativo e o Judiciário. Se anteriormente, na história, o poder era absoluto nas mãos do rei ou do imperador, agora, após a revolução burguesa, ele se centraliza sobretudo nas mãos do presidente ou de personagem político equivalente.

## 2ª Parte

Para ter ciência de que vivemos sob esse modelo de regime de governo, basta olhar em torno de nós mesmos. Nos países denominados democráticos, sempre há uma oposição ou uma escaramuça entre os poderes – Executivo, Legislativo e Judiciário – e o Executivo, através de seu representante, usualmente eleito, pretende ter o domínio sobre os outros poderes.

No Brasil, com efeito, observamos que os últimos governos conduziram sua administração com permanente uso de instrumentos impostos pela autoridade do Executivo: decretos-lei, medidas provisórias (que, quase sempre, passaram a ser medidas permanentes!), assim como projetos emanados do Executivo. Há muito tempo, no País, a sociedade civil tenta uma limitação desse instrumento de poder nas mãos do presidente da República, porém sem obter sucesso. Mais que isso, o Executivo diz-se engessado pelos poderes Legislativo e Judiciário e impedido de realizar o que deseja.

Com essas considerações, desejamos sinalizar que nossa sociedade está estruturada por um modelo que se caracteriza como livre, mas, ao mesmo tempo, a sua estrutura de poder é centralizada e hierarquizada, com laivos de autoritarismo.

A sociedade tem o nome de democrática, mas a organização social e política estabelecidas demonstram que, fundamentalmente, ainda somos autoritários, o que quer dizer que vivemos sob a égide do bonapartismo, que ordena e dirige a vida social e política do País, ainda que aparentemente se diga que não.

Afinal quem manda e comanda é o que tem o poder nas mãos, pois, em geral, faz uso de todos os recursos disponíveis a favor dos interesses supostamente mais urgentes da vida social – sendo, por outro lado, confrontado permanentemente pela sociedade civil com todos os recursos que lhe são disponíveis, tais como a imprensa e as organizações da sociedade civil: sindicatos, igrejas, partidos políticos, entre outros.

## Segunda constatação: razões da resistência a transitar

Podemos, no entanto, perguntar: "O que isso tem a ver com avaliação da aprendizagem na escola?" Pareceria que nada e que essa questão estaria muito distante do cotidiano escolar.

Na verdade, por mais que possa parecer, não está. Pudemos ver anteriormente que somos resistentes à mudança naquilo que se refere às práticas dos exames escolares, assim como pudemos compreender que nessa prática pedagógica se assenta um recurso especial para a administração do poder na relação educador-educando, na qual o educador é a autoridade. Mais: a relação pedagógica, neste período histórico no qual vivemos, ainda se situa no interior da sociedade burguesa e dela faz parte, onde o poder é centralizado e hierarquizado.

O modelo centralizado de poder, próprio da sociedade burguesa, disseminou-se por todas as instâncias e por todas as suas instituições sociais: pelas administrações territoriais (como estados e municípios), pelos órgãos públicos e particulares, pela Igreja, pela família, assim como pela própria escola.

Na educação formal, a escola e, dentro dela, a relação pedagógica educador-educando, como sistema microssocial, cimentam o macrossocial. Do ponto de vista individual, na maior parte das vezes, inconscientemente, reproduzimo-lo. Dizemos "inconscientemente" porque não nos damos conta de agirmos com a mesma prática de poder que rejeitamos em nossos discursos. Afirmamos ser contra o autoritarismo instalado, mas, sem que nos demos conta, agimos de forma autoritária com nossos estudantes, nossos familiares, nossos pares nos ambientes de trabalho..., reproduzindo o modelo.

Ainda que possamos, como professores, administrar o poder em variados atos pedagógicos, tais como o planejamento do ensino e a escolha e execução de recursos didáticos (lugares naturais do exercício do poder de liderança), é na prática dos exames que

## 2ª Parte

> Importa manter a consciência de que "autoridade" e "autoritarismo" são condutas bem diversas. A autoridade é uma qualidade de quem lidera, no momento em que lidera; autoritarismo é a exacerbação indevida do poder.

temos oportunidade ímpar de deixar vir à tona nosso autoritarismo, visto que, por meio dessa prática, temos nas mãos o poder de aprovar e de reprovar – o que significa que podemos ter em nossas mãos instrumentos de ameaça e de controle dos estudantes, conforme vimos anteriormente neste mesmo capítulo.

Assim sendo, na sala de aula, nas mais variadas formas de propor e praticar atos examinativos – tais como construir e aplicar instrumentos (provas), corrigir os resultados, atribuir notas, proceder a classificações, fazer devolução aos estudantes –, sem nos darmos conta, podemos estar – comumente estamos – reproduzindo o modelo de poder existente na sociedade. Na sala de aula, o educador é livre para agir a seu modo e ser autoritário com os educandos, especialmente nas provas, como veremos no capítulo subsequente a este.

Qual é a diferença entre a conduta do presidente da República ou de um primeiro-ministro que, nos países denominados democráticos, ameaçam os cidadãos com a lei e a conduta de um professor que ameaça seus estudantes com as provas?

Essencialmente se assemelham. Diferem somente na dimensão da abrangência do poder: o presidente atua sobre um país, e um professor sobre uma sala de aula. Contudo, a essência da relação é a mesma: autoritária.

Afinal, como diz Marx, o bonapartismo é a religião da sociedade burguesa, da qual fazemos

## Segunda constatação: razões da resistência a transitar

parte e reproduzimos. Abrir mão da possibilidade de usar esse poder é bastante difícil nessa sociedade, cujo contexto é de autoritarismo, que nos impregna através do senso comum em nosso modo de ser e agir.

Além de propiciar bases para condutas autoritárias, os exames, sendo classificatórios, respondem a dois outros componentes da sociedade burguesa: a seletividade e a marginalização daí decorrente.

A sociedade burguesa está constituída para o bem de poucos e para a marginalização de muitos. Isso em todas as esferas: social, econômica, política, cultural, sanitária, educacional... Tanto na população mundial como na população do nosso país, as discrepâncias existentes no acesso dos cidadãos aos bens sociais e culturais são gritantes. Nos extremos, alguns têm tudo e de sobra, enquanto outros nada têm, carecem de tudo. Ainda que, nos países periféricos, esse fenômeno seja mais acentuado, ele está presente em todos os países denominados democráticos, assim como em países regidos por outros modelos políticos. Mas, no caso, interessa-nos o modelo burguês, em conformidade com o qual vivemos no Ocidente.

É visível a olho nu a exclusão de grandes massas populacionais da moradia, da alimentação, da saúde, da educação, da cultura, do lazer, do transporte e de todos os bens necessários à vida. Uma grande maioria de nossas massas populacionais é marginalizada dos bens mínimos necessários para uma sobrevivência com certa dignidade. Enfim, a sociedade burguesa exclui. Ela não trabalha a favor da igualdade, que implicaria inclusão. Ao contrário, atua de modo seletivo, que, por si, gera a marginalização.

O ideal de igualdade formulado no decorrer do processo revolucionário da burguesia (Revolução Francesa), expresso no *slogan* "liberdade, igualdade e fraternidade", tornou-se abstrato, e não real: a liberdade e a igualdade foram traduzidas como "liberdade e igualdade perante a lei" e a "fraternidade", como não podia dar-se somente perante a lei, foi esquecida. E o que é garantido "perante a lei" não significa que o será na realidade.

Os exames, praticados por educadores em nossas escolas, excluem e, desse modo, traduzem o modo de excludente da sociedade burguesa. Daí a dificuldade em mudarmos, uma vez que vivemos nessa sociedade.

Para transitar do modo de examinar para o modo de avaliar em educação, temos de agir em sentido oposto ao do modelo social vigente, visto que a avaliação se caracteriza pela inclusão, o que significa investir na aprendizagem satisfatória de todos, isto é, de modo democrático. E certamente é muito mais fácil agir segundo as normas sociais já estabelecidas e introjetadas em nossos atos do que estar na contramão, trabalhando pela mudança.

A prática dos exames escolares é profundamente adequada ao modo de ser da sociedade burguesa, pois se apresenta compatível com o seu modelo teórico e prático de organização e de vida. Nesse contexto, não há nenhuma razão, a não ser por posição ideológica consciente, para buscar um modo de ser em educação que aja contra esse modelo. Uma educação verdadeiramente democrática não reprova, mas ensina até que o educando aprenda, pois aprender é o que importa para todos.

Como temos procurado mostrar, trabalhar com avaliação implica aspirar a uma vida social igualitária e inclusiva, e não socialmente excludente. Para trabalhar com avaliação, que é inclusiva, oposta ao modelo social vigente, temos que agir com recursos opostos ao modo de ser desse modelo social – sermos includentes por oposição a marginalizantes. Mais: temos que ter consciência de que esse modelo social não está fora, mas sim dentro de nós, tecendo o nosso cotidiano, motivo pelo qual facilmente pensamos e agimos de modo excludente.

Desse modo, o modelo burguês de sociedade, como um fenômeno macrossocial que nos modela a todos em nossas crenças e modos de ser, apresenta-se como o mais abrangente fator que dificulta nossa transição para o ato de avaliar. Trabalhar com avaliação é incluir a todos, meta oposta à do atual modelo. Trabalhar com uma prática de avaliação em sala de aula, comprometida com uma pedagogia construtiva, é ato profundamente revolucionário do ponto de vista da vida e da sociedade, porque democrático e igualitário.

Nosso modo habitual de agir tem sido compatível com o modelo de sociedade vigente e não com o modelo utópico igualitário que podemos desejar.

## 5. Conclusão do capítulo

Seguindo a direção do menos para o mais complexo socialmente, sustentamos serem quatro as razões da resistência à mudança no que se refere a transitar do ato de examinar para o ato de avaliar a aprendizagem na escola:

1) a replicação psicológica por parte do educador daquilo que ocorreu com ele em sua vida pessoal e escolar;
2) as relações de poder administradas no espaço microssocial da escola que sustentam o modelo macrossocial;
3) os efeitos da herança histórica que temos dos exames presentes em nossas ações cotidianas de ensino;
4) o modelo autoritário e excludente da sociedade burguesa na qual vivemos, que os exames reproduzem.

Em suma, são muitos os escombros a serem removidos para que possamos, da melhor forma possível, transitar de um modo de agir para outro.

Transitar do ato de examinar para o ato de avaliar não envolve apenas a modificação do uso de técnicas e práticas metodológicas. Implica muito mais: implica mudança de atitude, de postura, que significa novo modo de ser e de viver, um modo filosoficamente comprometido de relacionar-se com a prática educativa e com os educandos na perspectiva de uma escola de qualidade, para que todos se apropriem dos conteúdos socioculturais mais significativos por meio de uma relação construtiva educador-educando. Se isso puder ocorrer, então estaremos nos abrindo para a possibilidade de trabalhar com avaliação.

Agora, conscientes dos componentes de duas das dificuldades que temos no campo da avaliação da aprendizagem – confusão entre examinar e avaliar e fatores de resistência a transitar do ato de examinar para o de avaliar –, cabe perguntar: estamos prontos e decididos a investir nesse trânsito? Importa saber que, embora tenhamos muito a fazer, trata-se de uma ação fundamental – individual e coletiva – para a efetiva melhoria da educação e, consequentemente, para uma sociedade igualitária e, por isso, mais saudável para o ser humano.

# IV

# O ato de avaliar a aprendizagem na escola

*Neste capítulo, vamos dar mais um passo
à frente em nossos estudos sobre o ato de avaliar
a aprendizagem dos nossos educandos,
definindo propriamente sua compreensão
e seus procedimentos.*

O capítulo está dedicado à compreensão da avaliação da aprendizagem na escola numa *ótica operacional*, foco central deste livro. Praticamente, é um desdobramento do Capítulo I desta 2ª Parte, que tratou da avaliação como um ato de investigar e intervir. A pergunta agora é: *o que é e como se efetiva o ato de avaliar* na ótica da investigação e, se necessário, da intervenção?

A avaliação da aprendizagem, nessa perspectiva, é um recurso pedagógico disponível ao educador para que auxilie o educando na busca de sua autoconstrução e de seu modo de estar na vida mediante aprendizagens bem-sucedidas. Contudo, também subsidia o educador, se necessário, em sua atividade de gestor do ensino, visto que lhe permite reconhecer a eficácia ou ineficácia de seus atos e dos recursos pedagógicos utilizados, assim como, se necessário, subsidia ainda proceder a intervenções de correção dos rumos da atividade e dos seus resultados.

Dessa forma, a avaliação da aprendizagem não é nem pode continuar sendo a prática pedagógica tirana que ameaça e submete

> LUCKESI, C. C. Avaliação educacional escolar: elucidações conceituais. *Tecnologia Educacional,* Rio de Janeiro: ABT – Associação Brasileira de Tecnologia Educacional, n. 24, p. 6-9, 1976.

> Pedro Demo, em seu livro *Avaliação qualitativa* (São Paulo, Ed. Cortez, e Campinas, Editores Associados, 1987), trabalha uma distinção entre valores – compreendidos como os que orientam processos sociopolíticos – e valores operacionais.

a todos com um poder discricionário. Cabe dizer um basta à confusão entre os atos de examinar e de avaliar na escola.

No passado e em outros escritos, definimos a avaliação da aprendizagem como "um juízo de qualidade sobre dados relevantes, para uma tomada de decisão". Consideramos que esse conceito continua válido e significativo, à medida que permite uma orientação para o acompanhamento construtivo da aprendizagem dos educandos. Todavia, hoje, numa ótica operacional configurada com maior precisão, preferimos defini-la como "uma atribuição de qualidade, com base em dados relevantes da aprendizagem dos educandos, para uma tomada de decisão".

Essa mudança conceitual tem a ver com a compreensão de que a avaliação da aprendizagem se dá no âmbito restrito da aprendizagem no interior de uma prática de ensino. A expressão "julgamento de valor", que compunha a primeira conceituação do fenômeno da avaliação da aprendizagem, fica então reservada para caracterizar os valores vigentes num todo social. Em si, os juízos de valor compõem um âmbito da filosofia, mediante a disciplina Axiologia, a qual fundamenta todas as áreas que atuam com valores, tais como a ética, a estética, a religião, a política... Assim sendo, preferimos reservar o termo *valor* para designar as significações mais abrangentes da vida individual e social, cuja instância última são as escolhas fundamentais da vida, e o termo *qualidade* para a adjetivação positiva ou negativa de um objeto, dos resultados de uma ação, de uma situação ou pessoa, tendo em vista uma decisão operacional.

Para efeito de exposição, neste capítulo, assumimos que a avaliação da aprendizagem na escola configura-se como um ato de investigar a qualidade do desempenho dos educandos, tendo por base dados relevantes, decorrentes de sua aprendizagem e, se necessário, numa intervenção, a fim de corrigir os rumos da ação.

## 1. Condições prévias de todo ato de avaliar

Duas condições prévias são necessárias a todo pesquisador, assim como a todo avaliador: disposição psicológica de acolher a realidade como ela é e escolha da teoria com a qual fará sua aventura de investigar.

Sem a primeira condição, recusamos a realidade que se nos apresenta e da forma que se nos apresenta, o que implica na impossibilidade de agir eficazmente sobre essa realidade; sem a segunda, não teremos um guia adequado na sua abordagem.

### 1.1. Disposição psicológica para o acolhimento da realidade

A primeira condição prévia de todo ato de investigar, mas também de avaliar – tendo em vista a produção de conhecimentos –, é "acolher a realidade como ela é". Para ser minimamente comprometido com o conhecimento, não se pode distorcer a realidade para que ela justifique nosso ponto de vista, sob pena de não realizarmos uma investigação. Caso, de algum modo ou por algum recurso, distorça a realidade não pode propriamente ser designada como tal. Para isso, é necessário tomar a realidade investigada da forma que se apresenta e nada mais!

Só a realidade pode dizer-nos como ela é – evidentemente, no limite da nossa capacidade de captá-la. O pesquisador deve ser capaz de ler o que vê e não trocar um ou outro dado a fim de descrever a realidade para melhor ou para pior, em função de interesses externos.

Distorções de leitura da realidade poderão ocorrer – e aqui e acolá ocorrem; contudo o investigador deve procurar ao máximo evitá-las, estando consciente de como deve agir e de como está agindo. Se necessário, praticará ajustes em seu modo de agir como investigador, tendo em vista melhor compreender a realidade. Não existem justificativas cabíveis – sejam elas quais forem – para um conhecimento enganoso. A única atitude digna que um investigador pode ter diante da possibilidade de ter praticado a divulgação de um conhecimento enganoso é reconhecer o desvio e investir na sua correção. Nesse caso, justificativas não ajudam nem o pesquisador nem a ciência.

"Acolher a realidade como se apresenta" é também o ponto de partida para fazer qualquer coisa que com ela possa ser feita. Certamente nossa percepção da situação poderá conter uma ou mais distorções, em conformidade com o que abordamos no Capítulo I desta 2ª Parte no que diz respeito aos limites da apropriação da realidade, porém importa ter presente que a eficiência de nossa ação dependerá de um conhecimento justo e adequado do objeto com o qual estamos atuando. Conhecer a realidade e seus meandros é condição para agir eficientemente com ela. Caso contrário, podemos até agir, mas não com eficiência.

A atitude de "acolher a realidade" implica a suspensão de nossos julgamentos, de tal forma que o nosso foco de atenção se amplie, captando o máximo de informações necessárias sobre o objeto de nossa investigação. Freud denominou tal atitude de "atenção flutuante", recurso utilizado pelos psicanalistas para não julgar o seu cliente, mas sim ouvi-lo e captar a situação que está sendo exposta.

Quando suspendemos nossos julgamentos sobre pessoas e situações, a abrangência da nossa percepção amplia-se; soltamos as amarras e os contornos do que consideramos "certo" ou "errado" a fim de estarmos atentos *ao que acontece* e, desse modo, evitarmos impor à realidade o que supomos que ela *deveria ser*.

Ao nos abrirmos à realidade como ela é, dispomo-nos a captar o que está acontecendo, o que implica incluir, na sua descrição, o maior número de fatores que intervêm na situação – afinal, a realidade é complexa, como já afirmamos anteriormente.

Essa conduta faz-nos menos rígidos em nossas relações com tudo o que acontece, com o outro e com o mundo. Caso não nos abramos para captar a realidade como se apresenta, desviamos nossa atenção de uma ou outra variável interveniente, pois, nessa situação, é como se disséssemos: "A realidade tinha de ser *esta*" – o que implica não perceber a realidade, mas sim o que queremos ver e do modo que queremos ver. Uma distorção no conhecimento conduz a uma distorção na ação.

A *disposição de acolher a realidade* pertence ao avaliador, e não ao objeto da avaliação. O objeto de investigação está lá, fora do sujeito, da forma e do modo como é. A limitação da observação e da descrição é responsabilidade do observador e dos instrumentos de coleta de dados que utiliza.

Não é possível praticar os atos de pesquisar e de avaliar caso haja um julgamento prévio, visto que este representa, de início, uma exclusão. Que mais se pode fazer com um objeto, situação, ação ou pessoa julgados previamente de modo negativo?

Acolher sem julgar é uma conduta que exige treinamento e prática. Todos os dias precisamos estar atentos a essa questão, caso desejemos aprender a agir como investigadores.

## 2ª Parte

O mais comum, em nossa vida cotidiana, é o julgamento prévio. É difícil olhar as coisas como estão acontecendo, somente como fatos. Em razão de nossa biografia, de nossas heranças socioculturais, das crenças e preconceitos impregnados, o mais comum é automaticamente estabelecermos um juízo de valor sobre o que ocorre à nossa volta.

Imaginemos um médico sem disposição para acolher um cliente qualquer na situação em que se encontra; um empresário sem disposição para acolher a sua empresa no estado em que se apresenta; um pai ou uma mãe sem disposição para acolher um filho ou uma filha em alguma situação embaraçosa em que se encontram; ou imaginemos cada um de nós sem disposição para acolher a nós mesmos no estado em que estamos, seja ele qual for. Imaginemos um empresário que, apesar de perceber que sua empresa não vai bem, continua fechando os olhos para os acontecimentos. Por quantos dias sobreviverá sua empresa?

Transpondo esse entendimento para o ambiente escolar, avaliar a aprendizagem do educando implica, como ponto de partida, acolhê-lo como está, sem qualquer julgamento que o discrimine, para, a partir daí, decidir o que fazer. O mesmo, aliás, deve ocorrer com todas as situações educativas cotidianas.

O educador que avalia a aprendizagem é o adulto da relação pedagógica; por isso, deve possuir a disposição de acolher o que ocorre com o educando e, a partir daí, encontrar um modo de agir que seja construtivo. Sem essa disposição, não há avaliação. Só a partir desse ponto é possível agir construtivamente. Ignorar ou recusar a realidade que se nos apresenta inviabiliza a ação adequada satisfatória. Isso na prática escolar, mas também em qualquer experiência de vida.

Ter essa compreensão, em qualquer ato de investigar, significa dispor-se a acolher aquilo que é diferente, por vezes, absolutamente inesperado. Certamente nosso olhar, de imediato, repousará muito mais sobre aquilo que consideramos "errado", o que implica julgar e excluir. Contudo, a disposição prévia necessária ao investigador e ao avaliador da aprendizagem é a abertura para acolher tanto o que corresponde às nossas crenças e sentimentos quanto o que se mostra diverso deles.

Para ter essa disposição de acolher a realidade, importa estar atento a ela. Não nascemos naturalmente com tal disposição, mas a construímos, aprendendo a administrar nossa vida emocional. Se previamente, ao contato com alguma coisa, já a estamos julgando de maneira positiva ou negativa, com certeza não somos capazes de acolhê-la e, em consequência, não seremos capazes de agir sobre ela.

Nesse processo, o educador poderá decerto ter alguma expectativa em relação ao estado de aprendizagem e de conduta no qual os educandos deveriam apresentar-se em sala de aula, assim como em relação a possíveis resultados de sua atividade; contudo, se deseja agir pedagogicamente com certa adequação, precisa, em primeiro lugar, estar disponível para acolher seja lá o que for que estiver acontecendo, positivo ou negativo, pois é com base nesse conhecimento que poderá agir na solução de impasses existentes.

Isso não quer dizer que "o que está acontecendo" seja o melhor estado da situação a ser avaliada e sobre a qual se atuará. O que importa, como ponto de partida, é estar disponível para acolhê-la do jeito em que se encontra, pois só a partir daí é que se pode fazer alguma coisa. O adulto da relação pedagógica transforma todos os eventos escolares em oportunidade de ensinar e aprender.

Sem acolhimento, vem a recusa, a exclusão, que significa a impossibilidade de estabelecer um vínculo de trabalho educativo com quem quer que seja. Um recusado distancia-se ou é distanciado e por isso não poderá ser auxiliado em seu processo de aprendizagem e desenvolvimento, do mesmo modo que uma situação recusada não poderá ser resolvida caso não seja acolhida da forma que aparece.

A recusa pode manifestar-se de muitos modos, desde os mais explícitos até os mais sutis. A recusa explícita dá-se quando deixamos claro que estamos recusando alguém ou alguma coisa. Porém existem modos sutis e silenciosos de recusar uma pessoa ou alguma coisa.

No que se refere ao educando, o exemplo seguinte ajudará a compreender esse aspecto: só para nós, em nosso interior, sem dizer nada a ninguém, julgamos que um estudante X "é do tipo que dá trabalho e não vai mudar". Esse juízo, por mais silencioso e implícito que seja em nosso coração e nossa mente, está pondo esse educando à parte. E, por mais que pareça que não, vai interferir em nossa relação com ele, fazendo-nos pô-lo fora do nosso círculo de relações.

Para que os atos educativos se efetivem, o educando, como ponto de partida, necessita do acolhimento do educador, não do seu julgamento. O ato de acolher é um ato amoroso que primeiro inclui para depois (e somente depois) verificar as possibilidades do que fazer. Dispor-se a acolher a realidade significa que há um desejo de buscar solução para os impasses, e não simplesmente constatá-los.

A avaliação da aprendizagem, para cumprir o seu papel, exige essa disposição de acolher a realidade como ela se apresenta, uma vez que a intenção é subsidiar a busca do melhor resultado possível à luz do planejado. O desejo consciente de investir em soluções novas e adequadas na busca do sucesso de nossas ações educativas implica em acolher a realidade como ela é; esta é a condição do próprio ato de avaliar. Sem esse cuidado, o ato de avaliar é inócuo.

## 1.2. Corpo teórico com o qual opera a avaliação

A segunda precondição para que o avaliador, à semelhança do pesquisador, possa efetivamente produzir uma adequada leitura da realidade é a teoria com base na qual ele a observa e interpreta. A teoria é uma "lente" fundamental com a qual o avaliador e o pesquisador "veem" a realidade. Tratamos desse tema no Capítulo I desta 2ª Parte do livro.

Nenhum ato humano se dá num vazio teórico. Cada ato nosso realiza-se segundo determinado ponto de vista, consciente ou inconsciente. O ideal é que o corpo teórico que sustenta nossos atos seja consciente, porém nem sempre o é.

Coisas bem simples levam-nos a compreender como uma teoria até mesmo inconsciente nos leva a interpretar a realidade. Por exemplo, vivendo numa cidade onde a água é distribuída por um sistema de encanamentos, todo dia pela manhã, sem nos perguntarmos, dirigimo-nos para o banheiro de nossa residência e abrimos a torneira em busca de água para lavar o rosto, escovar os dentes, tomar banho ou fazer qualquer outra coisa costumeira. *Teoricamente*, e de modo inconsciente, admitimos que deve haver água correndo por dentro dos tubos do sistema hidráulico de nossa casa. Por causa dessa crença *teórica*, giramos a torneira da pia do banheiro a fim de dar vazão à água, crendo que ela vai jorrar.

Na prática, poderá até ocorrer que não saia água da torneira, mas o que nos fez abri-la foi o entendimento, ainda que automático, de que a água estaria lá disponível. Ninguém de nós abriria uma torneira de manhã sem a "certeza" teórica de que deve existir água disponível no encanamento. Acreditamos, ainda que inconscientemente, que muitos profissionais trabalharam, durante toda a noite anterior, para dispormos de água em nossas torneiras, e essa crença teórica alimentou nossa decisão de girar a torneira a fim de abri-la. Isso mostra que agimos – em experiências simples, mas também em complexas – configurados por determinado contorno teórico.

Experiências mais complexas também nos levam a compreender que nossos atos não se dão num vazio teórico. Por exemplo, cotidianamente, ouvimos discursos e lemos afirmações nos jornais e revistas que nos lembram que o modelo de governo vigente no Brasil tem as características do neoliberalismo, uma forma de governo chamado "Estado mínimo", no qual a maior parte das ações institucionais, especialmente as econômicas e as políticas, devem ser executadas pela iniciativa privada. É com base nessa visão teórica que se dão as privatizações das empresas públicas e outros atos governamentais nos diversos setores da vida social, na cobrança de impostos, nas relações políticas internacionais... e assim por diante. Essa teoria do "Estado mínimo" gere e orienta as condutas governamentais no País, sobretudo as conduzidas pelo Poder Executivo.

Ao fazer ciência, os cientistas agem de forma semelhante. Existe um arcabouço teórico com base no qual observam e interpretam a realidade. Um físico clássico observa e interpreta os fenômenos do espaço e do tempo como absolutos; mas um físico, que tem a relatividade como seu arcabouço de pesquisa, observará e interpretará o espaço e o tempo como fenômenos relativos. Ambos farão pesquisas válidas, mas tendo por base opções teóricas diferentes.

As ações, sejam elas simples ou complexas, fazem sentido e são compreensíveis à luz de uma concepção teórica. A lógica das ações é coerente com a concepção teórica (crenças) que a sustenta. A teoria é um arcabouço que dirige e sustenta a ação.

Da mesma forma, como qualquer outra prática humana, o ato de avaliar a aprendizagem só fará sentido se compreendido e realizado segundo um corpo teórico, o qual, a nosso ver, deve ser consciente, ainda que, em muitos casos, a prática se efetive de modo automático, inconsciente. No Capítulo II da 2ª Parte deste livro, sinalizamos quanto temos agido, no acompanhamento da aprendizagem de nossos educandos, de acordo com determinado corpo teórico – o dos exames –, enquanto acreditamos estar sendo guiados por outro – o da avaliação. No caso, trata-se de uma teoria que nos guia de forma inconsciente e sub-reptícia.

O corpo teórico dos exames, junto à pedagogia que lhe dá forma, tem dirigido automaticamente nossas ações de acompanhamento dos educandos na aprendizagem escolar cotidiana. Tem sido um arcabouço teórico habitual, automático, inconsciente – contudo, ainda assim, um "arcabouço teórico". Não existem atos humanos sem algum arcabouço teórico, seja ele qual for, mesmo que seja de crença e fé.

Adelino Cattani, em seu livro *Los usos de la retórica*, abordando a questão da lógica no nosso processo de argumentar, diz que:

> na imensa maioria de nossas decisões, a lógica entra em jogo só a partir e depois de uma eleição inicial que não tem um fundamento lógico e que não pode ser demonstrada, na qual só se pode crer por sua autoevidência e na qual somente crê quem a considera autoevidente. Aristóteles sabia disso e, depois, confirmado por Michael Polanyi e Karl Popper, para os quais o fundamento era, nesta ordem, de natureza dialética, de crença e de fé.

*Los usos de la retórica*. Madrid: Alianza, 2003. p. 15. A citação foi feita numa tradução livre do espanhol para o português.

A avaliação da aprendizagem – como ato de investigar e, se necessário, intervir – está a serviço dos pressupostos teóricos do projeto pedagógico ao qual está atrelada. A avaliação *operacional*, como temos visto, não existe por si, mas está a serviço; daí a necessidade de termos ciência de qual é o corpo teórico ao qual servem nossos atos avaliativos.

Com esse entendimento, fica evidente que não podemos praticar a avaliação sem termos clareza do projeto pedagógico de ação – da teoria – que oferece os contornos de nosso ato avaliativo. Nessa circunstância, caso tenhamos uma teoria da aprendizagem fundada no comportamentalismo – segundo o qual o ser humano age com base nos condicionamentos externos de suas condutas –, a avaliação estará a serviço dela. Todavia, da mesma forma, se a teoria que sustenta nosso projeto de ação for emancipatória – elaborada, por exemplo, com base nas propostas do professor Paulo Freire –, a nossa prática de avaliação estará a serviço dos entendimentos dessa formulação teórica. De maneira semelhante, se assumimos a proposta apresentada nos Capítulos I e II da 1ª Parte deste livro, a avaliação estará a serviço da ação pedagógica construtiva, tendo em vista a formação do sujeito e do cidadão.

Desse modo, a segunda disposição prévia necessária de todo ato avaliativo é o avaliador saber qual teoria dá os contornos de seu agir, a fim de que sua ação não se dê de forma alienada e descomprometida. Tanto a ação avaliativa adequada como a ação científica necessitam dessa consciência crítica.

Sem a eleição de uma teoria consciente – no caso, o projeto político-pedagógico – que sirva o processo avaliativo, a prática da avaliação, assim como a prática pedagógica em geral, torna-se cativa de um senso comum pedagógico dominante. Diz-se que, se não

> Sobre o "senso comum pedagógico", cf. meu livro *Filosofia da educação* (São Paulo, Ed. Cortez, 2005, 21ª reimpressão), capítulo 5: "Filosofia do cotidiano escolar: por um diagnóstico do senso comum" (p. 93-108).

tivermos uma concepção teórica que nos guie na vida, alguém terá por nós.

Por essa razão, é que, na física, temos os físicos clássicos e os quânticos; na sociologia, temos os positivistas, os funcionalistas, os estruturalistas...; na filosofia, temos os escolásticos, os historicistas, os existencialistas...; na medicina, temos os clássicos, os homeopatas, os ortomoleculares, os *anti-aging*...; na prática pedagógica do acompanhamento do educando, temos os examinadores a serviço da pedagogia denominada tradicional e os avaliadores a serviço das pedagogias denominadas construtivas. Esses exemplos revelam que a teoria determina o modo de "ver" a realidade o que implica que o pesquisador e o avaliador necessitam de estar conscientes da teoria que os guia.

A avaliação deve ser praticada tendo como pano de fundo teórico a abordagem pedagógica do projeto ao qual ela serve. A teoria educativa que dá forma ao projeto político-pedagógico da escola, no que se refere à avaliação, de um lado, orienta a coleta de dados, e, de outro, serve de critério para a qualificação dos resultados obtidos.

Ter clareza da teoria que orienta a ação pedagógica e, consequentemente a avaliação, constitui a segunda condição prévia de todo ato de avaliar. Sem a teoria, tanto a coleta quanto a interpretação dos dados serão assumidas como absolutas, algo que, de fato, elas não são.

Por exemplo, ao elaborar um instrumento de coleta de dados para a avaliação da aprendizagem, caberá ao avaliador ter claro quais dados precisará coletar, tendo em vista a teoria que orientou a ação pedagógica a ser avaliada. Se o projeto pedagógico definir-se teoricamente pela apropriação das informações por meio da memória, a coleta de dados deverá estar configurada por essa abordagem; contudo, se o projeto pedagógico se definir pela apropriação dos conhecimentos por meio da formação e do desenvolvimento de habilidades, constituindo competências, a coleta de dados será determinada por essa visão teórica, o que implicará, em ambas as situações, a elaboração de perguntas e de situações-problema adequadas a cada uma das visões teóricas que dão forma à pedagogia em uso.

Além de subsidiar a coleta de dados, cada uma dessas teorias servirá de critério para qualificar os dados coletados. No caso da primeira teoria, com os dados coletados e tratados em mãos, caberia perguntar: "A descrição obtida com os dados coletados revela uma apreensão satisfatória das informações por meio da memorização?" No caso da segunda teoria, da mesma forma, caberia perguntar: "A descrição obtida com os dados coletados revela que os estudantes adquiriram as habilidades propostas e ensinadas, tendo em vista constituir competências?"

Em síntese, a prática da avaliação da aprendizagem exige a presença da teoria que deu forma ao projeto pedagógico e a referência inequívoca a ela. Sem essa condição prévia, o avaliador estará agindo de forma livre, independente e arbitrária em relação à teoria pedagógica que deu forma ao ensino-aprendizagem, o que, em si, é contraditório e negativo, visto que a avaliação da aprendizagem é um componente do ato pedagógico e assim, para ser coerente e suficientemente adequada, deve estar alinhada com ele.

## 2. Por uma compreensão do ato de avaliar

Assentado nas disposições anteriormente estabelecidas, o ato de avaliar – como acompanhamento da ação – implica dois processos articulados e indissociáveis:

1) *diagnosticar* e,
2) se necessário, *intervir, tendo em vista a melhoria dos resultados*.

Para bem compreender isso, importa retomar os dois tipos de avaliação mencionados no Capítulo I desta 2ª Parte:

1) a avaliação de produto e
2) a avaliação de acompanhamento.

A avaliação de produto encerra-se com o testemunho a respeito da qualidade do que foi avaliado; portanto, em termos de investigação, exige somente o diagnóstico. Já a avaliação como acompanhamento de uma ação em processo exige, em primeiro lugar, o diagnóstico e, a seguir, se necessário, a intervenção para a correção dos rumos da ação.

No caso da avaliação da aprendizagem, que acompanha um processo tendo em vista um produto de qualidade positiva, os dois tipos de avaliação são necessários: a de acompanhamento, monitorando a construção do resultado almejado, e a de produto, a fim de testemunhar a qualidade final do que foi produzido.

No que se segue, primeiro vamos debruçar-nos sobre o ato de diagnosticar como ato de avaliar propriamente dito e, a seguir, daremos atenção ao ato de intervir (se necessário), tendo por base o próprio diagnóstico e, desse modo, dando forma à avaliação de acompanhamento.

## 2.1. Avaliar: descrever e qualificar a realidade

Avaliar é diagnosticar, e *diagnosticar*, no caso da avaliação, é o processo de *qualificar a realidade* por meio de sua descrição, com base em seus dados relevantes, e, a seguir, pela qualificação que é obtida pela comparação da realidade descrita com um critério, assumido como qualidade desejada. O diagnóstico, propriamente, configura e encerra o ato de avaliar em si; a intervenção, da qual temos falado ao longo deste livro, só ocorre no caso da avaliação de acompanhamento, comprometida com uma ação.

Do ponto de vista etimológico, a palavra diagnosticar tem sua origem em dois termos gregos: *gnosis* (conhecer) + *dia* (através de). "Conhecer através de" significa coletar dados da realidade e interpretá-los com o intuito de compreender seu modo de ser e, no caso da avaliação, sua qualidade.

### 2.1.1. Primeiro passo do diagnóstico: descrever a realidade

O primeiro passo do diagnóstico é a configuração do seu objeto de estudo, o que implica sua *descrição*, tendo por base suas *propriedades físicas*.

O adjetivo *físicas* (da expressão "propriedades físicas") indica tudo o que, de algum modo, é factual no objeto que estamos investigando. Por exemplo a "capacidade de raciocinar aditivamente, por meio de uma situação-problema", certamente não é algo físico como um pedaço de madeira, mas é físico no sentido de haver fatos (operações) cognitivos que podem ser observados, bastando para tanto dispor de recursos (instrumentos satisfatórios e adequados de coleta de dados) que permitam essa observação.

A conduta de quem raciocina matematicamente pode ser observada por meio das respostas explícitas às questões e às situações-problema solucionadas corretamente. O mesmo ocorre no que se refere às variadas habilidades em qualquer outra área de conhecimento e de aprendizagem.

Assim como não há possibilidade de fazer ciência sem descrição da realidade investigada, não há possibilidade de efetuar a avaliação de alguma coisa sem a sua descrição. Os dados da realidade constituem a base da "leitura", que, no caso da ciência, se apresenta como uma compreensão da realidade e, no caso da avaliação, sua qualificação.

Numa consulta médica, o primeiro ato do profissional é uma constatação do quadro de saúde do seu cliente, seja por uma anamnese, por exames de laboratório clínico, seja por estudos de imagem. Por meio de todos esses procedimentos, o médico está coletando dados específicos para configurar uma descrição do estado de saúde do seu cliente.

A atribuição de qualidade "satisfatória" ou "insatisfatória" ao estado de saúde – segundo passo do diagnóstico – decorrerá da comparação do quadro descrito a um quadro ideal do estado de saúde, assumido como critério de qualificação utilizado pelo médico, tendo por base determinados parâmetros admitidos como adequados pelos órgãos oficiais de saúde ou pela comunidade científica da área.

Modalidade semelhante de conduta será seguida por outros profissionais, que praticam diagnósticos.

No caso da escola, essa descrição incide sobre o desempenho cognitivo, afetivo e motor dos educandos em sua aprendizagem. Quando nos servimos dos instrumentos de coleta de dados para a avaliação da aprendizagem – questionários com perguntas abertas ou fechadas, testes, redações, monografias, arguições, demonstrações práticas, entre outros –, desejamos descrever a realidade da aprendizagem.

Devido nossa capacidade de observar a realidade ser limitada, tanto na ciência quanto na avaliação, servimo-nos de instrumentos para captar dados sobre a realidade, o mais preciso possível. No caso do desempenho dos educandos, sem instrumentos de coleta de dados, não temos como obter algum tipo de acesso às sinapses neurológicas em seu sistema nervoso, que registram e retêm suas aprendizagens. Ou seja, sem instrumentos, exclusivamente por meio da observação direta do educando, não temos como saber se ele aprendeu ou não alguma coisa (a menos que ele esteja praticando alguma ação demonstrativa).

O desempenho dos estudantes, ao responderem aos instrumentos ou ao agirem, permite-nos saber se aprenderam. Permite uma descrição do seu desempenho e sugere, se o desejarmos, a busca da razão pela qual alguma aprendizagem não foi realizada.

Por exemplo, vamos supor um teste que tenha 20 questões. Após sua aplicação e correção, constatamos que um determinado educando acertou 15 questões e errou 5. Até aqui, uma descrição geral, baseada nos dados coletados pelo teste. A pergunta subsequente – "O que leva esse estudante a errar cinco questões?"– nos levará a nova coleta de dados e uma leitura das razões dos resultados.

Uma observação ainda: os dados necessários à constatação não devem ser quaisquer dados, mas somente os *relevantes*. Qualquer objeto a ser avaliado é composto de muitos dados, porém nem todos são relevantes para sua descrição. Alguns podem ser relevantes, outros, irrelevantes. Para a avaliação, interessam os relevantes.

Por exemplo, certamente, no dia 15 de novembro de 1891, data da Proclamação da República no Brasil, d. Pedro II deve ter-se alimentado, tomado banho, mudado a roupa, piscado os olhos, lavado as mãos... Esses são dados – fatos –, porém são irrelevantes para a

> "Fatos", aqui, são tomados tecnicamente como eventos do dia a dia, sem relevância histórica; "acontecimentos", historicamente, são fatos que determinaram o caminho histórico de um povo, de uma nação, de um país ou mesmo da vida de uma pessoa. No caso, pelo termo "fato", expressa-se o que é corriqueiro; pelo termo "acontecimento", expressa-se o que é relevante para a situação específica.

descrição dos eventos da Proclamação da República. Do ponto de vista da ciência histórica, dizemos que são fatos, mas não acontecimentos históricos, porque irrelevantes para a situação específica.

No que se refere aos dados para o diagnóstico, no processo de avaliação da aprendizagem, ocorre coisa semelhante. Muitos dados (fatos) estão presentes na vivência de um educando dentro da escola, mas podem não ser relevantes para o que estamos querendo avaliar. Dados irrelevantes podem servir para nossa curiosidade, mas não como base para a avaliação. O mesmo ocorre no âmbito da ciência. O investigador não pode tomar quaisquer dados para justificar suas hipóteses, mas somente os que efetivamente tenham relação com elas.

Para a prática da avaliação da aprendizagem, deverão ser coletados os dados que lhe sejam *essenciais, relevantes, significativos*. À semelhança do que ocorre na prática científica, a avaliação da aprendizagem não pode assentar-se sobre dados secundários do ensino-aprendizagem, mas apenas sobre os que efetivamente configuram a conduta que cabe ao educador ensinar e ao educando aprender. No caso da aprendizagem, dados essenciais são os que estão definidos no projeto pedagógico e nos planejamentos de ensino.

O mérito dos "pontos a mais ou pontos a menos" não tem sua base em algo essencial para as disciplinas ensinadas, mas sim em fatores externos à aprendizagem além de não ter a ver com avaliação, mas sim com classificação. "Pontos a mais" ou "pontos a menos" servem para elevar ou rebaixar um educando no *ranking* classificatório e, certamente, também para discipliná-lo.

Dados irrelevantes podem também ser solicitados nos instrumentos de coleta de dados. Para ilustrar essa situação, vou relatar uma experiência de minha vida escolar.

Ocorreu há bastante tempo, porém vale como exemplo de como dados secundários podem ser tomados por essenciais e, por isso, distorcer a realidade a ser descrita.

Isso deve ter ocorrido por volta de 1958, quando eu era estudante da segunda série do antigo ginásio, correspondente, hoje, à sétima série no ensino fundamental de nove anos. Havia um professor de História Geral que usava como material didático um livro chamado *Epítome de história universal*. "Epítome" quer dizer resumo. Esse livro era um resumo de uma obra mais complexa, uma história geral de um autor italiano chamado Caesare Cantu.

Como nosso livro era um resumo, muitas informações não essenciais para a aprendizagem de crianças de 12 ou 13 anos de idade foram postas pelo autor em notas de pé de página, a fim de atender a leitores mais exigentes. Na primeira prova que tivemos (e, na época, chamava-se "prova" mesmo), o professor tomou os conteúdos de muitas das notas de pé de página e elaborou um conjunto de questões que nenhum de nós, estudantes, conseguiu responder. Todos fomos classificados com notas baixas, numa escala de 0 a 10.

Esse meu professor, na elaboração do instrumento de coleta de dados para saber se tínhamos aprendido o que havia ensinado, tomou dados irrelevantes como se fossem relevantes. Ensinou uma coisa e solicitou outra, ainda que dentro do conteúdo ensinado. Com esse modo de agir, não pôde constatar se havíamos estudado e aprendido o que ele havia ensinado, pois ensinou uma coisa e perguntou outra. De fato, havíamos estudado e aprendido o que ele havia ensinado, e não o que solicitou na prova.

Nessa situação, caberia perguntar: se as notas de pé de página do livro didático adotado continham conteúdos essenciais, por que razão o professor não incluiu em suas aulas tais conteúdos? Se não eram essenciais, que razão o levou a formular muitas questões com base nos conteúdos dessas notas de pé de página? Afinal, quais eram os conteúdos essenciais: aqueles abordados no espelho das páginas do livro didático ou as notas de rodapé dessas mesmas páginas?

No caso, para dar suas aulas, o professor seguiu os espelhos das páginas do livro; então, qual era a razão para formular questões sobre os conteúdos das notas de pé de página? Certamente não era para *constatar* se os estudantes haviam aprendido o que ele havia ensinado, mas sim para garantir que todos os estudantes fossem reprovados ou, pelo menos, se sentissem ameaçados por uma possível reprovação. Com certeza meu ex-professor agiu dessa forma de modo mecânico, sem ter consciência clara do que estava fazendo. Todos, na época, agiam desse modo.

Na situação do exemplo, em decorrência dos dados irrelevantes, todos nós tivemos um desempenho insatisfatório, não porque não tivéssemos estudado e aprendido o que o professor havia ensinado, mas pelo fato de ter-nos sido perguntado o que não havia sido ensinado, ainda que estivesse dentro das páginas do livro didático.

Para verdadeiramente cumprir o primeiro passo do diagnóstico na avaliação da aprendizagem, importa tomar dados relevantes – e somente eles –, assim como, para investigar, um pesquisador deve coletar os dados que efetivamente possam configurar o seu objeto de estudo. Dados irrelevantes distorcem a realidade e dão margem a interpretações e soluções enganosas.

Os exemplos podem ser multiplicados às centenas. Cada um de nós pode recordar situações semelhantes pelas quais passamos quando estudantes ou que nós, como educadores, reproduzimos.

Uma observação ainda sobre os dados para a avaliação da aprendizagem. Afinal, quais são esses dados relevantes? A resposta a essa questão é simples: são os conteúdos essenciais definidos por ocasião do planejamento do ensino (lembrar que "conteúdos" são informações, habilidades e competências cognitivas, afetivas e procedimentais), os quais, em última instância, redundam nos critérios para o diagnóstico da satisfatoriedade ou insatisfatoriedade da aprendizagem.

O ato de planejar o ensino é fundamental para a prática tanto do ensino quanto da avaliação, como tratado na 1ª Parte deste livro. Ambos são componentes do ato pedagógico escolar, uma vez que o planejamento envolve *decisões políticas* (o que ensinar, por que ensinar isso, qual será o destino desse ensino, que cosmovisão está por trás disso que vamos ensinar?), *decisões científicas* (as informações, habilidades e competências que vamos trabalhar estão comprometidas com a ciência contemporânea ou com as condutas necessárias à vida individual e social?) e *decisões técnicas* (que recursos técnicos são adequados para ensinar esses conteúdos?). O ato de avaliar necessita desses elementos como parâmetros de qualidade dos resultados.

Tendo presentes essas especificações, cremos que podemos estabelecer, com relativa precisão, o que é essencial ensinar em determinada disciplina assim como em determinada série diante das necessidades sociais, que podem ser atendidas pelas diversas áreas contemporâneas de conhecimento. Esse essencial, definido no planejamento em termos de informação e habilidades – ou conhecimentos, procedimentos e atitudes – é o essencial a ser levado em conta nos atos avaliativos.

Isso significa que o planejamento de ensino deve ser produzido com consciência e de forma qualitativamente satisfatória, tanto do ponto de vista político-pedagógico como do ponto de vista científico.

Além de tudo isso, ainda importa lembrar que a avaliação opera com a *complexidade*, como vimos anteriormente, o que nos obriga a ter presentes as múltiplas variáveis relevantes a serem levadas em consideração na coleta de dados e não somente as variáveis que nos interessam ou que, ingenuamente, tomamos como suficientes. A realidade é complexa e desse modo deve ser compreendida.

Para diagnosticar e tomar decisões em vista da melhoria da aprendizagem do educando, decerto não bastará coletar dados sobre o seu desempenho em uma aprendizagem específica. Para explicar e compreender o que ocorre com a aprendizagem, importa ter presente as variáveis intervenientes, que atuam nos resultados.

Se a aprendizagem em uma turma de estudantes se apresenta insatisfatória, não basta estarmos atentos somente ao desempenho do educando. Importa saber que fatores estão intervindo para que se obtenha esse resultado.

Para além do desempenho específico, cabe investigar possíveis fatores intervenientes na situação, tais como os expressos nas seguintes perguntas: o material de apoio que está sendo utilizado – livro didático, textos, orientações escritas para as tarefas... – é adequado e satisfatório? As atividades em sala de aula têm sido suficientemente interessantes e atrativas, para que os educandos se sintam estimulados a estudar e aprender? O ambiente escolar tem sido suficientemente adequado para as atividades? O projeto pedagógico da escola é adequado e tem sido utilizado para dirigir as atividades de ensino? A administração da escola e o seu setor pedagógico têm dado suficiente suporte para as atividades de ensino? Nós, educadores, temos nos qualificado para nossas atividades pedagógicas? Preparamo-nos para elas ante as necessidades permanentes e emergentes do ensino? Que aspectos do contexto escolar podem e devem ser melhorados para que a aprendizagem venha a ser mais satisfatória do que está sendo?

Essas perguntas exigem coletas de dados específicos, com recursos técnicos próprios, certamente diferentes dos testes de aprendizagem.

Para encerrar este tópico, convém ressaltar que o ato de constatar a realidade da aprendizagem dos educandos exige do educador, como avaliador, muitos cuidados para que a descrição do desempenho do educando não seja distorcida e, portanto, inadequada e injusta. Olhando tanto o passado quanto o presente, vemos que a ausência desses cuidados tem produzido consideráveis estragos na psique de muitos estudantes de nossas escolas.

### 2.1.2. Segundo passo do diagnóstico: qualificação da realidade

O segundo passo do ato de diagnosticar é a *qualificação* da realidade. Esse é o núcleo central do ato de avaliar. Em si, o ato de avaliar encerra-se com a qualificação, que expressa a qualidade atribuída pelo avaliador ao seu objeto de estudo, seja ela positiva ou negativa.

Tendo por base os dados da realidade, a qualificação ocorre por comparação entre a realidade descrita e o critério de qualificação. O maior ou menor atendimento do critério (ou padrão de expectativa) resulta em maior ou menor aproximação dessa realidade à qualidade desejada. Quanto maior for o atendimento do critério, mais satisfatória será a qualidade. O contrário também é verdadeiro: quanto menor for o atendimento do critério, menos satisfatória será a qualidade.

Esse entendimento é compatível com a teoria dos valores, segundo a qual a qualidade não existe "em si mesma", pois não tem materialidade palpável, mas existe sempre em outro, visto ser atribuída a algo existente, tendo por base suas propriedades.

Qualidade, assim como valor, é fenômeno que não existe por si e se caracteriza pela posição de "não indiferença" do sujeito diante da realidade, tendo por base algum critério, o que significa que pode variar entre a positividade e a negatividade, não existe valor ou qualidade neutros.

Em virtude de nunca poderem permanecer no ponto de indiferença, valor e qualidade, como consequência, são bipolares (positivo-negativo) e hierarquizáveis (todo valor tem uma hierarquia que varia do menos para o mais positivo ou do menos para o mais negativo, ou vice-versa). O valor e a qualidade, numa escala que tenha um ponto zero (-_____0_____+), nunca estarão neste ponto, ponto de indiferença, mas sim num dos dois polos, podendo variar do extremo de maior negatividade para o extremo de maior positividade. De fato, qualidade e valor são atribuições do sujeito à realidade, tendo por base suas propriedades, comparadas com um critério de qualidade assumido como aceitável.

Existe larga discussão filosófica a respeito da objetividade e da subjetividade dos valores e qualidades, a qual pode ser aprofundada no âmbito da teoria dos valores (axiologia). Assumimos a posição que valor e qualidade têm a ver com a relação sujeito-objeto em determinada circunstância. Nenhum valor é absoluto e válido por si mesmo, mas sempre em determinada circunstância, visto que o critério é sempre cultural e, portanto, relativo.

> Sobre objetividade e subjetividade dos valores, pode-se estudar: Manuel García Morente, *Fundamentos*: lições preliminares de filosofia (São Paulo, Ed. Mestre Jou, 1967, p. 273-304); Adolfo Sánchez Vázquez, "Os valores", no livro *Ética* (Rio de Janeiro, Ed. Paz e Terra, 1978); Rizieri Frondizi, "Qué son los valores", no livro homônimo (México, Ed. Fondo de Cultura Económica, 1958); Johannes Hessen, *Filosofia dos valores* (Coimbra, Arménio Amado Editor, 1980); Carl Rogers, "Uma visão moderna do processo dos valores", no livro *Liberdade para aprender* (Belo Horizonte, Ed. Interlivros, 1969); Ralph Linton, *O homem:* uma introdução à antropologia (São Paulo, Ed. Martins Fontes, 1976, p. 80-102).

Abordagens gramaticais da língua portuguesa podem ajudar-nos na compreensão de como operam os valores e a qualidade.

Em gramática, a qualidade é expressa pelo adjetivo, que se agrega a um substantivo, da mesma forma que a qualidade é agregada à realidade. Esse agregamento é realizado pelo sujeito. O termo "substantivo" origina-se do prefixo latino *sub* e do verbo *stare*, que significa aquilo que está por baixo, que sustenta ou, ainda, *que tem substância*. Em decorrência disso, afirma-se que o substantivo é o termo que *nomeia* o objeto, diz o que ele é. O termo "adjetivo", por seu turno, tem sua origem no prefixo *ad*, acrescido do verbo *jactare*, que significa *lançar em* ou *lançar para*, no sentido de que uma qualidade é atribuída a alguma coisa. Por isso, diz-se que a qualidade não existe por si mesma, mas em outro; no caso da gramática, essa é a situação do adjetivo em relação ao substantivo.

Desse modo, temos substantivos que nomeiam objetos e seres e adjetivos que os qualificam: por exemplo, *homem honesto* ("homem", substantivo que nomeia um ser humano do sexo masculino; "honesto", qualidade atribuída), *mulher bela* ("mulher", substantivo que nomeia um ser humano do sexo feminino; "bela", qualidade atribuída).

A compreensão final, tanto sob o aspecto epistemológico quanto gramatical, é que a qualidade não existe por si mesma, porém atribuída a alguma realidade (gramaticalmente, a qualidade é atribuída ao substantivo).

Quando substantivamos uma qualidade, transformamos o adjetivo em substantivo abstrato – algo não existente na realidade. *Beleza, honestidade, feiura...* não existem na realidade, por serem qualidades substantivadas. O que, de fato, existe é *a mulher bela*, um *ato honesto*, uma *figura feia...* – realidades qualificadas.

A qualificação, no caso, depende da comparação entre a realidade que está sendo qualificada e o critério de qualificação utilizado. Para dizer que uma *mulher* é *bela*, necessitamos de uma mulher e de um critério de beleza feminina, ao qual comparamos a mulher descrita; o mesmo ocorre com qualquer outro fenômeno. Em qualquer prática avaliativa, haverá necessidade de um objeto (que será descrito) e de um critério de avaliação (que permitirá, por comparação, determinar sua qualidade).

À semelhança da avaliação em geral, na avaliação da aprendizagem deve ocorrer algo semelhante. Com base na constatação das condutas dos nossos educandos, atribuímo-lhes qualidades, que podem ser positivas ou negativas, completando o diagnóstico.

A Associação Brasileira de Normas Técnicas (ABNT) estabeleceu padrões de qualidade para muitíssimas atividades e produtos existentes no País. Ao avaliá-los, esses critérios são tomados como parâmetros comparativos da realidade encontrada no dia a dia comercial. O Instituto Nacional de Metrologia, Normalização e Qualidade Industrial (Inmetro) utiliza-os para avaliar os produtos industriais e ver se podem ou não ser comercializados no País. Para avaliar uma instituição, assim como qualquer outra coisa, importa ter um critério segundo o qual ela será qualificada.

O mesmo deve ocorrer na escola. Para avaliar a aprendizagem de um educando em sala de aula, importa ter claramente definido o critério ou os critérios de aceitação de sua conduta como satisfatória.

A teoria pedagógica dá o norte da prática educativa e o planejamento do ensino faz a mediação entre a teoria pedagógica e a prática de ensino na aula. Sem eles, a prática da avaliação escolar não tem sustentação. Eles oferecem os critérios para a avaliação da aprendizagem.

Nos anos 50 do século XX, quando fui alfabetizado, eu seria reprovado se chegasse ao fim do ano letivo sem saber ler e escrever com certa fluidez. A teoria pedagógica vigente em minha escola era a tradicional, de acordo com a qual o estudante "deveria estar sempre pronto" – e, no fim do ano letivo, mais ainda.

Hoje, diferentemente, numa escola construtiva que tome o estudante como sujeito em processo de desenvolvimento, no qual se possa sempre investir para seu aperfeiçoamento, admite-se a possibilidade de o educando continuar aprendendo na série seguinte, no subsequente ano letivo, sem ser reprovado. Ao contrário: se manifestar dificuldades, a criança será acompanhada mais de perto, para que aprenda.

Assim, para qualificar a aprendizagem de nossos educandos, é necessário ter consciência tanto da teoria empregada como suporte de nossa prática pedagógica quanto do planejamento de ensino, o guia prático do ato de ensinar no decurso das unidades de estudos do ano letivo.

Sem clara e consistente teoria pedagógica e sem um satisfatório planejamento de ensino, com sua consequente execução, os atos avaliativos serão praticados aleatoriamente, mais arbitrários do que já o são em sua própria constituição. Daí a necessidade de critérios claros, definidos e conscientes do que minimamente se quer que o estudante aprenda.

Com a constatação da realidade, descrita por meio dos dados obtidos, e sua comparação com um critério, que permite o estabelecimento da qualificação, praticamente se encerra o ato de avaliar. Porém o ato de avaliar como acompanhamento, conforme dissemos anteriormente, tem mais um passo: a intervenção no curso da ação, se necessária.

## 2.2. Intervenção na realidade: complemento constitutivo da avaliação de acompanhamento

Concluído o diagnóstico de um objeto de avaliação, há, na modalidade de avaliação de acompanhamento, ainda algo a ser feito: *uma tomada de posição, que conduz a uma intervenção, se necessária.*

O ato de qualificar, em si, implica uma *tomada de posição* – positiva ou negativa – acerca do objeto da avaliação que, por sua vez, no curso de uma ação, conduz a uma *tomada de decisão* sobre a realidade submetida ao processo de avaliação. A partir da qualificação da realidade, o gestor necessita de decidir o que fazer: aceitar a realidade como está ou intervir nela. Caso os resultados de uma ação sejam qualificados como satisfatórios, o que fazer com ela? Caso sejam qualificados como insatisfatórios, o que fazer com ela?

Sem o ato de decidir sobre uma intervenção (ou não), o ato de avaliar, na modalidade de acompanhamento, não se completa. Chegar ao diagnóstico é a primeira parte dessa modalidade de prática avaliativa; intervir, se necessário, é a segunda.

A situação de diagnosticar sem tomar uma decisão de intervir – quando há necessidade dessa conduta – assemelha-se à situação do náufrago que, após o naufrágio, nada com todas as forças em direção a algum porto seguro e, chegando lá, morre, antes de usufruir os benefícios do seu esforço.

Assim como a qualificação da realidade, a tomada de decisão não se faz num vazio teórico. A correção da ação será realizada em que parâmetro? A que qualidade desejamos que os resultados cheguem? Tomam-se decisões em função dos objetivos que se têm, em conformidade com o projeto de ação assumido. O projeto determina a correção necessária a ser feita para que os resultados sejam os desejados ou deles se aproximem.

Ao ressaltar isso, estamos lembrando que, tanto para a coleta de dados quanto para a qualificação da realidade e para a intervenção, a referência fundamental é a mesma, ou seja, o que é que se quer e qual a qualidade aceitável do que desejamos. Se os resultados já são satisfatórios, basta acolhê-los e testemunhar a sua qualidade; caso sejam insatisfatórios, cabe intervir para que atinjam a qualidade estabelecida no projeto.

Um médico toma decisões, a fim de oferecer condições de melhoria de saúde ao seu cliente, tendo por base um critério segundo o qual julga a satisfatoriedade ou insatisfatoriedade de seu quadro de saúde; o mesmo ocorre com um empresário que toma decisões a respeito de sua empresa em vista da melhoria de seu desempenho; o mesmo se dá com todos os outros profissionais que desejam melhorar o resultado de sua ação. Um educador deve tomar decisões para a melhoria dos resultados da aprendizagem do educando segundo as determinações do projeto pedagógico assumido e o critério de qualidade que deve orientar a intervenção necessária deve estar embutido no planejamento da ação. Se o projeto propõe ensinar "informações", o critério conterá esse parâmetro, e a intervenção, se necessária, subsidiará o alcance desse resultado; do mesmo modo, se o projeto de ensino for por "habilidades e competências", o critério seguirá esse mesmo padrão e a intervenção, se necessária, estará configurada para garantir a obtenção da aprendizagem satisfatória do educando, segundo esses indicadores. E assim sucessivamente.

Nesse contexto, o ato de avaliar subsidia o estabelecimento de uma ponte entre o que ocorre e o que se deseja. Um gestor que, por meio da avaliação, conhece a qualidade dos resultados de sua ação e, por isso, intervém para obter melhores resultados, estabelecendo uma ponte entre o que está ocorrendo e o que deve ocorrer. Nesse sentido, a intervenção é formativa do produto final desejado.

Ela subsidia a conquista desse produto com qualidade satisfatória. É nesse sentido que a avaliação subsidia o sucesso da ação.

Essa característica da avaliação foi denominada por mim de "diagnóstica", por Jussara Hoffmann de "mediadora", por Celso Vasconcellos de "dialética", por José Eustáquio Romão de "dialógica" e por Benjamin Bloom de "formativa". Todas essas adjetivações da avaliação, ainda que tenham nuanças, indicam que ela é um recurso subsidiário da ação bem-sucedida, como já vimos.

## 3. Conclusão do capítulo

Sistematizando os conceitos estabelecidos e aplicando-os à avaliação da aprendizagem na escola, temos que ela é o ato pelo qual:

1) descreve-se o desempenho da aprendizagem dos educandos por meio de uma coleta de dados, tendo como indicadores relevantes as decisões tomadas na elaboração do projeto político-pedagógico da escola e nos planejamentos de ensino – ou seja, aquilo que se decidiu ensinar (conteúdos) e a forma como se decidiu ensinar (proposta pedagógica);
2) a seguir, qualificam-se os resultados obtidos por meio de uma comparação do desempenho descrito com os critérios de qualidade estabelecidos com base nos indicadores de ensino-aprendizagem, estabelecidos no projeto pedagógico e nos planos de ensino, possibilitando ou o diagnóstico do processo ou a certificação do resultado final em termos de aprendizagem;
3) por último, se necessário, na avaliação de acompanhamento, pratica-se uma intervenção para a correção da ação em curso cujo objetivo é garantir a construção satisfatória das aprendizagens almejadas dos educandos.

Existirão situações de impasse na aprendizagem que não possam ser suficientemente sanadas apenas pelos cuidados do educador, que interage diretamente com o educando. Por vezes, a solução dependerá de intervenções múltiplas, envolvendo o diretor da escola, o supervisor, o orientador pedagógico, pais ou outros profissionais. Nessas circunstâncias, importa que todos entrem em ação para que, com o educador, se encontre uma via de solução para a dificuldade apresentada.

Por fim, no que se refere à avaliação da aprendizagem – e a qualquer outra prática avaliativa –, vale lembrar que o ato de avaliar não soluciona nada, mas somente retrata a qualidade de uma situação. A solução vem da decisão e investimento do gestor que reconhece a situação problemática e decida ultrapassá-la.

As modalidades de avaliação de acompanhamento e da certificação da aprendizagem serão nossas aliadas na busca do sucesso de nossa ação educativa. Sua função é subsidiar o sucesso de todos, de educadores e de educandos, assim como, por consequência, do sistema de ensino.

Isso implica suprimir da face da Terra o uso dos exames no espaço das salas de aula de nossas escolas, incluindo aí a ideia ou crença do exames como recursos de disciplinamento e castigo de nossos educandos. Os exames devem ser reservados para as situações seletivas, não para a sala de aula, espaço de aprendizagens.

Nesse espaço, os atos avaliativos de acompanhamento e de certificação da aprendizagem serão nossos efetivos aliados na obtenção do sucesso nos resultados e na democratização do ensino. Não podemos abrir mão deles, sob pena de permanecermos no modelo autoritário, seletivo e discriminatório dos exames escolares que ainda temos hoje em nossas escolas.

# V

# Instrumentos de coleta de dados para a avaliação da aprendizagem na escola: um olhar crítico

*No capítulo anterior, tivemos oportunidade de compreender que o ato de avaliar implica, em primeiro lugar, uma descrição da realidade com a qual estamos trabalhando e ela, por sua vez, depende de dados. Neste capítulo, como no próximo, vamos dar atenção à questão dos instrumentos de coleta de dados sobre o desempenho do educando, os quais têm a função de garantir adequada e satisfatória descrição da realidade de seu desempenho na aprendizagem. Para que o ato de avaliar se processe de forma adequada em seu aspecto metodológico, o avaliador não pode fugir à necessidade constitutiva de uma descrição, a mais completa possível, de seu objeto de estudo, o que exige recursos técnicos de coletas de dados.*

Os dados necessitam ser coletados em conformidade com as exigências do objeto de estudo, ou seja, com o que estamos investigando e com a forma pela qual abordamos nosso objeto de pesquisa, o que implica, no caso do ensino-aprendizagem, ter presentes as configurações do projeto da escola, como também dos planos de ensino, assim como das aulas. O que importa avaliar é o resultado da ação, e esta deve estar definida nessas instâncias. Nesse contexto, os instrumentos necessitam ser elaborados, aplicados e corrigidos segundo especificações decorrentes dessas decisões prévias à ação. Elas definem os resultados almejados, e, então, a avaliação existe para informar se eles foram atingidos ou não e, com que qualidade. Se nossos instrumentos de coleta de dados não nos propiciam isso, são insatisfatórios.

Ultimamente, em nosso meio educacional escolar, temos convivido com uma série de críticas, por vezes ingênuas, em relação ao uso de instrumentos de coleta de dados sobre o desempenho de aprendizagem dos estudantes, tendo em vista sua avaliação. Diz-se, por exemplo, que questionários com perguntas abertas e fechadas, assim como os testes, já não são instrumentos admissíveis numa escola que tenha, entre seus modos de agir pedagogicamente, a prática da avaliação da aprendizagem.

Nesse sentido, aqui e acolá ouvimos depoimentos do tipo: "Na minha escola, hoje, só trabalhamos com avaliação. Não usamos mais os testes"; "Na minha escola, trabalhamos com avaliação; por isso, não temos semana de provas." Ou então se diz: "Na minha escola, agora, estamos trabalhando com avaliação. Lá nós usamos o portfólio, não mais os testes."

Tais depoimentos são equivocados, visto parecer que o uso de instrumentos estruturados para a coleta de dados sobre o desempenho do educando é que distorce a prática avaliativa. Trata-se de um engano que necessita ser abordado com um olhar crítico.

Por outro lado, à medida que, em nossa tradição escolar, se realizou uma vinculação dos instrumentos de coleta de dados sobre o desempenho dos educandos aos exames escolares, torna-se mais ou menos automático, neste novo momento histórico da educação, ao tratar de avaliação, continuarmos atrelando-os inconscientemente aos exames, o que leva aos depoimentos mencionados no parágrafo anterior; ou seja, com esse raciocínio, passamos a crer que basta a abolição de instrumentos estruturados para que atuemos com práticas avaliativas.

Ingênuo engano, pois o uso de instrumentos de coleta de dados, em si, não tem a ver com exames ou com avaliação. Tanto o ato de examinar quanto o ato de avaliar necessitam deles. Exame e avaliação exigem coleta de dados sobre o desempenho do educando como ponto de partida do seu processamento. Os atos de examinar e avaliar distinguem-se pelas concepções pedagógicas às quais estão vinculados e pelos seus conceitos e não pelos recursos técnicos de coleta de dados utilizados. Falando em termos gerais, os dados coletados por meio dos instrumentos – contanto que sejam elaborados segundo regras metodológicas científicas – podem ser os mesmos, entretanto a avaliação os utilizará diagnosticamente e os exames classificatoriamente.

Portanto, tanto para a prática dos exames quanto para a da avaliação necessitamos dos instrumentos de coleta de dados. Ambos os atos se assentam sobre dados da realidade que devem ser coletados, o que implica o uso de instrumentos.

Desse modo, por agora, apenas estamos confirmando o que já fora expresso antes: para realizarmos uma prática avaliativa, necessitamos de dados da realidade e, para obtê-los, necessitamos de instrumentos que ampliem nossa capacidade de observação da realidade.

Importa ter presente que todos os instrumentos de coleta de dados para a avaliação da aprendizagem são úteis, desde que sejam adequados aos objetivos da avaliação, isto é, adequados às necessidades e ao objeto da ação avaliativa e elaborados segundo as regras da metodologia científica.

## 2ª Parte

Os instrumentos poderão variar de uma simples observação sistemática, baseada em um conjunto de indicadores intencionalmente selecionados para isso, a testes escritos, redações, *papers*, monografias, demonstrações práticas em laboratórios ou situações reais, além de sofisticados simuladores que orientam e registram os resultados da ação do aprendiz, entre outros instrumentos possíveis. Importa que todos sejam adequados às finalidades para as quais são utilizados.

Se necessitarmos de dados sobre memorização, o instrumento não poderá estar calcado em habilidades; porém, se necessitarmos de dados sobre habilidades, ele não poderá estar estruturado somente para coletar dados sobre informações memorizadas pelos educandos. Os objetivos determinam a escolha e à elaboração dos instrumentos.

No que se segue neste capítulo, cuidaremos de algumas noções necessárias sobre os instrumentos de coleta de dados para a prática avaliativa, assim como de uma crítica aos instrumentos de coleta de dados hoje comumente utilizados em nossas escolas. No capítulo subsequente, cuidaremos de orientações construtivas.

O que será importante nos estudos neste e no próximo capítulo é que o leitor adquira a compreensão – traduzindo-a em prática cotidiana – de que não se deve agir em pesquisa ou em avaliação sem que dados sejam coletados com rigor metodológico. Não teremos como tratar dos muitos e variados instrumentos de coleta de dados para a avaliação da aprendizagem, por isso daremos atenção ao mais comum entre eles, os testes; todavia cabe ao leitor ficar atento ao fato de que os princípios que serão expostos constituem princípios gerais a serem levados em conta na elaboração e uso de quaisquer instrumentos de coleta de dados para a avaliação, desde os mais simples aos mais complexos. Assim sendo, o leitor interessado precisará buscar na literatura existente – com algumas indicações no final deste livro – estudos e orientações para elaboração e/ou uso dos variados instrumentos de coleta de dados já disponíveis. Neste livro, estamos mais preocupados com os princípios da coleta de dados do que propriamente com cada um dos tipos de instrumentos, mesmo porque cada um deles exigiria compreensão de suas nuanças, e especificidades, o que tornaria excessivamente extensa esta obra, já bastante longa.

## 1. Instrumentos de avaliação ou instrumentos de coleta de dados para a avaliação?

Usualmente, denominamos os testes, os questionários com perguntas abertas e fechadas, as fichas de observação, as redações, os simuladores, entre outros, de *instrumentos de avaliação*. Na verdade, eles não são "instrumentos de avaliação", mas sim *instrumentos de coleta de dados para a avaliação*. Essa confusão pode ser negativa para a prática avaliativa, pois, ao considerá-los "instrumentos de avaliação", quando estamos atuando no primeiro passo do diagnóstico, que se define pela coleta de dados, fica a parecer termos já concluído o ato de avaliar (juntando os atos de coletar dados e qualificar a realidade, como se fossem um único ato), o que efetivamente não se dá dessa forma.

Para compreender isso, basta lembrar o que expusemos anteriormente, estabelecendo a compreensão de que a avaliação em geral e a operacional em específico se realizam como práticas de investigação.

Instrumentos de coleta de dados são propriamente os recursos que empregamos para captar informações sobre o desempenho do educando, que são a base da descrição do seu desempenho.

Frente a esse entendimento, consideramos que *recursos metodológicos da avaliação* são:

1) coleta de dados relevantes sobre a realidade do objeto da avaliação mediante algum meio consistente de observação;
2) qualificação do objeto de avaliação por meio da comparação de sua descrição com um critério;
3) e, no caso da avaliação de acompanhamento, intervenção, se necessária.

Podemos em sentido lato, denominar esses três passos de "instrumentos da avaliação", uma vez que, metodologicamente, com eles realizamos o ato de avaliar. "Instrumentos", nesse contexto, seriam entendidos como "recursos" que utilizamos para fazer alguma coisa.

Desse modo, reservaríamos a expressão *instrumentos de avaliação* para designar os atos metodológicos da prática da avaliação, e a expressão *instrumentos de coleta de dados para a avaliação* para designar o que efetivamente eles fazem: "coletar dados", como ponto de partida do ato de avaliar.

Essa distinção é fundamental para podermos pôr os instrumentos de coleta de dados – fichas de observação, testes, questionários, redações, *papers*, monografias, demonstrações, simuladores... – no seu devido lugar e na sua devida função, o que nos permitirá ser mais cuidadosos com os diversos passos do ato de avaliar a aprendizagem dos nossos educandos.

## 2. Instrumentos de coleta de dados: necessidade e função

Os instrumentos de coleta de dados para a avaliação – assim como para a ciência – ampliam nossa capacidade de observar a realidade. Sem esse passo, nossa prática avaliativa carece de base. Não sendo e não podendo ser arbitrário, o ato de avaliar necessita assentar-se sobre dados consistentes.

A fim de compreender o significado do uso de instrumentos de coleta de dados, vamos tomar como exemplo o que acontece com um bioquímico ao usar um microscópio para observar uma lâmina em seu laboratório. O microscópio, para ele, é um instrumento que aumenta em muitas vezes o tamanho dos elementos do seu objeto de estudo. Por conta desse aumento proporcionado pelas lentes do instrumento, a *capacidade de observar* fica ampliada e então, dessa forma, o bioquímico consegue *descrever* o que se encontra oculto naquela lâmina, invisível a olho nu.

Sem o microscópio, ele não teria como saber, com precisão, o que está ali contido, visto que são elementos ultraminúsculos, não observáveis a olho nu, microscópicos.

Procuremos transpor o conteúdo desse exemplo para a experiência de uso de instrumentos de coleta de dados na prática da avaliação da aprendizagem. Eles têm a mesma função de ampliar a capacidade de observação do avaliador. Enquanto um bioquímico observa micro-organismos, ou elementos que compõem o sangue de uma pessoa, ou qualquer outra coisa, o avaliador da aprendizagem observa o "desempenho do educando" em sua aprendizagem. Nenhum dos componentes desse desempenho pode ser observado direta e imediatamente por meio dos sentidos do avaliador. No mínimo, este precisa estar presente onde ocorre uma ação do educando, tendo como instrumento uma lista de dados que deseja observar, usualmente denominada de ficha de observação. Essa ficha ordena o que o avaliador deve observar e por isso amplia sua capacidade de estar atento a fatos essenciais (e não a todos os fatos que se verificam no espaço de sua observação). Sem essa lista, o observador não terá um foco de observação e assim não poderá observar "fatos variados, eventuais e aleatórios", o que não subsidiará uma adequada descrição da realidade em estudo.

Por exemplo, vamos supor que um educador esteja observando, diretamente, os comportamentos de educandos num trabalho em grupo. Para tanto, ele deve ter definido previamente o que deseja observar; caso contrário, poderá observar e registrar condutas que não têm interesse para o seu objetivo. Nessa situação, estará usando seus cinco sentidos para ter conhecimento do desempenho dos educandos no cumprimento de suas tarefas, todavia prestando atenção em determinadas condutas específicas, e não quaisquer delas. A ausência de foco, neste caso, conduz à aleatoriedade dos dados coletados, o que não serve de base consistente para a prática avaliativa.

Nesse exemplo, vale ainda sinalizar que a observação direta tem limites: ela se dá sobre o comportamento externo de cada educando (e do grupo como um todo), de sorte que não revelará o que está ocorrendo internamente em cada um deles, a não ser mediante uma dedução ou uma interpretação externa, passíveis de engano.

Essa forma de abordagem externa permite uma interpretação, mas não uma observação apropriada do que efetivamente está ocorrendo com um ou mais dos educandos. Permite constatar que um estudante aprendeu "isso" ou "aquilo" por meio das expressões existenciais manifestas em sua conduta, porém não permite observar a fonte dessa conduta – as conexões sinápticas realizadas no seu sistema nervoso central.

Outros instrumentos de coleta de dados, respondidos diretamente pelo estudante (por escrito, verbalmente ou de forma demonstrativa), na medida em que sejam adequados à circunstância, podem e devem ser utilizados para ampliar a capacidade de observação do avaliador, com a consciência de que eles fazem uma mediação entre o observador e a realidade observada, ou seja, eles têm o limite de serem instrumentos de coleta de dados "sobre a realidade". Não são absolutos. Eles "expressam a realidade", mas é possível que não seja "a realidade em toda a sua extensão".

Como não é possível observar diretamente, no cérebro do estudante, os sinais neurológicos (sinapses) de que aprendeu determinada informação, procedimento ou atitude, mesmo com os limites dos nossos melhores instrumentos, solicitamos, mediante perguntas, situações-problema ou uma tarefa a ser realizada, que ele mostre ter adquirido essa aprendizagem. À medida que reage com satisfatoriedade a essas perguntas, situações-problema e/ou tarefas, dizemos que ele aprendeu. À medida que responda insatisfatoriamente, dizemos que ainda não aprendeu. O desempenho externo revela de algum modo o que ocorre internamente com algum educando em sua aprendizagem.

Para ilustrar isso, tomemos, por exemplo, a busca de dados sobre a aprendizagem de conteúdos de matemática por educandos da oitava série do ensino fundamental. Diretamente, olhando para o educando, sentado em sua carteira, quieto, sem agir, não há como ter ciência do que ele aprendeu (ou não) sobre esses conteúdos. Todavia, se utilizamos um teste, este o convida a agir, respondendo às questões propostas e expressando o que aprendeu ou não. Com isso em mãos, se as respostas às questões foram adequadas, dizemos que ele aprendeu; caso sejam inadequadas, dizemos que ele não aprendeu determinada coisa.

No caso, nosso instrumento atua indiretamente. Não temos como observar o cérebro do educando diretamente, em funcionamento, para afirmar se aprendeu ou não determinada coisa;

porém, por meio do instrumento, se estiver satisfatoriamente elaborado, chegaremos bem próximo de ter esse conhecimento, uma vez que a conduta expressa dirá, de forma mediada pelo instrumento, se houve ou não aprendizagem. Com o auxílio desses mediadores, revelar-se-ão as habilidades e capacidades internas construídas por meio da aprendizagem de determinados conteúdos. Ou seja, o teste – ou outros instrumentos semelhantes – amplia a capacidade de observação do avaliador da aprendizagem, visto que convida o educando a expressar aquilo que construiu internamente. É por meio dessa capacidade ampliada que o educador constata e descreve a realidade da aprendizagem a ser qualificada no processo avaliativo.

## 3. Um olhar crítico sobre os instrumentos de coleta de dados para a avaliação elaborados e utilizados em nossas escolas

Todos os instrumentos de coleta de dados para a avaliação da aprendizagem hoje existentes e utilizados em nossas escolas ou fora delas – testes, questionários, redação, monografia, entrevista, arguição oral, tarefas, pesquisas bibliográficas, relatórios de atividades, demonstração em laboratório, relatório de pesquisa, participação em seminários, apresentações públicas, utilização de simuladores... –, em si, são úteis para o exercício da prática avaliativa da aprendizagem na escola.

Um discurso que se vem tornando muito comum entre nós, educadores, é o que denomina esses instrumentos de "tradicionais" e, por essa razão, afirma que eles já não fazem sentido na prática educativa escolar. Acredito ser esse um juízo inadequado. Todos esses instrumentos são úteis e podem ser utilizados. Contudo, o que devemos observar é se os instrumentos que estamos utilizando são adequados aos nossos objetivos e se apresentam as qualidades metodológicas necessárias de um instrumento satisfatório de coleta de dados para a prática da avaliação da aprendizagem.

Ao se elaborar instrumentos de coleta de dados, algumas variáveis devem ser levadas em conta.

Quanto à *adequação dos instrumentos* de coleta de dados às finalidades às quais estes se destinam, importa ter presente que o instrumento precisa coletar exatamente os dados necessários para descrever o desempenho do educando que estamos precisando descrever, – nem mais nem menos, somente os necessários. Essa é uma regra preciosa.

Por exemplo, um teste composto de questões de múltipla escolha não é adequado para diagnosticar se uma criança de oitava série tem as habilidades necessárias para redigir um texto ou quais são suas habilidades de redação, pois as respostas às perguntas desse tipo de instrumento, por si, não revelarão as habilidades de redigir do educando. Para ter conhecimento delas, é preciso que ele *redija* variados textos, manifestando as habilidades já adquiridas. O mesmo pode ocorrer com qualquer outro conjunto de habilidades e capacidades. Para coletar dados essenciais relativos a determinada habilidade ou capacidade, importa que estas sejam configuradas especificamente no instrumento com exclusividade. Distorções na adequação do instrumento à meta que se tenha ao coletar dados sobre a realidade geram distorções no conhecimento que se estabelece com base neles.

Quanto à *satisfatoriedade metodológica*, os instrumentos devem ser elaborados segundo rigorosas regras de metodologia científica. Muitos instrumentos utilizados em nossas escolas carecem dessa qualidade, sendo elaborados de modo descuidado e aleatório, por vezes até com certa perversidade autoritária, quando o educador que avalia decide, de alguma forma, criar situações-problema difíceis em excesso ou externas ao conteúdo avaliado.

A elaboração de consistentes, adequados e bem elaborados instrumentos de coleta de dados para a avaliação da aprendizagem no cotidiano escolar é questão de vital importância para a prática educativa. Instrumentos de coleta de dados elaborados insatisfatoriamente do ponto de vista metodológico não fazem jus ao esforço dos estudantes e sua dedicação à aprendizagem, às atividades do docente que ensina, como também não fazem jus ao sistema de ensino, seja ele representado pela instituição escolar especificamente ou pelo sistema de ensino do país.

Talvez mais importante do que tudo isso, instrumentos mal elaborados não coletam os verdadeiros dados da aprendizagem dos educandos, o que impede o educador de ter ciência do que o estudante aprendeu e do que não aprendeu. Com um instrumento metodologicamente insatisfatório – portanto, enganoso –, o educador não poderá saber, com base em sua avaliação, no que necessita fazer maior investimento para que seus educandos efetivamente aprendam o que ainda não aprenderam. Ademais, instrumentos mal elaborados impedem que a escola, como instituição, identifique o próprio desempenho e que o país revele com precisão quais estão sendo os efetivos resultados escolares decorrentes de suas políticas públicas. Ou seja, instrumentos elaborados insatisfatoriamente geram prejuízos para todos: educandos, docentes, escola, pais, sistema de ensino, sociedade.

A questão dos instrumentos de coleta de dados para a avaliação, tanto do ponto de vista de sua adequação quanto de sua satisfatoriedade metodológica, não é de somenos importância, como por vezes se acredita, mas constitui tema fundamental, pois são esses recursos que nos permitem observar com justeza a realidade da aprendizagem dos educandos. Um instrumento insatisfatório, que distorça a leitura da realidade, pode trazer consequências até mesmo graves para a vida humana.

Quantos estudantes, em sua história pedagógica, já não foram prejudicados pelo uso de instrumentos inadequados ou mal elaborados de coleta de dados para a avaliação da aprendizagem? Nós mesmos já podemos ter sido vítimas desses desvios. Quantas vezes o sistema de ensino pode ter prejudicado seu conhecimento da realidade educacional em decorrência do uso de instrumentos sem os requisitos metodológicos necessários?

## 3.1. Consequências negativas de um instrumento defeituoso na coleta de dados

Exemplos ilustrativos de distorções de leitura da realidade decorrentes do uso de instrumentos inadequados ou insatisfatórios podem emergir de qualquer área de atividade humana. É o caso do relato que ouvi em uma conferência sobre avaliação da aprendizagem na escola. Não sei se o episódio foi verdadeiro ou foi imaginado para efeito de exposição naquela circunstância; acredito que teve um fundo mais teatral que factual, porém ilustrativo do que desejamos expor neste tópico, pois configura bem o que um instrumento insatisfatório pode fazer em termos de distorção da realidade e as consequências negativas às quais ele pode induzir.

Segundo o conferencista, uma pessoa esteve em uma clínica para submeter-se a uma investigação de sua acuidade auditiva. Essa investigação é feita usando uma cabine à prova de sons, onde é colocada a pessoa que vai passar pela investigação.

Tal cabine é equipada com instrumentos de medida de sons, controlados, do lado de fora, pelo profissional que faz a investigação. De fora para dentro, são produzidos sons em diversos níveis (graves, agudos, altos, baixos) que podem ser ouvidos ou não por aquele que é investigado, em conformidade com sua capacidade auditiva.

Essa cabine tem uma janela de vidro, através da qual a pessoa investigada e o profissional podem comunicar-se por meio de sinais. E o código da comunicação é um sinal com o dedo polegar para cima, indicando "positivo", ou para baixo, indicando "negativo", ou, na sequência dos atos investigativos, a repetição, em voz alta, de sons emitidos pelo profissional, caso sejam ouvidos e da forma como são ouvidos.

A cena relatada pelo conferencista foi a seguinte: a pessoa investigada foi colocada dentro da cabine e o profissional, do lado de fora, acionou sucessivamente as teclas de produção dos diversos níveis de som; a cada som produzido dentro da cabine, o cliente deveria fazer um sinal positivo ou negativo, que indicasse, respectivamente, se havia ouvido ou não o som emitido. Seguidamente, o cliente fez o sinal negativo.

Depois de algum tempo, a pessoa que passava pela investigação saiu da cabine e disse ao profissional: "Sua cabine está com defeito. Não ouço nenhum som lá dentro." A isso o profissional teria respondido que o equipamento funcionava a contento e o cliente estava com redução auditiva.

O cliente não se deu por vencido e propôs uma troca. O profissional iria para dentro da cabine, enquanto ele acionaria as teclas de produção dos diversos sons, com alguma orientação sua. Após alguma relutância, a troca foi feita; e, com uns poucos testes, constatou-se que o equipamento estava com algum problema em seu funcionamento.

Então o cliente a partir desse equipamento teria dito ao profissional: "Olhe, se você, com base na investigação, emitir um laudo dizendo que tenho uma deficiência auditiva, não haverá muito problema, pois estou ouvindo bem e isso é suficiente para o meu dia a dia; contudo, o cliente que vai ser atendido a seguir é um candidato a músico da orquestra da cidade. Se você emitir um laudo negativo sobre a acuidade auditiva dele, tendo por base os dados coletados por esse instrumento que está com funcionamento insatisfatório, poderá estar cortando definitivamente a oportunidade de esse músico concorrer à vaga que está desejando como profissional. O seu laudo é requisito para a inscrição dele para o concurso."

A cena – verídica ou imaginária – ilustra bem a situação em que o uso de um instrumento insatisfatório de coleta de dados pode ser desastroso para a vida das pessoas submetidas a ele, por produzir uma descrição distorcida da realidade. O que seria da vida e da saúde de todos nós se os exames de laboratório ou as investigações por imagens fossem realizados por meio de instrumentos pouco confiáveis? Os diagnósticos seriam distorcidos, e os cuidados com nossa saúde, inadequados e certamente prejudiciais. Para a felicidade de todos nós, os profissionais de saúde, como outros, cada vez mais vêm primando pelos cuidados com os resultados de suas atividades – embora sempre haja, é claro, exceções infelizes.

Condutas inadequadas na investigação podem ocorrer em qualquer área profissional: engenharia, arquitetura, farmacologia, administração, psicologia, pedagogia, sala de aula... Servir-se de instrumentos adequados e corretamente elaborados para a coleta de dados da realidade, no âmbito da prática da pesquisa científica ou da avaliação, é condição primordial para chegar ao conhecimento da realidade.

No caso da avaliação da aprendizagem, nossos instrumentos de coleta de dados, se não forem adequados e satisfatoriamente elaborados, podem enganar-nos, de forma semelhante ao relato anterior, no que diz respeito ao desempenho dos nossos educandos, assim como acerca dos resultados de nossa atividade como educadores, do mesmo jeito que ficarão enganados a escola onde trabalhamos e o próprio sistema de ensino. Os instrumentos de coleta de dados podem distorcer a realidade tanto para mais (afirmando qualidades positivas não existentes) quanto para menos (negando qualidades positivas que existem).

Se a coleta de dados for distorcida, nossa leitura da realidade será distorcida, como também serão distorcidas as decisões que tomarmos com base nela. "Isso é óbvio!", dirão muitos. Todavia nem sempre (ou quase nunca), em avaliação da aprendizagem, levamos em consideração esse fato. Nossos instrumentos contêm muitas distorções, que devem ser evitadas se queremos que nos ajudem a detectar a qualidade da aprendizagem dos nossos educandos o mais próximo de como ela é.

Exemplos de distorções originadas do uso de instrumentos inadequados ou mal elaborados podem ser multiplicados por todos nós, tendo por base nossa experiência de vida em geral, assim como nossa experiência como estudantes ou como profissionais da área da educação.

## 3.2. Desvios nos instrumentos de coleta de dados para avaliação da aprendizagem na escola

São muitos os possíveis desvios na construção e no uso de instrumentos de coleta de dados para a avaliação da aprendizagem. Aqui, apontaremos alguns que podem ser facilmente encontráveis em nosso cotidiano escolar. O levantamento não é exaustivo nem pretende ser. Desejamos somente alertar o leitor para o fato de que há necessidade de cuidados com os desvios, sob pena de não atingirmos nossa meta de diagnosticar o que ocorre na aprendizagem de nossos educandos e, se necessário, intervir para sua melhoria.

Trazer à consciência os desvios já incrustados, sem nenhum questionamento crítico, em nosso modo comum de agir, é passo importante para começar a fazer diferente. Marx diz que, quando começamos a elaborar questões sobre alguma coisa, é porque já podemos dedicar-nos às suas soluções. Então, sigamos para esse expediente!

### 3.2.1. Instrumentos inadequados

Iniciemos pelos instrumentos *inadequados*, os que não captam os dados que deveriam captar. Relembro, como exemplo, um caso ilustrativo de minha vida pessoal de estudante no período escolar que hoje corresponde ao ensino fundamental e médio. Um instrumento inadequado pode até estar bem elaborado, porém não consegue coletar os dados relevantes e necessários sobre a realidade a ser descrita.

Era adolescente e, nessa situação, sempre obtive notas escolares altas na disciplina Música, porém até hoje não sei solfejar nem cantar afinadamente. Diante dessa confissão, poderia haver quem pensasse que as notas obtidas tiveram sua origem numa "marmelada", num engodo. Não.

O que ocorreu foi que meus professores de Música não investigaram meu afinamento auditivo e vocal, ainda que esse fosse o objetivo das aulas. Eles só investigavam minha aprendizagem em teoria musical, e isso era muito fácil de aprender. Ao menos para mim, era. Até hoje retenho os conhecimentos que adquiri, nessa época, sobre teoria musical. E isso se deu há mais de 40 anos.

Teoricamente, sei o que é e como funciona uma pauta de sol ou uma pauta de fá; sei as notas – mínima, semínima, colcheia, semicolcheia, fusa, semifusa; sei os compassos – binário, ternário, quaternário; sei as pausas de quatro tempos, de dois, de um, de meio e de um quarto de tempo; sei o que é sustenido e bemol... Porém não sei fazer nada com essas informações em termos de música.

No caso, meus professores usaram instrumentos inadequados para coletar dados para aquilo que estavam querendo avaliar. Se fosse para solfejar e cantar – objetivo primordial da disciplina –, minha aprendizagem seria considerada insatisfatória, mas, como pediam, distorcidamente, que mostrasse o meu conhecimento sobre as formalidades da teoria musical, eu sempre apresentava um bom desempenho. Ainda que os instrumentos de coleta de dados pudessem ser bem elaborados, *eram inadequados* para o objetivo que se tinha, isto é, não coletavam os dados que deveriam coletar.

Em nossa experiência cotidiana, quantas vezes não nos utilizamos de conteúdos mais complexos que os ensinados? Quantas vezes não nos utilizamos de conteúdos secundários e que não precisariam ser abordados em nossos instrumentos? Essas são formas de gerar instrumentos inadequados, isto é, incapazes de coletar os dados que deveriam coletar para se descrever o que se deseja descrever.

### 3.2.2. Desvio de conteúdo e ausência de sistematicidade no instrumento de coleta de dados

Os instrumentos de coleta de dados podem, num viés diferente do anterior, ser adequados para as finalidades desejadas, mas *mal elaborados quanto ao conteúdo e à sua sistematicidade*.

Os conteúdos de aprendizagem a serem investigados no processo de avaliação escolar são aqueles que compõem o currículo e o plano de ensino, nem mais nem menos que isso: ou seja, os instrumentos de coleta de dados para a avaliação da aprendizagem deverão ter como parâmetro a cobertura de todos os conteúdos essenciais ensinados pelo professor e aprendidos pelos educandos; *sistematicamente*, deverão abordar todos esses conteúdos, traduzidos em informações, habilidades e condutas, em conformidade com a definição anteriormente dada, nesta obra, de "conteúdos escolares".

Para efeito de exposição, vamos apresentar uma *caricatura* do processo usual de elaboração de instrumentos de coleta de dados para avaliação praticado por nós, educadores, em que a sistematicidade, completamente ausente, é substituída pela aleatoriedade e pela eventualidade das perguntas e situações-problema propostas aos estudantes.

Como não temos, nem poderíamos ter, habilidades suficientes para analisar um instrumento de cada uma das variadas disciplinas trabalhadas nas escolas e nos diversos níveis de ensino, vamos tomar uma situação compreensível para todos nós, em virtude de ela poder ter sido objeto de experiência pessoal de cada um de nós no passado, seja como estudantes, seja como professores, seja na convivência com algum professor que a ensinasse.

Imaginemos um professor de História do Brasil ensinando o tema "Descobrimento do Brasil" a estudantes de oitava série do ensino fundamental. No livro didático adotado pelo educador, esse tema está tratado em cinco capítulos. Digamos que são os capítulos 2, 3, 4, 5 e 6 do livro em questão. Estando próximo o dia de aplicação do instrumento de coleta de dados para a avaliação do desempenho dos estudantes, o professor despreocupado dos requisitos do verdadeiro ato de avaliar age mais ou menos da seguinte forma:

toma o livro, abre-o no capítulo 2, passa os olhos pelo conteúdo e diz a si mesmo: "Nesse capítulo não há nada de importante. Todas as perguntas que fizer sobre seu conteúdo, todos acertarão. Ih! Nossa! Fácil demais. Não vou elaborar nenhuma questão sobre os conteúdos deste capítulo."

Passa, a seguir, para o capítulo 3 e formula duas questões relativas ao tema trabalhado; vai para o 4, considera o seu conteúdo também fácil em excesso e, por isso, não observa nele nenhum tópico que mereça alguma pergunta; salta para o capítulo 5, encontra assuntos para mais duas questões, a fim de compor o instrumento; finalmente, sobre os conteúdos do capítulo 6, formula mais duas questões. No total, o educador conseguiu elaborar seis questões: duas sobre o conteúdo do capítulo 3, duas sobre o conteúdo do capítulo 5 e duas sobre o conteúdo do capítulo 6.

Então, pensa assim: "Somente seis questões? Eu, de fato, desejava ter dez questões, pois isso tornaria mais fácil tanto a correção quanto a atribuição de notas." Com essa intenção, retoma os capítulos e busca novas questões até chegar às dez desejadas. Revê os capítulos 2 e 4, sobre cujos conteúdos não havia elaborado nenhuma questão, e então elabora duas sobre o conteúdo de cada um dos capítulos, atingindo com essa manobra as dez questões.

Satisfeito, o educador, agora, tem dez questões. Digita-as ou solicita ao secretário da escola que as digite, faz cópias e aplica o teste junto aos estudantes. Com um pouco de teatralidade, esse é o ritual comum no nosso cotidiano escolar. Se não ocorre exatamente desse modo, o ritual de elaboração de instrumentos de coleta de dados para a avaliação desenvolve-se de forma próxima a isso.

Do ponto de vista da coleta de dados para efetiva avaliação da aprendizagem, um instrumento construído dessa maneira (ou assemelhada) não possibilita uma descrição da realidade da aprendizagem do educando, pois não expressa sistematicidade e cuidado com o que é *essencial* e com *tudo* o que é essencial no conteúdo relativo ao tema "Descobrimento do Brasil", destinado a educandos de oitava série.

Todavia, um instrumento elaborado dessa forma serve para uma finalidade bem prosaica no cotidiano escolar: reprovar estudantes.

Perguntas aleatórias não diagnosticam *todas* as aprendizagens essenciais efetivamente realizadas, porém servem para fazer um juízo superficial a respeito do desempenho dos estudantes, reprovando-os em muitos casos, visto que eles não podem responder bem a questões com essas características, assim como questões de tal forma elaboradas não diagnosticam se aprenderam ou não o que foi ensinado.

Tais perguntas têm o viés de poder, eventualmente, cobrir alguns conteúdos essenciais; contudo, se isso ocorrer, terá sido por mera casualidade, o que não oferece nenhuma garantia para uma prática investigativa, que exige uma descrição rigorosa, em conformidade com o objeto de investigação.

Um instrumento que apresenta a característica de sistematicidade é elaborado em compatibilidade com o currículo e com o plano de ensino adotado, ou seja, com o que foi efetivamente ensinado – no verdadeiro sentido de ensinar, em que ao ensino corresponde efetiva aprendizagem. Os conteúdos e as perguntas de um instrumento com essa propriedade são conscientemente assumidos e fazem uma cobertura completa de todas as informações, habilidades e condutas definidas para serem ensinadas e aprendidas, pois o que de fato interessa ao educador, que avalia a aprendizagem é saber se o educando aprendeu o que foi ensinado e se já pode usar esse conhecimento de forma correta e criativa.

As distorções em relação aos conteúdos, além de ocorrerem pela aleatoriedade das questões e situações-problema propostas aos estudantes, podem advir de situações nas quais o educador ensina uma coisa e solicita outra, ou quando ensina com uma metodologia e faz solicitações que exigem outra, ou quando ensina num nível de complexidade e solicita condutas aprendidas em outro ou, ainda, quando ensina com uma linguagem simples e faz solicitações com uma linguagem sofisticada. Essas e outras distorções em relação ao conteúdo podem fazer-se presentes num instrumento. De fato, questões e situações-problema são colocadas num instrumento como meio de solicitar ao educando que revele o que aprendeu daquilo que foi ensinado. Para tanto, importa que o instrumento seja elaborado e proposto com os contornos do que foi ensinado e aprendido e da forma pela qual os conteúdos foram ensinados e aprendidos. Nada mais que isso.

Caso o educador tenha o desejo de, num instrumento, trabalhar com o fenômeno dos "conhecimentos majorantes", necessitará ter consciência de que esse expediente não tem por objetivo avaliar se o estudante aprendeu o que foi ensinado, mas sim avaliar a sua capacidade de ir além do que foi ensinado. Nesse caso, o instrumento deverá separar o que é conhecimento de domínio, usando como critério de qualificação "o mínimo necessário", e o que é majorante, usando como critério de qualificação "as aprendizagens que dependem da narrativa biográfica de cada estudante". Pode-se conduzir todos os estudantes para o aprendizado do "mínimo necessário", porém não se pode exigir que todos tenham a mesma narrativa biográfica pessoal, que depende de muitos fatores – genéticos, socioeconômicos, culturais... – que estão para além das possibilidades de atuação do educador e da escola.

Um instrumento construído com ausência de sistematicidade e com ausência de cuidados com os conteúdos escolares traz distorções tanto à descrição da realidade quanto à sua interpretação. Na prática cotidiana da avaliação da aprendizagem, tendo em vista o bem de nossos educandos, o nosso e o da instituição para a qual trabalhamos, os instrumentos de coleta de dados sobre o desempenho do educando, para fazerem jus a essa denominação, necessitam apresentar a característica da sistematicidade.

### 3.2.3. Dois exemplos de instrumentos insatisfatórios utilizados em escolas

O que apresentamos no tópico anterior deste capítulo a respeito do senso comum presente na elaboração de um instrumento de coleta de dados para a avaliação da aprendizagem é uma *caricatura* do que acontece no cotidiano de nossas escolas, porém importa notar que o real é bem próximo disso no que se refere às discrepâncias entre os conteúdos ensinados e os avaliados assim como à aleatoriedade das perguntas elaboradas. A seguir, os relatos de duas experiências ocorridas com pré-adolescentes que chegaram até mim via consultas por *e-mail*, do tipo: "Professor Luckesi, na minha escola aconteceu... Que acha disso?"

Também desejamos deixar claro que citaremos os exemplos, a seguir, como recurso de estudo e compreensão do que acontece em nossas escolas. Nessa citação não vai nenhuma desqualificação aos educadores que elaboraram os instrumentos relatados. Por outro lado, nem de longe temos a possibilidade de saber quem são os seus autores. Mais que isso, ficamos agradecidos pela possibilidade de utilizar esses exemplos para a aprendizagem de todos, inclusive do autor deste livro.

Deve ficar claro que nosso objetivo, ao relatarmos esses casos, é expressar, por meio de um "fenômeno particular", um "universal" do que ocorre em nossas escolas – com o entendimento de que

## 2ª Parte

o relatado ocorre em muitas circunstâncias assemelhadas ou equivalentes no cotidiano de nossas escolas deste imenso país.

Aliás, essa forma de abordagem é compatível com o que prescreve a metodologia do materialismo histórico, com a qual concordamos. Marx decidiu estudar o capitalismo na Inglaterra do século XIX (onde a forma do capitalismo industrial estava mais desenvolvida) como exemplar universal de toda a sociedade capitalista. Um fato heurístico que revela um modo de ser do todo.

É desse modo que encaramos os relatos que se seguem. São exemplares do que ocorre na realidade cotidiana de nossas escolas, o que não quer dizer que não haja exceções – as quais, todavia, não têm passado a ser a regra.

Analisar esses relatos é um convite a "fazer diferente". De acordo com o primeiro deles, num primeiro bimestre letivo em determinada sétima série, o programa prescrevia que se estudassem dois assuntos da história moderna europeia: "Formação dos Estados Nacionais na Europa do século XVIII" e "Absolutismo na Europa no século XVIII". Passados os dois meses de ensino, estudos e aprendizagens, chegou o período denominado de avaliação. O teste para diagnosticar a aprendizagem dos estudantes relativa a esses dois temas era composto de três partes.

Na primeira e terceira partes, os estudantes deveriam ler um texto como base para responder às questões formuladas e, na segunda parte, essa base era composta de uma charge.

A primeira parte do teste – composta de duas perguntas, cujo contexto era constituído por dois pequenos textos – tinha a seguinte introdução: "Leia os textos abaixo e responda a seguir." O primeiro dos textos era um poema de um compositor brasileiro, e o segundo, o relato sobre ações atribuídas ao grupo criminoso chamado Primeiro Comando da Capital (PCC), ocorridas no ano de 2006 na cidade de São Paulo.

Após os textos, havia as perguntas: "a) Explique o Estado e a Nação a que se refere Herbert Vianna na canção *O calibre*, fragmentada no texto 1"; "b) Estabeleça a relação entre os textos 1 e 2, por meio de um parágrafo, emitindo sua opinião a respeito do que neles é tratado."

A segunda parte do teste tinha a seguinte orientação: "Lendo e pensando historicamente, responda abaixo." Como contexto das perguntas, havia um quadrinho com a representação de um rei (da era do absolutismo) e de um pirata. Ambos conversavam entre si, o rei solicitando fundos para suas guerras e o pirata garantindo facilmente os recursos.

Já a terceira parte do teste era composta da orientação: "A partir da leitura do texto abaixo e do contexto expresso nele, responda a seguir" e de um trecho do livro *O príncipe*, de Nicolau Maquiavel. Após o texto, seguia-se a exposição de três atividades e/ou perguntas, assim formuladas: "a) Que tipo de Governo/Estado seria possível existir a partir do que é dito por Maquiavel? Explique"; b) "Segundo Maquiavel, como um príncipe deveria governar para ter êxito?"; c) "Você considera que as ideias de Maquiavel podem ter aceitação no meio político e também no meio popular no nosso Brasil de hoje? Justifique sua resposta."

Comparando os conteúdos da unidade de ensino – "Formação dos Estados Nacionais na Europa do século XVIII" e "Absolutismo na Europa no século XVIII" – com os conteúdos das perguntas anteriormente relatadas, é visível o esforço do avaliador em ultrapassar a prática denominada de "decoreba". Nisso deve ser elogiado. Porém, desse desejo emerge também a distorção de um aspecto fundamental na elaboração de um instrumento de coleta de dados para a avaliação da aprendizagem na escola: a articulação entre conteúdos ensinados e conteúdos utilizados na construção desse instrumento.

Os temas propostos para estudo no bimestre abordavam os acontecimentos da história moderna europeia. Contudo, as questões propostas no teste, pelo menos as da primeira e da terceira partes, exigiam dos estudantes articulações com o Brasil contemporâneo. No caso, do ponto de vista da construção de instrumentos de coleta de dados para a avaliação, tratou-se de um salto indevido.

Se no conteúdo do instrumento foram feitas abordagens relativas ao Brasil contemporâneo, o ensino (com material didático correspondente) também deveria incluir essa articulação, o que parece não ter sido o caso, ao menos segundo o que pudemos compreender do relato a nós remetido.

Além disso, caso o desejo do educador fosse "avaliar a capacidade dos educandos de manifestar compreensões majorantes", importa ter presente que o teste se destinava à sétima série do ensino fundamental – ou seja, a estudantes que têm, em média, 13 anos de idade. Essa condição necessita de ser levada em conta, além do fato de que "conhecimentos majorantes" não têm a ver com "acertar" ou "errar" em alguma conduta, mas sim em arriscar outra possibilidade para além do comumente conhecido. Será que educandos com essa idade já possuem desenvolvimento e maturidade intelectual, emocional e ideológica para tecer comentários sobre as condições sociais, políticas e organizacionais do Brasil, tendo como base estudos da história moderna europeia? Com tal idade, os estudantes seriam capazes de ler um texto filosófico--político de Maquiavel e fazer aplicações à vida política do Brasil contemporâneo? Assumiu-se, no caso, uma suposição de maturidade intelectual dos estudantes que efetivamente não correspondia à realidade. Afora essa constatação, também vale perguntar: a solicitação de conhecimentos majorantes, nesse teste, tinha por objetivo avaliar a "capacidade dos educandos de ir para além do ensinado" ou "aprová-los ou reprová-los por efeito da aprendizagem ou não dos conteúdos estritamente ensinados"?

O teste ainda apresentava alguns componentes que mereceriam destaque, especialmente no que se refere à linguagem, por vezes mais cotidiana que acadêmica, como: "texto *fragmentado*", quando se deveria dizer "*fragmento* do texto"; "conteúdo histórico *passado* pela imagem acima", quando se deveria dizer "conteúdo histórico *comunicado* pela imagem acima".

Com base em uma leitura cuidadosa do instrumento, pode-se facilmente supor que os dados coletados por ele não nos permitem concluir se os estudantes aprenderam ou não o que foi ensinado; ou seja, ele não possibilita fazer um diagnóstico da aprendizagem dos educandos relativa àquilo que foi ensinado e deveria ser aprendido, pois o instrumento de coleta de dados contém diferenças entre o ensinado e o solicitado. Para que o teste seja satisfatório em sua constituição, deve coletar dados sobre o que efetivamente foi ensinado. Nem mais nem menos que isso. E, se havia desejo de avaliar a capacidade dos educandos para expressões majorantes do conhecimento, havia equivalente necessidade de expressar, no instrumento, essa destinação, a fim de evitar estados de ansiedade desnecessários nos educandos.

O segundo relato refere-se a um conteúdo de Ciências para estudantes da quarta série do ensino fundamental, material que também recebemos pela internet para submetê-lo à nossa opinião e que, de forma semelhante, apresenta distorções no que concerne à coleta dos dados necessários para a avaliação da aprendizagem dos educandos. A seguir, o teste abordando conteúdos de Ciências Biológicas tal como nos chegou às mãos:

2ª Parte

---

**AVALIAÇÃO MENSAL DE CIÊNCIAS**

1 - O que é muda?
_____

2 - Dê exemplos de insetos conforme seu aparelho bucal.
_____

3 - Identifique os moluscos e as classes a que eles pertencem.
_____

4 - Como os insetos respiram?
_____

5 - O que é lanterna de Aristóteles?
_____

6 - Identifique os equinodermos e as classes às quais pertencem.
_____

7 - Dê três características importantes dos artrópodes.
_____

8 - Complete:
a) Os equioides são chamados de _____ (nome popular).

b) Os artrópodes são animais segmentados, com apêndices _____
_____ e exoesqueleto _____ .

c) Os pelecípodes possuem como representantes típicos as ostras, os _____
_____ e os _____ .

d) Os pelecípodes são animais filtradores, a entrada de água é feita por uma abertura, o _____, sendo a saída feita através da
_____ .

---

Como se pode verificar, esse teste não apresenta as características fundamentais de um instrumento de coleta de dados para a avaliação da aprendizagem, tais como sistematicidade e coerência interna. Traz perguntas aleatórias e eventuais e, por isso, não apresenta condições efetivas de subsidiar o diagnóstico de possíveis aprendizagens significativas dos educandos em relação aos conteúdos ensinados e que deveriam ser aprendidos. Por vezes, em razão dos muitos temas possíveis para a composição do teste, o educador, de forma indevida, aleatoriamente, estabelece perguntas eventuais, como as que se encontram nesse exemplo. Todavia, cabe estar cientes de que essa aleatoriedade não permite uma descrição sistemática da aprendizagem dos educandos. Ele é um "exemplar" dos instrumentos insatisfatórios na coleta de dados para a avaliação da aprendizagem.

O grave, nesses dois relatos, não são as situações específicas – nem mesmo devemos impressionar-nos emocionalmente com eles; o grave é que eles representam uma conduta mais ou menos universal entre nós, educadores. Ou seja, nossos educandos, por este país afora, são aprovados ou reprovados – não avaliados – em seus estudos e aprendizagens com instrumentos parecidos com os expostos anteriormente. Além de não serem construídos com cuidados metodológicos necessários, tais instrumentos não fazem jus nem ao educador – uma vez que eles, como estão construídos, não podem revelar o efetivo efeito das atividades de ensino – nem ao educando, visto que não podem revelar se eles aprenderam ou não o que havia sido ensinado.

Se o ato de avaliar é um ato de investigar a qualidade dos resultados de uma ação, como temos visto neste livro, os instrumentos de coleta de dados para a avaliação precisam ser construídos segundo regras metodológicas básicas: *sistematicidade* (cobrir todos os conteúdos planejados e ensinados), *coerência interna* (os temas abordados devem estar articulados como um todo ao tema central trabalhado), *consistência* (correspondência efetiva entre o instrumento e o conteúdo com o qual ele trabalha, do ponto de vista tanto das informações, das habilidades e das condutas quanto da complexidade das variáveis intervenientes, da metodologia e da linguagem utilizadas no ensino), *comunicação* (linguagem clara, precisa e compreensível ao educando). Ou seja, os instrumentos devem ser capazes de coletar os dados necessários para descrever o que está sendo objeto de avaliação. Se não cumprem essa meta, qualquer leitura da realidade feita com base neles será distorcida.

Como pesquisador que é, cabe a todo educador que avalia cuidar efetivamente de todos os detalhes metodológicos do instrumento que constrói e utiliza. É um pacto ético da profissão.

### 3.2.4. Distorções comuns presentes nas questões elaboradas

Dediquemo-nos agora à qualidade das questões elaboradas. Nesse campo, um dos desvios básicos tem a ver com a clareza das perguntas formuladas para os estudantes. Muitas vezes as questões são elaboradas muito mais para confundir os educandos em suas respostas do que para saber se aprenderam o que foi ensinado. Seguem-se alguns exemplos.

> Lembrar que "prova final" é usualmente entendida como a aplicação de um instrumento de coleta de dados sobre o desempenho do educando já no final do ano letivo, quando ele não obteve os pontos necessários para sua promoção à série seguinte.

Iniciemos por uma questão que contém um desequilíbrio entre o que foi ensinado e o que foi solicitado no instrumento. Num teste, utilizado como "prova final" de Matemática para estudantes de quinta série do ensino fundamental, havia a seguinte questão: "Qual é o número que é menor que 200, maior do que 190, e múltiplo de 4 e 6?" Os conteúdos com os quais essa questão está comprometida são "múltiplos de um número" e "múltiplos comuns a dois ou mais números".

Observar que, na questão-exemplo, quatro conteúdos se fazem presentes: "menor que", "maior que", "múltiplos de um número", "múltiplos comuns de dois ou mais números". Será que o ensino se deu dessa forma complexa? – é a primeira pergunta a fazer.

Se retomarmos agora a premissa da questão: "Qual é o número que é menor que 200 e maior do que 190", vamos observar que ela introduz um elemento estranho e desnecessário aos temas dos "múltiplos de um número" e dos "múltiplos comuns a dois ou mais números"; porém essa formulação tem sua utilidade para dificultar ao educando a compreensão do que lhe está sendo solicitado, o que poderá conduzi-lo ao erro, porém sem diagnosticar sua aprendizagem.

Os conteúdos ensinados foram "múltiplos de um número" e "múltiplos comuns a dois ou mais números"; então qual é a razão pela qual a pergunta não pode ser formulada diretamente? Por exemplo: "Quais são os múltiplos de 4, até 200?" ou "Quais são os múltiplos comuns de 4 e 6, até 200?" A circunstância inserida na questão – "Qual o número que é menor que 200 e maior do que 190" – traz uma complexidade desnecessária à investigação realizada para saber se o estudante aprendeu ou não os conteúdos ensinados. Qual seria, então, a razão para tal formulação? Esse modo de elaborar a questão é útil para confundir a compreensão do estudante e, em consequência, para conduzi-lo facilmente a uma resposta insatisfatória. Ou seja, tal questão, como está formulada, não tem por objetivo, em primeiro lugar (que seria sua função), detectar se o estudante aprendeu o que foi ensinado. Ela exige-lhe uma compreensão e um raciocínio mais complexos do que os requeridos no modo como ele foi ensinado e que deveria ter aprendido.

Se a pergunta fosse feita na *forma direta*, tal como o conteúdo foi ensinado, certamente todos ou quase todos os estudantes chegariam a uma resposta satisfatória. A pergunta, nesse caso, teria sido elaborada da forma correspondente ao modo como o conteúdo foi ensinado. Em geral, os professores não fazem o ensino da forma complexa que escolhem para formular a pergunta. Ensinam de forma direta e simples, mas perguntam de forma complexa.

Qualquer questão formulada de maneira semelhante à apresentada não visa detectar diretamente a aprendizagem do educando – que certamente aprendeu o conteúdo em pauta da forma como foi ensinado, mas não da forma como foi perguntado. Afinal, o que foi ensinado é simples, mas a forma pela qual ocorreu a solicitação é complexa. Um desvio comum na elaboração de instrumentos de coleta de dados para a avaliação.

Agora, um exemplo de distorção na área de língua portuguesa. A situação provém de uma "prova final de Português" para a quinta série do ensino fundamental. Além da dificuldade do entendimento, o que se pede – como vamos ver – impõe ao educando uma dificuldade à qual não está apto a responder, pois ainda não foi ensinado a fazê-lo, além do fato de as metodologias – uma no ensino e outra na pergunta – serem diversas.

Não é que o educando não tenha aprendido o conteúdo ensinado. Ele deve ter aprendido *da forma como foi ensinado*, mas não é capaz de entender nem de responder *da forma como está sendo perguntado*.

Trata-se de um tipo de situação em que, de novo, uma resposta incorreta não revelará se o estudante aprendeu ou não alguma coisa. Poderá simplesmente revelar que ele não compreendeu o que lhe foi pedido que fizesse ou que o conteúdo exigido nem mesmo fora ensinado da forma como estava sendo solicitado.

Situação: numa apostila oferecida por determinada escola para estudo do tema "Sujeito e Predicado" numa oração, na disciplina Língua Portuguesa, os exemplos apresentados para a aprendizagem dessas categorias gramaticais eram diretos e simples, tais como: "Pedro telefonou para Maria." A apostila, com base nessa oração, ensinava: sujeito = "Pedro"; tipo de sujeito = "simples", pois há somente um núcleo; predicado = "telefonou para Maria"; tipo de predicado = "verbal", pois expressa uma ação realizada pelo sujeito.

Outra oração trabalhada na apostila: "Ontem, Pedro e José telefonaram para você." Análise: sujeito da oração = "Pedro e José"; tipo de sujeito = "composto", com dois núcleos; predicado = "telefonaram para você"; tipo de predicado: "verbal", indica ação do sujeito.

Outra oração usada como exemplo de estudo: "A casa é bonita." Análise da oração: sujeito = "casa"; tipo de sujeito = "simples", um único núcleo; predicado = "é bonita"; tipo de predicado = "nominal", pois atribui a qualidade "bonita" ao sujeito "casa".

Os exemplos para estudo, como podemos ver, eram simples e diretos, expressões linguísticas da vida cotidiana de todos nós, também dos educandos. Quando esses exemplos, *utilizados no ensino*, são, porém, comparados aos *solicitados no teste* em questão, verificamos a diferença de complexidade entre o *modo como o conteúdo foi ensinado* e o *modo como foi solicitado no instrumento*.

A questão estava formulada do seguinte modo: "Observe a oração – ... que prometera ir pessoalmente à televisão... – e diga qual é o tipo de sujeito da mesma."

A oração "... que prometera ir pessoalmente à televisão..." fora extraída do corpo de um texto, proposto como contextualização das questões. Era uma crônica de um autor brasileiro que relatava a experiência de um cidadão que fora aos Estados Unidos e, no Texas, vivera por 15 dias uma experiência de caubói.

## 2ª Parte

Retornando à sua terra, além de relatar sua experiência aos amigos e vizinhos, prometera ir à televisão dar uma entrevista sobre os acontecimentos de sua viagem.

Importa observar, na questão proposta, de um lado, o que foi ensinado e como foi ensinado o conteúdo e, de outro, como foi perguntado. No ensino – representado pela apostila – a apresentação do conteúdo é simples e direta; na pergunta, o mesmo conteúdo aparece solicitado num contexto mais complexo e exigente do ponto de vista da compreensão e da metodologia, assim como exige estudo de outro conteúdo, que tem a ver com o pronome relativo "que", ainda não estudado na quinta série. As frases utilizadas no ensino são diretas, simples, porém a formulação da questão apresentada no teste aumenta sumamente a complexidade do conteúdo, em razão tanto da formulação em si quanto da diferença entre os conteúdos tratados em uma e em outra situação.

A dificuldade que o estudante apresentará na resolução dessa questão não decorrerá de não saber o que seja um sujeito, mas sim de não saber identificar *nessa oração* o sujeito, cujo reconhecimento ali, com efeito, se mostra bastante complicado para um estudante de quinta série.

Em geral o estudante responderá incorretamente a tal questão e por isso receberá a reprovação. Mas, de fato, não é que não tivesse estudado e não soubesse o conteúdo "sujeito de uma frase" da forma como lhe foi ensinado; o que ele não consegue fazer é identificar o sujeito na oração proposta, em razão da complexidade da situação configurada. Em todos os exemplos da apostila, havia um sujeito expresso por um substantivo – "Pedro", "Pedro e José", "Casa"; no exemplo apresentado na pergunta, entretanto, o estudante não encontra um sujeito como "Pedro" ou "Pedro e José" em lugar nenhum (não podemos nos esquecer que um estudante de 11 anos tem uma mente bastante concreta ainda). Então, erra na resposta, mas seu erro não provém de não ter estudado e não ter aprendido o que foi ensinado, mas sim de a formulação da pergunta exigir um nível de habilidade mais elaborado do que o nível exigido quando esse determinado conteúdo foi ensinado. As frases, na prática de ensino, eram simples e diretas; no teste, porém, encontra-se um fragmento de frase, retirada de uma crônica, cujo sujeito está expresso por um pronome relativo – "*que* prometera..." –, vinculado ao personagem central do texto contextualizador das perguntas. As situações presentes na apostila e na questão são completamente diferentes em termos de complexidade e dificuldade.

Será fácil para cada um de nós tomar um teste, que nós mesmos elaboramos ou ao qual nossos filhos ou sobrinhos se submeteram, e observar as diferenças de complexidade entre *o que* e *como* foi ensinado e *o que* e *como* foi solicitado, no trato com determinado conteúdo. Usualmente, encontraremos nos testes uma frase ou uma formulação muito mais complexas que as utilizadas como exemplos de estudo no ensino, além de recursos a textos mais sofisticados que os utilizados na sala de aula.

Agora, uma questão acerca de distorção de *linguagem*, numa prova de Matemática também para a quinta série, que tinha como objetivo saber se os educandos haviam adquirido a habilidade de proceder à "simplificação de fração".

A pergunta estava formulada nos seguintes termos: "A fração irredutível equivalente à fração 64/96 é da forma a/b. Qual é o valor de a + b? Assinale uma resposta: a) 10; b) 5; c) 20; d) 80."

A resposta correta evidentemente é a "b", pois a fração irredutível equivalente a 64/96 é 2/3, cuja soma do numerador com o denominador é 5.

A formulação é muito mais complexa do que dizer apenas: "Simplifique a fração 64/96." Além da simplificação da fração, a formulação exige ter consciência:

1) de que "fração irredutível" é a fração mais simples;

2) de que "equivalente irredutível" é a fração mais simples, depois de reduzida, na condição de equivalente à fração dada;

3) de que a expressão "da forma a/b" significa a relação entre numerador e denominador;

4) por último, de que a soma de a+b é só um dado a mais solicitado pela questão, que exige a adição do numerador ao denominador da fração reduzida e mais simples. Por conseguinte, o que a questão elaborada exige é muito mais do que a "simplificação de fração" ensinada no decurso da unidade de ensino.

É preciso observar que a complicada formulação da questão não torna mais complexa a tarefa do estudante, a qual consiste em "simplificar fração" e nada mais que isso. Ou seja, essa formulação não está comprometida com a ideia de "conhecimentos majorantes", mas apresenta o viés de confundir o educando na compreensão do que se lhe pede que faça.

Os estudantes submetidos a semelhante questão podem perfeitamente ter aprendido a "simplificar fração"; no entanto, por não compreenderem sua tortuosa redação, podem também manifestar um desempenho insatisfatório. E certamente foi isso o que aconteceu na circunstância relatada, como será isso o que acontecerá em outras ocasiões, em que formulações semelhantes sejam utilizadas.

O difícil, nesse caso, não é desempenhar a tarefa solicitada, mas sim compreender qual o desempenho solicitado. O resultado obtido com o uso de um instrumento de coleta de dados para a avaliação da aprendizagem de características distorcidas, tais como as anteriormente indicadas ou outras mais, promove uma leitura enganosa da realidade da aprendizagem do educando, pois não revela a aprendizagem, satisfatória ou não, do conteúdo em pauta, mas sim a incompreensão do que foi perguntado em decorrência da linguagem e formulação utilizadas.

A seguir, outro exemplo de distorção, bastante assinalada pelos especialistas da área de metodologia científica: a *questão dupla* e, por isso mesmo, dúbia.

Vamos relembrar a situação relatada por uma educadora em uma de minhas conferências sobre o tema da avaliação. Dizia ela: "Em uma prova que elaborei, pedi: 'Retire do texto acima os nomes de instrumentos musicais e, em seguida, separe e conte as sílabas.' Uma estudante retirou alguns nomes que não eram de instrumentos musicais, porém separou e contou corretamente as sílabas. Considerei a questão correta, levando em conta o conteúdo 'construção silábica', e deixei de lado o conteúdo 'instrumentos musicais'. Em minha escola, fui criticada negativamente por essa atitude que tomei."

Diante da pergunta, a confusão instala-se na cabeça da criança e, depois, na do professor. Aqui está presente o velho problema da comunicação relativo à dupla mensagem, a qual os cientistas sociais fazem de tudo para evitar em suas coletas de dados.

Observemos que essa questão exigia três habilidades: uma relativa à "identificação de instrumentos musicais" e duas outras relativas à "silabação" – separar sílabas e contar sílabas.

Do lado do educador que avalia, ocorre a dificuldade em saber a que se refere a resposta do estudante. Por coerência com o que se pede na questão, o estudante apresentaria supostamente uma única conduta satisfatória. Porém existem ao menos três possibilidades. A estudante deu duas respostas corretas, "separando" e "contando" as sílabas. Esse desempenho já seria aceitável? Sim? Qual é a razão para aceitar o desempenho pela metade? Não? Qual é a razão para não aceitar a parte da conduta adequadamente expressa? Esse dilema instala-se exatamente em consequência da duplicidade ou triplicidade de informação solicitada numa única questão.

Aqui seria de fundamental importância separar os conteúdos reunidos numa única questão, caso sejam essenciais; um deles se refere à "identificação de instrumentos musicais" e outro à "silabação", que se subdivide em "separar sílabas" e em "contar sílabas". Em quais desses dois conteúdos – separadamente – se deseja saber o desempenho do educando? Ou em todos? Metodologicamente, no mínimo deveríamos ter duas questões, mas o ideal seriam três. Cada conteúdo em uma questão evitaria a confusão na descrição e leitura dos dados obtidos.

Em todos os exemplos citados neste tópico – distorções comuns presentes nas questões elaboradas –, uma resposta insatisfatória do estudante não revelará, em princípio, que não estudou o conteúdo ou o estudou e não aprendeu. Usualmente, nessas situações, é o estudante que sai perdendo, pois, pela autoridade, no geral o educador decide qual a resposta certa – o mais comum, aquela que ele tem dentro de si como a certa.

Exemplos de questões semelhantes às descritas poderão ser multiplicados aos milhares em matemática, em língua portuguesa e em outras disciplinas. Para tanto, basta cada um de nós tomar os testes escolares, que nós mesmos elaboramos ou que foram aplicados em nossos filhos, em nossos sobrinhos ou em outros educandos e, a seguir, prestar atenção na formulação das questões propostas. Então veremos que, muitas vezes, o que é difícil para o estudante não é o conteúdo ensinado e aprendido, mas sim a compreensão das questões formuladas pelo professor.

Com a leitura deste capítulo, cada leitor poderá aguçar sua sensibilidade tanto ao observar instrumentos de coleta de dados para a avaliação da aprendizagem já elaborados e aplicados em classes de estudantes quanto ao dar-se ao trabalho de elaborar os instrumentos que utilizará junto aos seus educandos, em sua atividade profissional.

## 4. Conclusão do capítulo

As distorções anteriormente mencionadas fazem parte da prática educativa escolar desde muito tempo atrás; no mínimo, desde o início da modernidade, quando o modelo de escola vigente em nosso meio se cristalizou. Só para ilustrar, mais uma experiência.

Em 2007, o conferencista de um evento de que participei na cidade do Recife, Pernambuco, fez, entre outras coisas, o relato de uma experiência da sua vida escolar passada. Era um homem dos seus 70 anos e dizia ter vivido experiências de provas escritas e provas orais, comuns e obrigatórias no passado educacional do Brasil.

Segundo ele, em determinada prova oral, diante de uma banca de três professores, não fora capaz de responder a nenhuma das perguntas formuladas e por isso recebera a menção 0. Diante da situação, levantou-se e disse aos examinadores: "Senhores professores, eu sei o conteúdo sobre o qual os senhores me fizeram perguntas, mas não sei responder *do jeito* que vocês perguntaram. Por isso, fiquei como se não houvesse estudado e não soubesse esse conteúdo. Contudo, eu o sei, pois o estudei." Então, os examinadores, após confabularem entre si, permitiram ao jovem falar sobre o assunto. E ele passou a expor o que havia estudado e o que sabia sobre o tema em pauta. Após 15 minutos de exposição, os professores dispensaram-no, atribuindo-lhe uma nota 8. Dizia esse conferencista: "Bem que eu merecia 10, mas, pela minha ousadia, eles me atribuíram 8." Acreditamos que essa experiência está presente em nossas práticas cotidianas escolares intituladas de "avaliação" e que necessitam ser ultrapassadas para que a prática pedagógica seja mais eficiente e saudável.

De fato, na maior parte das vezes, os instrumentos de coleta de dados para a avaliação não são elaborados de forma que solicitem aos estudantes, *simples e diretamente*, o que eles deverão manifestar que aprenderam. Então, em geral (e muitos estudantes têm suas aprendizagens desqualificadas por isso), o difícil não é o conteúdo aprendido e a ser respondido nos instrumentos, mas sim compreender o que os professores solicitam.

Esses elementos – estranhos a um instrumento de coleta de dados para avaliação, mas presentes neles – não detectam nada significativo na conduta do educando, mas servem para justificar comentários do tipo: "Eles não sabem, porque não estudaram", muito ao gosto das conversas entre educadores na denominada "sala dos professores" (espaço reservado aos professores nas escolas para ser utilizado no intervalo entre uma aula e outra).

Em síntese, importa observar que existem muitas maneiras de tornar um instrumento inadequado para uma prática de coleta de dados para a avaliação. Cabe a cada um de nós aprender criticamente que, para praticar a avaliação da aprendizagem, é preciso usar instrumentos que efetivamente coletem os dados necessários para tanto, e não outros. O que devemos saber de verdade é se nosso educando aprendeu informações, habilidades e atitudes que ele necessita de aprender daquilo que ensinamos.

A atenção crítica voltada para os instrumentos será recurso fundamental para mantermos o cuidado de coletar os dados dos quais necessitamos. Para isso, compete-nos lembrar que os instrumentos de coleta de dados para a avaliação não são recursos para ameaças contra os educandos e/ou para controles disciplinares sobre eles, mas sim recursos úteis para a coleta de dados adequados para o diagnóstico da aprendizagem. O seu destino é somente esse.

Importa ultrapassar os fatores que dificultam o trânsito do ato de examinar para o ato de avaliar, se desejamos praticar efetivamente avaliação da aprendizagem a serviço de nossos educandos, de nós, educadores, e do sistema de ensino em suas diversas instâncias.

# VI

# Instrumentos de coleta de dados para a avaliação da aprendizagem na escola: um olhar construtivo

*No capítulo anterior, entramos em contato,
de forma crítica, com questões sobre
os instrumentos de coleta de dados para a avaliação
da aprendizagem dos educandos.
Neste capítulo, vamos dedicar-nos – de forma não menos
crítica, porém construtiva –
às questões relativas à sua elaboração.*

Principiamos por ressaltar a necessidade de haver responsabilidade profissional e ética no processo de coleta dos dados significativos para a realização da avaliação:

a) em primeiro lugar, por respeito a nós mesmos, educadores, pois dados coletados inadequadamente não revelam nosso efetivo investimento na atividade de educar (como também não podem revelar, com justeza, nosso possível não investimento, caso isto suceda);

b) em segundo lugar, por respeito aos nossos educandos, visto que instrumentos mal elaborados não revelam a qualidade do que eles aprenderam e o que deixaram de aprender;

c) em terceiro lugar, por respeito à escola e ao sistema de ensino. Caso a coleta de dados não se desenvolva de forma adequada, um e outro não terão uma visão justa da efetividade ou não do seu investimento na educação, o que não permitiria novos reinvestimentos, se necessários, e consequentes melhorias;

d) finalmente, por respeito à educação no País, pois uma prática insatisfatória de avaliação impossibilita decisões efetivas para a educação nacional, o que é uma perda para todos, indivíduos e sociedade.

Em síntese, elaborar instrumentos de coleta de dados satisfatórios, tendo por base exigências metodológicas consistentes, é questão crucial para a educação, tanto do ponto de vista individual quanto do sistema social. Será antiético oferecer a nós, aos educandos, aos gestores da educação e à sociedade dados enganosos sobre a qualidade da aprendizagem de nossos educandos em decorrência de instrumentos mal elaborados que de modo usual, infelizmente, têm sido produzidos e utilizados no cotidiano de nossas escolas.

## 1. Condições básicas para a elaboração de um instrumento de coleta de dados para a avaliação da aprendizagem

O ponto de partida para a elaboração de um instrumento de coleta de dados com base nos recursos da metodologia científica é o seu planejamento. Isso significa que, previamente à sua confecção, há necessidade de estabelecer as bases (decisões) que orientem sua construção. Para cumprir essa tarefa, o educador que avalia precisa ter presentes as normas científicas que orientam a construção de instrumentos de coleta de dados nas pesquisas.

Um instrumento precisa ser escolhido e construído intencionalmente: não há lugar para a aleatoriedade. Sua principal característica deve ser a capacidade de coletar os dados de que o avaliador necessita para configurar e qualificar a realidade com a qual está trabalhando.

O critério que viabiliza a seleção do instrumento a ser utilizado, bem como de sua configuração, tem sua fonte no próprio objeto de investigação. O avaliador, como um investigador, escolhe e constrói o instrumento de coleta de dados comprometido com o que deseja investigar; ou seja, o próprio objeto de avaliação oferece ao avaliador os contornos necessários do instrumento para a coleta de dados. Este é construído para captar o que é preciso captar. Sem isso, o avaliador poderá fazer tudo, menos o que lhe cabe fazer: investigar a qualidade do seu objeto de estudo.

Nesse contexto, se o avaliador estiver trabalhando com a qualidade da habilidade de redigir, o instrumento deverá captar os dados das aprendizagens que compõem essa conduta; se estiver avaliando as aprendizagens relativas à informação sobre história, o instrumento deverá captar dados sobre os contornos da aprendizagem necessária dessa área; do mesmo modo, para avaliar a qualidade das aprendizagens relativas à competência para analisar criticamente acontecimentos históricos, deverá ater-se aos dados dessa habilidade. O instrumento com tais características possibilitará, então, uma descrição justa da realidade e a sua posterior qualificação desta, ao ser comparada ao critério de avaliação. Enfim, como em toda e qualquer investigação, o objeto de estudo é determinante para a construção do instrumento de coleta de dados. Os contornos do instrumento dependem dos contornos do objeto que será investigado. Divergências entre esses dois elementos inviabilizam a investigação.

Para ser planejado, o instrumento de coleta de dados, no caso da avaliação da aprendizagem, deve ter por base os seguintes elementos:

1) o Projeto Político-Pedagógico da escola;

2) o planejamento do ensino;

3) o conteúdo e a metodologia utilizados no ensino.

## 1.1. Projeto Político-Pedagógico da escola

Os contornos teóricos de um instrumento de coleta de dados para a avaliação também serão os contornos dos critérios de avaliação. A fim de dimensionar o instrumento de coleta de dados, precisamos ter claro aonde essa ação deseja chegar, o que, em si, no caso da escola, deve estar configurado no Projeto Político-Pedagógico da escola. Nele deve estar definido aonde se deseja chegar com a ação proposta. Ele é o pano de fundo do ensino numa escola e, consequentemente, da avaliação. O avaliador necessita qualificar os resultados desse projeto e de nenhum outro. O ideário filosófico-político orienta a prática educativa da escola na qual estamos trabalhando e, portanto, também da avaliação.

Vamos, a título de exemplo, supor que tenhamos como finalidade do nosso trabalho educativo "a emancipação do ser humano por meio do conhecimento, adquirido individual e coletivamente". Definida a meta, nossa prática didática de ensino será o recurso mediador para alcançá-la, servindo-se, para tanto, também da avaliação, que, como componente do ato pedagógico, deve estar a seu serviço. No caso, o instrumento de coleta de dados sobre o desempenho do educando, no que se refere à sua aprendizagem, obrigatoriamente deverá traduzir essa escolha – ou seja, não se pode planejar e elaborar um instrumento de coleta de dados para a avaliação da aprendizagem sem que se levem em consideração as posições filosóficas, políticas e pedagógicas assumidas no projeto da escola.

Admitindo que "o conhecimento é assumido como um recurso de emancipação do ser humano", há que saber se o educando adquiriu os conhecimentos e as habilidades com os quais estamos trabalhando, dado que, para emancipar-se, necessitará desse recurso em sua vida pessoal e coletiva. Se efetivamente nos comprometemos com o ideário de que o conhecimento emancipa o ser humano, o que ensinamos como significativo deve ser aprendido pelo educando de forma qualitativamente satisfatória; se isso não ocorreu, importa ensiná-lo novamente, para que o seja. Para saber se o educando aprendeu ou não só há um caminho: coletar dados sobre o seu desempenho e qualificá-lo (o desempenho), tendo por base um critério comprometido com o projeto.

Com base nessas considerações, é possível concluir que não podemos construir um instrumento satisfatório de coleta de dados de modo aleatório. O avaliador da aprendizagem não pode agir ao seu bel-prazer, mas sim atrelado ao projeto da escola.

Dessa constatação decorre que o instrumento de coleta de dados deverá ser sistemático, ou seja, coletar dados sobre todos os conhecimentos, habilidades e atitudes essenciais ensinados. Se os conhecimentos ensinados foram intencionalmente estabelecidos, o instrumento também deverá ser intencional e sistematicamente construído.

## 1.2. Planejamento do ensino

O segundo parâmetro necessário a ser levado em conta na elaboração do instrumento é o planejamento do ensino, o qual, por sua vez, deve estar articulado com o Projeto Pedagógico, com o nível de desenvolvimento dos educandos com os quais se trabalha (crianças, pré-adolescentes, adolescentes ou adultos), com o nível de escolaridade que atende e, evidentemente, com os conteúdos de ensino planejados. Se o ato de avaliar está a serviço do projeto da ação pedagógica, para ser coerente, adequado e satisfatório, só tem uma possibilidade: configurar-se segundo as delimitações da ação planejada. O planejamento orienta tanto a execução do ensino quanto a avaliação da aprendizagem, o que, necessariamente, significa que o instrumento de coleta de dados para a avaliação deve ater-se ao que está definido no planejamento de ensino, nem mais nem menos.

Como exemplo, suponhamos ter assumido pedagogicamente que "trabalhamos para a emancipação humana", que nosso educando é "um ser em processo de desenvolvimento" e nosso papel é "sermos o adulto da relação pedagógica", o que implica estarmos junto dele para auxiliá-lo em seu processo de aprendizagem e desenvolvimento e trabalharmos metodologicamente com as competências de nossa área de ensino.

No caso, o instrumento de coleta de dados para a avaliação deverá traduzir esse entendimento em sua estrutura, situações-problema e perguntas. Ou seja, não somos educadores para castigar nosso educando ou submetê-lo aos nossos ditames. Somos educadores como parceiros adultos de uma jornada que faremos juntos – educador e educando –, tendo como meta sua aprendizagem e seu desenvolvimento. Isso implica, do ponto de vista do ensino, muito investimento no educando e, do ponto de vista da avaliação, o comprometimento dos instrumentos com essa visão teórica.

Então, nesse contexto, nosso instrumento será estruturado exclusivamente para captar o desempenho dos educandos, de tal forma que revele o que é necessário ser revelado – se aprenderam ou não o que deveriam ter aprendido como subsídio para o seu desenvolvimento. Por conseguinte, nosso instrumento nem extrapolará nem minimizará os contornos definidos para o ensino nem conterá armadilhas para surpreender nossos educandos, o que seria grave distorção do ponto de vista pedagógico, metodológico e ético; por outro lado, também não reduzirá arbitrariamente as exigências e rigores da aprendizagem para "facilitar a vida do estudante". Qualquer uma das duas práticas fere a autenticidade da postura do educador e a do instrumento de coleta de dados.

> Sobre a conduta ética na prática da avaliação da aprendizagem, cf. o Capítulo I da 3ª Parte deste livro.

Um instrumento atrelado a uma concepção pedagógica como a exposta será suficientemente bem elaborado se estiver destinado a captar com rigor a manifestação do que foi ensinado e o educando aprendeu. Será técnica, ética e pedagogicamente bem construído se permitir o diagnóstico da realidade da aprendizagem, o que, por sua vez, permitirá, se necessário, a intervenção adequada no processo que conduz o educando rumo à aquisição do que necessita aprender.

## 1.3. Conteúdos escolares

Em terceiro lugar, o instrumento deve ser configurado pelos *conteúdos escolares* e pela *metodologia* com a qual eles foram ensinados.

O instrumento deve operar com todos os conteúdos trabalhados – informações, habilidades e condutas (atitudes) – e com a metodologia utilizada no ensino.

Isso significa, de um lado, que nenhum conteúdo essencial pode ficar de fora e, de outro, que a forma como os conteúdos foram tratados em sala de aula é a forma como a aprendizagem deve ser avaliada: se um conteúdo foi tratado de forma simples, o instrumento deve operar nesse mesmo nível; se os conteúdos foram abordados de modo complexo, o instrumento deve operar também de forma complexa.

A matemática foi abordada como? Pela compreensão e utilização de soluções ou por soluções prontas? A física foi abordada como? Só pelas proposições? Pela história das questões da física? A língua nacional foi abordada como? Pela gramática? Pelo linguajar cotidiano? Pela leitura e estudo crítico de textos? Para captar o desempenho satisfatório ou insatisfatório do educando na aprendizagem dos conteúdos ensinados, o instrumento deve conter somente esses conteúdos com suas respectivas abordagens metodológicas. Qualquer coisa fora dessas definições acrescentará arbitrariedade ao já arbitrário conjunto de escolhas realizadas por ocasião do planejamento do ensino. Na base das ações humanas estão sempre escolhas, que podem ser mais ou menos arbitrárias a depender dos critérios utilizados.

Desse modo, um instrumento de coleta de dados para a avaliação não pode ser construído fora dos contornos do ensino, sob pena de distorcer os dados da realidade da aprendizagem dos educandos, o que é científica e eticamente negativo para os próprios, assim como para o educador, para a escola e para o sistema de ensino.

Sem estes variados comprometimentos – com o Projeto Político-Pedagógico, com o planejamento do ensino, com a abordagem pedagógica, com os conteúdos escolares e com a metodologia com a qual são ensinados –, o instrumento de coleta de dados não possibilitará a adequada descrição (constatação) da aprendizagem dos educandos, o que repercutirá em todas as outras instâncias educacionais comprometidas com a tarefa de ensinar. Se o ensino está tingido pelo envolvimento de todos esses comprometimentos, como o instrumento de coleta de dados para a avaliação não estará? O ato de avaliar operacionalmente está comprometido com o resultado da ação, e, desse modo, os recursos necessários para sua realização não podem ser diferentes, sob pena de não cumprirem o seu destino.

## 1.4. Índices estatísticos

Além das condições prévias para a construção de um instrumento de coleta de dados para a avaliação, nos parágrafos anteriores, cabe uma observação sobre os cuidados com os índices estatísticos utilizados na análise de itens de testes, tendo presentes seus significados tradicionais e abrindo possibilidades novas para seus usos no contexto pedagógico.

As questões propostas aos educandos devem ser elaboradas em conformidade com alguns cuidados fundamentais, a fim de garantir que efetivamente coletem os dados necessários, em conformidade com o que viemos abordando. Os índices de *dificuldade*, *discriminação*, *validade* e *fidedignidade* são outros aspectos a serem considerados. A rigor, só poderemos saber se as questões elaboradas apresentam tais índices após sua aplicação e a consequente análise estatística. Todavia, podemos ter presente e utilizar a compreensão de cada um deles no processo de elaborar questões.

É certo que um instrumento satisfatório ideal deveria passar por um teste prévio, para submeter-se aos ajustes necessários, e somente então ser usado junto aos educandos, como recurso de coleta de dados para a avaliação da aprendizagem. Semelhante modo de agir, todavia, exigiria do educador o desejo de realizar essa tarefa, tempo necessário para tanto e conhecimentos estatísticos suficientes. Portanto, essa proposta parece ser inviável. Então decidimos ao menos oferecer aos educadores que praticam a avaliação a compreensão do que significa cada um desses índices, de modo que, na elaboração dos itens, das questões, das situações-problema, possam ter tais indicadores presentes nessa tarefa. Daremos maior atenção ao índice de dificuldade, pois tem sido um "nó górdio" nas práticas avaliativas no cotidiano escolar, ainda que saibamos que todos os índices anteriormente listados são importantes para configurar a qualidade dos itens de um teste. Iniciemos por ele.

Nos tratados de medidas educacionais sempre há a preocupação com os índices de dificuldade dos itens de um teste. Usualmente eles afirmam que, num instrumento de coleta de dados, deveriam existir questões com nível de resolução fácil, intermediário e difícil. E ainda oferecem proporções entre as quantidades de itens com esses variados níveis de dificuldade, tais como 25% de questões fáceis, 50% de questões com dificuldade intermediária e 25% de questões com nível difícil de resolução; ou, respectivamente, 30%, 40% e 30%; ou outra distribuição das questões próxima dessa, do ponto de vista estatístico.

Essa *distribuição* é chamada de *normal* por ser simétrica e equilibrada entre os níveis inferior, médio e superior. É representada por um gráfico em forma de sino ou de chapéu e recebe o nome de "curva de Gauss", pelo fato de esse matemático ter feito estudos de fenômenos variados e ter encontrado repetidamente sua distribuição estatística dessa forma.

Aplicado a uma população qualquer, esse modelo de distribuição mostra-se conservador, pois prevê que qualquer grupamento humano sempre será distribuído graficamente de forma *normal*, seguindo o padrão inferior, médio, superior. Caso ocorra uma mudança, uma melhoria na distribuição de renda, por exemplo, o grupo como um todo fará o movimento, permanecendo a distribuição: os inferiores continuarão como tais na nova situação, o mesmo ocorrendo com os médios e os superiores. Importa observar que os termos inferior, médio e superior, no contexto com o qual estamos trabalhando, não têm nenhuma conotação moral, mas indicam o lugar que cada parte da população investigada ocupa no gráfico de distribuição. Com a distribuição normal, torna-se praticamente impossível uma mobilidade social dentro do grupo de pessoas, de modo que um sujeito situado no segmento inferior da curva estatística permanecerá ali sempre, pois, com todos fazendo o movimento de melhoria, a distribuição continuará a mesma.

Esse modelo, quando aplicado aos resultados da aprendizagem de um grupo de estudantes a fim de verificar a distribuição do resultado de cada um dentro do grupo, também encontraria uma curva normal; ou seja, em termos de suas aprendizagens, os estudantes distribuir-se-iam segundo o padrão inferior, médio e superior – o que demonstra que também nessa situação tal modelo é conservador. No caso, o modelo de leitura e previsão da realidade, atreladas a essa distribuição estatística, não admitirá a mobilidade dos estudantes de um segmento para o outro nem investirá nela, pois, sempre que ocorrer uma aprendizagem mais satisfatória no grupo, ela atingirá a todos e, então, os que estão no segmento inferior da curva – ainda que em melhores condições – continuarão a compor o mesmo segmento na nova curva, o que vale também para os que estão nos segmentos médio e superior.

Tomando esse modelo estatístico como base da distribuição das questões num instrumento de coleta de dados para a avaliação, manteríamos os estudantes sempre no mesmo padrão grupal. Não haveria possibilidade de um do grupo inferior adquirir habilidades suficientes para poder mudar de segmento na curva de distribuição, pois o instrumento estaria construído de tal forma que os fracos responderiam às questões fáceis, os médios às questões de dificuldade média e os fortes às questões difíceis. Então, haveria questões para todos os gostos.

Todavia, a compreensão da distribuição dos itens de um instrumento de coleta de dados para a avaliação da aprendizagem, em termos de níveis de dificuldade de sua resolução, pode dar-se sob outra ótica. Ainda que se realize a distribuição das questões em *fáceis*, *intermediárias* e *difíceis*, seguindo o mesmo modelo estatístico simétrico, a compreensão que sustenta a distribuição pode ter um fundamento diverso do que sustenta a curva normal de distribuição de uma população. As características *fáceis*, *intermediárias* e *difíceis* de um item de teste terão, então, sua base nos índices *majorantes* de dificuldade, em termos de habilidades cognitivas ou de outras habilidades, tratando-se de um mesmo conteúdo. Tentaremos clarear essa noção a seguir.

Do ponto de vista da psicologia, determinado conteúdo é fácil para quem sabe e difícil para quem não sabe, ou fácil para quem aprendeu e difícil para quem não aprendeu. É certo que tarefas mais complexas de determinado conteúdo exigirão de determinado estudante habilidades mais refinadas do que as requeridas para resolver tarefas mais simples ou menos complexas desse mesmo conteúdo. Mais ainda: aquele que possui habilidades para solucionar problemas mais difíceis e/ou mais complexos também as possui para resolver os menos complexos e/ou mais fáceis; isto é, quem pode o mais pode também o menos. A recíproca, contudo, não é verdadeira: o estudante que, no limite, possui habilidades que lhe permitem somente solucionar problemas menos complexos não terá recursos cognitivos para resolver questões mais complexas.

Assim sendo, ao elaborar um instrumento de coleta de dados para a avaliação da aprendizagem, cabe-nos pensar nos índices de dificuldade dos itens (questões ou situações-problema) que o compõem em termos da complexidade da tarefa proposta e não como recurso de distribuição das questões de um teste ou dos próprios estudantes em relação ao grupo ao qual pertencem, como define a curva de Gauss.

> Johann Carl Friedrich Gauss (Alemanha, 1777-1855).

Existirão tarefas simples dentro de uma área de conhecimento, tarefas complexas e outras mais complexas ainda. Quanto mais complexa for a tarefa proposta, maior a exigência de habilidades ao sujeito que se submete ao teste. Assim, as "questões fáceis" exigirão habilidades simples, "questões de dificuldade intermediária" exigirão habilidades um tanto mais sofisticadas e "questões difíceis" exigirão habilidades mais refinadas ainda. Isso, por um lado, significa que a maior ou menor dificuldade de um item do instrumento não decorre de uma armadilha inserida nas questões e situações-problema componentes do instrumento de coleta de dados, mas sim da característica majorante das habilidades exigidas; por outro, implica que os índices de dificuldade sejam estabelecidos por meio de uma escala dentro de um mesmo conteúdo ou de uma mesma tarefa, e não entre conteúdos ou tarefas diferentes.

Por exemplo, operar com os números fracionários, por meio das operações básicas em matemática, é majorante em relação à capacidade de atuar com essas mesmas operações básicas com os números inteiros. À compreensão e à prática das operações básicas com números inteiros, soma-se a exigência da compreensão e operação dos números fracionários (ou seja, nesse caso, há a exigência da habilidade de atuar com as operações básicas com números inteiros em operações com os números fracionários). Trata-se do seguinte conteúdo:

1) operações básicas em matemática (primeiro nível de dificuldade);

2) operação com os números fracionários (nível subsequente de dificuldade).

O processo majorante de dificuldade ocorre em todos os âmbitos do conhecimento. Uma análise crítica de um fato histórico exige habilidades outras além da de ter informações sobre a data e relativas à descrição do acontecimento. Saber a data ou o período é mais simples, menos exigente e, por isso mesmo, mais fácil que desenvolver uma análise crítica – a qual supõe o conhecimento do acontecimento histórico, do período histórico e da data em que o determinado fato em análise se deu. O mesmo ocorre no que se refere à análise sintática de uma oração na língua nacional. Identificar o predicado de uma oração é mais simples do que identificar o predicado com seu objeto direto e/ou indireto, acrescido de seus adjuntos. A habilidade mais complexa é majorante em relação à menos complexa; por isso mesmo, a habilidade mais sofisticada é exigida para resolver uma situação mais complexa e uma habilidade menos complexa é suficiente para resolver uma tarefa também menos complexa.

Então, quando se leva em conta a proposição de questões fáceis, intermediárias e difíceis (e somos do parecer que deveríamos ter sempre presente essa variável), importa considerar a crescente complexidade das habilidades exigidas para a realização da tarefa ou para a solução da situação-problema proposta. Isso não tem nada a ver com "armadilhas" que por vezes (ou com frequência) aparecem nos instrumentos de coleta de dados para avaliação elaborados e utilizados em nossas escolas.

No caso, a maior ou a menor dificuldade dos itens de um instrumento não decorrerão do desejo do educador, mas exprimirão a dimensão da complexidade do que ele está ensinando e avaliando. Serão os próprios objetos do ensino e da avaliação da aprendizagem que exigirão do educador e do educando habilidades específicas para compreendê-los e dominá-los.

Os índices de discriminação, validade e fidedignidade também exigem cuidados. O índice de *discriminação* tem como objetivo detectar se o item de um teste ou uma questão distinguem um estudante que aprendeu determinada coisa de outro que não a aprendeu. Aqui convém ressaltar que o índice de dificuldade, caso seja estabelecido em conformidade com o exposto anteriormente (níveis variados de dificuldade dentro de um mesmo conteúdo), estará cumprindo esse papel. Já o índice de *validade* implica o cuidado, na construção do item ou da questão, de que eles realmente coletem os dados necessários que devem coletar. Ou seja, um item com conteúdo de raciocínio matemático deve coletar dados desse conteúdo, assim como um item de análise sintática em língua nacional deve coletar dados sobre esse conteúdo. Ou seja, um item é válido se cumpre o papel a que está destinado. O índice de *fidedignidade* de um item ou questão de um instrumento tem a ver com nossa confiança em sua capacidade de, sempre que forem aplicados, coletar dados equivalentes; isto é, caso sejam aplicados em uma turma hoje e amanhã em outra de mesmo nível de escolaridade e aprendizagem, apresentarão resultados equivalentes entre si. Portanto, um item ou questão serão fidedignos à medida que os dados por eles coletados sejam confiáveis, ou seja, não enganem nem a nós nem os nossos educandos.

Como já dissemos, esses índices só poderão ser apurados por análise estatística dos itens e questões após sua aplicação em turmas de estudantes. Contudo, ainda que não venhamos a fazer essas análises, podemos levá-los em conta ao elaborar itens e questões e zelar para que suas características, ao menos previamente, se façam presentes em nossa atividade de construção de instrumentos para a avaliação. É de fundamental importância zelar para que nossos instrumentos (a) distingam os que aprenderam dos que não aprenderam, sem armadilhas ou malabarismos externos aos conteúdos trabalhados (discriminação); (b) coletem os dados que devem coletar em relação aos conteúdos com os quais estamos trabalhando (validade), e (c) nos ofereçam dados em que possamos confiar, de tal modo que nem nós, educadores, nem nossos educandos sejamos enganados pela descrição por eles proporcionada (fidedignidade).

Em se tratando de testes padronizados, decerto os elaboradores de instrumentos servir-se-ão dos mais sofisticados recursos estatísticos para estabelecer a coerência interna dos itens em termos de dificuldade, discriminação, validade e fidedignidade. Usualmente, para tal finalidade, servir-se-ão de bancos de itens (públicos ou privados), que contêm uma infinidade de questões já testadas de acordo com tais critérios.

Com clareza e consciência das bases expostas, podemos, então, partir para a tarefa concreta de elaborar o instrumento, de modo que ele traduza as definições prévias que temos do nosso ideário político, do nosso projeto pedagógico, do planejamento do ensino, assim como dos conteúdos escolares considerados necessários. Isso significa que nosso instrumento estará traduzindo tanto a meta política quanto a configuração pedagógica da nossa ação educativa.

Porque há necessidade de o instrumento ser planejado, devemos, ao construí-lo, assumir cuidados completamente diferentes daqueles descritos de forma crítica no capítulo anterior, relativos ao ritual comum e cotidiano estabelecido em nossas escolas ao elaborar e aplicar instrumentos de coleta de dados para a avaliação.

## 2. Da necessidade de planejar o instrumento de coleta de dados para a avaliação da aprendizagem

Ao elaborar instrumentos de coleta de dados para a avaliação, precisamos espelhar-nos nos cuidados metodológicos observados pelos cientistas sociais, ou de outros cientistas, ao elaborarem instrumentos de coleta de dados para suas pesquisas.

Para elaborar um instrumento de coleta de dados para suas pesquisas, um sociólogo, tendo presentes os objetivos de sua investigação, em primeiro lugar define o que pretende estudar e a ótica metodológica a ser adotada; a seguir, faz uma lista, o mais completa possível, de todos os dados que precisa obter junto à população a ser investigada; uma lista de tudo o que lhe cabe perguntar aos seus informantes para poder compreender o que ocorre no grupo social sob sua investigação.

Se, no tratamento dos dados coletados, identificar a necessidade de novos dados, não poderá voltar a todos os informantes e fazer-lhes novas perguntas a fim de completar as informações de que necessita, pois os informantes são muitos e de diversos lugares e nem sempre estão disponíveis para atender às demandas do pesquisador. Para evitar tais dificuldades, por vezes intransponíveis, ele planeja o seu instrumento mediante um levantamento prévio de tudo o que precisa saber dessa população. Só com esse "mapa" (indicadores) em mãos é que parte para elaborar as perguntas que dirigirá aos seus entrevistados.

As perguntas são conscientemente definidas e elaboradas de forma intencional. A aleatoriedade deve ser suprimida de todo e qualquer instrumento de coleta de dados para pesquisa. Portanto, o conjunto de informações de que o investigador necessita não só é listado, mas também analisado de modo crítico; ele retira da lista o que não é essencial e acrescenta os elementos que considerar fundamentais, ate chegar à conclusão de que tudo o que está listado é o *necessário* e o *suficiente* para os objetivos que tem ao realizar a pesquisa. Essa lista de informações guiará a construção do seu instrumento. Os pesquisadores de outras áreas de conhecimento agem de forma semelhante, configurando os instrumentos dos quais necessitam para coletar dados para suas investigações.

Nossa conduta na elaboração do instrumento de coleta de dados para a avaliação da aprendizagem deverá ser semelhante à de um pesquisador.

Tendo presentes as condições prévias do processo de elaboração de um instrumento – das quais tratamos no tópico anterior –, devemos planejá-lo, estabelecendo uma listagem de todos os componentes essenciais dos conteúdos que o educando deveria ter aprendido. Essa lista servirá de base e orientação para a elaboração das perguntas, questões e situações-problema que comporão o instrumento que vamos construir e utilizar.

Retomando a caricatura que fizemos, no capítulo anterior, a respeito do teste sobre "Descobrimento do Brasil", podemos agora, a título de exemplo, experimentar construir uma feição positiva para o mesmo teste, dirigido a estudantes de oitava série do ensino fundamental.

O primeiro passo, levando em conta (a) as condições prévias, bem como (b) as categorias de informações, habilidades e atitudes/condutas, consistirá em listar sistematicamente o que é necessário que um estudante aprenda sobre o tema.

O tema "Descobrimento do Brasil", tratado nos capítulos 2 a 6 do livro didático (em conformidade com a caricatura anterior), deverá ser abordado por temas e não por capítulos, o que implicará a reorganização dos conteúdos a fim de possibilitar uma estruturação mais compreensível e consistente em vista da constituição do plano do instrumento a ser elaborado.

Em vez de seguir capítulo a capítulo, o mais comum no nosso dia a dia escolar, estruturaremos o conteúdo dos cinco capítulos em três tópicos:

1) "antecedentes da viagem";

2) "viagem da descoberta";

3) "chegada à terra".

Nesse caso, por meio de uma lista das aprendizagens necessárias, mapearemos tudo o que é importante que um estudante, no seu nível de escolaridade e desenvolvimento, aprenda em cada um desses tópicos.

Para exemplificar, vamos supor que, após um levantamento crítico sobre os "antecedentes da viagem", o professor tenha concluído que o estudante deveria ter a posse de conhecimentos sobre a política de expansão econômica da Europa, a ciência marítima da época, a cartografia do mundo, as pesquisas e habilidades portuguesas na arte naval, etc. Ao final desse levantamento, o professor poderia identificar, só por suposição, *dez conteúdos fundamentais* que deveriam ter sido apropriados pelo estudante a fim de possuir um mínimo de conhecimentos necessários sobre os antecedentes da viagem de descoberta realizada por

Pedro Álvares Cabral. Concluída essa primeira lista, o professor passaria a fazer o levantamento dos pontos relativos à "viagem da descoberta" (tais como decisão sobre a viagem, roteiro da viagem, comandante, por que esse comandante, a esquadra, os comandantes das outras naus, marujos, etc.) e, de modo semelhante, passaria para a terceira lista relativa ao tema da "chegada à terra" (tais como avistagem da terra, data da avistagem, nome da nova terra, contato com o nativo, missa do frei Henrique de Coimbra, carta de Pero Vaz de Caminha, conteúdos da carta, retorno de uma nau a Lisboa para anunciar ao rei a descoberta da nova terra, continuação da viagem para as Índias, etc.). Vamos supor, então, que sobre o segundo e terceiro tópicos o professor tenha levantado *seis aspectos relativos à viagem propriamente dita* e *dez aspectos a respeito da chegada à terra*, os quais comporão os conteúdos do teste.

Assim, por meio desse cuidadoso levantamento, teríamos listado 26 pontos de conteúdo dos quais os estudantes deveriam ter-se apropriado para possuir os conhecimentos mínimos necessários sobre o descobrimento do Brasil.

Não se pode esquecer que os *conteúdos* devem ser tratados por meio das categorias de operações mentais, metodológicas e afetivas: informações, habilidades e atitudes em conformidade com o projeto pedagógico e com o planejamento do ensino.

No nosso exemplo, como em quaisquer outras circunstâncias, o instrumento de coleta de dados para a avaliação deverá conter questões que cubram todos os pontos fundamentais levantados, com todas as operações mentais e psicológicas necessárias à aprendizagem trabalhadas no ensino.

Na situação ficticiamente relatada, poderemos ter 26 questões, ou mais que isso, ou menos, desde que coletem dados sobre esses 26 pontos – nem a mais, nem a menos –, pois esses foram os conteúdos assumidos sistematicamente como necessários para testar se um educando da 8ª série efetivamente aprendeu o que deveria ter aprendido sobre o "Descobrimento do Brasil". Se o número de questões for menor que esse número de tópicos, haverá necessidade de compactar conhecimentos em uma mesma questão; se for maior, determinados conteúdos serão divididos.

O que importa é *todos* esses tópicos de conteúdo serem contemplados na coleta de dados, para que, por meio do desempenho do educando ao responder ao instrumento, o educador possa saber se ele se apropriou ou não dos conhecimentos necessários relativos à unidade de ensino em pauta, no nível de escolaridade em que se encontra.

No que tange aos conteúdos simples, corriqueiros, do dia a dia, parece não ser tão importante estar atentos a *tudo* o que é essencial, porém em situações complexas devemos estar atentos ao que é preciso aprender como um todo e não somente as partes isoladas e aleatórias desse todo, como tem ocorrido nos instrumentos de coleta de dados para a avaliação no nosso cotidiano escolar. Tomar partes isoladas pode conduzir a enganos e, pois, a juízos e condutas insatisfatórias, que certamente trarão consequências negativas; estar atentos a todos os componentes necessários de uma aprendizagem é condição fundamental para o seu sucesso.

Para que essa compreensão seja sedimentada em nosso modo de agir, vamos exagerar os dados de um outro exemplo, evidentemente em todos os sentidos fictício e simplista, pois nenhum profissional da área da aviação é testado da forma como se segue. Ainda assim, o exemplo é útil para ilustrar o que estamos expondo. Um sujeito está numa escola de pilotagem de avião comercial de passageiros; ao final do seu período de estudos, foi avaliado mediante um instrumento que continha 45 questões – 15 relativas à decolagem do avião, 15 relativas ao voo propriamente dito e 15 a respeito do pouso.

Após a testagem, observa-se que o aprendiz havia respondido com acerto 38 questões e errado 7. No caso, aparentemente, este estudante estaria com um desempenho ótimo, com aproximadamente 85% de acertos. Todavia, ao se estudar o teste e suas respostas, verifica-se que as sete questões nas quais o estudante teve um desempenho insatisfatório referem-se ao pouso do avião. O que implica um desempenho insatisfatório numa competência fundamental para o exercício da profissão de piloto. Esse diagnóstico permite sua reorientação com objetividade. Pelo desempenho diagnosticado, ele decola o avião, voa, porém, não pousa. Trágico! Há que se corrigir a aprendizagem e a avaliação dá suporte para uma reorientação precisa.

Coisa semelhante poderia ser observada no teste sobre "Descobrimento do Brasil". Após o estudante responder as possíveis 26 questões do teste, seria fácil identificar o que efetivamente aprendeu do ensinado (e o que não), em função da sistematicidade da abordagem dos conteúdos presentes no instrumento, o que possibilita uma reorientação precisa da carência do educando em termos de sua aprendizagem.

Um instrumento de coleta de dados, que cobre *todos* os conteúdos sistematicamente, possibilita ao gestor, por meio de uma leitura adequada dos dados obtidos, a identificação das possíveis carências e suas consequentes correções. O contrário também é verdadeiro: um instrumento aleatoriamente produzido inviabiliza tanto o diagnóstico quanto decisões satisfatórias.

Os exemplos fictícios anteriormente expostos sinalizam que, metodologicamente, importa avaliar o desempenho *em tudo o que é essencial,* e não só em alguns pontos salteados e aleatórios. Só um instrumento sistematicamente elaborado teria sensibilidade para detectar a realidade e permitir sua descrição de forma o mais consistente possível.

Cabe aqui um lembrete sobre uma afirmação que fizemos anteriormente, quando abordamos questões relativas ao planejamento de ensino. Ao planejar o ensino, estabelecemos o que é essencial ao educando aprender. A mesma lista de conteúdos (informações, habilidades e competências) que dirigem o ensino deve servir de parâmetro para a construção dos instrumentos de coleta de dados para a avaliação. Tanto no ensino como na avaliação, importa o que é essencial e necessário. Estar atentos a isso conduz-nos a suprimir o que é secundário e desnecessário e incluir o que é essencial e, portanto, necessário. Essa conduta revela um cuidadoso modo de agir no ensino e na avaliação.

Num instrumento de coleta de dados para a avaliação, a prática de solicitar aos educandos respostas a conteúdos secundários e paralelos ao essencial, de um lado, distorce a realidade de sua aprendizagem e, de outro, leva-os ao desânimo nos estudos. Os educandos gastam horas do seu tempo cotidiano estudando conteúdos escolares e depois veem o professor não testar os conteúdos ensinados e aprendidos, mas outros – o que, em muitos casos, é a aparente razão de seu desempenho insatisfatório. Então, o estudante dirá de si para si: "Para que estudar o que esse professor indica se, no teste anterior, ele não utilizou nenhum dos conteúdos indicados para estudo? Desta vez, não vou estudar. É inútil estudar. Ele ensina uma coisa e pergunta outra." Portanto, muitas vezes, somos nós mesmos, com nossas decisões na elaboração dos instrumentos de coleta de dados para a avaliação, que induzimos nossos educandos ao desânimo diante dos estudos.

Em uma de minhas conferências pelo País, uma professora remeteu-me um bilhete, relatando uma experiência em sua prática de ensino. É interessante tomar conhecimento do seu relato, pois é emblemático do que ocorre no dia a dia no que diz respeito à aleatoriedade dos conteúdos utilizados na elaboração dos nossos instrumentos de coleta de dados para a avaliação da aprendizagem.

Ela ensinava geografia numa das séries do ensino fundamental. Em determinado dia em que iria aplicar um instrumento para

## 2ª Parte

coletar dados sobre a aprendizagem de seus educandos, chegando mais cedo ao espaço escolar, observou que os educandos de sua turma já haviam chegado à escola e estavam estudando para o teste, que ocorreria mais tarde. Prestou atenção no que eles estudavam nos pequenos grupos organizados no pátio da escola e pôde ter ciência de que no instrumento por ela elaborado não havia nenhuma questão ou situação-problema relativa ao que eles, atenta e dedicadamente, estavam estudando. Segundo suas próprias palavras: "Senti uma pena das crianças, pois estavam se dedicando tanto a estudar conteúdos que eu não havia colocado em nenhuma parte do teste que havia elaborado." Então disse ela ter decidido, no momento da aplicação do instrumento, solicitar aos estudantes que acrescentassem uma questão final: "Escreva sobre tudo o que você aprendeu e que a professora não perguntou neste teste." Surpreendeu-se com a quantidade e a qualidade das aprendizagens manifestadas pelos estudantes nessa questão, pois ultrapassavam, em muito, os conteúdos que havia solicitado nas questões do seu teste.

Essa situação revela quanto está arraigado o hábito de selecionarmos, aleatória e inconscientemente, os conteúdos que compõem os nossos instrumentos de coleta de dados para a avaliação.

Em qualquer um dos livros listados a seguir, o leitor poderá aprofundar o que expusemos anteriormente em torno do planejamento

> Sobre essa questão, escrevi um texto publicado na revista *ABC Educatio* (São Paulo), no número de julho de 2006, no espaço denominado "Coluna", com o seguinte título: "Estudar tudo para quê, se os professores não levam tudo em consideração?" Esse texto pode ser encontrado também em meu *website* – www.luckesi.com.br –, na página "Artigos: Revista *ABC Educatio*".

de um instrumento e de sua tabela de especificação (mapa dos conteúdos e questões de um instrumento), como síntese dessas decisões. Vale a pena estudá-los, visto que ensinam com clareza o modo de planejar um instrumento:

- VIANNA, Heraldo Marelim. *Testes em educação*. São Paulo: Ibrasa, 1973; *Introdução à avaliação educacional*. São Paulo: Ibrasa, 1989.
- GRONLUND, Norman E. *A elaboração de testes de aproveitamento escolar*. São Paulo: Pedagógica Universitária, 1974; *Elaboração de testes para o ensino*. São Paulo: Pioneira, 1979.
- DEPRESBITERIS, Lea; TAVARES, Marialva Rossi. *Diversificar é preciso...*: instrumentos e técnicas de avaliação da aprendizagem. São Paulo: Senac, 2009. (Sugerimos essa obra pela qualidade de suas orientações sobre o modo de construir os instrumentos de coleta de dados para a avaliação da aprendizagem, todavia não assumimos, como as suas autoras, a necessidade de "diversificar os instrumentos".)

## 3. Elaboração de questões para o instrumento de coleta de dados

Tendo em mãos as especificações dos conteúdos essenciais (mapa de conteúdos, mapa de indicadores ou tabela de especificação, como se queira denominar), podemos passar para a terceira etapa da construção do instrumento de coleta de dados para a avaliação da aprendizagem: a elaboração das questões, perguntas, situações-problema.

A atividade subsequente é levantar e selecionar, em articulação com as especificações estabelecidas, *os tipos de atividades por meio das quais os educandos possam manifestar o desempenho que demonstre suas aprendizagens*. As questões que compõem um instrumento de coleta de dados são solicitações de tarefas – operações mentais, procedimentos metodológicos e valores – a que o educando deve responder ou deve cumprir ou demonstrar, mostrando seu desempenho na aprendizagem do que foi ensinado.

À vista disso, importa estabelecer uma seleção adequada de tipos de questões que permitam ao estudante manifestar o que desejamos saber se ele aprendeu. Cada tipo de questão exige do educando um desempenho específico, o que implica o uso de uma habilidade específica.

Perguntas do tipo "verdadeiro/falso" diagnosticam que espécie de operação mental? Perguntas do tipo "múltipla escolha", "questões abertas", "asserção/razão", "correspondência entre colunas", "preenchimento de lacunas", que operações mentais, habilidades e condutas permitem diagnosticar? Cada tipo de pergunta permite diagnosticar diferentes operações mentais, ou diferentes habilidades, ou diferentes condutas. Ademais, vale observar que alguns desses tipos de perguntas possibilitam diagnosticar variadas operações. Assim sendo, o avaliador, ao elaborar a questão, precisa saber se ela de fato coleta dados sobre o que está desejando diagnosticar. Na elaboração de instrumentos, há necessidade de que a tarefa proposta aos estudantes efetivamente colete os dados do desempenho específico. A seleção deve ser intencional – isto é, como qualquer outra coisa em avaliação, não pode ser realizada aleatoriamente.

O critério a ser levado em conta nessa seleção é a escolha de questões ou situações-problema que desafiem nossos educandos a manifestar suas aprendizagens em termos de informações, habilidades e condutas. Dizendo de outra forma, trata-se de o educador fazer a si mesmo a seguinte indagação: a resposta do educando à pergunta proposta tem capacidade de revelar a conduta que deveria ser aprendida pelo educando?

A fim de aprender a elaborar um satisfatório instrumento de coleta de dados, não basta o entendimento das considerações deste capítulo; importa adquirir a habilidade de elaborar, correta e adequadamente, a tabela de especificação de conteúdos (listagem), assim como as questões e/ou situações-problema do instrumento que convidem o estudante a manifestar conhecimentos, habilidades e atitudes que adquiriu.

Aqui, não vamos indicar as características de cada um dos tipos de questões que podem compor um teste. A razão é simples: existem muitos bons e significativos livros que trabalham exaustivamente essas abordagens. A literatura indicada em página anterior contém ensinamentos – passo a passo – sobre essa atividade necessária e essencial do educador na elaboração de questões e situações-problema para compor o instrumento de coleta de dados sobre o desempenho dos educandos.

Para efetiva aprendizagem de como elaborar questões, de forma satisfatória e adequada, *sugerimos* e *insistimos* que o leitor vá aos livros indicados ou a outros de sua preferência. Eles possuem boa qualidade nesse requisito, e o que faríamos aqui seria repeti-los; por isso, o melhor é remeter cada leitor a tais textos, não só para lê-los, mas também para *estudá-los detidamente, experimentando na prática as sugestões oferecidas*, pois a elaboração de instrumentos satisfatórios de coleta de dados exige rigorosos cuidados, a fim de que os dados que venham a ser coletados permitam a apreensão da realidade da aprendizagem dos nossos educandos sem distorções – ao menos sem as mais gritantes. Não será, por certo, na primeira tentativa que se cumprirá satisfatoriamente essa tarefa; é uma "habilidade" a ser adquirida pelo educador, seguindo os passos didáticos da aprendizagem significativa expostos no Capítulo II da 1ª Parte deste livro: aquisição de informação, exercitação, aplicação, recriação e criação. Uma vez que o avaliador tenha verdadeiramente adquirido tal habilidade, poderá fazer uso desse recurso para o resto de sua vida. Com o tempo, esse modo de agir passará a ser habitual.

## 4. Algumas regras para a elaboração de um adequado instrumento de coleta de dados para a avaliação da aprendizagem

A seguir, apresentamos regras gerais que podem ajudar-nos a observar os cuidados necessários no processo de elaboração das questões em vista de um instrumento de coleta de dados para a avaliação da aprendizagem. Essas regras expressam uma síntese das considerações deste capítulo sobre a elaboração de instrumentos.

As questões elaboradas:

1º) devem cobrir todos os conteúdos essenciais trabalhados no ensino;

2º) devem apresentar o mesmo nível de dificuldade dos conteúdos ensinados: nem mais difícil, nem mais fácil;

3º) devem apresentar níveis diferenciados de dificuldade dentro de um mesmo conteúdo, de tal forma que o estudante possa revelar que aprendeu desde os componentes mais simples até o mais complexos desse conteúdo;

4º) devem servir-se do mesmo nível de complexidade dos conteúdos trabalhados no ensino. Não se deve ensinar algo num nível simples e, depois, solicitar ao educando um desempenho num nível complexo ou vice-versa;

5º) devem servir-se das mesmas perspectivas metodológicas adotadas no ensino dos conteúdos. Servir-se de uma metodologia no ensino e de outra na elaboração de questões exige do educando uma abordagem que não ensinamos;

6º) devem estar construídas numa linguagem clara e compreensível. Perguntas incompreensíveis impossibilitam respostas adequadas. Sem entender o que se pergunta, dificilmente alguém poderá responder a alguma coisa com adequação. Se não compreendemos o que nos perguntam, como vamos dar respostas adequadas?;

7º) devem conter variados níveis de dificuldade, tendo por base o processo majorante das habilidades e competências cognitivas. Vale a pena observar que, em cada conteúdo, os níveis de dificuldade dependem das tarefas a serem aprendidas por meio do ensino, cujas aprendizagens devem ser reveladas pelos instrumentos de medida;

8º) devem ter precisão. O educando deve compreender bem os contornos da resposta que esperamos como adequada para a pergunta por nós feita. As perguntas e os termos utilizados devem ter uma conotação delimitada. Não podem conduzir a equívocos de entendimento. A precisão, no caso, deve estar articulada com os conteúdos com os quais se está trabalhando. Há conteúdos que exigirão uma precisão absoluta, quando está tratando de conhecimentos já estabelecidos, de fórmulas ou ainda de conhecimentos novos que exigem demonstrações de precisão; porém existem conteúdos que pedem opiniões e crenças que devem ser manifestadas, onde o que importa não é a precisão, mas a capacidade de expor e argumentar. Mas, em todo caso, o estudante deverá sempre ser informado dos contornos definidos do que lhe é solicitado desempenhar;

9º) devem ser válidas e fidedignas, na coleta dos dados, à finalidade do que se deseja descrever;

10º) devem ajudar o educando a aprofundar seus conhecimentos e habilidades. Vale ter presente que nós podemos e devemos elaborar questões e situações-problema que, ao serem respondidas, ajudem o educando a aprender mais. As questões e situações-problema que se encontram nos instrumentos de coleta de dados para a avaliação da aprendizagem assemelham-se aos exercícios que utilizamos na sala de aula para ensinar e para aprender. Assim, deve-se estar atento ao fato de que, ao responder às questões, os educandos estarão, mais uma vez, praticando exercícios sobre o conteúdo, o que implica o refinamento do conhecimento ou da habilidade que estiver em pauta.

## 5. Organização das questões num instrumento

Boa recomendação é organizar as questões e situações-problema por blocos de conteúdos, de tal forma que, ao oferecer as respostas ao que se pede, o educando possa sistematizar melhor ou ressistematizar os conhecimentos ensinados e aprendidos.

Vamos aqui relembrar o teste sobre o conteúdo "Descobrimento do Brasil", caricaturado anteriormente. As 26 questões deveriam ser assim distribuídas: sobre os "antecedentes da viagem", questões de 1 a 10; sobre a "viagem", questões de 11 a 16; sobre a "chegada a terra", questões de 17 a 26. Ao responder a cada bloco de questões, o educando percebe que elas formam um todo e, desse modo, ressistematiza para si mesmo o conteúdo estudado. Facilitará assumir essa compreensão se tivermos a convicção de que nossa função, na sala de aula, é ensinar e, para tanto, criar condições para que o educando aprenda mais e mais.

Ao contrário, quando os conteúdos constituintes de um instrumento são fragmentados e apresentados em vários locais do mesmo, não ajudam o educando a formular uma sistematização para si mesmo dos conteúdos estudados. A distribuição aleatória e embaralhada das questões e situações-problema, tal como por vezes é sugerida em orientações sobre construção de instrumentos, serve somente para confundir o educando. Esse embaralhamento tem sido utilizado em nossos exames escolares, porém não é proveitoso do ponto de vista da aprendizagem. Também tem sido uma recomendação nos livros de medidas educacionais para que a resposta de uma pergunta não induza o estudante à resposta de outra. Todavia, quando tratamos de um tema, nós o fazemos de modo sistemático e organizado, e não de modo fragmentado. Qual seria, então, a razão da suposta necessidade de fragmentação? A nosso ver, somente gerar uma dificuldade a mais para o desempenho dos estudantes, alheia ao conteúdo diagnosticado.

## 6. Modelos de aplicação de instrumentos

Quando falamos em avaliação e em aplicação de instrumentos, precisamos abordar a questão dos chamados *modelos de avaliação*, que, de fato, estão constituídos pelos *momentos de aplicação dos instrumentos de coleta de dados*.

Existem muitos modelos ou desenhos de aplicação de instrumentos que estabelecem os momentos de sua utilização, tendo em vista as práticas avaliativas. Eles foram formulados especialmente nos Estados Unidos, nos inícios dos anos 60 do século XX, em decorrência dos altos investimentos econômico-financeiros do governo do país em educação naquele período. Havia necessidade de conhecer a qualidade dos resultados desses investimentos, então emergiram os denominados "modelos de avaliação", que estão estruturados segundo os momentos de coleta de dados como marcos, nos quais devem ocorrer diagnósticos dos resultados de uma ação em andamento.

Modelo "contexto, entrada, processo, produto"; modelo "avaliação diagnóstica, formativa, somativa"; modelo "antes e depois"; modelo "somente depois"; modelo "avaliação por objetivo"; modelo "avaliação sem objetivo". Poderíamos multiplicar a indicação de modelos já propostos pelos mais variados autores, porém esses já são suficientes para compreendermos que "modelos de avaliação" nada mais fazem do que indicar *os momentos da ação* em que devemos empreender uma intervenção avaliativa.

Por exemplo, o modelo "contexto, entrada, processo e produto" destina-se à avaliação de *acompanhamento de uma ação* e propõe que a coleta de dados se faça em quatro momentos:

1) avaliação do *contexto*, que diagnostica a ambiência em que uma ação qualquer vai ser desenvolvida, tendo em vista a definição das especificações do projeto (portanto, antes da ação);
2) avaliação das *entradas*, que diagnostica os *insumos*, os recursos, que serão utilizados na ação (eles são os necessários e suficientes?);
3) avaliação do *processo* de execução da ação, diagnóstico que acompanha e, se necessário, reorienta o seu curso;
4) por último, *avaliação* do produto obtido ao final da ação, que diagnostica e testemunha a qualidade dos resultados finais.

Por sua vez, o modelo "somente depois" destina-se ao diagnóstico de *produto pronto*, seja esse produto um objeto ou uma instituição ou a capacidade de agir adquirida por uma pessoa.

Podemos compreender de igual modo todos os modelos mencionados acima, assim como outros que poderiam vir a ser indicados. Apenas para mostrar esse fenômeno em mais um exemplo, o modelo "antes e depois" diz que devemos proceder a uma avaliação do nosso objeto de estudo antes de qualquer intervenção e depois dela, a fim de verificar os seus efeitos. Em síntese, o que caracteriza cada modelo, segundo esse critério, é a indicação dos momentos de uma ação nas quais deve ocorrer uma intervenção avaliativa – antes, no início, no decurso ou no final, ou em todos eles.

Para uma prática de avaliação na escola, o ideal, para o acompanhamento da aprendizagem do educando, seria uma prática de "avaliação processual", como propõe a Lei de Diretrizes Nacionais para a Educação. Processual quer dizer contínua, permanente, todos os dias e todas as horas. Esse seria o ideal para a nossa prática diária de trabalho escolar. Ela poderia também denominar-se "diagnóstica", "formativa", "mediadora" ou ter outra designação que indique avaliação de acompanhamento e reorientação do processo, se necessário.

Todavia, sabemos que as condições materiais de ensino em nosso país, tanto nas escolas públicas quanto nas particulares, são perversas: excesso de estudantes por turma, material de apoio inadequado ou insuficiente, bibliotecas insatisfatórias, excessiva heterogeneidade dos estudantes, baixos salários dos educadores (o que os obriga a trabalhar além da conta para poder angariar um salário relativamente adequado para manter a vida), salas de aula com espaços físicos insatisfatórios, etc. Fatores como esses dificultam a realização de efetiva avaliação processual em nossas escolas. De qualquer forma, não podemos apegar-nos a essa realidade adversa, sob pena de desistirmos de trabalhar em educação. Será nessa adversidade que deveremos encontrar possibilidades de atuar como educadores, da melhor forma possível. O desânimo diante de condições adversas terá efeito negativo sobre nossos educandos, sobre nós mesmos e sobre a instituição. Nossas reivindicações deverão ser feitas em instâncias diversas da sala de aula, tais como os sindicatos. A sala de aula, a nosso ver, deve ser sagrada para nós e nossos educandos. Mesmo porque agir em conformidade com o desejo do sistema (que nossos educandos aprendam somente no limite do estritamente necessário) é compactuar com ele.

Nesse contexto ou em outro, podemos usar um modelo misto, que leve em consideração, de um lado, *o processo* e, de outro, *momentos pontuais* (produtos sucessivos) de práticas de avaliação. Poderíamos designá-lo como um modelo formativo-somativo, conforme linguagem de Benjamin Bloom, pois acompanha o processo de construção das aprendizagens no decurso da unidade de ensino-aprendizagem e, em determinados momentos pontuais, pratica uma avaliação de síntese de determinadas unidades de conteúdos, que formam um todo.

No *decurso de um bimestre letivo*, poderíamos *executar diariamente (processual)* sondagens das aprendizagens efetuadas pelos educandos, com imediata reorientação. Por exemplo, ao final de cada aula, perguntar aos educandos: "Quais foram os principais temas estudados hoje?" Ou, num pequeno papel, indicar os três temas estudados no dia, assim como as dificuldades subsistentes nesses temas. Ou coisa semelhante. No início da aula seguinte, retomar rapidamente o conteúdo da aula anterior e fazer algumas perguntas aos educandos, verificando se aprenderam minimamente o que foi ensinado e quais dificuldades ainda permanecem. Sanar essas dificuldades.

Por outro lado, no *final do bimestre letivo*, utilizar *pontualmente* um instrumento de coleta de dados para a avaliação mais extenso e sistemático, de tal forma que cubra todos os conteúdos essenciais do bimestre e possibilite ao educador, assim como aos educandos, um olhar sobre todas as aprendizagens daquele período na disciplina com a qual está atuando.

Desse modo, a avaliação *diária* (processual) seria a formativa e a de *final de bimestre* seria a somativa – um modelo misto que possibilitaria estar atento, de um lado, à construção cotidiana da aprendizagem e, de outro, a dados e experiências que não puderam ser observadas durante o período do ensino, à vista dos limites que temos para exercer a docência, conforme sinalizamos anteriormente.

Cabe ter presente que essa avaliação somativa (pontual) proposta não pode ser tomada como exame final do bimestre, caso queiramos efetivamente estar trabalhando com avaliação. Ela será a oportunidade de um diagnóstico mais complexo sobre a aprendizagem dos educandos no determinado período, detectando a satisfatoriedade ou a insatisfatoriedade dos resultados em vista da sua reorientação, uma vez que o importante não são as notas (ou registros) do educando, mas sim a aprendizagem satisfatória. A certificação é consequência da aprendizagem; por isso, o que temos de buscar é a aprendizagem, e é para isso que serve o processo avaliativo.

Semelhante compreensão requer que a avaliação do final do bimestre não se dê no último dia do período letivo, pois poderá haver necessidade de reorientação de algumas aprendizagens que venham a ser diagnosticadas como insatisfatórias. Para a reorientação e a reavaliação, será preciso haver algum tempo disponível. Sem ele, nada pode ser feito.

A certificação do ano letivo – como foi definida no Capítulo I da 2ª Parte deste livro – poderá e deverá permanecer como um ato avaliativo que ocorrerá efetivamente no final desse período escolar. Existirão escolas – e essa tem sido a nossa tradição – onde cada bimestre se encerra em si mesmo, ocorrendo ao seu final uma certificação intermediária. Se for esse o caso, cabe ao educador ainda dar um tempo para reorientar o educando antes do fechamento do bimestre, buscando o melhor resultado – por exemplo, realizando essa testagem final uma semana antes do fim do bimestre e mais uma ainda, se necessário. Vale a pena não contentar-se com "qualquer resultado", mas sim buscar "o melhor resultado". A certificação é um testemunho de que o educando aprendeu o necessário com o nosso investimento.

Numa roda social de conversas, um profissional de engenharia dizia que, quando estudante universitário, havia sido reprovado por duas vezes numa disciplina chamada Topologia. Então, matriculou-se pela terceira vez, mas agora com outro professor, e recebeu dos colegas a informação de que se tratava de um professor temido por todos. Contudo, a despeito dessa informação, resolveu encarar a situação, e, no primeiro dia de aula, o referido professor disse a todos os estudantes: "Vocês só sairão desta disciplina se tiverem aprendido o que tenho para ensinar." E foi isso o que fez, cumpriu a promessa.

O comentário final da pessoa que relatava a situação foi: "Até hoje, é a área de conhecimento sobre a qual tenho um domínio satisfatório, ainda que não seja minha área de trabalho." É um exemplo de como o investimento de um educador na aprendizagem dos seus educandos produz efeitos positivos.

## 7. Uso dos instrumentos de coleta de dados para a avaliação

Os instrumentos de coleta de dados para a avaliação, sejam eles quais forem, devem ser utilizados criteriosamente. Com isso, estamos querendo lembrar ao educador que o uso desses instrumentos, no processo de ensinar e aprender, tem por objetivo diagnosticar a aprendizagem dos educandos, a fim de, no seu acompanhamento, reorientá-los, se necessário, do melhor modo possível e, no final, poder testemunhar socialmente a qualidade de suas aprendizagens.

Nesse contexto, cabe lembrar o que já foi dito em outros momentos desta obra: os instrumentos de coleta de dados não devem ser utilizados como recursos de ameaça, de geração do medo, de disciplinamento. São instrumentos que nos permitem constatar desempenhos dos educandos e, consequentemente, qualificá-los e reorientá-los, se necessário, assim como, finalmente, testemunhar que fizeram um percurso bem-sucedido em seus estudos e aprendizagens sob nossa orientação.

## 8. Aplicação dos instrumentos em sala de aula

Planejados, elaborados, organizados e editados, os instrumentos serão aplicados em conformidade com o "modelo de avaliação" que escolhemos. Nesse contexto, alguns cuidados devem estar presentes.

## 8.1. Chegada à sala de aula

Para aplicar um instrumento, cabe-nos estar emocionalmente cientes do que vamos fazer. Importa estarmos em estado de ânimo amistoso, ou seja, acolhedores e seguros da nossa ação. Não há necessidade de o educador assumir uma postura diferente – usualmente, mais distante e autoritária – no dia em que decidir utilizar um instrumento de coleta de dados para avaliação. Em geral ocorre de os educadores, em dias como esses, permanecerem mais reticentes e distantes dos seus educandos, talvez inconscientemente se julgando, dessa forma, mais protegidos.

É comum os educandos, nesses dias, já se encontrarem mais ansiosos. Então, o melhor a fazer é ser amistoso com eles. Conversar um pouco, a fim de reduzir a ansiedade. Distribuir e apresentar o instrumento. Dirimir as dúvidas previamente ao início do processo de responder às questões, assim como no tempo em que durar a aplicação do instrumento. O educador é um parceiro dos educandos e não um inimigo ou um inquisidor. É simplesmente o adulto da relação pedagógica.

## 8.2. Acompanhamento dos estudantes no período destinado a responder ao instrumento

Assumir uma postura própria de educador – adulto da relação pedagógica –, amistoso e ciente do seu papel e lugar. Suprimir, de vez, a atitude policialesca – usual nessas ocasiões – com relação aos educandos, o que aumenta sua ansiedade. Acompanhá-los; dirimir suas dúvidas, se necessário; criar condições para a redução do estresse geralmente presente nessas ocasiões.

Evitar criar uma situação dramática se encontrar um educando "colando", isto é, obtendo respostas às questões por meios escusos. O mais apropriado, nesse caso, é sentar-se junto dele e conversar, da forma o mais pessoal possível, sem aumentar o volume da voz, para que os outros não escutem, dizendo-lhe que "o melhor é tentar fazer por si mesmo"; que "essa é uma experiência de diagnóstico sobre o que aprendeu e também sobre o que não aprendeu"; que "ele poderá ser ajudado depois, caso não tenha aprendido o suficiente". Se ele der respostas por meios escusos – "colar" –, não haverá possibilidade de um diagnóstico do que aprendeu e do que não aprendeu e por isso não poderá ser ajudado posteriormente. Nessa situação, não retirar do educando a possibilidade de continuar a responder ao instrumento. O educador não precisa sentir-se lesado por um educando que esteja praticando a "cola". De fato, quem está se autolesando é o próprio educando.

Importa ser educador e parceiro do educando, lembrando que o próprio papel não é nem vigiar nem castigar, mas ensinar, formar um cidadão sadio. E isso se faz com o confronto amoroso, e não com o castigo, com a ameaça ou com a desqualificação.

## 9. Recolhimento, correção e devolução dos instrumentos

### 9.1. Recolhimento e correção

Recolher e corrigir as produções dos educandos, olhando-as como suas obras de arte. Diante dessa proposta, muitos educadores poderão reagir da seguinte maneira: "Mas meus estudantes fazem qualquer coisa; aquilo nunca poderá ser tomado como sua obra de arte." De fato, nem sempre nossos educandos cuidam da apresentação de suas tarefas como suas obras de arte. Nosso respeito por eles e por suas tarefas ajuda-os a aprender a respeitar a si mesmos, aprendendo a apresentar os resultados de suas atividades da melhor forma que puderem. Cabe-lhes aprender que elas são suas obras de arte, e o educador tem um papel importante nesse aprendizado, valorizando suas produções e reorientando sempre. Se nós não lhes ensinarmos isso, como eles aprenderão essa qualidade?

Por outro lado, corrigir tudo o que um educando apresentar-nos, mas sem desqualificar. Errar, todos nós erramos. Importa corrigir para reorientar, até que consigam aprender. O que importa é aprender. A aprendizagem depende do investimento de cada educando, mas também do educador, que acolhe o resultado de suas atividades e o confronta para que dê um passo à frente.

Como, em nossa vida, fomos desqualificados, fácil e inconscientemente passamos a agir da mesma forma com nossos educandos. Precisamos estar atentos para que isso não ocorra. O estudante vem para a escola para aprender. Se ele já tivesse os conhecimentos e as condutas satisfatoriamente adquiridos, não necessitaria vir para a escola.

## 9.2. Devolução dos resultados

Devolver a cada educando seu teste, seu escrito, seu desenho, enfim, sua tarefa já corrigida. Entregá-la nas mãos de cada um pode ser uma possibilidade de aproximar-nos do nosso educando. Após devolver, comentar o que ocorreu de positivo; também comentar o que ocorreu de negativo, sem desqualificar. Perguntar-lhes o que eles não compreenderam e em que ainda necessitam de ajuda. Reorientar as aprendizagens que ainda não se realizaram. Propor novas tarefas ou pequenos exercícios que possam ser solucionados, individualmente ou em conjunto, para que se efetive a aprendizagem dos que ainda não a adquiriram.

Essas são algumas condutas que poderão aprofundar o vínculo entre educador e educando, dado que, com esses cuidados, os educandos não temerão uma reação desqualificadora por parte do educador, mas ansiarão por suas orientações. Afinal, somos parceiros de jornada dos nossos educandos, com a diferença de que já fizemos o trecho do caminho que eles estão fazendo agora. Lembrar que o educador é o "adulto da relação pedagógica", o "princípio organizativo", definições estabelecidas quando, neste livro, tratamos da relação educador-educando.

## 10. Cuidados com fatores que intervêm na aprendizagem e, consequentemente, no desempenho dos educandos

No processo de avaliação, precisamos ter presente o fato de que a realidade é complexa e não simples e linear, como usualmente, no cotidiano, nós a consideramos. Já sinalizamos esse ponto anteriormente, mas aqui vale a pena relembrá-lo. Um educando que não tenha apresentado uma conduta adequada pode simplesmente ser julgado como se não tivesse estudado, não fosse interessado, etc. Todavia, muitos outros fatores podem estar influindo nessa situação.

Por exemplo, será que as aulas que nós, educadores, realizamos foram bem conduzidas em termos de conteúdo, de metodologia didática, de relacionamento com os educandos? Será que o espaço e o tempo foram adequados para que a aprendizagem se fizesse? Será que o material didático utilizado foi adequado para o ensino-aprendizagem desse determinado conteúdo? Será que a administração da instituição tem estado atenta às condições físicas e administrativas necessárias para que as aulas da escola funcionem a contento? Será que as políticas públicas da educação, no País, favorecem uma aprendizagem satisfatória? Será que o estudante não está nesse dia com algum impasse emocional pessoal ou familiar?

Assim sendo, são muitos os fatores – internos e externos ao educando, bem como internos e externos ao educador e à escola – que podem estar intervindo para que as aprendizagens escolares não se deem da forma mais satisfatória possível. Por conseguinte, se desejamos melhorar o nível da aprendizagem dos nossos educandos, não podemos olhar exclusivamente para o seu desempenho, mas considerar o conjunto de fatores que intervêm no ensino e na aprendizagem. Ou seja, a prática pedagógica sozinha não pode dar conta de muitos fatores que independem dela, mas interferem no processo de obtenção de uma aprendizagem satisfatória. Tais fatores devem ser levados em consideração e sofrer intervenções, caso desejemos melhorar o desempenho de nossos educandos.

Prestar atenção nas variáveis intervenientes não significa assumir uma pedagogia compensatória, em que se define que uma não aprendizagem pode ser justificada pelos fatores externos a ela. Uma não aprendizagem precisa ser diagnosticada para ser reorientada, e não para ser justificada. A justificação não suprimirá a ignorância, mas a reorientação, sim.

Convém ressaltar também que a prática pedagógica, em si, não poderá modificar nem a ambiência administrativa da escola, nem seu espaço físico, nem as políticas públicas. Esses fatores intervenientes devem ser abordados em si mesmos, para que as condições do ensino-aprendizagem possam ser melhoradas – e, consequentemente, a própria aprendizagem.

À vista desses fatores intervenientes, às vezes nós, educadores, consideramos ser impossível melhorar o desempenho dos nossos educandos na aprendizagem. De fato, precisamos ter presentes todos esses fatores, mas, a despeito deles, não podemos deixar de investir o melhor de nós e de nossa capacidade de ensinar. Afinal, na sala de aula, somos nós que lideramos os educandos. Fatores externos intervenientes, caso não sejam removíveis em virtude de sua magnitude, necessitam ser administrados, a fim de minimizar ao máximo seus efeitos negativos nos resultados de nossa ação. A realidade não se modificará à força de a abandonarmos à sua sorte, mas sim em razão de nos confrontarmos com ela na busca de soluções viáveis.

## 11. Conclusão do capítulo

Vamos sistematizar alguns aspectos fundamentais tratados. Primeiramente, para praticar a avaliação da aprendizagem na escola, não precisamos abandonar os instrumentos de coleta de dados que já viemos utilizando em nossa experiência, precisamos, sim, melhorá-los em qualidade. Precisamos, sim, usá-los na perspectiva da *avaliação*, e não do *exame*. O que distingue a avaliação dos exames não são os instrumentos, mas sim a postura pedagógica.

Instrumentos mal elaborados conduzir-nos-ão ao engano, seja nosso, seja dos nossos educandos, do sistema de ensino e da sociedade.

Cabe lembrar que a avaliação da aprendizagem é uma *prática rigorosa de acompanhamento do educando*, tendo em vista sua aprendizagem e, consequentemente, o seu desenvolvimento. Por isso, as regras da metodologia científica devem orientar-nos na elaboração e uso dos instrumentos de coleta de dados.

Semelhante consideração obriga-nos ainda a uma observação final. Por vezes, confundimos a prática da avaliação com o expediente do "qualquer coisa está bem", uma vez que parece, ao senso comum, que os exames são mais rigorosos. Essa é uma crença errônea. A avaliação da aprendizagem é um ato rigoroso de acompanhamento da aprendizagem do educando; ela permite tomar conhecimento do que se aprendeu e do que não se aprendeu e reorientar o educando para que supere suas dificuldades e carências, visto que o importante é aprender.

Instrumento bem elaborado é condição para a realização satisfatória do ato tanto de avaliar quanto de examinar. Ele é o recurso que amplia nossa capacidade de observação, fazendo jus à realidade com a qual trabalhamos. Ao atuar como avaliadores ou como examinadores, não podemos abrir mão desse expediente.

# 3ª Parte

# Temas correlatos

### Nota introdutória à 3ª Parte
# Temas correlatos à avaliação da aprendizagem

*O eixo central deste livro é a sua 2ª Parte, na qual estabelecemos elucidações de conceitos e processos do ato de avaliar a aprendizagem na escola. No entanto, na tentativa de evitar – ou, mais que isso, desfazer – o viés mais comum em nosso meio educacional de conceber e praticar a avaliação da aprendizagem como se fosse fato independente do ato pedagógico e, portanto, desenvolvido de modo isolado, introduzimos na 1ª Parte dois capítulos comprometidos com o ato pedagógico na escola, situando a avaliação da aprendizagem como um componente seu.*

Agora, nesta 3ª Parte, intitulada "Temas correlatos", desejamos tratar de duas abordagens em torno do ato de avaliar a aprendizagem na escola – primeiro, a ética e as relações interpessoais e. a seguir, alguns esclarecimentos que de outro modo não fariam parte do corpo do livro.

Sem a presença de atos éticos, dificilmente a avaliação da aprendizagem poderá ganhar os rumos em favor dos quais estamos investindo esforços neste livro por meio do estudo e da divulgação de regras metodológicas e científicas que caracterizam essa atividade. Não basta ter ciência delas; importa que, além de adquirir habilidades para usá-las, desejemos fazê-lo. No nosso cérebro, as sedes neurológicas do conhecer, do sentir e do agir com adequação ficam em setores distintos, e nem sempre a comunicação entre eles é facilitada. Sócrates acreditava que pensar universalmente conduzisse a uma ética também universal, mas Aristóteles, menos ingênuo nesse sentido e mais atrelado aos dados da realidade, ensinou-nos que os atos éticos dependem do conhecer e também da vontade, que escolhe agir dessa ou daquela maneira. Hoje, mais do que nunca, sabemos que componentes da vida humana, até do ponto de vista da neurologia, não se dão juntos. Necessitamos de aprendizagens para que cognição, sentimento e ações operem juntos, de forma integrada e ética. Eis o porquê do Capítulo I desta 3ª Parte, que aborda a ética na vida em geral, assim como na prática pedagógica.

Por sua vez, temos aprendido que – para além dos princípios metafísicos e das circunstâncias – o fundamento da ação ética está na relação com o outro. Daí que nesse capítulo sobre a relação entre avaliação da aprendizagem e ética introduzimos uma seção sobre as relações interpessoais. Elas estão no centro da relação heteroavaliativa. Na ausência de empenho nessa área, a avaliação da aprendizagem, com todas as suas nuanças, será inviabilizada ou, ao menos, distorcida, pois depende de cuidados do avaliador consigo mesmo e com o outro, além de com as regras metodológicas necessárias a essa prática.

Por último, acrescentamos um capítulo intitulado "Catado: questões variadas em torno da avaliação da aprendizagem e da educação", em que são abordados temas que não puderam ser tratados nos capítulos anteriores, mas merecem observações por sua proximidade com as abordagens realizadas ao longo do livro. São temas que, em si, não cabem nos outros capítulos, mas merecem um mínimo de tratamento.

Com essa 3ª Parte concluímos o livro, esperando e desejando contribuir para que educadores e educadoras desta e de outras terras, juntos, possamos incorporar o que a história da humanidade já fez pela educação, porém dando mais um passo à frente, a fim de superarmos o período da força e caminharmos em direção ao entendimento, à harmonia e à paz entre as pessoas, as nações e os povos. Adultos verdadeiramente adultos encontram soluções; crianças esbravejam e lamuriam.

# Avaliação da aprendizagem, ética e relações interpessoais

*Ética tem a ver com os valores que direcionam nosso agir na vida pessoal e coletiva. A avaliação da aprendizagem na escola é marcadamente uma atividade que tem seu foco de atuação na relação com o outro. Desse modo, não há como atuar na relação com o outro sem que questões éticas venham à tona. E estas, por sua vez, estão comprometidas com a maturidade emocional de cada um de nós. Nas relações interpessoais, não há como sustentar condutas éticas satisfatórias sem que, para tanto, tenhamos maturidade emocional. Possuir inteligência emocional significa administrar a vida com maturidade emocional, ou seja, com justiça e equanimidade.*

## 1. Ética e seus fundamentos

A fim de trazer para o diálogo a questão da relação entre avaliação da aprendizagem e ética, precisamos, em primeiro lugar, estabelecer uma compreensão do que venha a ser ética e quais os seus fundamentos.

A ética é um modo de agir do ser humano, na sua relação com tudo o que o cerca, compreendido filosoficamente. Ela manifesta um saber vivido e vivente que rege as relações das pessoas com tudo o que as cerca: as outras pessoas, os outros seres vivos, o meio ambiente, o sagrado. Ela expressa uma convicção interna de cada ser humano sobre o modo de relacionar-se com tudo com base em valores, fator que exige tomada de posição de acordo com sua positividade ou negatividade. Que valor orienta e/ou sustenta agir desta ou daquela forma?

Historicamente, a forma de compreender os fundamentos da ética teve variações. Convém saber quais são elas, a fim de escolher e assumir a que seja razoável, hoje, para a orientação de nossa vida e de nossas práticas cotidianas. Na história ocidental, identificamos pelo menos quatro bases filosóficas utilizadas para dar fundamento às escolhas e condutas éticas.

A primeira delas tem uma *conotação metafísica* – abstrata e formal –, centrada no ser. Este é assumido como a fonte dos valores que orientam nossa vida. Afinal, o que é o ser? Aristóteles responde que o ser tem a noção mais abrangente de todas, por não haver uma referência mais ampla que ele para defini-lo. O ser é e, ao mesmo tempo, referencia a si mesmo.

Esse filósofo estabeleceu que a definição de cada fenômeno, seja ele qual for, exige uma relação entre gênero e espécie; por "gênero" compreende-se que cada fenômeno tem sua referência numa categoria mais abrangente, e por "espécie" entende-se que tem sua identidade específica determinada por meio de uma característica que o distingue dos demais. Um exemplo, para ilustrar, é a definição do homem como "animal racional": pertence ao *gênero* animal, mas, dentro desse gênero, distingue-se por ser da *espécie* racional.

No que se refere ao *ser enquanto ser,* não há essa possibilidade, pois ele é o *gênero mais abrangente;* mais amplo que ele, não há nenhum outro gênero ao qual ele possa pertencer. Abaixo, sim, existem espécies, porém acima, não. Isso significa que é a noção mais abrangente de todas e, portanto, não pode ser definido por essa metodologia. Todavia, é dessa fonte do ser que decorrem todas as verdades válidas – o que implica serem formais e abstratas as verdades dele decorrentes. São verdades obtidas por um raciocínio metafísico, abstrato; por raciocínio dedutivo e não com base na concretude do dia a dia.

Nessa perspectiva, Sócrates, o primeiro dos chamados grandes filósofos gregos, que certamente estão na base da filosofia e da cultura ocidentais, no século IV a.C. afirmou ser o *juízo universal* a fonte da possibilidade de todos os homens agirem de forma ética, equivalente e justa. Juízo universal seria um juízo válido para todos os seres humanos, independentemente de lugar e de tempo. Chegar a ele era um exercício de reconhecer-se ignorante e, a seguir, parir a verdade de dentro de si. Sócrates acreditava que todos os seres humanos têm dentro de si um *daimon*, sede e fonte de conhecimentos, igual para todos. Em contato com essa fonte, cada um conhece a verdade nela contida e, conhecendo, age em conformidade com esse conhecimento. Nessa compreensão, um conhecimento "parido de dentro", do *daimon,* é universalmente válido e, por isso, é a fonte do saber e das condutas éticas.

Platão, seu discípulo, acrescentou a noção de que a fonte das condutas justas do ser humano é o *Sumo Bem*, identificado como o *Sumo Ser*, ao qual se chega por longo caminho de iniciação nos conhecimentos filosóficos (formação), que estão para além de tudo o que é conhecido no cotidiano. O filósofo trilha um caminho exigente e iniciático no conhecimento até poder intuir as essências eternas, o Sumo Bem, com conhecimento das quais aprende a pautar sua vida e a ensinar esse caminho aos seus pares, os outros seres humanos. O filósofo é aquele que caminha até o Sumo Bem e, então, partilha com os outros suas aprendizagens. Enquanto Sócrates, seu mestre, identificava a fonte do conhecimento no *daimon*, Platão identificava-a no Sumo Bem. O acesso ao Sumo Bem pela intuição, resultante de longo processo educativo, subsidia o cotidiano. Quem conhece o Sumo Bem age de acordo com esse conhecimento.

Aristóteles, considerado o terceiro dos grandes filósofos gregos, diz que no "ser enquanto ser" está expresso o valor. "Ser" e "bom" são a mesma coisa. Em latim diz-se *ens et bonum convertuntur* – ou seja, o ser e o valor são mutuamente conversíveis: quando digo "ser", digo, ao mesmo tempo, "valor" e, quando digo "valor", digo, ao mesmo tempo, "ser". Estabelecido o valor válido, uma "razão reta" – isto é, uma razão que compreende o ser e a ele se submete – orienta os atos eticamente válidos e adequados. Seriam bons, quando correspondentes aos valores válidos, ou maus, quando em desacordo com eles; ou seja, bons quando de acordo com o ser e maus quando em desacordo com ele. "Razão reta", então, quer dizer "ação em correspondência com as determinações do ser".

Portanto, nesse caso, para ter ciência de qual é o valor válido que possa dirigir a vida cotidiana, precisamos conhecer o "ser", mas ele é a noção mais abrangente possível, como vimos. Quem, então, tem a possibilidade de conhecer o ser e indicar quais os valores válidos para dirigir a vida?

Na história ocidental, essa tarefa foi incumbida à autoridade. E, então, as mais variadas autoridades assumiram tal papel, e sabemos como esse valor dito "ético" serviu, no Ocidente, de base para milhares de condutas sociais, institucionais e individuais saudáveis, ao mesmo tempo que justificou milhares de condutas desumanas e destrutivas. O valor válido era o que a autoridade definia, e a ele, por razão reta, todos deveriam ajustar suas condutas do cotidiano.

Contudo, as condutas não compatíveis com esses ditames eram reputadas erradas e, consequentemente, merecedoras de algum tipo de sanção, que podia constituir desde a obrigação de fazer alguma coisa considerada boa até o decretamento da eliminação do sujeito pela morte.

A compreensão metafísica da ética esgotou-se histórica e sociologicamente com o passar dos séculos, ainda que persistam, aqui e acolá, defensores de sua posição, seja como sujeitos individuais, seja como instituições. Cada um de nós, tendo tal compreensão em mãos, poderá olhar ao redor e identificar sujeitos e instituições que ainda pensam e agem dessa forma.

Uma segunda forma histórica de estabelecer fundamentos para a ética foi a *racionalidade*. Immanuel Kant, filósofo do século XVIII, com seus estudos, estabeleceu uma separação entre "ser" e "valor", afirmando que do ser, teoricamente, nada podemos conhecer, o que implica que os "valores" não dependem do ser, mas de questões de ordem prática, necessitadas de soluções. Uma dessas questões é a moral, a ética.

Kant tornou pública sua compreensão do problema numa obra intitulada *Crítica da razão prática*, segundo a qual a conduta ética tem como fundamento uma afirmação racional, *a priori* e sem um conteúdo específico, traduzida pelo seguinte enunciado: "Faze as coisas de tal forma que todos possam fazer igual a ti." Tal afirmação é também conhecida como "imperativo categórico", pois determina, formal e abstratamente, a conduta a ser assumida sem explicitar o conteúdo a ela atrelado.

Assim, o fundamento da ética, que estava centrada no ser e obrigava a todos, confere, agora, a cada cidadão o poder de tornar-se um legislador universal. O que cada um fizer autoriza todos os outros a agir do mesmo modo, daí a responsabilidade em conduzir a própria ação, seja ela qual for. Por conseguinte, o fundamento da conduta ética passa a ser um ditame racional e não mais o ser. Todavia, trata-se ainda de algo abstrato, formal e, de certa forma – mesmo que Kant não o admita –, metafísico.

# 3ª Parte

A terceira posição histórica que encontramos no Ocidente desenvolveu-se no decurso da primeira metade do século XX. É a denominada *ética de situação*. Os relatos de naturalistas viajantes e os estudos antropológicos realizados em fins do século XIX e inícios do século XX permitiram verificar que povos diferentes tinham concepções e práticas diferenciadas, o que possibilitou a cientistas das áreas sociais, filósofos, teólogos e moralistas a compreensão de que o homem é um ser que se faz na concretude da sua vida social e histórica. Saindo, portanto, das considerações metafísicas, abstratas e formais da conduta humana, começou-se a compreender que não havia uma posição certa contra todas as outras supostamente erradas – como se pensava com a ética baseada em princípios metafísicos ou de fundamento racional. A ética, então, tem sua base no *éthos* de um povo, na sua especificidade geográfica, histórica, social e cultural.

Nesse contexto, nasceu a compreensão de que o valor ético depende da *situação* em que ele se dá e onde ele é vivenciado. No caso, uma conduta eticamente adequada seria regida pela circunstância. Se a circunstância pedisse determinado modo de agir, a ação correta dar-se-ia em conformidade com esse "pedido". Todavia, permanecia e ainda permanece a questão: como ter certeza de que determinada circunstância permite adotar determinada conduta na qualidade de justa? Poder-se-ia simplesmente cair no subjetivismo.

Em quarto lugar, temos apreendido recentemente a existência de outro fundamento para a conduta ética, o qual consideramos mais significativo que os três anteriores. Trata-se da relação com o "outro" – da *solidariedade*. Ela se manifesta como um fundamento consistente e concreto para a conduta ética do ser humano na vida individual e coletiva. Enquanto as posições tomadas e assumidas ao longo da história, no Ocidente, são abstratas e formais, a solidariedade é concreta, à medida que eu e o outro nos relacionamos na concretude do dia a dia. É no processo desse relacionamento que podemos encontrar um fundamento consistente para o nosso agir ético.

No episódio internacional da Guerra do Iraque, desencadeada em 2003 pelos Estados Unidos sob a presidência de George W. Bush – filho –, filósofos, cientistas, artistas, literatos e tantos outros cidadãos do mundo enviaram mensagens e fizeram solicitações ao governo norte-americano, instando-o a que, antes de decretar a guerra, olhasse para o povo iraquiano, já fragilizado pelo conflito anterior, nos anos 1990, evento em que os norte-americanos, sob a liderança de George Bush – pai –, também tiveram participação ativa. Nada, no entanto, demoveu o governo de George W. Bush da intenção de iniciar a guerra. Posteriormente, os dados da realidade e a imprensa internacional evidenciaram que as razões propaladas para justificá-la não tinham lastro na realidade; ademais, revelaram quão destrutiva ela se mostrou para o povo iraquiano e para a humanidade. Eticamente, o outro foi absolutamente esquecido e a solidariedade suprimida em favor de interesses espúrios.

Entre os objetivos da educação para o século XXI, elaborados pela Unesco, encontra-se o anseio de "aprender a viver juntos", o que significa manter a nossa identidade e sobrevivência com dignidade, garantindo a identidade e a sobrevivência do outro também com dignidade. Esse objetivo expressa a singularidade e a pluralidade dos seres humanos nas relações entre si. Afinal de contas, em primeiro lugar somos *todos* seres humanos e só em segundo lugar nascidos em povos, etnias, grupos culturais e religiões diferentes. Portanto, somos iguais e diferentes ao mesmo tempo. Assumir esse ponto de partida, a nosso ver, é garantir excelente fundamento para a conduta ética, visto que cuidar de todos, à luz da igualdade, implica considerar a identidade de cada povo e de cada indivíduo.

"A força dominante da mente humana ainda é a compaixão", ensina-nos o Dalai Lama. Compaixão, aqui, não é pieguice, mas sim uma ação solidária para consigo mesmo e para com o outro, para com o meio ambiente e para com o sagrado. Significa, pois, "agir com", do latim *cum* (com) *patior* (agir). A compaixão tem a ver com ação solidária. Na relação entre seres humanos, cada um de nós necessita viver bem, e o outro também. Na vida, necessitamos dos outros e os outros necessitam de nós. As trocas entre seres humanos constituem uma expressão dessa fenomenologia e dessa compreensão: todos necessitamos dos serviços e ações dos outros, e os outros necessitam das nossas ações e serviços, realizados com os cuidados necessários. Necessitamos – e os outros necessitam – de afeto, atenção, amizade, acolhimento, serviços e distribuição das riquezas.

Na relação com o outro, estabelecemos pactos de convivência, de respeito ativo e de serviços, sejam eles espontâneos ou intencionais, sociais ou institucionais.

O que isso tudo tem a ver com a prática educativa? A conduta ética do educador eficiente traduz-se na solidariedade com o educando em sua trajetória de aprendizado e, portanto, no empenho em garantir o seu desenvolvimento. Eticamente, cabe ao educador ser solidário com os educandos, tendo em vista sua formação e sobrevivência. Ser-lhes solidário significa cumprir bem o papel de educador, investindo neles.

Para efetivar uma relação ética com nossos educandos no que se refere à avaliação da aprendizagem, devemos estabelecer e cumprir três pactos – profissional, curricular e com a verdade –, que serão abordados a seguir, neste capítulo.

## 2. Pactos éticos do educador na prática da avaliação da aprendizagem

Como a avaliação da aprendizagem, do ponto de vista operacional, tem por objetivo subsidiar a busca dos resultados desejados, o primeiro pacto ético do educador com a sociedade, com o sistema de ensino, com a escola, com os pais e com os educandos é o *pacto profissional*.

O educador, por meio do seu exercício profissional, compromete-se com todas essas instâncias a investir na produção dos resultados estabelecidos e desejados. E a avaliação da aprendizagem, na ótica operacional, só faz sentido se houver ação planejada e efetivamente executada com o objetivo de produzir os resultados estabelecidos. Sem isso, a avaliação não faz sentido, nem mesmo pode existir como prática, uma vez que, subsidiando a busca de resultados, sua existência depende de estar *servindo* uma ação em execução.

A educação sistematizada tem objetivos socialmente definidos – que respondem aos anseios sociais, assim como aos anseios do sistema de ensino, da escola e dos pais – e anuncia ser capaz de cumpri-los. Então, os educadores – ministro da Educação, secretários estaduais e municipais de Educação, diretores de escola, coordenadores, supervisores, professores –, no interior do sistema de ensino, são os mediadores do processo educativo e da produção dos resultados desejados e assumidos como os possíveis.

Os educadores na sala de aula, pelo próprio fato de serem educadores, já estão comprometidos com a solidariedade. Nesse sentido, é contraditório ser educador e não ser solidário com os educandos. Solidariedade, aqui, significa investir neles para que aprendam da melhor forma possível. Sem ser efetivamente solidário com o educando, o educador perde sua principal característica, que é servi-lo em seu processo de aprendizagem e desenvolvimento.

O professor tem seu núcleo de atuação na sala de aula, e seu pacto ético profissional realiza-se precipuamente nesse espaço. É aí que atua para que os resultados da aprendizagem sejam conquistados. Então, tem o compromisso de trabalhar para que os educandos aprendam – e, no caso, o termo "aprendam" expressa algo que precisa efetivamente acontecer, pois esse é o pacto profissional. Trata-se do oposto do que temos visto em nossas escolas, nas quais, "se o estudante aprende, está ótimo", todavia, "se ele não aprende, também está ótimo" (pois usualmente se admite que, se o estudante não aprendeu, a responsabilidade é sua e não do educador e do sistema de ensino). De fato, se o estudante não aprendeu, importa investigar o que está concorrendo para tanto e que solução é viável.

O pacto ético profissional, no âmbito da educação escolar, pertence a todos os profissionais da educação envolvidos no sistema, desde o ministro da Educação até o professor na sala de aula. Todos, para cumpri-lo, devem investir e reinvestir o melhor de si para que os resultados prometidos efetivamente se realizem. Esse pacto acarreta que, sejam quais forem as condições dadas, os profissionais da educação investirão sempre na busca de soluções para que os resultados de sua ação sejam positivos. Não bastam quaisquer resultados – negativos, meio positivos ou positivos. Não! Eles investirão incansavelmente na busca de resultados positivos. É assim que agem os profissionais dos mais variados ramos de atividades. Em sã consciência, ninguém pratica uma ação para obter resultados negativos. Todos os seres humanos, por meio de sua ação, buscam o sucesso. O pacto ético profissional do educador está comprometido com o sucesso de sua ação, isto é, com a aprendizagem e o desenvolvimento do educando.

Se o pacto ético profissional não for cumprido, a avaliação não faz sentido, dado que, se não há ação investida em determinada direção, não há o que avaliar, pois não existem resultados.

O segundo pacto ético do educador, no âmbito da avaliação da aprendizagem, é o *curricular*. O educador, em sala de aula, por meio do currículo, deve permitir que o educando efetivamente aprenda o que é preciso do ponto de vista do "ponderável"; ou seja, existe um lastro de conhecimentos socioculturais já produzidos pela humanidade – composto de soluções produzidas para variados impasses – que devem ser ensinados e aprendidos como recursos de desenvolvimento e como ponto de partida para recriações e criações novas – o "imponderável" (os conceitos de aprendizagem do ponderável e do imponderável foram elucidados no Capítulo I da 1ª Parte deste livro, ao tratarmos do projeto político-pedagógico). Desse modo, cabe ao educador comprometer-se, em sala de aula, com o cumprimento satisfatório do currículo – o que implica, de sua parte, "ensinar bem e investir junto ao educando até que ele aprenda" e, da parte do educando, "aprender bem". Essa é a expressão de sua responsabilidade ética no que se refere a garantir que o currículo efetivamente seja cumprido com sucesso. Não basta *passar* pelo currículo; este deve ser realizado, o que significa permitir ao educando atravessá-lo, com a efetivação de todas as aprendizagens minimamente necessárias, no limite do "ponderável".

Numa conversa com o professor Celso Vasconcellos, também militante da área de avaliação da aprendizagem, ele dizia que Wolfgang Ratke – Ratichius, como dizem os latinos –, educador protestante do final do século XVI e inícios do XVII (1571-1635), afirmava, já naquela ocasião, que um educador só poderia aplicar uma prova *depois que tivesse a certeza de que todos os seus estudantes haviam aprendido o que fora ensinado*. Temos estado longe de tal entendimento em nosso cotidiano escolar, porém o pacto ético curricular exige isso, nada menos que isso. O ato de avaliar operacionalmente a aprendizagem dos educandos na sala de aula serve tão só para garantir o sucesso dela. Uma "prova" só faz sentido como certificação, como testemunho, de que nossos educandos aprenderam o que efetivamente tinham de aprender em decorrência de nossa atividade profissional, mediante o cumprimento do currículo – de todo ele (por isso, precisa ser planejado consciente e consistentemente, estabelecendo possibilidades, limites e viabilidades) – da melhor e mais satisfatória forma possível.

Pelo pacto curricular, o educador não pode contentar-se com o fato de os educandos terem um desempenho "médio"; eles precisam, sim, manifestar um desempenho "pleno", e essa meta envolve muito investimento, especialmente em se tratando dos estudantes com maior dificuldade para aprender alguma coisa.

O terceiro pacto necessário para a realização da avaliação da aprendizagem é o *pacto com a verdade*. É o pacto com a investigação crítica da qualidade da realidade – no caso, da aprendizagem dos educandos.

Esse pacto leva-nos na direção oposta da fenomenologia que cotidianamente se verifica em nossas escolas no âmbito da prática da avaliação da aprendizagem. Contrapõe-se às distorções resultantes das incongruências existentes entre as informações oferecidas aos educandos pela escola e pelo educador e suas práticas no momento de coletar dados sobre o desempenho do educando. No Capítulo V da 2ª Parte, estabelecemos uma abordagem crítica sobre os instrumentos de coleta de dados para a avaliação e lá desvendamos uma série de distorções no que se refere à sistematicidade das questões de um teste em sua relação com os conteúdos ensinados, à comunicação (linguagem clara e compreensível), à precisão do que se solicita (evitar dúvidas e equívocos no que se pede e na forma como se solicita ao educando). Tais distorções rompem com o pacto da verdade, pois impedem a revelação do que efetivamente acontece com nossos educandos em termos da aprendizagem escolar.

Elas ferem o ato de avaliar e, por isso mesmo, o pacto ético da verdade, pois instrumentos com as distorções apontadas, neste livro e em outros não podem descrever qual a efetiva aprendizagem dos educandos. Com efeito, nesse caso, os instrumentos não serão capazes de coletar os dados do desempenho dos educandos, mas serão sim capazes de colocá-los em situações de desafio por vezes incompreensíveis e diante de conteúdos distintos dos que foram ensinados em sala de aula. Nessa situação, o pacto da verdade fica comprometido.

Eticamente, a avaliação exige do educador o pacto com a verdade (em conformidade com condutas abordadas em capítulos anteriores) na elaboração dos instrumentos de coleta de dados, segundo regras de cientificidade, na sua aplicação com a necessária atenção e cuidados, para que os educandos possam responder a eles sem ameaças e ansiedades psicológicas, na sua correção com verdade e equanimidade e na sua devolução com observações adultas e verdadeiras, nunca agressivas ou desqualificadoras, mas, ao contrário, acolhedoras e construtivas, de tal forma que os estudantes saibam ter no educador um parceiro que deseja sua aprendizagem e trabalha nesse sentido.

O pacto ético com a verdade é um farol que deve estar sempre indicando a conduta do educador em todos os seus atos e rituais na prática da avaliação na sala de aula e também fora dela, se for o caso. Nada mais e nada menos que isso, com uma postura amistosa e com equanimidade.

Em síntese, os três pactos – *profissional, curricular* e *com a verdade* – traduzem-se num só pacto com a eficiência do sistema de ensino, o que significa a busca do sucesso, comprometido com o projeto pedagógico por meio do constante investimento em soluções para os impasses emergentes. Lamentar resultados negativos não traz nenhuma solução; o sucesso depende do investimento adulto na busca dos resultados positivos.

## 3. Ética e níveis de desenvolvimento

Cumprir os pactos éticos anteriormente mencionados depende da maturidade emocional do educador. Em si, são pactos que exigem do educador maturidade e investimento. As condutas éticas acompanham a maturidade de cada um de nós. Imaturidade produz condutas éticas insatisfatórias nas relações com os outros.

Lawrence Kohlberg, psicólogo norte-americano (já citado anteriormente no livro e aqui retomado por dar suporte ao entendimento do tema de que estamos tratando neste capítulo), em 1979 escreveu um artigo¹ desvendando os diversos estágios de desenvolvimento ético do ser humano – o qual está comprometido com o seu desenvolvimento emocional, como veremos ainda neste capítulo. Não existe possibilidade de uma prática ética adulta e amorosa sem um amadurecimento emocional adulto e amoroso. Ter essa compreensão permite-nos estar atentos ao estágio de desenvolvimento em que se encontram nossos educandos e ajudá-los a transitar para níveis mais maduros de conduta emocional e ética.

Tendo como parâmetro as concepções de Jean Piaget sobre as fases de desenvolvimento cognitivo do ser humano, Kohlberg interrogou-se sobre as fases do desenvolvimento ético e formulou-as em três estágios pelos quais o ser humano pode e deve passar: pré-convencional, convencional e pós-convencional.

---

Stage and sequence: the cognitive-developmental approach to socialization. In: GOSLIN, D. *Handbook of socialization:* theory and research. Chicago: Rand McNally, 1969.

Não necessariamente amadurecemos em conformidade com essas fases. Por vezes podemos, por alguma razão psicológica, fixar-nos numa fase incompatível com nossa idade, com o lugar ou com o papel que ocupamos na vida social. São as distorções que emergem em razão de fragmentos psicológicos infantis que atuam automaticamente em nossas condutas.

O estágio pré-convencional caracteriza-se por ser egocentrado e pode ser expresso pela frase: "Tudo para mim." É o estágio de desenvolvimento em que tudo está centrado no sujeito e o mundo gira em torno dele. Corresponde ao estágio infantil piagetiano, no qual a criança ainda não adquiriu nem compreensões nem hábitos relativos a regras e papéis na vivência e convivência com os outros. É a relação na qual tudo está para mim e/ou a meu serviço e não há nada para os outros.

O estágio convencional distingue-se por condutas pactuadas e realizadas nos contornos das regras e normas socialmente pactuadas, que podem ser expressas da seguinte forma: "Sou um fiel e ético cumpridor das normas e dos contratos. O que pactuo assumo e cumpro." Essa é a ética dos contratos, dos pactos adultamente assumidos. Trata-se da ética que exige maturidade emocional para assumir a responsabilidade pelos contratos realizados e pelos atos por meio dos quais eles são cumpridos. No contrato, o mínimo que se espera e se deseja é que cada um cumpra sua parte, com todas as exigências e responsabilidades de um pacto. É uma ética sociocentrada.

O estágio pós-convencional é caracterizado pela prática do serviço à vida, que ultrapassa o cumprimento dos deveres segundo as formalidades da lei e pode ser expressa pela frase: "Estou a serviço da vida e, nessa posição, farei o que for necessário para que a vida seja satisfatória e saudável para mim e para os outros." Esse é o mais amadurecido e exigente nível de desenvolvimento ético. Transcendendo o desejo de ser o centro de tudo e de só cumprir os contratos sociais nos limites estabelecidos, estou a serviço do que for necessário para a vida ser melhor para todos, sem que para isso eu tenha de atentar contra mim mesmo. Exemplos históricos desse estágio de desenvolvimento ético são personagens como Buda, Jesus de Nazaré, Francisco de Assis, Mahatma Gandhi, Martin Luther King, Madre Teresa de Calcutá, Irmã Dulce e muitos outros. Nossas atitudes pessoais também podem dar-se nesse nível quando, já cumpridos todos os itens de nosso pacto, se necessário ainda vamos para além dele, atendendo um colega, a pessoa que amamos, o grupo humano a que pertencemos, o edifício onde residimos, o nosso bairro, a nossa cidade... A satisfação dos atos éticos, nesse nível, relaciona-se à sensação interna de ter feito o melhor que podíamos naquele momento a serviço da vida. São atos que vão além dos limites dos pactos. São denominados atos de amor universal.

A concepção exposta por esse autor traz-nos angústias por fazer-nos ver que ainda, como humanidade, estamos, predominantemente, na primeira fase do desenvolvimento ético do ser humano, mas, ao mesmo tempo, permite-nos pensar sobre a necessidade da educação ética na sociedade e em nossas escolas.

Contemplando a realidade da vida em nosso país e no exterior e tendo presentes as fases de desenvolvimento ético anteriormente expostas, salta-nos à vista o fato de que a humanidade se encontra predominantemente na fase pré-convencional – portanto, infantil –, a qual pode ser traduzida pela famosa "lei do Gérson" (termo originado de um antigo comercial de tevê estrelado por um famoso jogador de futebol), segundo a qual em tudo se deve levar vantagem.

Essa propensão pode ser vista tanto no âmbito macro como microssocial, tanto nas condutas públicas como privadas, tanto nas condutas dos que, na vida social, detêm o poder político e econômico como nas dos que somente detêm poder sobre seus atos individuais.

No âmbito internacional, por exemplo, a declaração de guerra ao Iraque, como sabemos hoje, foi efetivada com base em informações sem fundamento. Que interesses mesquinhos e ocultos estavam por trás das decisões tomadas pelos governos norte-americano e inglês que permitiram sustentar a declaração da guerra?

No âmbito nacional, que interesses estão por trás de todos os atos de corrupção política e econômica estampados diariamente em nossos jornais e revistas? Que ética se faz presente nas barganhas todos os dias denunciadas pela imprensa?

No nível pessoal, que ética se faz presente quando um motorista não cumpre as regras de trânsito porque um guarda não está por perto para puni-lo? Que ética se faz presente quando tiramos vantagem de situações cotidianas em detrimento de nossos vizinhos? Que ética se faz presente quando um professor não faz o melhor que pode para que seus estudantes aprendam? Que ética se faz presente quando um estudante simplesmente copia um texto da internet para entregar ao professor na escola como se fosse uma produção sua? Enfim, de modo geral, podemos dizer que, tanto no nível macro quanto no micro, estamos ainda, como humanidade e como sujeitos individuais, predominantemente na fase pré-convencional, infantil, de desenvolvimento ético. Não atingimos nem mesmo a segunda fase, caracterizada pelo cumprimento estrito e formal das regras e normas, quanto mais a que se expressa pelo serviço à vida.

Na situação em que nos encontramos, temos uma protoética, ou seja, nem mesmo chegamos a uma ética, a qual exige alguma consideração do outro. Sem a aprendizagem satisfatória do respeito ao direito do outro, permaneceremos num estado ético que cabe bem a uma criança, mas não a um adulto.

Para viver em sociedade, é necessário sair em alguma medida da posição egocentrada e chegar à fase convencional – ou sociocentrada –, na qual pelo menos a lei, como expressão das relações coletivas entre seres humanos, possa ser respeitada.

Diante desse quadro, como estamos nós, na condição de educadores? Em que fase de desenvolvimento ético nos situamos? Será que somos capazes de sustentar os pactos éticos – profissional, curricular e com a verdade – necessários para uma prática não menos que adequada em avaliação da aprendizagem? Se não chegarmos, no mínimo, ao nível convencional de desenvolvimento ético, dificilmente seremos capazes de cumprir essa empreitada. O ideal é que chegássemos ao nível pós-convencional e, com sua qualidade, realizássemos os referidos pactos.

## 4. Pactos éticos, maturidade emocional e relações interpessoais

A maturidade no desenvolvimento ético depende da maturidade emocional de cada um, e esta tem a ver com a biografia pessoal, com as decisões que tomamos como adultos e com os encaminhamentos que damos à nossa vida.

Todos temos dentro de nós, em razão de nossa biografia pessoal, muitos fragmentos infantis que atuam automaticamente em nossas ações no dia a dia. Basta verificar, em nosso cotidiano, os momentos em que nos apanhamos tomando atitudes desproporcionais à situação presente. Foi Freud quem descobriu esse processo e o denominou de transferência, entendendo que transferimos para uma situação atual a emoção de uma situação antiga, sempre em desproporção com o que está acontecendo no momento e na circunstância presente. Isso acontece com todos nós.

Mais recentemente, neurologistas agregaram dados a essa concepção de Freud, ao fazer o mapeamento de regiões do cérebro responsáveis por determinadas condutas nossas e descobrir que na amígdala cerebral se encontra a sede de nossas memórias emocionais e que os lobos frontais respondem por nossas escolhas e decisões conscientes. A questão é que essas duas partes do cérebro não têm uma comunicação fácil entre si. Da amígdala cerebral (centro de nossas memórias emocionais) para os lobos frontais (centro de nossas decisões e escolhas), a comunicação é facilitada, porém dos lobos frontais para a amígdala cerebral ela é extremamente restrita. Ou seja, nossas memórias emocionais podem atuar e de fato atuam automaticamente, sem que nossas reações passem pelo centro de escolhas e decisões conscientes. A amígdala cerebral tem uma via de atuação facilitada e independente da nossa decisão consciente. Por isso, muitas vezes, nossas ações e reações são automáticas, intempestivas, o que pode ser deveras apropriado em situações em que a ação precisa ocorrer em frações de segundo, mas pode ser também bastante indesejável quando nossa ação se revelaria mais adequada se pudéssemos pensar e decidir. Aqui e acolá, quando nos damos conta, já reagimos a um fato de modo inadequado e insatisfatório. Então, resta-nos apenas tentar restaurar a situação, quando o melhor teria sido poder realizar uma ação de modo equilibrado.

Sobre a questão neurológica abordada neste parágrafo, pode-se ler com muito proveito LEDOUX, Joseph. *O cérebro emocional*: os misteriosos alicerces da vida emocional. Rio de Janeiro: Objetiva, 1998.

Esse fenômeno da reação automática e desproporcional a alguma circunstância presente pode ser visto no já citado filme *Duas vidas*, cujo enredo mostra um alto executivo tendo atitudes incompatíveis com sua vida de adulto e com a função que desempenha.

Com o desenrolar das cenas, é desvelada a fonte dessas atitudes desproporcionais às circunstâncias: um trauma psicológico infantil. Quem de nós não os tem? Freud faz-nos ver que é impossível alguém não ser traumatizado durante a vida, especialmente durante a infância. Esses traumas permanecem fixados em nossa psique e em nossas memórias emocionais como fragmentos de experiências que permanecem inconscientes e atuam automaticamente diante de uma circunstância qualquer que seja, ou pareça, ameaçadora. A amígdala cerebral contém a memória emocional do medo, e qualquer circunstância que possa parecer ameaçadora desperta sua reação intempestiva.

Circunstâncias semelhantes às do filme anteriormente citado, diversas e variadas, atuam inconscientemente em nosso cotidiano. Então, cabe-nos estar atentos aos nossos atos e condutas, especialmente quando entramos numa situação com forte ou intensa expressão emocional. Toda vez que uma expressão emocional for desproporcional à circunstância presente, é certo que essa reação não é do presente, mas sim de uma transferência pregressa infantil ou adolescente, podendo provir também de um momento muito intenso da vida adulta. Em síntese, trata-se de uma projeção emocional. A maturidade emocional implica ser capaz de olhar para essas experiências, tomá-las nas mãos, compreendê-las e administrá-las de forma adulta e criativa.

Será que, quando conflitamos com educandos de uma turma de estudantes, com um estudante específico ou com um grupo de estudantes de determinada turma, nós nos perguntamos o que, nesse conflito, tem a ver conosco e não com eles ou, ao mesmo tempo, conosco e com eles? Será que, nessas ocasiões, nos interrogamos a nós mesmos e indagamos sobre nossa conduta como "adultos da relação pedagógica"? (Sobre o educador como o adulto da relação pedagógica, ver o Capítulo II da 1ª Parte.) Será que, nessas ocasiões, estamos atentos ao fato de que o mais importante é produzir soluções e não saber quem tem razão? Muitas vezes, nas relações interpessoais, apegamo-nos a este fator – "quem tem razão" –, e então não há solução possível.

Por outro lado, não basta saber que carregamos fragmentos infantis na bagagem de nossa memória inconsciente, nem basta só identificar os momentos traumáticos. Isso ajuda – e muito –, porém será pouco, caso não nos proponhamos, adultamente, fazer de modo diferente. Por vezes, descobrimos onde está nosso emperramento, mas até gostamos de conhecê-lo e relatar aos amigos essa "nossa infelicidade..."; então permanecemos no lugar de vítima e não fazemos nada para ter outra solução mais saudável na vida. Se aqui e acolá nossa biografia pessoal nos conduz de forma automática a determinadas condutas emocionalmente desproporcionais às situações presentes, importa não só identificar a fonte dessa reação, como também a solução adulta que vamos dar a esse modo de ser e agir.

Com nosso passado não há muito que fazer, a não ser reconhecê-lo e assumir que ele foi como foi e nos levou a ser o que somos. Todavia, quanto ao presente e ao futuro, podemos tomar nossa vida nas mãos e fazer dela um caminho digno de nós mesmos. Olhar para nossa trajetória biográfica é importante não para nos aprisionarmos nela, mas sim para nos assentarmos sobre ela, tendo-a como base para viver o presente da melhor forma possível, e para darmos o salto para o futuro, a fim de que seja diferente e melhor que nosso passado.

Os estágios mais adultos da ética – convencional e pós-convencional – exigem permanente atenção e cuidados para com nossa vida emocional, pois nossos fragmentos infantis existem em número ilimitado. E, sob a atuação deles, é fácil nos apresentarmos como vítimas da circunstância – ou seja, tudo está contra nós e temos de defender-nos em toda e qualquer circunstância. Com essa postura, não há ética que sobreviva e se realize, também no âmbito da avaliação da aprendizagem, prática que, na escola, se dá como heteroavaliação – por definição, prática comprometida com as relações interpessoais.

O convite é para assumirmos nosso lado mais adulto, de tal forma que, ocorra o que ocorrer nas relações, sempre haja uma solução viável, se não nos pusermos na situação de vítimas da circunstância ou numa posição exclusivamente reativa.

Cabe-nos estar atentos ao que acontece em nosso dia a dia e investir, cada vez mais, na aprendizagem e no emprego de soluções conscientes em nossas relações com os educandos e também com as pessoas em geral, de sorte que esse modo de ser se vá tornando uma habilidade e, depois, uma capacidade, ou seja, um modo comum de agir em nosso cotidiano.

Então, a ética será possível, uma vez que, na relação com os outros – com nossos educandos, no caso específico da avaliação da aprendizagem –, agirmos com consciência de nossa ação, de suas dimensões e de seus efeitos. Assim, nossa vida cotidiana será mais justa, isto é, mais equilibrada. "Justo" é o caminho do meio, do equilíbrio, da equanimidade.

Os pactos éticos, dos quais tratamos anteriormente, para serem cumpridos, exigem de cada um de nós maturidade emocional – ou inteligência emocional, como se tem preferido ultimamente –, pois, em nosso entendimento, a ética tem seu fundamento na relação com o outro, e esta é atravessada pelas relações interpessoais, nas quais o fator emocional, ao lado de outros fatores, tem papel constitutivo. Se não estivermos atentos aos fragmentos infantis existentes dentro de nós e às reações automáticas deles decorrentes, dificilmente seremos capazes de administrar os pactos éticos do educador, uma vez que as interferências emocionais automáticas não nos permitem conduzir nossa ação de modo claro, consistente e eficiente.

# Catado: questões variadas em torno da avaliação da aprendizagem e da educação

*Este capítulo apresenta uma metodologia específica de abordagem do seu tema. Ele compõe-se de um conjunto de pequenos temas que emergiram e foram selecionados de centenas de perguntas que me foram feitas em eventos dos quais participei e que me chegaram pela internet.*

O título "Catado" diz bem do que trata o texto que se segue. De um lado, significa que, dentre muitas perguntas, selecionei algumas; porém, sobretudo, significa que tomei temas que em si não foram tratados no corpo do livro ou ainda merecem alguma explicitação.

Certamente os comentários a seguir sobre cada um dos temas terão seu fundamento nos estudos apresentados nos capítulos anteriores deste livro. Desse modo, não serão abordagens novas, mas respostas a algumas das variadas perguntas que me têm chegado. São como que escólios. Os escólios, nas abordagens filosóficas e teológicas medievais, estavam comprometidos com respostas a dúvidas futuras sobre as teses defendidas; ou seja, respondia-se previamente a dúvidas futuras, nascidas do ponto de vista exposto. Aqui os comentários, de certa forma, respondem a perguntas que os leitores poderiam vir a fazer e que, na verdade, já foram feitas.

## 1. Notas na escola

O termo *nota* tem vínculo com *anotação* e com registro de dados e informações oficiais dos cidadãos relativas a nascimento, casamento e outros eventos jurídicos; ou seja, tem a ver com registro oficial de informação.

"*Notário* ou *tabelião* é um profissional do direito, dotado de fé pública, ao qual compete, por delegação do poder público, formalizar juridicamente a vontade das partes, intervir nos atos e negócios jurídicos a que as partes devam ou queiram dar forma legal ou autenticidade, autorizando a redação ou redigindo os instrumentos adequados, conservando os originais e expedindo cópias fidedignas de seu conteúdo e autenticar fatos" (NOTÁRIO. In: *Wikipédia*. Disponível em: <pt.wikipedia.org/wiki/Notário>. Acesso em: 23 set. 2009).

Alguma forma de registro dos resultados da aprendizagem na escola é necessária. Nossa memória viva é frágil e insuficiente para manter ativos tantos dados relativos à aprendizagem dos multíplices educandos que passaram por nossas salas de aula ou nelas ainda se encontram. O registro será o testemunho dado aos pais, às instituições sociais e à sociedade de que dado estudante frequentou determinada escola em determinado período e passou por experiências de aprendizagem cujos resultados apresentaram determinada qualidade.

Por exemplo, pessoalmente, como professor ou ex-professor, não tenho como recordar-me do desempenho de determinado estudante que frequentou uma classe com a qual trabalhei em 1970. Porém o registro mantém a memória da qualidade do desempenho que ele teve naquele momento. O histórico escolar do estudante garante o registro da informação acerca da qualidade do seu desempenho, em determinado momento de sua vida, na instituição escolar pela qual foi educado.

A forma mais comum de registro tem sido o numérico, que denominamos de "nota" e usualmente se serve de uma escala decimal que varia de 0 a 10. Existem muitas outras, tais como a escala por qualidades – inferior, regular, bom, muito bom, excelente – ou por letras – SR (sem rendimento), IN (inferior), MI (médio inferior), MM (médio), MS (médio superior), S (superior) –, mas a numérica é a mais comum e a mais universalizada, não só no Brasil como também fora dele, ainda que ultimamente essa prática tenha sofrido inúmeras variações.

Todavia, com o decurso do tempo e com a sedimentação de hábitos comuns de pensar e agir, as notas, que representavam um meio de registro, passaram a ser confundidas com a própria qualidade da aprendizagem. Essa situação é revelada pelo fato de que, muitas vezes, até de forma inconsciente, nós, educadores, propomos aos nossos estudantes uma atividade de estudo para que "melhorem a nota" e não para que "melhorem a aprendizagem". E, de fato a nota é apenas o registro da qualidade de aprendizagem obtida pelo estudante, mas não é a aprendizagem. Portanto, a nova atividade deveria ser proposta ao estudante para ele aprender mais, e não para melhorar sua nota. O registro é consequência da aprendizagem efetiva.

Cabe repetir que o importante é a melhoria da aprendizagem. E essa melhoria traduzir-se-á obrigatoriamente na manifestação de uma melhor qualidade da aprendizagem, o que, por sua vez, será expresso por um registro que represente essa qualidade.

A avaliação operacional, como temos frisado ao longo deste livro, tem a ver com o acompanhamento do processo e dos resultados sucessivos que o educando vai obtendo em seu percurso de aprendizagem, os quais podem ser registrados por meio de notas, como informações sintéticas (cifras) com base nas quais o educador acompanha o desempenho sucessivo do educando. A nota final do semestre ou do ano letivo é o registro do testemunho do desempenho final do percurso de aprendizagem do educando, é uma certificação. Tão somente isso.

À luz dessa compreensão das notas (anotação dos resultados da aprendizagem dos educandos na escola), verificar-se-á que elas são compatíveis com quaisquer formas de avaliação comprometidas com o processo de ensino e aprendizagem dos educandos (formativa, processual, contínua, por competência...), visto que não determinam a modalidade de avaliação. Todavia, quando são confundidas com a própria expressão da aprendizagem, revelam-se incompatíveis com qualquer uma dessas modalidades.

Desse modo, em conclusão, precisamos do registro, todavia há que distinguir "registro" de "aprendizagem". É a aprendizagem que apresenta determinada qualidade, mais positiva ou menos positiva; a nota representa apenas seu registro. São fenômenos diferentes.

## 2. Avaliação por competência

Em primeiro lugar, importa suprimir a crença de que há uma forma específica de avaliar quando o ensino é feito por "competências". Como temos defendido ao longo deste livro, o ato de avaliar serve à ação planejada e executada. O planejamento e execução de uma ação configuram a base da avaliação. Desse modo, para avaliar por competência, é preciso *planejar e ensinar por competência*.

Abordar o ensino-aprendizagem por competência significa uma forma de configurar os conteúdos a serem ensinados e aprendidos, assim como as denominações "objetivos" e "habilidades", em momentos anteriores, expressavam, no ato de planejar e executar, modos de configurar os conteúdos de uma prática de ensino-aprendizagem.

Então, para abordar a avaliação por competência, antes de tudo convém ter uma noção precisa do que significa essa forma metodológica de definir os conteúdos escolares por meio dessa orientação teórica.

Competência significa a capacidade de fazer alguma coisa de modo adequado, servindo-se, para tanto, de variadas habilidades. Habilidades e competências são modos de fazer alguma coisa, recursos cognitivos e procedimentais que implicam ação. Diferenciam-se pela abrangência (a competência é mais abrangente que a habilidade) e pela relação de dependência de uma para com a outra. A posse de *uma* competência, qualidade complexa, exige a posse de um *conjunto* de habilidades simples.

Vamos dar um exemplo: a competência de redigir cartas comerciais (conduta complexa) exige um conjunto de habilidades simples, tais como saber escrever – o que, por sua vez, implica saber ler –, saber redigir usando os recursos da língua nacional, usar argumentação lógica, distinguir os diversos tipos de carta, saber redigir especificamente uma carta comercial, etc. Competências e habilidades são recursos mentais utilizados pelo ser humano no seu dia a dia.

Poderíamos perguntar, então, se competência e habilidade não têm a mesma definição. Na ótica da ação, sim, pois ambas têm a ver com ação. A distinção entre as duas tem sua base na complexidade da ação executada em uma e em outra dessas formas de agir. Nessa relação, as habilidades têm a ver com aprendizagens do desempenho em tarefas específicas, restritas, simples; as competências, por outro lado, são modos complexos de agir, que envolvem um conjunto de tarefas específicas. Uma competência exige uma cadeia de várias habilidades.

Por conseguinte, competência define *o que* (conteúdos cognitivos, afetivos e motores) e *como* (metodologia) se ensina e se aprende. A configuração da competência desejada orientará educador e educando nas tarefas de ensinar e aprender. Do ponto de vista do educador, ensinar *o que* e *como*; do ponto de vista do educando, aprender *o que* e *como*.

Se, por exemplo, assumimos que, ao fim de um curso de 16 horas de aulas, o estudante terá a competência de utilizar-se do programa Corel Draw para desenhar, produzir peças de propaganda, etc., essa será a meta que orientará todas as atividades docentes e discentes. Todavia, para chegar a essa meta complexa (competência), o professor deverá estabelecer as habilidades (passos) que o estudante terá de adquirir ao longo de certo tempo para que possa usar esse programa computacional de forma satisfatória.

A avaliação da aprendizagem nesse contexto, tomando por base *o que* se ensinou e se aprendeu e *como* ocorreu o ensino-aprendizagem, da mesma forma que em qualquer ato de avaliar, deverá investigar a qualidade do desempenho alcançado pelo educando, verificando a sua satisfatoriedade ou não, e reorientar a aprendizagem, caso seja necessário, pois o que importa é o educando adquirir as habilidades e, portanto, a competência.

Chegando ao final desse processo, o educador deve registrar, nos documentos escolares da instituição em que trabalha, o fato de que o estudante vivenciou essa experiência e a concluiu com qualidade satisfatória em termos de aprendizagem, ou seja, adquiriu a determinada "competência". Esse registro poderá ser efetuado por meio de diversas modalidades – notas, símbolos alfabéticos, descrição ou qualquer outra modalidade que se assuma (na seção anterior deste capítulo tratamos do registro dos resultados da aprendizagem na escola).

Logo, proceder a um ensino por "competências" não modifica em nada o que configuramos ao longo deste livro sobre avaliação da aprendizagem nem faz nenhuma outra exigência em relação a isso. A avaliação da aprendizagem segue os parâmetros do projeto pedagógico e do planejamento do ensino. A educação por "competência" tem a ver com as variáveis que levamos em consideração para constituir os atos de ensinar e de aprender.

No caso, as competências definidas – e nos níveis de qualidade em que forem definidas – delimitam os critérios tanto para o ensino quanto para a aprendizagem, assim como, consequentemente, para a prática avaliativa.

## 3. Critérios para a avaliação da aprendizagem

Critérios são os padrões de expectativa com os quais comparamos a realidade descrita no processo metodológico da prática da avaliação. Os critérios para o exercício da avaliação são definidos praticamente no seu planejamento, no qual se configuram os resultados que serão buscados com o investimento na sua execução. Os critérios que definem *o que* ensinar e *o que* aprender e a sua qualidade desejada determina *o que* e como avaliar na aprendizagem escolar. Então, como as decisões de planejamento são, de certa forma, arbitrários, critérios de qualificação são também, de certa forma, arbitrários. São escolhas com base em fontes socioculturais, portanto não são absolutos. Nesse contexto, eles dependem das seguintes variáveis:

- da concepção de educação que temos (o que desejamos com a nossa prática educativa?);

- da concepção de educando que temos (quem é o educando? Como ele será olhado? Como será levada em consideração sua idade? Seu processo psicológico? A bagagem sociocultural que possui? Seu modo de relacionar-se? Suas possibilidades de relacionar-se?);

- das necessidades a serem atendidas pela prática educativa (que objetivo se tem ao realizar a prática educativa? É teórico? É teórico-prático? Só prático? Qual o desempenho desejado? Operará com operações mentais ou somente com informações?);

- dos conteúdos necessários e selecionados (que conteúdos serão utilizados para a aprendizagem que estabelecemos como objetivo? Em que nível esses conteúdos serão tratados?);

- do nível de exigência de desempenho do conteúdo selecionado (que nível de desempenho desejamos que nosso educando apresente com essa aprendizagem?).

Como se vê, um critério que permita proceder ao ensino e à avaliação de uma aprendizagem não é simples nem absoluto. Ele depende de um conjunto de decisões que tomamos. O critério define o que queremos como resultado de nossa atividade e, desse modo, estabelece direção tanto para o ato de ensinar quanto para o de avaliar. A avaliação diagnostica se se chegou aos resultados definidos no planejamento e com que qualidade se chegou a esse nível de resultados.

## 4. A "cola"

O termo "cola", no linguajar escolar, indica o ato pelo qual um estudante copia a resposta dada por outro colega a determinado item de teste ou prepara uma cópia prévia para usá-la como base para sua resposta.

Fico tentado a acreditar que a "cola" tem a ver com o todo do contexto escolar: sua história, seu modo de ser e de comportar-se ao longo da modernidade. O modelo de escola que conhecemos hoje nasceu e constituiu-se ao mesmo tempo que a modernidade. Nesse contexto, no que se refere à "cola", fazem-se presentes alguns fatores a serem observados.

Em primeiro lugar, o modelo burguês da sociedade em que vivemos, o qual, em conformidade com os estudos de Karl Marx, tem seu fundamento no subterfúgio. A mais-valia é o subterfúgio sobre o qual se assenta o crescimento do capital na sociedade burguesa, é fator constitutivo desse modelo de sociedade. Na base econômica desta está inscrita, para o crescimento do capital, a mais-valia (lucro), expressão do fato de que o proprietário dos meios de produção paga uma parte da força de trabalho ao trabalhador e a outra parte ele incorpora aos seus bens como capital. Ou seja, o capital não paga todo o trabalho do trabalhador, e é dessa parte não paga – oculta – que é retirada a mais-valia, o acúmulo lucrativo.

O dinheiro que cada um de nós individualmente carrega na carteira é um *bem de uso*, que permite trocas para o consumo pessoal e diário, mas o dinheiro em uma empresa na sociedade capitalista é um *bem de troca*, o que significa que ele deve gerar lucros. Para tanto, não basta que os recursos financeiros investidos em matéria-prima e trabalho produzam bens de valor equivalente ao investido, mas é preciso que acumule um pouco (ou muito) a mais do que foi investido. Assim sendo, de onde viria o enriquecimento do capital? Para Marx, do trabalho "não pago".

Aparentemente, na sociedade capitalista, todo trabalho é pago, mas na verdade uma parte dele não é paga, gerando o lucro. Seja no caso da "mais-valia absoluta", caracterizada pelas horas de trabalho não pagas, mas agregadas ao produto, seja no da "mais-valia relativa", que se assenta sobre a produção maior de capital decorrente da especialização profissional, o subterfúgio encontra-se nessa mecânica de *anunciar que tudo é pago* quando, de fato, *nem tudo é pago*.

O salário, ajustado entre as partes, é menor que o lucro auferido pelo proprietário do meio de produção com a venda do produto decorrente do trabalho do trabalhador. A diferença entre o que o proprietário gasta com a produção e o que recebe pela comercialização embute o custo do trabalho, o custo das matérias-primas e dos recursos técnicos de produção, e mais o lucro. É nessa diferença que entre o que se gasta e o que se recebe que se encontra a "mais-valia", aquilo que "vale a mais" e, daí, o lucro. Caso o proprietário só recebesse o montante que gasta, não haveria lucro. Há um subterfúgio pelo qual "parece" que o proprietário paga um valor justo pelo trabalho, todavia ele paga parte do trabalho produtivo do trabalhador, o que lhe garante o que Marx denominou de "mais-valia", que equivale à parte não paga do trabalho...

Nós nos "acostumamos" a esse modo de ser e, de forma inconsciente e automática, dirigimos a vida mediante o recurso a muitos subterfúgios. *Mutatis mutandis*, a "cola" aparece então como um subterfúgio justificável: "Minhas respostas coladas, se o professor não vê, me darão um resultado satisfatório." Essa é uma possível razão complexa, enviesada e remota (no sentido de fonte inconsciente) da "cola" em sala de aula. Não se trata de forma alguma de um contrassenso, desde que o uso do subterfúgio está na base da sociedade moderna, ou seja, capitalista.

Por outro lado, no processo da "cola" escolar também estão presentes os processos psicológicos do estudante, assim como certos elementos da dinâmica escolar. Nem sempre o professor produz instrumentos bons e adequados para coletar dados essenciais sobre a aprendizagem do educando. Muitas vezes, a prática de surpreender o estudante impõe-se nas práticas avaliativas escolares cotidianas, levando à produção de instrumentos de coleta de dados para a avaliação que se transformam em martírio para ele. Então, nesse caso, a "cola" representa sua reação ostensiva ao modo ostensivo de ser do educador. A todo ato de ataque corresponde um ato de defesa.

Em terceiro lugar, a "cola" é estimulada pela inserção dos exames escolares na sala de aula e, ademais, pela crença de que as notas correspondem efetivamente ao sucesso do educando, e não à aprendizagem propriamente dita. A "cola", ao garantir ao educando uma boa nota, dá ares de verdade ao que constitui uma mentira. Parece que ele aprendeu, porque respondeu às questões com correção, mas, de fato, não houve aprendizado. Simplesmente ele tem notas, mas não conhecimentos e habilidades.

Por último, é óbvio que, como em qualquer outra área em que o ser humano atue, a "cola" pode decorrer simplesmente da negligência do estudante em não estudar ou da possibilidade de querer levar vantagem. Isso é possível? Claro que sim; não nos iludamos. A "lei do Gérson" está em todos os setores de nossa vida social. No Capítulo I desta 3ª Parte, vimos quanto ainda estamos comprometidos com uma ética infantil e egocentrada, mostrando-nos incapazes de assumir e cumprir um pacto em nossas relações. Não podemos deixar de ressaltar que essa última razão se atrela à primeira, isto é, ao subterfúgio, cuja afirmação típica seria: "Caso ninguém perceba, passo ileso, como se o desempenho que apresento correspondesse a uma posse pessoal de conhecimentos."

Em síntese, a "cola" na prática escolar, a nosso ver, não pode ser tratada com simplicidade. Suas implicações políticas, sociológicas e psicológicas exigem de nós razoáveis cuidados naquilo que afirmamos.

Com efeito, o educador necessitará de cuidados para agir junto a um educando que está "colando". Valeria a pena, de forma pura e simples, tornar público para os colegas o que determinado estudante está fazendo reservadamente? Trata-se de roubo em relação ao professor e aos colegas? Penso que não. É roubo em relação a si mesmo, pois o estudante está perdendo uma oportunidade de manifestar o que não aprendeu e, dessa forma, poder ser ajudado. Por isso, a melhor conduta é a educativa, isto é, a que pode ajudá-lo – seja ele de que nível de escolaridade for – a assumir uma conduta ética saudável. Acolhê-lo e confrontá-lo (sobre isso, ver no Capítulo II da 1ª Parte a seção relativa ao educador como mediador), para que mude de direção em sua vida. A repressão pura e simples pode suscitar – e quase sempre suscita – um mecanismo de defesa, o que não é saudável para ninguém.

Vale ainda uma observação sobre "cola e avaliação da aprendizagem". Num verdadeiro sistema de avaliação, no qual esta é efetivamente um ato de investigar a qualidade dos resultados e, se necessário, intervir para a sua melhoria, não há lugar para a "cola", simplesmente pelo fato de que ela é um engano, e não um diagnóstico. Então, ela não ajuda a detectar as dificuldades e impasses da aprendizagem e, consequentemente, não subsidia a busca de sua superação.

Se o estudante souber que, ao responder a um instrumento de coleta de dados para avaliação, sua aprendizagem está sendo investigada para ser ajudado e não para ser punido, não sentirá necessidade da "cola". Ao contrário, procurará revelar efetivamente o que aprendeu e o que ainda não aprendeu, a fim de ser auxiliado na obtenção dos melhores resultados possíveis.

Essa prática exigirá novas e persistentes condutas do educador, pois, nessas circunstâncias, usualmente nós, educadores, repetimos práticas de relação interpessoal em nós impregnadas, seja em consequência de nossa biografia pessoal, seja por causa da cultura histórica em que crescemos e nos formamos.

## 5. Avaliação quantitativa e qualitativa

Na verdade, a nosso ver, não existe avaliação quantitativa, mas somente qualitativa, pelo fato de que, constitutivamente, a qualidade é atribuída tendo por base uma quantidade. Para compreender os termos dessa afirmação, importa retomar o que entendemos por avaliação.

Em primeiro lugar, é preciso estar ciente de que o termo *avaliação*, etimologicamente, tem a ver com qualidade. Ele provém de dois componentes latinos – *a* e *valere* – que, juntos, significam "atribuir valor a alguma coisa", isto é, atribuir qualidade a alguma coisa.

Em segundo lugar, temos de tomar o próprio conceito de avaliação operacional. Em escritos anteriores, defini avaliação como "um juízo de qualidade sobre dados relevantes, para uma tomada de decisão". Essa definição explicita os três elementos constitutivos de qualquer ato avaliativo.

O primeiro deles é que o ato de avaliar implica um *juízo de qualidade* (sobre isso, ver o Capítulo IV da 2ª Parte). Um juízo de qualidade é diferente de um juízo de realidade. Ambos afirmam ou negam alguma coisa, mas são diferentes no que se refere ao modo de operar.

O juízo de realidade é substantivo; tem por base o que a coisa é; descreve a realidade do objeto. Por exemplo, essa mesa é feita de madeira. O juízo de qualidade, por sua vez, atribui uma qualidade à realidade, comparando-a a determinado critério (externo à própria realidade qualificada). O juízo de qualidade depende da comparação entre a realidade (*dados relevantes*, como veremos a seguir) e o critério. A realidade será admitida como satisfatória se for compatível com o critério; será insatisfatória se não atender ao critério.

O segundo elemento da definição são os *dados relevantes* – as características "físicas", constitutivas, da realidade que estamos avaliando, as quais são quantificáveis. Aquilo a que atribuímos qualidade é uma realidade determinada, constituída por um conjunto de elementos característicos. Descrevemos alguma coisa tendo por base os elementos que a compõem e configuram. Portanto, a atribuição de qualidade não é arbitrária, mas assenta-se sobre dados "físicos" da realidade avaliada, que podem até mesmo ser quantificáveis.

No nosso caso, a realidade é a aprendizagem descrita por um conjunto de dados que configuram o desempenho do educando. A depender das características do desempenho nessa aprendizagem, nós lhe atribuímos essa ou aquela qualidade.

A um estudante que manifeste correção em 90% de suas experiências, podemos atribuir a qualidade de "satisfatório", mas a outro que atinja somente 10% em seus desempenhos lhe atribuímos a qualidade de "insatisfatório". Foram os dados de desempenho do estudante, comparados a um padrão estabelecido como satisfatório, que nos permitiram fazer o juízo de qualidade – os acertos foram comparados aos percentuais aceitáveis.

Os "dados relevantes da realidade", com base nos quais atribuímos uma qualidade à realidade avaliada, são dados *essenciais* que configuram a realidade – no nosso caso, a aprendizagem que estamos buscando. Portanto, não são quaisquer dados ou dados obtidos aleatoriamente (sobre isso, ver os Capítulos V e VI da 2ª Parte, nos quais tratamos dos instrumentos de coleta de dados para a avaliação). Dados irrelevantes não descrevem a realidade e por isso não lhe fazem justiça.

Para avaliar a aprendizagem de um educando em adição com números inteiros, por exemplo, devemos coletar dados somente sobre seu desempenho nessa habilidade. Seria irrelevante, para tal finalidade, coletar dados sobre seu desempenho em fatoração, ainda que este seja um conteúdo importante em matemática. Um conteúdo não tem, direta e imediatamente, a ver com o outro. Neste momento, interessa-nos somente a adição com números inteiros. Em outro, poderá ser necessário avaliar o desempenho na habilidade de fatorar ou nos dois conteúdos ao mesmo tempo. Relevante, aqui, é o que é essencial para configurar tão somente o que estou avaliando. O relevante é o essencial, ou seja, tem uma substantividade e por isso é mensurável, quantitativo.

O terceiro elemento da definição – *para uma tomada de decisão* – expressa a ideia de que o ato de avaliar subsidia decisões a respeito da melhoria dos resultados desejados ao planejar e executar determinada ação. O ato de avaliar, na ótica operacional, só faz sentido se tem esse objetivo. Caso não desejemos melhorar o desempenho do estudante, não vale a pena avaliá-lo, do ponto de vista do "acompanhamento" (conforme definição no Capítulo I da 2ª Parte deste livro).

Após essa exposição, podemos confirmar nossa afirmação inicial de que a avaliação é qualitativa e não quantitativa: não só porque o termo avaliação, etimologicamente, tem a ver com qualidade, mas também porque o ato de avaliar operacionalmente trabalha com a qualidade atribuída com base numa "quantidade" – o desempenho do estudante, que se manifesta com características mensuráveis; ou seja, determinado montante de aprendizagem.

Em síntese, o ato de avaliar é um ato de atribuir qualidade, tendo por base uma quantidade, o que implica ser a avaliação constitutivamente qualitativa.

À vista dessa compreensão, podemos concluir que há uma confusão conceitual quando são usadas as expressões "avaliação qualitativa" e "avaliação quantitativa". De fato essa distinção não existe, dado que a avaliação é somente qualitativa, em conformidade com o que expusemos anteriormente.

De onde vem essa confusão terminológica? A Lei de Diretrizes e Bases da Educação Nacional promulgada em 1971, conhecida como 5.692/71, trouxe em seu bojo a seguinte definição: "Na aferição do aproveitamento escolar, deve-se levar em consideração a qualidade sobre a quantidade." Com base nisso, os educadores em geral entenderam que a qualidade se referia aos aspectos afetivos do educando e a quantidade, aos aspectos cognitivos. Essa é a distorção.

Na verdade, o legislador entendia por "qualidade" o aprofundamento e o refinamento da aprendizagem. Por exemplo, dois estudantes aprendem um mesmo conteúdo, porém um deles, além de saber fatos e acontecimentos, produz uma análise crítica dos fatos e dos acontecimentos conhecidos. Este estudante tem uma capacidade cognitiva mais aprofundada, isto é, apresenta uma qualidade de desempenho mais refinada que a do outro.

Uma analogia também pode ajudar-nos a compreender: tenho duas peças feitas de porcelana, porém uma é grosseira na sua forma e a outra é refinada no seu acabamento. Ambas são peças de porcelana, mas apresentam qualidades diferentes; uma é mais refinada que a outra. Na aprendizagem, ocorre a mesma coisa: a aprendizagem de determinado conteúdo poderá apresentar uma qualidade mais refinada ou menos refinada.

A lei entendeu que "predomínio da qualidade sobre a quantidade" refere-se ao aperfeiçoamento da aprendizagem, ao seu refinamento, como dissemos, porém os educadores entenderam de forma distorcida essa proposição da lei e assumiram "qualidade" como o lado afetivo e "quantidade" como o lado cognitivo da conduta do educando.

De fato, também os atos afetivos são qualificados com base na frequência (quantidade) com que uma conduta com esse matiz é praticada. A um sujeito que em uma única ocasião se mostra respeitoso ao outro, mas em outras 99 se mostra desrespeitoso, nós lhe atribuímos a qualidade de *desrespeitoso*, pois, nas inúmeras vezes em que foi observado, desrespeitou os colegas. O contrário também é válido, ou seja, a um educando que, em cem ocasiões, por 99 vezes foi respeitoso e em uma única foi desrespeitoso, atribuímos-lhe a qualidade de *respeitoso*. A qualidade é atribuída com base numa *quantidade* de vezes que observamos aquela determinada conduta sendo praticada, seja ela cognitiva, afetiva ou psicomotora.

Por outro lado, importa observar que os atos cognitivos praticados por um estudante já têm dentro de si um componente afetivo. Ninguém aprende bem matemática se não tiver uma atração por ela. Ninguém aprende religião se não estiver afetivamente aberto para ela. Ninguém aprende a gostar de feijão se não tiver a aceitação de seu sabor. Ninguém aprende a falar uma língua estrangeira se não for motivado para ela. Assim sendo, o componente cognitivo exige um componente afetivo favorável a ele. O componente afetivo é um portal que permite ou impede o ingresso em qualquer outra área da conduta humana. Caso a afetividade não seja positiva em relação a alguma conduta, a aprendizagem não se dará satisfatoriamente.

Por conseguinte, se um estudante apresenta um desempenho cognitivo satisfatório em determinada área, temos de admitir que sua afetividade é favorável, aberta a essa aprendizagem. Na vida, tudo passa pelo crivo emocional dos nossos afetos; só agimos bem com a permissão do nosso portal afetivo.

Assim, usualmente na escola, investigamos a qualidade de atos que são *predominantemente* cognitivos, mas dependem de uma abertura afetiva. Os Parâmetros Curriculares Nacionais distinguiram as aprendizagens em *cognitivas, procedimentais* e *atitudinais*. A distinção entre essas três esferas de condutas não as separa completamente umas das outras: na conduta, elas atuam simultaneamente, ainda que com a predominância de uma delas.

As condutas atitudinais são acima de tudo afetivas e nessa ótica podem e devem ser qualificadas, ainda que o cognitivo também esteja necessariamente presente. Ninguém ama outra pessoa sem *saber (conhecer) amar*, ninguém respeita o outro sem *saber (conhecer) respeitar*. Os atos cognitivos, por sua vez, também têm suas nuanças afetivas e psicomotoras. O mesmo ocorre com os atos psicomotores, que têm nuanças afetivas e cognitivas. Desse modo, os nossos atos são permeados ao mesmo tempo pelo cognitivo, pelo afetivo e pelo psicomotor, ainda que um desses aspectos seja o predominante em uma ou outra atuação nossa. A qualidade à qual se referiu o legislador tem a ver com o refinamento da conduta.

Então, na prática pedagógica escolar, para o legislador dos anos 1970, *quantidade* tinha a ver com o dimensionamento descritivo do desempenho do educando e *qualidade* com seu refinamento, com seu aprofundamento. Foi isso que o legislador quis dizer quando determinou na lei que, "na aferição do aproveitamento escolar, deve-se levar em conta a qualidade sobre a quantidade". Essa compreensão ajuda-nos a sair da permanente confusão entre quantitativo e qualitativo em nossas práticas escolares e permite-nos ter clareza de qual será o foco central de nossa atividade, ainda que saibamos que as outras facetas também estarão atuando concomitantemente. Em determinada atividade, podemos focar predominantemente o cognitivo, em outra, o afetivo e, em outra ainda, o psicomotor, mas sabendo de antemão que em qualquer uma delas as três facetas do ser humano estão atuando.

## 6. Avaliação e seleção

O ponto de partida é que o ato de avaliar incide sobre a *aprendizagem* e o de selecionar sobre o *aprendido*. A diferença entre esses dois atos, embora pareça ser pequena, é fundamental. Enquanto a aprendizagem se realiza como processo de aprender, o aprendido é resultado desse processo. Por isso se diz que a aprendizagem é processo e o aprendido é produto.

A *avaliação da aprendizagem* que opera sobre o processo de ensinar e aprender tem por função investigar, segundo determinado critério, a qualidade do que *está sendo* aprendido, revelando tanto o que foi aprendido como o que *ainda* falta aprender. Identificar o que ainda falta aprender conduz às atividades de intervenção, caso se tenha o desejo de obter um resultado mais satisfatório. Nesse contexto, a avaliação da aprendizagem está comprometida com a construção da própria aprendizagem. Ela incide sobre o que *está acontecendo* com o aprendiz.

A *seleção*, realizada com base nas competências de determinado sujeito em determinada área de conhecimento – reveladas por meio de procedimentos de coleta de dados sobre seu desempenho (testes, provas...) –, tem a função de distinguir e separar os admitidos dos não admitidos. A seleção está comprometida com o aprendido, com o que já aconteceu, e incide, portanto, sobre o passado (o já aprendido). Ninguém é selecionado para um emprego, por exemplo, exatamente porque não detém os conhecimentos e procedimentos dessa atividade; ao contrário, é o aprendizado já realizado que torna uma pessoa competente o suficiente para ser selecionada. A seleção é uma certificação, que serve de base para uma classificação. E é a classificação que, por si, seleciona, não a certificação.

Os instrumentos de coleta de dados para a avaliação e para a seleção podem ser os mesmos, a diferença está na finalidade da leitura dos dados de cada um deles. A avaliação, no caso do acompanhamento da aprendizagem do educando, coleta dados para proceder a um diagnóstico da *situação presente* do aprendiz, tendo em vista sua reorientação, se necessária (ver seção 2 deste capítulo); a seleção, por seu turno, coleta dados sobre o *aprendido* pelo candidato (suas habilidades, competências, atitudes), a fim de classificá-lo em *aceito* ou *não aceito*. O "aceito" é admitido e o "não aceito" não é admitido.

Essas distinções permitem-nos perceber que, quando um estudante vem para a escola (para a sala de aula), ele não vem como *candidato* a uma vaga (como ocorre, por exemplo, em concursos para o ingresso no serviço público ou em uma empresa, para a aquisição de uma bolsa de estudos ou coisa semelhante) nem vem para disputar uma classificação num concurso social qualquer (tais como os de *miss*, de *mister*, de cantor). De fato, na escola, *ele já tem uma vaga*, já tem o seu lugar, pois se encontra na sala de aula. Nessa condição, o que ele demanda é ser ensinado para que aprenda, diferentemente de ser selecionado.

Retomando os conceitos: avaliar a aprendizagem, *sob a forma de acompanhamento*, é diagnosticar o desempenho do educando para construir o melhor resultado, tendo por base o presente e o futuro; *selecionar* é classificar o candidato de acordo com uma escala de valores, estabelecendo um grau acima do qual se aprova e admite e aquém do qual se reprova e exclui.

Portanto, na escola, como espaço de ensino e aprendizagem, a seletividade não faz sentido; contudo, num concurso, espaço de seletividade, a avaliação também não faz sentido. O estudante vem à escola para aprender e não para ser selecionado; da mesma forma, um candidato submete-se a um concurso para ser selecionado e não para aprender.

Compreender as especificidades desses fenômenos e as diferenças existentes entre eles pode ajudar-nos a praticar cada um desses atos (avaliar e selecionar) de modo adequado à sua finalidade.

## 7. Avaliação e quantidade de trabalho do professor

Pergunta: encarar a avaliação como um ato de investigar e intervir não representa um aumento de trabalho no cotidiano docente e um consequente obstáculo à prática do professor?

Na sala de aula, tanto para o professor como para o estudante, o ato de avaliar é mais exigente e mais trabalhoso que o ato de examinar. O ato de examinar, do ponto de vista do professor, exige somente a elaboração, a aplicação e a correção de provas, a atribuição de notas e o registro dos dados; já do ponto de vista do estudante, exige responder às provas e aguardar os resultados.

O ato de avaliar, por sua vez, exige do professor:

a) a elaboração de instrumentos adequados, do ponto de vista da investigação do desempenho do estudante (o exame também exige um instrumento com tais qualidades, ainda que, infelizmente, nem sempre seja elaborado dessa forma);

b) a aplicação dos instrumentos de coleta de dados;

c) a reorientação dos estudantes, se necessária;

d) a reavaliação.

E, do lado do estudante, exige estudo, dedicação, investimento, aprofundamento, busca dos melhores resultados.

Porque constitutivamente *investe* incansavelmente na qualidade de aprendizagem para o maior número de estudantes, senão de todos, o ato de avaliar implica maior exigência tanto para o professor como para o estudante. Não basta a postura segundo a qual "qualquer resultado está bem", mas se persegue o melhor resultado possível, o que se traduz na busca de qualidade na prática educativa e, consequentemente, em investimento para a obtenção desse resultado.

Desse modo, do ponto de vista pedagógico e da qualidade dos resultados, o ato de avaliar é mais exigente que o ato de examinar, implicando maior investimento profissional.

É possível que essa exigência acarrete alguma resistência do professor a transitar do ato de examinar para o de avaliar. Contudo, as resistências mais consistentes provêm de outros fatores, como vimos no Capítulo III da 2ª Parte:

1) psicologicamente, do fato de o professor, quando estudante, ter sido submetido a inúmeros atos de examinação e, ao tornar-se educador, repetir automaticamente esses atos;

2) historicamente, do fato de sermos herdeiros de uma longa história de exames tais como os praticados na escola hoje, cujas primeiras sistematizações se deram no século XVI, com o nascimento da idade moderna. Exames existiam antes, mas o tipo de exame escolar que vivenciamos em nossas escolas atualmente foi sistematizado no decurso do século XVI;

3) do modelo de sociedade em que vivemos. A sociedade burguesa é excludente, os exames também o são. Os exames reproduzem o modelo de sociedade.

Atuar pedagogicamente com a avaliação é atuar de forma inclusiva, o que significa reagir ao modo burguês de ser. E isso dá muito trabalho. Para caminhar nessa direção, é preciso transformar nossas crenças e conceitos sobre o estudante e sobre nossa relação educativa com ele.

## 8. Exame e autoridade do professor

Pergunta: o uso do exame pode ser um meio de "proteção da autoridade" do qual o professor se serve?

Não desejamos pensar que o uso do exame seja um meio de proteção do professor, pois historicamente o exame não nasceu com essa finalidade.

Todavia, nada nos impede de considerar que o ato de examinar, com suas características específicas, pode desobrigar tanto o professor quanto o estudante da necessidade do diálogo e da negociação e, ademais, ser utilizado de forma autoritária.

O ato de examinar encerra-se com a classificação do estudante, tendo por base os dados do seu desempenho. Para tanto, não há necessidade de interação entre professor e estudante, o que poderia significar uma proteção para o professor, visto não ter de tratar diretamente com o estudante sobre essa sensível área que é a atribuição de qualidade com base em seu desempenho. Nesse contexto, a prática do exame pode ter essa característica de "proteção do professor".

Para proceder à avaliação, ao contrário, há necessidade da interação educador-educando; há necessidade do diálogo para que se estabeleça, quando necessário, o entendimento da perspectiva na qual cada um (professor e estudante) está abordando o tema trabalhado nos instrumentos de coleta de dados para a avaliação: de um lado, o professor e a elaboração do instrumento de coleta de dados e, de outro, o estudante, sua compreensão do que lhe foi solicitado e sua resposta às solicitações feitas pelo professor.

Por vezes, o estudante compreende as questões e responde a elas de um ponto de vista que não é o do professor, mas isso não quer dizer que está necessariamente errado. Pode querer dizer somente que há outro ponto de vista. Nesse sentido, o ato de avaliar não "protege" o professor da necessidade do diálogo. Ao contrário, exige o diálogo.

Ressalte-se ainda que, historicamente, os instrumentos de coleta de dados sobre o desempenho do educando foram utilizados de forma autoritária, seja na sua elaboração, na sua aplicação ou no uso dos seus resultados. A perspectiva da classificação põe ao alcance do educador a possibilidade do uso autoritário dos recursos da avaliação, tal como o disciplinamento pela ameaça, fato que distancia o educador do educando.

## 9. Reprovação

Do ponto de vista pedagógico, não existe nenhuma razão cabível para a reprovação. Ela constitui um fenômeno que historicamente tem a ver com a ideologia segundo a qual, se o estudante não aprende, seu insucesso é exclusivamente responsabilidade sua ou, mais que isso, é decorrência de seu descuido ou má vontade. São muitas as frases que retratam essa compreensão: "Os estudantes não querem mais nada"; "eles não estudam"; "não têm interesse", etc.

Existem muitos outros fatores na prática pedagógica, além do educando, que devem ser levados em consideração caso tenhamos como meta a aprendizagem satisfatória. Muitas outras razões podem conduzir ao fracasso escolar sem que este seja diretamente responsabilidade do estudante. Podemos lembrar, por exemplo, as políticas públicas voltadas para a educação, que incluem baixos salários para os educadores em geral, a inadequação dos espaços físicos onde as atividades pedagógicas são realizadas, a carência de bibliotecas nas escolas, a formação insatisfatória dos educadores, o investimento insuficiente dos educadores em vista da efetiva aprendizagem dos educandos, etc.

A reprovação não existe em sistemas escolares que efetivamente investem na qualidade do ensino e da aprendizagem. Veja-se o exemplo, bastante divulgado no Brasil, da chamada "Escola da Ponte", em Portugal. Certo é tratar-se de uma escola pequena que atende um número limitado de crianças, porém indica a possibilidade de efetivo ensino e efetiva aprendizagem. O objetivo da escola é a aprendizagem do educando e o seu consequente desenvolvimento; por isso, cabe-lhe essencialmente investir nisso mediante atividades didáticas, avaliação e reorientação.

Também entre nós se encontram experiências educativas em que a reprovação já se tornou uma palavra riscada do dicionário, em virtude do investimento na qualidade do ensino. Assim sendo, a reprovação, em si, não faz sentido em nenhuma prática educativa, desde que o objetivo seja a aprendizagem e o desenvolvimento do educando. Se a meta é essa, não faz sentido abortá-la pela reprovação, mas sim investir nela na perspectiva do sucesso.

Oferecer ensino a educandos e reprová-los são atos contraditórios. Quem ensina tem como objetivo o aprendizado do outro. A reprovação aborta o ato de ensinar e de aprender.

## 10. Avaliação em larga escala na educação brasileira

De 1988 para cá, vêm-se implantando no Brasil avaliações nacionais, de larga escala, sobre a educação no País. Essa prática, introduzida pela primeira vez no ensino fundamental com o Sistema Nacional de Avaliação da Educação Básica (Saeb), cuja primeira edição ocorreu em 1990, foi posteriormente (2005) complementada pela Prova Brasil. Hoje, a avaliação de larga escala estendeu-se por todo o sistema educacional do País.

Além do Saeb, temos o Exame Nacional do Ensino Médio (Enem), iniciado em 1998, que investiga o desempenho do ensino médio, o Exame Nacional de Desempenho de Estudantes (Enade), substituto do antigo Exame Nacional de Cursos (Provão) – este criado em 1995 –, e o Sistema Nacional de Avaliação da Educação Superior (Sinaes), criado em 2004, que atua sobre as instituições de ensino superior como um todo.

Essas avaliações do sistema nacional de educação destinam-se a investigações sobre a qualidade da educação brasileira nos diversos níveis de ensino, da educação básica ao ensino superior e à pós-graduação. Administradas pelo Instituto Nacional de Estudos e Pesquisas Educacionais Anísio Teixeira (Inep), elas representam um diagnóstico da educação nacional. Para tanto, são utilizados variados instrumentos de coleta de dados, cuidadosamente elaborados, seguindo as teorias mais significativas de coleta de dados para avaliação em educação, e a coleta e a interpretação dos dados são realizadas de acordo com parâmetros científicos contemporâneos.

Essas avaliações deveriam assumir um caráter de diagnóstico do presente quadro da educação brasileira, subsidiando um investimento em sua melhoria, o que seria o papel mais fundamental de um sistema de avaliação. O que temos observado, porém, é que, na maioria das vezes, os resultados dessas investigações não têm produzido efeitos em prol do reinvestimento na educação nacional, tendo em vista sua melhoria em termos de qualidade. Os resultados da educação nacional, no que tange ao acesso à escola, têm sido cada vez mais satisfatórios, porém, no que tange à sua qualidade, têm deixado muito a desejar.

Mesmo o acesso, que tem sido mais satisfatório, muitas vezes se cumpre em detrimento da já parca qualidade existente, dado que as salas de aula, ao menos no início de cada ano letivo, ficam infladas pelo número excessivo de estudantes.

Somos do parecer que o governo brasileiro precisa investir efetivamente em educação, tendo por base os dados dessas sucessivas avaliações do sistema nacional de ensino, na busca de maior satisfatoriedade. Não bastam investigações e mais investigações sobre a qualidade da educação nacional. Importa o que se faz com base nos resultados obtidos.

Tal posição, porém, não significa defender um investimento exclusivo em educação – embora se reconheça que ele deve ser maior do que tem sido feito até o presente momento nessa área. Vários outros âmbitos precisam ser contemplados, tais como a justiça social (com melhor distribuição de renda), a habitação, a saúde e o lazer.

Assim sendo, a implantação, a execução e o aperfeiçoamento do sistema nacional de avaliação da educação são ações profundamente necessárias e importantes. Educadores e educandos deste país, no seu todo, devem dar-lhe sua colaboração. Acreditamos, porém, que os resultados obtidos não têm sido – decerto por impedimentos políticos – suficientemente utilizados para a melhoria do sistema como um todo.

As distorções constatadas nessas avaliações são externas ao próprio sistema de avaliação, tendo a ver, de um lado, com o uso restrito dos seus resultados para novos encaminhamentos, na perspectiva da melhoria do sistema nacional de educação, e, de outro, com a construção de *rankings* das escolas.

A avaliação, seja ela de acompanhamento ou de certificação (ver seção 2 do Capítulo I da 2ª Parte), não tem como objetivo somente aparecer como uma pesquisa, e sua função não é apenas criar um *ranking* das instituições avaliadas. Seu objetivo fundamental é diagnosticar a qualidade da educação no País e orientar intervenções para sua melhoria.

O *ranking*, a nosso ver, só faz atrapalhar, à medida que as escolas que obtêm os primeiros lugares se consideram as melhores. Os *outdoors*, nas ruas, e as propagandas, nos mais variados meios de comunicação, comprovam esse nosso juízo. Realizadas as avaliações, bastaria dar a conhecer a cada escola o índice de qualidade por ela obtido, o que indicaria sua satisfatoriedade, ou não. Aquelas que estivessem com desempenho insatisfatório precisariam investir mais e melhorar, ou o próprio sistema nacional de educação deveria, de alguma forma, investir mais nelas, para que melhorassem.

O ranqueamento não pertence à avaliação propriamente dita. Todavia, estabelecê-lo é uma decisão administrativa do sistema de avaliação. No caso, o governo brasileiro adota-o como uma decisão sua. A razão parece ser a crença de que a publicação de um ranqueamento força as instituições de ensino a melhorar o desempenho. Há dúvidas de que essa ação seja suficiente. A nosso ver, seria mais eficiente o efetivo investimento em nossas instituições escolares, e não o ranqueamento.

Em síntese, acreditamos e assumimos que o sistema nacional de avaliação da educação em larga escala é uma necessidade, porém, como qualquer outra coisa na vida, ainda exige aperfeiçoamentos.

## 11. Enem

O Exame Nacional do Ensino Médio merece uma atenção especial, pois, no ano de 2009, recebeu um reforço especial para se tornar um meio de seleção para o ingresso no ensino superior no País e, quiçá, tornar-se o único meio desse processo, como ocorre em outros países com exames assemelhados.

Os objetivos do Enem, ao longo dos anos, praticamente se repetiram de portaria em portaria ministerial. Desde o seu início, ele apontou a possibilidade de apresentar-se como um meio de acesso ao ensino superior, o que, na edição de 2009, se explicitou com maior vigor. Para perceber isso, basta cotejar os objetivos do Enem de 1998 com os do Enem de 2009. É claro que existem diferenças, porém são maiores as semelhanças. Em 2004, por exemplo, o Enem passou a ser também um recurso para selecionar candidatos a benefícios do governo federal, como as bolsas do Programa Universidade para Todos (ProUni).

| Objetivos do Enem 1998 | Objetivos do Enem 2009 |
|---|---|
| I – conferir ao cidadão parâmetro para autoavaliação, com vistas à continuidade de sua formação e à sua inserção no mercado de trabalho; | I – oferecer uma referência para que cada cidadão possa proceder à sua autoavaliação com vistas às suas escolhas futuras, tanto em relação ao mundo do trabalho quanto em relação à continuidade de estudos; |
| II – criar referência nacional para os egressos de qualquer das modalidades do ensino médio; | II – estruturar uma avaliação ao final da educação básica que sirva como modalidade alternativa ou complementar aos processos de seleção nos diferentes setores do mundo do trabalho; |
| III – fornecer subsídios às diferentes modalidades de acesso à educação superior; | III – estruturar uma avaliação ao final da educação básica que sirva como modalidade alternativa ou complementar aos exames de acesso aos cursos profissionalizantes, pós-médios e à educação superior; |
| IV – constituir-se em modalidade de acesso a cursos profissionalizantes pós-médio. | IV – possibilitar a participação e criar condições de acesso a programas governamentais; |
|  | V – promover a certificação de jovens e adultos no nível de conclusão do ensino médio nos termos do artigo 38, §§ 1º e 2º da Lei nº 9.394/96 – Lei das Diretrizes e Bases da Educação Nacional (LDB); |
|  | VI – promover avaliação do desempenho acadêmico das escolas de ensino médio, de forma que cada unidade escolar receba o resultado global; |
|  | VII – promover avaliação do desempenho acadêmico dos estudantes ingressantes nas instituições de educação superior. |

Como se pode verificar nos objetivos apresentados no quadro anterior, desde o seu início o Enem teve como vocação, por um lado, possibilitar aos egressos do ensino básico um recurso de acesso ao ensino superior e, por outro, proporcionar um quadro geral da educação média no País.

É interessante observar também que, desde a sua primeira proposição, o Enem tem como foco de atenção o trabalho com as competências cognitivas do educando, exigindo, portanto, um direcionamento novo para o ensino médio, que vinha e vem trabalhando excessivamente mais com a formalidade conceitual emergente das ciências do que sobre a aquisição de habilidades, em função das diversas exigências do vestibular. O Enem de 2009, desejando substituir o vestibular, tem como foco a condução do ensino médio do País na direção das competências cognitivas – portanto, das habilidades e ações mentais que constituem a base para a formação das competências –, bem como das competências afetivas e procedimentais, que constituem aspectos importantes da formação do ser humano. Assim, espera-se que, como o vestibular configurou o ensino médio nos últimos 40 anos no País, o novo Enem tenha a possibilidade de conduzir esse nível de ensino para um novo modelo, voltado mais para a formação de competências que para o acúmulo de informações.

Vejamos no quadro a seguir os focos pedagógicos dos Exames Nacionais de Ensino Médio dos anos de 1998 e de 2009.

| Foco de 1998 | Foco de 2009 |
|---|---|
| São as seguintes competências e habilidades a serem avaliadas: | Para o Enem de 2009 são as seguintes as competências a serem levadas em consideração: |
| I – demonstrar domínio básico da norma culta da Língua Portuguesa e do uso das diferentes linguagens: matemática, artística, científica, entre outras; | I – Dominar linguagens (DL): dominar a norma culta da Língua Portuguesa e fazer uso das linguagens matemática, artística e científica e das línguas espanhola e inglesa; |
| II – construir e aplicar conceitos a várias áreas do conhecimento para compreensão de fenômenos naturais, de processos histórico-geográficos, da produção tecnológica e das manifestações artísticas; | II – Compreender fenômenos (CF): construir e aplicar conceitos das várias áreas do conhecimento para a compreensão de fenômenos naturais, de processos histórico-geográficos, da produção tecnológica e das manifestações artísticas; |
| III – selecionar, organizar, relacionar, interpretar dados e informações representados de diferentes formas, para enfrentar situações-problema segundo uma visão crítica, com vistas à tomada de decisões; | III – Enfrentar situações-problema (SP): selecionar, organizar, relacionar, interpretar dados e informações representados de diferentes formas, para tomar decisões e enfrentar situações--problema; |
| IV – organizar informações e conhecimentos disponíveis em situações concretas, para a construção de argumentações consistentes; | IV – Construir argumentação (CA): relacionar informações, representadas em diferentes formas, e conhecimentos disponíveis em situações concretas, para construir argumentação consistente; |
| V – recorrer aos conhecimentos desenvolvidos na escola para a elaboração de propostas de intervenção solidária na realidade, considerando a diversidade sociocultural como inerente à condição humana no tempo e no espaço. | V – Elaborar propostas (EP): recorrer aos conhecimentos desenvolvidos na escola para elaboração de propostas de intervenção solidária na realidade, respeitando os valores humanos e considerando a diversidade sociocultural. |

Considerando os dados apresentados, podemos observar que o proposto para o Enem de 2009, como foco pedagógico, já se encontrava na proposta de 1998. Todavia, em 2009, o MEC toma em suas mãos, efetivamente, a tarefa de reorientar o ensino médio, tendo por base esse exame. Ou seja, uma vez que o MEC propõe que o Enem seja o recurso de seleção para o ingresso no ensino superior no País e à medida que essa proposta seja assumida por universidades e instituições de ensino superior públicas e por instituições privadas, as escolas do ensino médio terão de reorientar seus currículos para o foco pedagógico com o qual o Enem será praticado.

Com base em decisões administrativas, o MEC, portanto, está criando condições para que o ensino médio no País de fato se aproxime de um modo pedagógico de educar, em tudo diferente do que veio ganhando forma no País nos últimos 40 anos aproximadamente.

Com o crescimento da demanda de ensino superior e com a Reforma Universitária de 1968, na prática, o exame vestibular, como recurso de acesso ao ensino superior no Brasil, foi vagarosamente dando forma ao ensino médio que temos hoje, muitíssimo configurado pelo ensino vinculado ao excesso de informações.

O raciocínio que parece atravessar a decisão do MEC – com a qual concordamos plenamente – é que, com o Enem de 2009 em diante, o ensino médio obrigar-se-á a reorientar suas matrizes curriculares com base nas matrizes de tal exame, pois esse nível de ensino, ao lado de ter, aqui e acolá, um destino profissionalizante, historicamente tem servido no País para criar condições de ingresso dos jovens no ensino superior.

Se o vestibular deu forma ao ensino médio durante os últimos 40 anos no Brasil, o Enem fará o mesmo nos próximos anos; estará reorientando o ensino médio como um recurso para formar jovens capazes de servir-se, no dia a dia, de suas competências.

Esse processo exigirá das instituições formadoras de educadores uma reorientação em seus currículos e em suas modalidades de ensino-aprendizagem, assim como exigirá das escolas de ensino médio uma reorientação consistente dos seus currículos e dos seus professores.

Em síntese, o Enem, a partir de 2009, poderá trazer, em poucos anos, nova e mais significativa configuração da educação no ensino médio brasileiro.

Parece que o Enem, quando instituído em 1998, já desejava expressar essa vocação, porém, ao longo dos seus 10 anos de vida, até o presente (2010), atuou modestamente nessa direção, primando mais por constituir um recurso de ranqueamento das escolas de ensino médio no Brasil do que por exigir sua transformação. Todavia, com essa nova tomada de posição, transformando o Enem, em primeiro lugar, num recurso de seleção para o ingresso no ensino superior e, paralelamente, num recurso de avaliação da qualidade do ensino médio, o MEC oferece ao País um meio importante e legal para obrigar instituições e educadores a conferir um novo rumo a esse nível de ensino no País.

Nossa crítica pessoal ao Enem consiste no fato de ele ser utilizado como um recurso de ranqueamento das escolas de ensino médio. Uma prática avaliativa, em si, somente configura a qualidade do seu objeto de estudo; o ranqueamento é uma decisão política e, portanto, externa à avaliação. O MEC pode fazer a avaliação e atribuir pontos qualitativos às diversas escolas sem ter de produzi-lo. Somos do parecer que o ranqueamento não muda a qualidade do investimento na escola brasileira, mas possibilita que instituições de ensino médio o usem como recurso midiático, o que, a nosso ver, distorce o verdadeiro sentido da avaliação.

Todavia, essa restrição não nos impede de considerar tanto o Enem antigo, quanto o novo Enem, uma prática avaliativa em larga escala importante e necessária à educação brasileira. E consideramos ainda que o novo Enem tem e terá uma função fundamental na transformação e melhoria do modelo de ensino nas escolas no País.

O ensino superior necessitará de formar educadores que atuarão no ensino fundamental e médio e, para tanto, necessitará de modificar-se para atender a novas demandas emergentes em decorrência das configurações do novo Enem. Por outro lado, os educadores que atuam no ensino fundamental e médio, hoje, necessitarão de atualizar-se segundo essas mesmas exigências emergentes, tendo em vista atender às demandas profissionais que receberão. Com isso, o ensino no País, na perspectiva de atender ao novo momento, passará por transformações que o farão mais alvissareiro para a formação de crianças, jovens e adultos, como sujeitos e como cidadãos.

Sonho? Talvez sim, talvez não. Só o tempo nos dirá.

# Epílogo

# Epílogo

Chegamos ao final da jornada. Este livro é síntese do que aprendi em 42 anos de militância na área de avaliação da aprendizagem. Iniciei nos idos de 1968, quando ainda era estudante de graduação em Filosofia, na cidade de São Paulo; desde então, esse tema tem-me acompanhado pelos anos que sucederam a esse "amor à primeira vista".

De lá para cá, fiz muitas coisas nesse âmbito: trabalhei na área técnica, como avaliador da aprendizagem, no Instituto de Radiodifusão Educativa da Bahia (Irdeb), no início dos anos 1970; fui professor universitário de 1971 a 2002, quando me aposentei da graduação em Filosofia na Universidade Federal da Bahia, período em que também assumi o magistério no Programa de Pós-Graduação em Educação na mesma universidade (1985-2010); publiquei artigos e livros sobre o assunto; fiz conferências nos mais variados rincões deste país, de norte a sul, de leste a oeste, a partir de 1973 até o presente.

De fato, penso que este será meu último livro sobre o tema escrito com as características deste; como um roteiro básico de estudos, com definições epistemológicas e orientações metodológicas para o fazer cotidiano. Outros subtemas da avaliação da aprendizagem serão tratados em novos escritos, todavia em óticas mais específicas, diversas desta abordagem geral.

Agora, de coração, só cabe agradecer: à Vida, pela vida; aos meus pais, José e Maria, pela vida e educação que me ofereceram; aos meus irmãos – como caçula, fui pajeado por todos eles; ao Seminário São Carlos Borromeu, em Sorocaba-SP, e aos seus professores nos fins dos anos 1950 e inícios dos anos 1960, sem os quais não estaria escrevendo e publicando nos dias de hoje; ao professor Godeardo Baquero, que me introduziu nessa lide, quando estudante em 1968 na Faculdade Medianeira, em São Paulo; ao amigo do coração, Ernani Ponciano, neste momento

# Epílogo

já no reino do Infinito – juntos, aprendemos e partilhamos tarefas como avaliadores da aprendizagem; ao Irdeb e aos profissionais dessa instituição nos anos 1970, espaço em que me tornei um profissional da área; à Associação Brasileira de Tecnologia Educacional (ABT) e seus profissionais nos anos 1970 e 1980: ali aprendi e militei na área, assim como me tornei conhecido como estudioso do tema por meio de sua revista, *Tecnologia Educacional*; aos pesquisadores brasileiros da área, com os quais troquei conhecimentos e aprendi: professor Heraldo Marelim Vianna, Ana Maria Saul, Bernadete Gatti, Sandra Zakia Lian Sousa, Celso Vasconcellos, José Eustáquio Romão; a José Carlos Libâneo, amigo desde a infância e irmão de alma – estudamos e aprendemos juntos muitas e muitas coisas; ao professor Antonio Luiz Machado Neto, coordenador do Mestrado em Ciências Sociais da Universidade Federal da Bahia, o qual, em 1970, me acolheu em Salvador-BA e me ofereceu recursos para tornar-me professor dessa mesma universidade, sendo meu orientador de estudos; aos meus professores do doutoramento na PUC/SP: Dermeval Saviani, Antônio Joaquim Severino, Evaldo Amaro Vieira, Octávio Ianni (*in memoriam*) – foi com a ajuda de cada um deles que fiz a defesa de minha tese, em 1992, intitulada *Avaliação da aprendizagem escolar: sendas percorridas*; aos meus colegas de doutoramento, que, durante os anos de 1987--1991, ouviram os relatos sucessivos de meus estudos sobre avaliação, confrontando-me e oferecendo-me sugestões significativas; a meu orientador, professor Carlos Roberto Jamil Cury, que sempre, com amizade ímpar, me deu a mão firme e orientação segura; aos estudantes que tive oportunidade de orientar em seus estudos de graduação ou pós-graduação e aos professores e estudantes que me ouviram e/ou leram meus escritos por este país afora – eles me permitiram refinar minhas compreensões

# Epílogo

sobre o tema deste livro; à Maria Antonieta, ex-esposa, com quem vivenciei parte desse período de estudos e aprendizagens; aos meus filhos, Sandra, Márcio e Leonardo, com quem aprendi, entre as miríades de experiências que vivemos juntos, acompanhando-os em suas alegrias e dores na vida escolar; à Regina, mulher que amo: entre muitíssimas coisas, a primeira leitora de meus escritos.

*Salvador, Bahia, julho de 2010.*

# Bibliografia

# Bibliografia

*Propriamente, mais que uma bibliografia, a relação seguinte contém a indicação de um conjunto de leituras que poderá ser efetuado para aprofundamentos do leitor sobre os temas abordados neste livro. Em termos da base dos estudos para este texto, a bibliografia foi sendo citada ao longo do texto, algumas repetidas aqui, outras não; outras ainda, acrescentadas como sugestões para estudo.*

AFONSO, Almerindo Janela. *Políticas educativas e avaliação educacional.* Portugal: Universidade do Minho, 1999.

_____. *Avaliação educacional:* regulação e emancipação. 3. ed. São Paulo: Cortez, 2005.

ALTHUSSER, Louis. *Ideologia e aparelhos ideológicos do Estado.* 2. ed. Rio de Janeiro: Edições Graal, 1985.

ALVES, Rubem. *Filosofia da ciência*: introdução ao jogo e suas regras. São Paulo: Brasiliense, 1981.

_____. *Estórias de quem gosta de ensinar.* 8. ed. Campinas: Papirus; 2001.

AQUINO, Julio Groppa (Org.). *Erro e fracasso na escola:* alternativas teóricas e práticas. São Paulo: Summus, 1997.

BAQUERO, Goderado. *Testes psicométricos e projetivos:* esquemas para construção e análise de avaliação. São Paulo: Loyola, 1968.

BARTOLOMEIS, Francesco de. *Avaliação e orientação:* objetivos, instrumentos e métodos. Lisboa: Livros Horizontes, 1981.

BASBAUM. Leôncio. *Sociologia do materialismo*: introdução à história da filosofia. 3. ed. São Paulo: Símbolo. 1978.

BASTOS, Lilia Bastos; PAIXÃO, Lyra; MESSICK, Rosemery Grives. *Avaliação educacional:* planejamento, análise dos dados, determinação de custos. Petrópolis: Vozes, 1977.

_____. *Avaliação educacional II:* perspectivas, procedimentos, alternativas. Petrópolis: Vozes, 1978.

BLOOM, Benjamin S. et al. *Taxonomia de objetivos educacionais:* domínio afetivo. Porto Alegre: Globo, 1972. v. 1.

_____. *Taxonomia de objetivos educacionais:* domínio cognitivo. Porto Alegre: Globo, 1973. v. 2.

_____.; HASTINGS, J. Thomas; MANDAUS, George F. *Manual de avaliação formativa e somativa do aprendizado escolar.* São Paulo: Livraria Pioneira Editora, 1983.

BOADELLA, David. *Correntes da vida:* uma introdução à biossíntese. São Paulo: Summus, 1992.

# Bibliografia

BOURDIEU, Pierre. Sistemas de ensino e sistemas de pensamento. In: *A economia das trocas simbólicas*. São Paulo: Perspectiva, 1974. p. 203-230.

CATTANI, Adelino. *Los usos de la retórica*. Madrid: Alianza Editorial, 2003.

COMÊNIO, John Amós. *Didáctica magna*: tratado da arte universal de ensinar tudo a todos, totaltmente. Lisboa: Fundação Calouste Gulbenkian, 1957.

_____. Norme per un buon ordinamento delle scuole. Tradução de Giuliana Limiti. *Studi e Testi Comeniani*. Roma: Edizioni dell'Ateneo, 1965. p. 47-107.

DANILOV, M. A.; SKATKIN, M. N. *Didáctica de la escuela média*. Habana: Editorial Pueblo y Educación, 1987. p. 98-223.

DEMO, Pedro. *Avaliação qualitativa*. São Paulo: Cortez; Campinas: Autores Associados, 1987.

DEPRESBITERIS, Léa. *O desafio da avaliação da aprendizagem:* dos fundamentos a uma proposta inovadora. São Paulo: Editora Pedagógica e Universitária, 1989.

_____. ; TAVARES, Marialva Rossi. *Diversificar é preciso...*: instrumentos e técnicas de avaliação de aprendizagem. São Paulo: Senac, 2009.

DEWEY, John. *Como pensamos*. 3. ed. São Paulo: Companhia Editora Nacional, 1959.

ESTEBAN, M. T. *O que sabe quem erra?* Reflexões sobre avaliação e fracasso escolar. 3. ed. Rio de Janeiro: DP&A, 2003. 198 p.

_____. (Org.). *Avaliação*: uma prática em busca de novos sentidos. 5. ed. Rio de Janeiro: DP&A, 2004. 142 p.

FOUCAULT, Michel. *Vigiar e punir*. 29 ed. Petrópolis: Vozes, 2004.

FRANCA, Leonel. *O método pedagógico dos jesuítas*: o *Ratio studiorum*. Rio de Janeiro: Agir, 1952.

FREIRE, Ana Maria Araújo. *Analfabetismo no Brasil*. São Paulo: Cortez, 1989.

FRONDIZI, Rizieri. *Qué son los valores*. México: Fondo de Cultura Económica, 1958.

GASPARIN, João Luiz. *Uma didática para a pedagogia histórico-crítica*. 4. ed. Campinas: Autores Associados, 2007.

GOLEMAN, Daniel. *Inteligência emocional*. Rio de Janeiro: Objetiva,1995.

_____. Ética. In: *Emoções que curam*: conversas com o Dalai Lama sobre mente alerta, emoções e saúde. Rio de Janeiro: Rocco, 1999. p. 17-58.

_____. *Trabalhando com a inteligência emocional*. Rio de Janeiro: Objetiva, 1999.

GOSLIN, D. *Handbook of socialization*: theory and research. Chicago: Rand McNally, 1969.

GOTTMAN, John; DECLAIRE, Joan. *Inteligência emocional e a arte de educar nossos filhos*. 1. ed. São Paulo: Objetiva, 1997.

# Bibliografia

GREGÓIRE, Jacques e col. *Avaliando as aprendizagens:* os aportes da psicologia cognitiva. Porto Alegre: Artes Médicas, 2009.

GRONLUND, Norman E. *A elaboração de testes de aproveitamento escolar.* Tradução de Erb Luís Lente Cruz. São Paulo: Editora Pedagógica e Universitária, 1974.

_____. *Elaboração de testes para o ensino.* São Paulo: Livraria Pioneira Editora, 1979.

_____. *Sistema de notas na avaliação do ensino.* São Paulo: Livraria Pioneira Editora, 1979.

HADJI, Charles. *Avaliação desmistificada.* Tradução de Patrícia C. Ramos. Porto Alegre: Artes Médicas, 2001.

HESSEN, Johannes. *Filosofia dos valores.* Coimbra: Arménio Amado Editor, 1980.

HOFFMANN, Jussara. *Avaliação:* mito e desafio. Uma perspectiva construtivista. Porto Alegre: Mediação, 1992.

_____. *Avaliação mediadora:* uma prática em construção. Da pré-escola à universidade. Porto Alegre: Mediação, 1993.

KELEMAN, Stanley. *Anatomia emocional.* São Paulo: Summus, 1992.

_____. *Padrões de distresse:* agressões emocionais e forma humana. São Paulo: Summus, 1992.

_____. *Realidade somática:* experiência corporal e verdade emocional. São Paulo: Summus, 1994.

_____. *Corporificando a experiência*: construindo uma vida pessoal. São Paulo: Summus, 1995.

_____. *Amor e vínculos*: uma visão somático-emocional. São Paulo: Summus, 1996.

_____. *O corpo diz sua mente.* São Paulo: Summus, 1996.

_____. *Viver o seu morrer.* São Paulo: Summus, 1998.

LEDOUX, Joseph. *O cérebro emocional*: os misteriosos alicerces da vida emocional. Tradução de Terezinha Batista dos Santos. Rio de Janeiro: Objetiva, 1998.

LIBÂNEO, José Carlos. *A prática pedagógica de professores da escola pública.* 1984. Dissertação de mestrado – Pontifícia Universidade Católica, São Paulo, 1984.

_____. *Democratização da escola pública:* a pedagogia crítico-social dos conteúdos. São Paulo: Loyola, 1985.

_____. *Didática.* São Paulo: Cortez, 1994.

_____. *Adeus professor, adeus professora?* Novas exigências educacionais e profissão docente. 12. ed. São Paulo: Cortez, 2010

LIMA, Lauro de Oliveira. Como utilizar os instrumentos de verificação do rendimento escolar. In: *Escola secundária moderna:* organização, métodos e processos. 10. ed. Petrópolis: Vozes, 1973. p. 595-638.

LINTON, Ralph. *O homem*: uma introdução à antropologia. São Paulo: Martins Fontes, 1976.

# Bibliografia

LOPES, José Leite. *Ciência e libertação*. 2. ed. Rio de Janeiro: Paz e Terra, 1978.

LUCKESI, Cipriano Carlos. *Avaliação educacional escolar*: elucidações conceituais. Tecnologia Educacional, Rio de Janeiro: ABT – Associação Brasileira de Tecnologia Educacional, n. 24. 1976.

_____. Avaliação: otimização do autoritarismo. In: *Equívocos teóricos na prática educacional*. Rio de Janeiro: Associação Brasileira de Tecnologia Educacional, 1983. p. 44-52.

_____. *Avaliação da aprendizagem escolar:* sendas percorridas. 1992. Tese (Doutorado em Educação) – Pontifícia Universidade Católica de São Paulo. São Paulo, 1992.

_____. *Avaliação da aprendizagem escolar*. São Paulo: Cortez, 1995.

_____. *Avaliação da aprendizagem na escola*: reelaborando conceitos e recriando a prática. Salvador: Malabares Comunicação e Eventos Ltda., 2003.

_____. *Filosofia da educação*. 21. ed. São Paulo: Cortez, 2005.

_____. Estudar tudo para quê, se os professores não levam tudo em consideração? *Revista ABC Educatio*, São Paulo, n. 58, p. 26- 29, ago. 2006.

_____. et al. *Fazer universidade*: uma proposta metodológica. 14 ed. São Paulo: Cortez, 2005. p. 47-78.

_____. PASSOS, Elizete Silva. *Introdução à filosofia*: aprendendo a pensar. 5. ed. São Paulo: Cortez, 2004. p. 13-33.

MAHLER, Margareth S. *O nascimento psicológico da criança*. 2. ed. Porto Alegre: Artmed, 2002.

MARTINS, José Maria. Emoções e desenvolvimento moral. In: *Lógica das emoções na ciência e na vida*. Petrópolis: Vozes, 2004. p. 123-135.

MARX, Karl. *O capital*. 4. ed. São Paulo: Difel, 1984. 6 v.

_____.*O Dezoito Brumário de Louis Bonaparte*. São Paulo: Centaruro, 2006.

Menina salvou 100 pessoas. *A Tarde*, Salvador, p. 14, 3 jan. 2005. Caderno 1.

MORENTE, Manuel García, *Fundamentos*: lições preliminares de filosofia. São Paulo: Mestre Jou, 1967.

NOLL, Victor H. *Introdução às medidas educacionais*. São Paulo: Livraria Pioneira Editora, 1975.

NOTÁRIO. In: Wikipédia. Disponível em: <pt.wikipedia.org/wiki/Notário>. Acesso em: 23 set. 2009.

PERRENOUD, Philippe. *Avaliação:* da excelência à regulação da aprendizagem entre duas lógicas. Tradução de Patrícia Chittoni Ramos. Porto Alegre: Artes Médicas, 1999.

_____. et al. *As competências para ensinar no século XXI*: a formação dos professores e o desafio da avaliação. Tradução de Cláudia Schilling e Fátima Murad. Porto Alegre: Artes Médicas, 2002.

POPHAM, W. James. *Avaliação educacional*. Tradução de Vânia Maria Moreira Rocha. Porto Alegre: Globo, 1983.

REICH, Wilhelm. *A função do orgasmo*. São Paulo: Brasiliense, 1981.

ROGERS, Carl. *Liberdade para aprender*. Belo Horizonte: Interlivros, 1969.

ROMÃO, José Eustáquio. *Avaliação dialógica:* desafios e perspectivas. São Paulo: Cortez, 1999.

RONCA, Paulo Afonso Caruso; TERZI, Cleide do Amaral. *A prova operatória:* contribuições da psicologia do desenvolvimento. São Paulo: Instituto Splan, 1995.

SAVIANI, Dermeval. *Escola e democracia*. 39. ed. Campinas: Autores Associados, 2007.

_____. *Pedagogia histórico-crítica*: primeiras aproximações. 10. ed. Campinas: Autores Associados, 2008.

SKINNER, B. F. *Tecnologia do ensino*. São Paulo: EPU, 1972.

SOUSA, Sandra Maria Zákia Lian. *Avaliação da aprendizagem na escola de 1º grau*: legislação, teoria e prática. 1986. Dissertação de mestrado – Pontifícia Universidade Católica, São Paulo, 1986.

TYLER, Ralph W. *Princípios básicos de currículo e ensino*. Tradução de Leonel Vallandro. Porto Alegre: Globo, 1974.

VASCONCELLOS, Celso dos Santos. *Avaliação*: superação da lógica classificatória e excludente. Do "é preciso reprovar" ao é preciso garantir a aprendizagem. São Paulo: Libertad, 1998.

_____. *Avaliação*: concepção dialética-libertadora do processo de avaliação escolar. São Paulo: Libertad, 2000.

VÁZQUEZ, Adolfo Sánchez. *Ética*. Rio de Janeiro: Paz e Terra, 1978.

WILBER, Ken. *A união da alma e dos sentidos*. São Paulo: Cultrix, 2001.

_____. *Uma breve história do universo*: de Buda a Freud, religião e psicologia unidas pela primeira vez. Rio de Janeiro: Nova Era, 2001.